公共关系学

主　编　吴晓红　帅　宁

副主编　熊　茜

科学出版社

北　京

内 容 简 介

本书编写立足与时俱进、创新、知识系统整合和务实的原则，主要介绍公共关系及其管理的相关理论、方法和技巧的应用。全书包括公共关系概论与发展，公共关系主体、客体及传播三要素，公共关系调查，公共关系计划与实施，公共关系评估，公共关系专题活动及公共关系危机管理和公共关系礼仪八大方面内容，通过对相关内容的系统理论阐述、方法介绍和案例分析等形式以帮助学生系统掌握公共关系理论知识体系，熟悉和掌握公共关系相关方法和技巧，增强管理类专业学生对公共关系的学习兴趣，提升他们对公共关系相关的分析与实际应用的能力。本书在公共关系教材原有成熟内容的基础上特别强化了网络时代数据分析对公共关系的贡献、公共关系战略管理、公共关系内部关系管理等方面的内容。

本书既可以用于普通高等学校经济类与管理类专业本科、硕士和博士学生的教学用书，也可作为从事经济管理相关工作人士的参考用书。

图书在版编目（CIP）数据

公共关系学 / 吴晓红，帅宁主编. —北京：科学出版社，2020.4
ISBN 978-7-03-059080-0

Ⅰ. ①公⋯ Ⅱ. ①吴⋯ ②帅⋯ Ⅲ. ①公共关系学－教材
Ⅳ. ①C912.3

中国版本图书馆 CIP 数据核字（2018）第 236507 号

责任编辑：郝　静 / 责任校对：贾娜娜
责任印制：赵　博 / 封面设计：蓝正设计

科 学 出 版 社 出版
北京东黄城根北街 16 号
邮政编码：100717
http://www.sciencep.com

北京凌奇印刷有限责任公司印刷
科学出版社发行　各地新华书店经销

*

2020 年 4 月第 一 版　　开本：787×1092　1/16
2025 年 1 月第八次印刷　　印张：19 1/4
字数：450 000

定价：58.00 元

（如有印装质量问题，我社负责调换）

目　　录

第一章　公共关系概论 ··· 1

第一节　公共关系的概念 ··· 2

第二节　公共关系的特征与功能 ·· 7

第三节　公共关系意识与行为准则 ··· 10

第四节　公共关系学 ··· 15

第二章　公共关系的起源与发展 ·· 23

第一节　公共关系的起源 ··· 23

第二节　现代公共关系的发展 ·· 27

第三节　中国公共关系事业 ·· 37

第三章　公共关系的行为主体 ·· 46

第一节　社会组织 ··· 47

第二节　公共关系机构 ··· 58

第三节　公共关系人员 ··· 66

第四章　公共关系的行为客体 ·· 73

第一节　公众的基本含义 ··· 74

第二节　公众的分类及意义 ·· 79

第三节　目标公众分析 ··· 83

第四节　公众舆论 ··· 89

第五章　公共关系传播 ·· 94

第一节　传播的基本原理 ··· 95

第二节　公共关系传播的基本理论 ··· 98

第三节　公共关系传播的主要类别 ·· 101

第四节　公共关系传播的主要媒介 ·· 104

第五节　公共关系传播的效果 ··· 111

第六章　公共关系调查 ·· 118

第一节　公共关系调查概述 ·· 119

第二节　公共关系调查的内容 ··· 122

第三节　公共关系调查的方法 ··· 133

第四节　公共关系调查实施 ·· 141

第七章 公共关系计划 ··· 149
　第一节 公共关系计划的编制 ··· 151
　第二节 公共关系工作 ··· 155
　第三节 公共关系活动策划 ··· 173
第八章 公共关系实施 ··· 184
　第一节 公共关系实施概述 ··· 186
　第二节 公共关系活动实施的环节及内容 ························· 193
　第三节 公共关系实施障碍及排除 ·································· 197
　第四节 公共关系实施的管理方法 ·································· 201
第九章 公共关系评估 ··· 208
　第一节 公共关系评估概述 ··· 209
　第二节 公共关系评估工作内容 ····································· 211
　第三节 公共关系评估的方法 ·· 218
第十章 公共关系专题活动 ··· 228
　第一节 公共关系专题活动类型 ····································· 229
　第二节 慈善赞助专题活动 ··· 234
　第三节 新闻发布会 ··· 237
　第四节 大型公共关系专题活动 ····································· 243
第十一章 公共关系危机管理 ·· 251
　第一节 危机与公共关系危机 ·· 252
　第二节 公共关系危机管理及原则 ·································· 256
　第三节 公共关系危机管理过程 ····································· 259
　第四节 公共关系危机沟通 ··· 263
第十二章 公共关系礼仪 ·· 271
　第一节 公共关系礼仪概述 ··· 271
　第二节 公共关系礼仪基本理念与原则 ···························· 276
　第三节 人员形象定位及其仪表仪容礼仪 ························· 278
　第四节 交往与沟通的基本礼仪 ····································· 291
参考文献 ··· 302
后记 ··· 303

第一章

公共关系概论

 **导入语**

　　公共关系是一项特殊的管理活动，在社会组织生存发展中承担重要的职能。为了有效地开展公共关系活动，必须树立正确的公共关系意识，遵循基本的公共关系工作原则；公共关系又是一门新兴的学科，作为一门完整的学科，有其特定的概念、构成要素和基本特征。为准确把握这门学科的精髓要义，必须首先从整体上把握这门学科的基本框架。

学习目标

1. 了解公共关系的各种定义，明确公共关系的内涵。
2. 了解公共关系与其他学科、其他活动的区别。
3. 了解公共关系学的研究对象和内容。
4. 把握公共关系的功能、公共关系意识和公共关系工作原则。

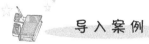 **导入案例**

什么是公共关系

　　当马戏团将在城里演出时，如果你想让人们都知道这件事，你可采用的方式有以下几种。

　　（1）广告：打出一块牌子声明马戏团将在城里演出。

　　（2）促销：让大象带着这块牌子沿着城区游行一圈。

　　（3）宣传：当带着牌子的大象践踏了市长家的花园时，报纸杂志等传媒纷纷加以报道。

　　（4）公关：你让市长对这次事故一笑了之，并毫无怨言地加入游行行列。

　　资料来源：Pinskey R. The Zen of Hape: An Insider's Guide to the Publicity Game[M]. New York，NY：Carle Communications，Inc，1998（有整理）

第一节 公共关系的概念

一、公共关系的基本含义

"公共关系"一词源自英文的"public relations"。"public"意为"公共的""公开的""公众的","relations"即"关系"之谓,两词合起来用中文表述便是"公共关系",简称 PR 或公关。

公共关系一般认为是社会组织为改善与公众的关系,促进公众对组织的认识、理解及支持,树立良好组织形象而实施的一系列公共活动。

公共关系的本质是社会组织必须与其周围的各种内部、外部公众建立良好的关系。公共关系是一种状态,任何一个社会组织或个人都处于某种公共关系状态之中;公共关系又是一种活动,当一个社会组织或个人有意识地、自觉地采取措施去改善和维持自己的公共关系状态时,就是在从事公共关系活动。

公共关系是现代社会的产物,随着商品经济和传播技术的发展,公共关系的重要性日益为人们所重视,对它的研究也越来越广泛和深入。

二、公共关系多种含义详析

自公共关系诞生以来,人们给其下一个准确定义的努力就没有停止过。由于每个人的认识角度不同,对公共关系内涵的理解也各异,于是就形成了许许多多的公共关系定义。20 世纪 70 年代中期,美国著名的公共关系学者莱克斯·哈罗博士就收集到 472 个公共关系的定义。还有人说,公共关系的定义已有上千条之多。于是有人不无幽默地说有多少公共关系学者,便有多少种公共关系的定义。下面我们选择若干个有代表性的定义进行分析和归纳,这将有助于我们全面地、深刻地认识公共关系。

1. 社会关系论

社会关系论认为,"关系"体现公共关系的本质属性,公共关系是一种特定的社会关系,正确认识公众关系、处理公众关系是开展公共关系活动的出发点和归宿。

社会关系论强调组织和其公众之间存在相关性甚至利益相关性,公众构成社会组织的生存环境。

现代公共关系学先驱之一、美国著名的公共关系学顾问爱德华·伯内斯(Edward L. Bernays)认为:"公共关系是处理一个团体与公众(决定该团体活力的公众)之间的关系的职业。"

美国普林斯顿大学资深公共关系学教授希尔兹认为:公共关系就是我们所从事的各种活动所发生的各种关系的通称,这些活动与关系是公众性的,并且都有社会意义。

英国公共关系学会的定义是:公共关系是实施一种积极的、有计划和持久的努力,以建立及维持一个机构与其公众之间的相互了解。

2. 传播沟通论

传播沟通论认为,传播沟通是公共关系建立的工具和桥梁。传播沟通论强调加强和做好传播沟通工作在建立良好的公共关系中的重要作用，甚至认为公共关系就是传播沟通。

我国公共关系学者廖为建就持此种观点，其定义是：公共关系是一个组织与其相关公众之间的传播管理。

在国外，持这种观点的学者不在少数。在美国的大学中，公共关系学专业往往设在新闻传播学院内。

英国人弗兰克·杰夫金斯也认为：公共关系是由为达到相互理解有关特定目标而进行的各种有计划的沟通联络所组成的，这种沟通联络处于组织与公众之间，既是内向的，也是外向的。

国外一些大型的百科全书或综合词典也从传播或沟通的角度来定义公共关系。《美国百科全书》中的定义是：公共关系是关于建立一个组织同其既定公众之间相互了解的活动。《不列颠百科全书》的定义：公共关系是旨在传递有关个人、公司、政府机构或其他组织的信息，并改善公众对其态度的种种政策或行动。《韦伯斯特新国际词典》（Webster's New International Dictionary）认为：公共关系是通过传播大量有说服力的材料，发展邻里的相互交往和评估公众的反应，从而促进个人、公司或机构同他人、各种公众以及社区之间的亲善友好关系。

由于持这类观点的研究者人数众多，于是形成了公共关系理论界实力雄厚的一大体系——传播学派。

3. 管理职能论

管理职能论强调计划、组织、协调和控制等管理职能在公共关系工作与活动中的运用。管理职能论将组织各种要素转化成可传播的信息资源要素并对其整合，通过计划、组织、协调和控制等管理职能、方法和手段对公众关系、组织形象、组织文化等进行管理。

1976 年，美国公共关系研究和教育基金会资助莱克斯·哈罗博士在收集与分析了 472 种定义后对公共关系所下的定义是：公共关系是一种特殊的管理职能，它帮助一个组织建立并保持与公众之间的交流、理解、认可与合作；它参与处理各种问题与事件；它帮助管理部门了解民意，并对其做出反应；它确定并强调企业为公众利益服务的责任；它作为社会趋势的监视者，帮助企业保持与社会同步；它将有效的传播技能和研究方法作为基本工具。

国际公共关系协会同样认为公共关系是一种管理职能，其定义是：公共关系是一种管理功能，它具有连续性和计划性。通过公共关系，公立的和私人的组织机构试图赢得与它们有关的人们的理解、同情和支持——借助对舆论的评估，以尽可能协调它们自己的政策和做法，依靠有计划的、广泛的信息传播，赢得更有效的合作，更好地实现它们的共同利益。

美国著名公共关系学者斯各特·卡特里普和艾伦·森特在《有效公共关系》中下了这样的定义：公共关系是一种管理职能，它确定、建立和维持一个组织与各类公众之间的互利关系，而各类公众则是决定其成败的关键。

由于这类观点在理论界也很有市场，终至形成了与传播学派势均力敌的管理学派。至今，两大体系并存。

4. 形象艺术论

形象艺术论从塑造组织形象的角度揭示公共关系的本质属性，强调公共关系的宗旨是为组织塑造良好的形象。持这种观点的人同时还认为，公共关系只是一门不精确的学科，许多公共关系问题不存在唯一正确的答案，公共关系在实际运作中要讲究创造性，讲求形象思维，需要从整体上来把握公共关系及其工作。因此，公共关系是一种艺术。

我国公共关系学者余明阳在全国通用教材《公共关系学》中做了这样的界定："公共关系是社会组织为了塑造组织形象，通过传播、沟通手段来影响公众的科学和艺术。"

1978 年 8 月，在墨西哥城召开的世界公共关系协会第一次大会上，代表们经过商讨，提出了这样一个公共关系的定义：公共关系是一门艺术和社会科学，公共关系的实施是分析趋势，预测后果，向机构领导人提供意见，履行一连串有计划的行动，以服务于本机构和公众利益。

5. 现象描述论

现象描述论强调各种公共关系活动和实际的操作实务，非常具体，浅显易懂，很实在。但现象描述论难免抓住一点，不及其余，只能提示公共关系的部分概念，不够全面。

爱德华·伯内斯认为公共关系就是"投公众所好"。

艾维·李强调公共关系就是要"说真话"。

公共关系就是要"大家爱我"。

公共关系是"努力干好，让人知晓"。

6. 综合说

有的公关关系学者认为，前面几类定义都只反映了公共关系某一方面的含义或特征，未免失之偏颇，因此他们试图通过一个定义把公共关系的所有内涵或特征都包括进去。

明安香在《塑造形象的艺术——公共关系学概论》中写道："所谓公共关系，就是一个企业或组织，为了增进内部及社会公众的信任与支持，为自身事业发展创造最佳的社会环境，在分析和处理自身面临的各种内部外部各项关系时，采取的一系列政策与行动。"

居延安等在其编著的《公共关系学》中表述为："公共关系是一个社会组织在运行中，为使自己与公众相互了解、相互合作而进行的传播活动和采取的行为规范。"

1982 年 11 月举行的第 35 届美国公共关系协会，在其一流成员组成的专家小组的努力下，正式采用了一个"关于公共关系的官方陈述"。

（1）是一个组织管理中所进行的一种有计划、持久的活动。

（2）处理的是一个组织与其各类公众之间的关系。

（3）检测组织内外人们的意识、舆论、态度和行为。

（4）分析组织所采取的政策、程序和行动对各类公众的影响。

（5）调整那些与公众利益相冲突并影响组织生存和发展的政策、程序与行动。

（6）向管理层的人员提供咨询，帮助制定新的政策、程序和行动方案，而这一切都是有利于组织与它的公众的。

（7）建立和维持一个组织与其各类公众之间的双向交流。

（8）使组织内外人们的意识、舆论、态度和行为产生某些具体的变化。

（9）使一个组织与它的各类公众产生新的、持久的关系。

7. 特别介绍

2013年10月，我国第六届"公关与广告国际学术论坛"在武汉召开，来自10个国家和地区的50多所高校的120多位代表参加了圆桌论坛。会上，以华中科技大学陈先红教授为首的专家学者、行业协会领导、新闻媒体记者、公关业界代表15人集体宣读了"公关正能量宣言"，通过现场讨论对话、集体表决，现场达成"公关正能量·武汉共识"。会后，研究者经过专家座谈会、焦点访谈、电话邮件等10多次征集意见和修改，最终形成《武汉共识：公关正能量宣言》。

华中科技大学新闻与信息传播学院院长张昆教授认为，"武汉共识"在中国公共关系学术史和公共关系行业发展史上，都是一次跨国（地区）别、跨行业、跨学科的创举，它澄清了对公共关系的一些误解，让社会民众更加清楚地认识了公共关系的本质。深度参与起草"公关正能量宣言"的美国著名公关学者莫琳·泰勒认为，"'武汉共识'是一份非常重要的文件，即使对于国际公关界来说，都具有非常重大的意义，这是一份具有划时代意义的宣言，对处于转型期的世界和中国公关业界来说，'武汉共识'可以帮助公共关系从业者秉持正确的价值观，可以帮助社会组织采取正确的公共关系行动策略，也可以帮助政府、企业与民众进行有效的沟通，建立良好的关系"。莫琳·泰勒进一步指出："我们应该从公关教育入手，让学生学习和掌握这些世界观和基本准则，公共关系协会组织应该在这个问题上起到非常重要的组织学习和传播作用，应该加强协会会员对公关正能量宣言的理解，让他们知道公共关系从业者究竟应该扮演什么样的正确角色"。

"武汉共识"主要提出了"阳光公关"的理念，认为"阳光公关"是一种中国公关的文化方法，它构建了理想主义的公关认知框架，以强化和传播中国公共关系的积极认知与正向功能为出发点，从而促进中国公共关系实践更加透明化、人性化和专业化、伦理化。"阳光公关"具体内容如下。

（1）阳光公关是公众性的，它处理的是公众关系，而不是私人关系，我们要以公众为导向，做公众利益代言人。

（2）阳光公关是公开性的，它强调信息公开、手段透明、沟通双向。

（3）阳光公关是公共舆论性的，它强调重视民意、善待舆论、建立共识、谋求认同。

（4）阳光公关是伦理性的，它是组织的良心，它强调利人利己，心怀天下。

（5）阳光公关是居间性的，它居于组织、公众、环境系统之间，秉持第三方立场，因而具有公信力。

（6）阳光公关是情感性的，它强调建立长期信任，提高关系质量，积累社会资本。

（7）阳光公关是对话性的，它强调关系平等和传播对称。

（8）阳光公关是策略性的，它是"阳谋"而非"阴谋"。它强调思想与谋略，它追求软实力与巧传播。

（9）阳光公关是社会性的，它强调善尽社会责任，争做社会好公民。

（10）阳光公关是民主性的，它代表了民主社会的多元化"声音"，是不同利益主体的公开表达机制。

（11）阳光公关是管理性的，它是对关系、传播、形象、声誉等组织无形资源的系统管理。

（12）阳光公关是战略性的，它强调监测环境，预测趋势，促使决策与社会变动同步。

（13）阳光公关是求真的，它强调以事实为基础，与媒体共建社会真实，决不可对媒体与公众说谎。

（14）阳光公关是向善的，它强调做得好、说得好，以及只做好事。

（15）阳光公关是尚美的，它强调守望美好、塑造美形、美美与共。

8. 公共关系定义的总结

以上这些定义，或繁或简，或长或短，从不同角度、不同层面描述了公共关系，它们都是人们在研究公共关系概念时形成的成果。

由于公共关系实践的多样性和应用的广泛性，在实务工作中也形成了对公共关系的不同称呼，如公共事务（public affairs）、公司沟通（corporate communications）、公司关系（company relations）等。

在分析借鉴各家观点的基础上，我们给出本书公共关系的定义：公共关系是社会组织运用科学的传播手段，塑造良好的组织形象，并达到组织和公众之间的相互沟通、相互适应的一种管理活动。

三、公共关系的构成要素

公共关系是一种客观存在，它是由一些"元件"构成的。构成公共关系的必要成分，我们称为公共关系要素。

公共关系的构成主要有三大要素：社会组织、公众、传播。

1. 社会组织

公共关系的行为主体是社会组织。社会组织是人们为了有效地达到特定目标，按照一定的宗旨、制度、系统建立起来的共同活动集体。社会组织有清楚的界限、明确的目标，内部实行明确的分工并确立了旨在协调成员活动的正式关系结构，如政党、政府、各种社团、企业、学校、医院等。

任何社会组织在其生存、发展的过程中，必然与各类公众形成一定的关系。当社会组织认识到这种关系的重要性，努力在与公众环境的协调中求生存、求发展，并在人、财、物等方面提供基本条件，以确保有关工作和活动的进行，就有了现代意义上的公共关系。因为公共关系是社会组织的主动行为，所以说公共关系的行为主体是社会组织，社会组织是公共关系的第一构成要素。

2. 公众

公共关系的行为客体是公众。公众指与社会组织相互联系、相互影响和相互作用的组织、群体、个人的总和，主要指组织内部员工，组织外部的政府、媒介、顾客、社区居民、社会名流等。公共关系的实质就是处理社会组织与公众之间的关系。在一定的时空条件下，公共关系中的公众总是确定的、具体的，他们构成了社会组织的特定环境。任何社会组织的发展和成功都有赖这种特定环境，所以社会组织把构成特定环境的相关公众当作公共关系的行为客体，公众成为公共关系的第二构成要素。

3. 传播

公共关系的工作手段主要是传播。传播是指信息的沟通与交流。传播是连接公共关系行为主体和行为客体的桥梁与纽带，也是实现公共关系目标的唯一手段。一方面，公共关系行为主体通过传播沟通将组织信息传递给公众，从而影响公众的意见、态度、感情、行为。另一方面，公众通过传播沟通，将自己的信息反馈给组织，社会组织照此调整自己的行为，使之更加符合公众的意愿。社会组织和公众通过这种双向的传播与沟通，实现相互调整、相互适应、相互合作。所以传播贯穿于整个公共关系实践，是公共关系的精髓。

公共关系中的三个基本要素相互依存、相互影响、相互作用、相互制约，缺一不可。有行为主体而缺少行为客体或者有行为客体而缺少行为主体都不能形成公共关系。有了行为主体和行为客体而没有传播，也无法实现公共关系。只有行为主体、行为客体、传播三大要素并存，才能构成公共关系。

第二节　公共关系的特征与功能

一、公共关系的基本特征

1. 公共关系是一种管理活动

公共关系作为一种管理活动，是社会组织管理实践进化的结果和产物。随着生产力的迅速发展和科学技术的日新月异，社会组织不断发生变化，突出表现为规模越来越大，机构越来越复杂，层次越来越多，部门之间、成员之间关系日益重要，甚至影响到社会组织的生存和发展。同时，外部竞争日益激烈，特别是相关公众的态度和社会舆论，更是左右着社会组织的命运。面对这种由内部公众和外部公众共同构成的特殊环境，社会组织开始探索、引进新的管理方法，这就是公共关系。

公共关系以双向传播为工作手段，充分了解公众的意见、态度、感情，大量收集信息，对信息进行分析研究，向管理者提供咨询服务和合理化建议，并把管理者的决策信息及时传播出去，以告知公众、吸引公众、影响公众、争取公众，使公众的态度与行为和社会组织保持一致，进而促进社会组织目标的实现。这些活动，都是社会组织管理的有机组成部分。

2. 公共关系是一种特殊的管理活动

公共关系作为一种特殊的管理活动，是对社会组织和相关公众之间的"关系"的管理。虽然，管理科学中关于计划、组织、指挥、控制、评估和系统等方面的理论对公共关系有着深刻的影响，或者说公共关系借鉴并运用了管理科学的有关理论，但公共关系仍然有其自身鲜明的特点。

公共关系不仅要处理本组织与内部公众的关系，还要处理本组织与外部公众的关系；不仅要鼓动内部公众高质量地完成本职工作，还要让内部公众"做得好"对外部公众"说得好"；不仅要以良好的形象赢得公众，还要以有效的活动影响公众。这种管理立足于社会组织与内部公众和外部公众的良好关系，而关系不能物化，是一种无形财富，不同于有形产品、设备、资金、人力等，不能单纯用政治的、法律的、行政的、经济的、技术的方法来管理，而必须借助公共关系独有的双向传播的工作手段来协调，从而实施一种柔性的特殊的管理。

作为现代科学管理中不可或缺的组成部分，公共关系是社会组织管理实践进化的结果和产物。但是，公共关系不能代替其他管理活动，公共关系只是以自己的特殊功能，对其他管理起到相应的辅助作用并促使科学管理走向逐步完善的新阶段。

3. 公共关系管理的战略目标明确

实现社会组织与公众之间的相互信任是公共关系管理的战略目标，这种社会组织与公众之间的信任关系表现为卓越的组织声誉和组织形象。声誉就是"有声有誉"，即知名度与美誉度，组织形象则是组织声誉的综合表现。我们知道，良好的组织形象可以帮助组织培养顾客的忠诚感，稳定组织的合作关系，促进组织的平稳发展。

在经济全球化和高新技术迅猛发展的当今，社会组织的经营环境日益复杂和动荡，市场竞争日趋激烈，获取持续的竞争优势成为每一个组织的战略核心，而卓越的组织声誉和组织形象已经成为组织持续的竞争优势的重要来源之一。同时，由于媒体的高度分化和新兴传播沟通手段的不断出现，信息传播数量、速度的提升和范围的扩展，一方面为组织传播创造了积极的条件；另一方面也使得吸引和抓住公众的"注意力"，获得组织声誉变得越来越困难。因此，社会组织公共关系战略目标的实现需要公共关系管理和传播沟通活动的开展，需要社会组织进行长期的努力和实践。

强调公共关系目标的战略性，是指公共关系活动不是急功近利的行为，而是深思熟虑的长远行动，以求未来效果的行为指向。一方面，任何公共关系活动都要体现公共关系的长远目标，一切公共关系活动都不是散乱的、权宜的堆积，而是长远公共关系目标的有机环节和组成部分。另一方面，公共关系活动是根据公共关系计划的要求安排的活动，每一次公共关系活动都是计划实现的环节，每一次公共关系活动都要体现计划的周密性，而公共关系计划致力于公共关系最终目标"良好组织形象"的实现。

从以上的归纳可以看出，"社会组织""公众""传播""管理""形象"五个要点是公共关系的基本特征[①]。

---

① 张玉明，李先坦. 公共关系学[M]. 北京：中国科学技术出版社，2000.

二、公共关系的主要功能

公共关系的功能广泛而复杂，但作为一项特殊的管理活动，公共关系对社会组织所发挥的独特的积极功能具体可归纳为以下四方面。

1. 公共关系的情报功能：收集信息 监测环境

公共关系对社会组织环境的把握是从收集信息开始的，信息是社会组织赖以生存的基础。随着信息技术和信息工业的迅速崛起与发展，信息已经渗透到社会生活的各个方面，成为现实生活中不可缺少的重要媒介。信息成为决定组织生存和发展的重要的战略性资源。

公共关系在信息管理中的作用主要体现在：收集、存储和处理同社会组织密切相关的信息，是组织的资料存储中心；集中观测社会组织的环境的变化，是组织的环境监测中心；分析和预报同社会组织相关的发展趋势，是组织的趋势预测中心。

从公共关系工作的角度来考虑，其所收集的信息主要应包括以下两个方面的内容。

（1）组织形象信息。组织形象主要是指公众对组织的态度和看法，是组织开展和改进公共关系工作的前提。组织形象信息的收集针对组织内外各类公众进行，主要内容包括公众意见、要求、动机，涉及组织产品、服务、职工、环境以及社会组织运行和社会活动的诸多方面。

（2）社会环境信息。社会环境，宏观上指国内外政治、经济、文化、科技、自然等方面的重要变化，微观上指竞争或协作对象的产品、服务、运行状况、竞争策略、发展前景、社会形象等各种有关的信息。

公共关系有效地行使这一职责，能大大地加强、延伸社会组织对环境的了解和把握的能力，使社会组织对环境保持清醒的头脑和敏锐感，据此制订或调整本组织的目标。所以，收集信息、监测环境这一功能的实现，是公共关系其他职能实现的基础。

2. 公共关系的建设功能：构建文化 塑造形象

在以知识为基础的经济时代，社会经济迅速发展，人们强烈地意识到组织文化的影响和作用。一个社会组织独特的文化品质、良好的组织形象，是组织生存发展的精神资源，对内有着极大的规范、导向、凝聚、激励的作用，对外有着辐射扩散的作用，在一定范围内对其他组织乃至整个社会产生重大影响。因此，社会组织必须努力塑造一个良好的组织形象。

塑造组织形象，具体来说，可以从三方面入手：一是构建组织文化。其包括文化观念、价值观念、企业精神、道德规范、行为准则、历史传统、企业制度等。优秀组织文化的建设，可以激发员工的"自律意识"，协调组织内部的矛盾，优化组织内外环境，为组织快速发展提供动力和保证。二是改善组织行为。组织行为与组织形象密不可分，必须强化员工的质量意识，规范领导与员工的行为，积极承担社会责任，使组织行为与公众期望保持一致。三是突出组织外在特征，包括名称、标志、产品外观和包装、员工仪表装束、建筑物外观与装潢、柜台布置、交通工具外观、办公用品特征、广告媒介等，这是进行组织传播的载体。

组织形象指社会公众和组织内部员工对组织整体的印象与评价，卓越完美的组织形象就是社会组织进行约束与规范的结果，只有先把自身建设好，才能有实力赢得公众的信赖和合作。

3. 公共关系的传播功能：强化沟通 创造和谐

公共关系传播，是指社会组织为了实现公共关系目标，利用各种媒介将信息或观点有计划地与公众进行双向交流的过程。公共关系传播，首要任务就是要得到目标公众的注意；其次就是要刺激公众对于信息内容的兴趣；再次就是要建立起公众对于这一信息采取行动的欲望和意向；最后是要指引那些与这条信息行为一致的人采取行动。可见，公共关系传播是一个复杂的过程。所以，了解公共关系传播的科学原理，掌握公共关系传播的科学方法与手段，对于更好地开展公共关系工作是非常必要的。

公共关系借助传播，向公众宣传组织的政策，解释组织的行为，增加组织的透明度，取得公众的理解与支持；公共关系运用各种传播手段，为组织推广形象、扩大影响、提高知名度和名誉度；公共关系通过传播与公众进行双向沟通，引导公众舆论与行动向有利于组织健康的方向发展。总之，公共关系运用传播手段，使社会组织与公众相互理解和支持，建立信任关系，营造一种和谐状态，为社会组织的发展创造一个"人和"的环境。

4. 公共关系的参谋功能：提供咨询 参与决策

在社会组织经营管理中，正确的决策已经成为组织生存和发展的首要前提。公共关系利用其与外部各界的广泛联系，获取各方面的重要信息，随时观察影响组织目标实现的重要信息，做出科学的预测、分析、评价和研究，为组织决策提供重要参考。

公共关系要能够真正帮助组织弄清和掌握其在决策过程中所面临的不确定的因素与信息，弄清和处理好与其相关的各种关系，把主要精力放在考虑全局性的战略性问题上。公共关系还要站在公众和社会的立场上，对组织各职能部门的决策目标进行综合评价，敦促有关部门或决策当局依据公众需求和社会价值及时修正可能导致不良社会后果的决策目标，使决策目标既反映组织发展的需要又反映社会公众的需求。目标确定后，公共关系还应帮助组织拟订和选择决策方案，通过观察、调整、反馈，付诸实施。

第三节 公共关系意识与行为准则

一、公共关系意识

公共关系意识，又称公共关系观念，是客观的公共关系状态和能动的公共关系活动在人们思维中的反映。社会组织的决策者和管理者是否具备良好的公共关系意识，决定着社会组织公共关系工作的成败。公共关系意识的主要内容包括社会责任意识、互惠双赢意识、公众导向意识、传播沟通意识和组织形象意识。

1. 社会责任意识

公共关系中的社会责任意识是指社会组织有高度的社会责任感，不仅考虑到本组织的利益，而且能够承担起自己的社会责任，顾及和服从于社会与公众的利益。这些责任意识表现了社会组织经营、发展的社会意义，是高层次的社会组织道德的表现。强烈的社会责任意识和行为可以让公众看到社会组织服务社会、贡献社会的宽阔胸怀，激发公众对社会组织的好感与信任，促进社会组织形象的提升。社会组织的社会责任意识主要体现在以下几方面。

（1）为社会提供更多、更好的质优价廉的产品和服务。

（2）保护生态环境，即节约资源、减少环境污染、治理公害、美化环境。

（3）促进社会文化的发展和文明的进步。其包括支持、援助社会的教育、科技、艺术、卫生、体育等文化事业，以及主动倡导、积极参与社会精神文明和良好道德风尚建设活动等。

2. 互惠双赢意识

在人类历史上，人们相互之间的交往与合作一直受到"零和"游戏原理的影响。"零和"游戏，是指在一项游戏中，游戏者有输有赢，一方所赢，正是另一方所输，游戏的总成绩永远为零。"零和"游戏的原理使游戏的利益完全向一方倾斜，而不顾及另一方的利益。在"零和"游戏的原理中，双方是不可能维持长久的交往关系的，因为谁也不愿意长久地以损害自己的利益为代价来保持双方的关系。因此，"零和"游戏观念必将逐渐被"双赢"观念所取代。"双赢"指相关双方都可以从交往中获得一定利益。

从公共关系的角度来看，社会组织的生存发展环境就是社会组织与其相关公众构成的利益关系。社会组织的生存和发展不应该仅仅追求"自身利润最大化""股东价值最大化"，还应该兼顾社会组织相关公众的利益，实现"双赢"。"双赢"，对于客户与社会组织来说，应是客户先赢组织后赢；对于员工与社会组织来说，应是员工先赢社会组织后赢。"双赢"强调的是双方的利益兼顾，即所谓的"赢者不全赢，输者不全输"，这样才能使整个社会公平、效率、可持续发展和社会财富最大化。

实际上，社会经济的发展和公众自我意识的强化，已经在客观上使社会组织的活动受到来自政府、法规、社会舆论等多方面的约束，使社会组织的活动必须寻求组织利益与社会公众利益的平衡点。"双赢"意识还认为：凡是有损于相关公众的事情必将损害自己，凡是维护相关公众的利益也就能维护自己的利益，社会组织必须努力建立与公众的互惠互利关系。

3. 公众导向意识

公众导向意识是现代公众关系观念的重要内容，也是现代经营思想和管理理念的重要标志，因为没有公众的信任、支持，社会组织就不能生存、发展，事业就难以成功。公众导向意识要求社会组织无论是制定目标和政策，还是从事管理和经营活动，都必须高度关注公众利益，倾听公众意见，满足公众需求；加强与公众沟通，争取公众理解，赢得公众支持。用美国公共关系学者康菲尔德的话来说，即"在所有决策和行为上，均以公众的利益为前提"。

从现代公共关系发展初期的"愚弄公众、欺骗公众",到艾维·李的"说真话",爱德华·伯内斯主张的"投公众所好",斯各特·卡特里普等提出的"双向对称模式",到今天被人们普遍接受的"以公众为导向"的观念,反映社会组织主体的公众意识逐渐端正和逐步深化的过程;从对公众一厢情愿的、单向的灌输,到一整套科学的管理和现代化的沟通观念与手段的系统结合,反映出在强烈的公众意识指导下的公共关系工作已经走上科学化和规范化的轨道。

公众导向的观念或意识的建立,标志着公共关系从不自觉到自觉、从经验型到科学型的进一步转化。

4. 传播沟通意识

传播沟通意识一方面要求社会组织的活动始终自觉地处在一种开放系统、动态系统、反馈系统中,使组织清醒地认识到,封闭、隔离状态都会使组织处于窒息、束缚的绝境中,从而不断调整自己的行动姿态,适应变动的社会环境,并努力使环境适合社会组织的生存和发展;另一方面又要求社会组织重视信息的双向沟通和有效沟通,积极运用各种传播媒介和沟通方式增加公众对社会组织的了解、信任、好感,不放弃任何可以传播的机会去影响公众、引导公众、争取公众,为社会组织事业的发展营造"人和"环境。传播沟通意识具有以下重要特点。

(1)双向性。公共关系信息沟通过程中,注重信息的共享与交流,具体表现为社会组织不仅要有目的、有意识地以一定的信息去引导、影响公众,同时还必须关注公众的反应,了解公众的真实想法、期望和要求,并以此作为社会组织各项公共关系工作的出发点。因此,公共关系的一切传播沟通活动都必须坚持这种"双向性"原则。

(2)科学性。公共关系传播沟通工作中,强调采取正确的工作观念,科学的工作程序和工作方法。只有在此基础上,才能切实保证公共关系传播的效果,从而确保公共关系目标的实现。

(3)真实性。真实性是保证实现传播科学性的基础,也是组织公共关系工作的重要原则之一,只有建立在客观公正、实事求是基础上的信息沟通,才能使组织获得社会公众长期的好感和信任。

(4)及时性。从本质上说,公共关系工作的开展就是一个信息传递、交流、储存、分析、处理的过程。任何一个环节如果出现不应有的"时延",都可能影响传播效果,从而对社会组织公共关系工作产生不良的影响,甚至妨碍公共关系目标的实现。

5. 组织形象意识

组织形象是公众对社会组织的总体认识和评价。良好的组织形象是社会组织的无价之宝,树立良好的组织形象是社会组织孜孜不倦追求的目标。

形象意识要求社会组织以及其决策者、执行者以塑造组织形象为重要的目标,注意树立良好的形象,维护良好形象,并能经常自觉地意识到组织的一举一动、组织成员的一言一行都代表了组织形象,展现着组织形象,影响到组织形象,从而懂得用良好的形象为自身发展创造最佳的社会关系环境，赢得公众信任和支持，获得更快更好的发展机会。

从公众把握组织形象最直观、最敏感的途径来分析，组织形象包括产品形象、员工形象、环境形象等方面。产品形象包括外观、品牌、功能、风格形象。员工形象包括员工服饰和员工文化。环境形象包括企业生产经营场所，以及为公众提供服务时让公众感受到的环境及其他硬件要素。

公共关系意识的核心实质上是一种以人为中心、以人为根本、以公众利益为出发点的意识。公共关系意识始终和现代市场经济的发展相联系，和管理科学的进展相吻合。在未来的岁月中，公共关系的意识必将在宏观层面上有利于推进社会文明的进程，在中观层面上有利于塑造社会组织的形象，在微观层面上有利于优化个人行为。

二、公共关系行为准则

公共关系行为准则是人们在长期公共关系实践中总结、提炼而形成的，是公共关系工作中必须遵循的一些基本原则。这些基本原则包括尊重事实原则、平等互利原则、科学指导原则、全员公关原则。

1. 尊重事实原则

尊重事实原则是指社会组织在开展公共关系活动时，必须坚持以事实为依据，以坦率真诚的态度面对公众，实事求是地开展工作。

决定公共关系活动成败的因素很多，但首要的和最基本的因素在于公共关系工作人员能否准确地把握事实。公共关系作为一种工作实践的诞生，本身就是社会发展的产物，是源于一种客观存在。公共关系实践开创之初，就是因为有很多社会组织面临如何运用新闻媒介来争取舆论支持，树立良好形象的客观要求。因此，事实是公共关系产生的根源，没有事实，就没有公共关系；事实是公共关系工作得以开展的动力，没有公共关系人员对事实的准确把握和符合实际的客观分析，公共关系工作就难以开展。

公共关系是建立信誉、塑造形象的艺术，但它又不是一种纯粹的艺术或宣传的技术，而是以事实为依据的科学。公共关系不能"制造"，只能"塑造"良好的形象，这种塑造所用的材料就是事实。

在公共关系发展史上，艾维·李是第一个提出"说真话"的人，他认为一个组织要获得好的声誉，必须把真实情况告诉公众，即使对组织不利的真情暴露，也不能掩饰，而应调整组织的行为，公共关系是同"说真话"联系在一起的。从艾维·李提出"说真话"起，公共关系才真正成为一种科学和艺术。

2. 平等互利原则

平等互利原则是指社会组织在开展公共关系活动中要兼顾组织与公众的双方利益，在平等的地位上使双方互利互惠。

平等互利，就是既讲"利己"，又讲"利他"。公共关系是在不违反法律和道德的前提下，让别人先得益，最终对自己也有利。平等互利原则的基点，就是要把公众利益作为首要因素来考虑，把能否满足公众利益作为衡量公共关系效果的重要尺度。对公众负责，关心由社会组织行为引起的问题以及由此涉及的公众利益。

社会组织在满足公众利益和要求时，有时局部利益与全局利益、短期利益与长期利益会发生冲突，这时就要求社会组织敢于从社会整体利益出发，站在"社会"的高度，对由活动可能产生的对社会经济效益、社会生态效益及社会精神文明建设等方面的影响综合起来统一考虑，使诸方面均符合公众的长期利益和根本利益。从长远看，这是对社会组织生存环境的维护，是一种重要的战略性的公共关系投资。

3. 科学指导原则

公共关系活动中必须贯彻科学指导原则，是由公共关系本身的性质决定的，也是由它日益丰富和高水平的活动决定的。现代社会组织的公共关系活动，必须借助科学的公共关系理论和方法。公共关系的一般方法是科学主义与人文主义相结合。首先需要用科学的方法，在量的层次上考察社会组织与环境的相互作用、相互影响的过程，考察公众的构成及其变化，从而获得各种具体的材料和数据。其次还要十分重视人文主义方法，注重定性研究方法，因为公共关系活动是与人打交道的，人具有主体性。科学主义对描述公共关系的表象有重要作用，但公共关系的深层结构必须由人文主义来解释。公共关系的具体方法是双向沟通的方法，一方面社会组织向外传递信息，使公众认识和了解组织；另一方面社会组织从外部反馈信息，通过了解舆论和民意来调整与改善组织行为。

4. 全员公关原则

全员公关原则是指一个社会组织公共关系工作的开展，不仅要依靠专职公共关系机构和公共关系人员的不懈努力，而且有赖于社会组织各部门和全体员工的配合，要求社会组织的全体成员都注意树立公共关系观念，都要关注并参与公共关系工作，都要为公共关系工作做出贡献。

全员公关必须体现在社会组织最高领导层的行为上，公共关系要真正获得动力和效果，必须得到最高领导层的支持；全员公关必须依靠全体组织成员的配合树立组织形象，依靠全体员工的工作和努力；全员公关要求社会组织的公共关系工作具有整体性、协调性。在社会组织内部培植浓厚的公共关系观念，形成浓厚的公共关系氛围是全员公关的基础。

著名的教育家梅尔文·夏普也提出了公共关系行为的基本原则。他认为，公共关系是旨在使社会上个人和组织相互之间保持长期"和谐"关系的一个过程，他为这个过程提出了以下五项原则。

（1）诚实地沟通以建立或维持可信度。

（2）开放、协调地行动以保持自信。

（3）做事公正以维持互利关系和信誉。

（4）不断进行双向交流以防止疏远并建立关系。

（5）进行环境研究和评估，以找到达成社会和谐所需的行动和调整措施。

具备公共关系意识是正确开展公共关系工作的基本前提，而保证公共关系工作的有效性，在公共关系实践中还必须以公共关系行为准则来规范、约束社会组织的公共关系行为，这样才能确保实现社会组织公共关系目标。

第四节　公共关系学

公共关系作为人类社会一种客观存在的实践活动和社会现象，其历史源远流长；作为一种有意识的、科学的实践活动，其历史不过近百年；而作为一门学科，其发展更是只有几十年的历史（从 1952 年斯各特·卡特里普和艾伦·森特所著《有效公共关系》算起）。因此，公共关系学是一门新兴的学科。

一、公共关系学的学科性质

（一）公共关系学是一门边缘交叉学科

公共关系学是一门边缘学科，它是在众多社会科学交叉融合的基础上发展形成的。这些学科包括管理学、经济学、市场营销学、传播学、人际关系学、社会心理学、公共管理学、广告学等。从根本上说，公共关系学的这一学科特点源于公共关系实践的广泛性、多样性和复杂性。

公共关系学是在以上学科交叉融合的基础上发展形成的，其中，公共关系学从管理学和传播学中吸取了更多的"营养"，管理学为公共关系管理提供管理原则、管理理念、管理方法论，传播学为公共关系管理提供技术基础和手段。可以说，公共关系学主要是在管理学和传播学交叉融合的基础上形成的一门边缘学科。

（二）公共关系学是一门独立的学科

公共关系学是一门独立的学科。从本章前面的分析中我们已经看到：公共关系的工作对象是公众关系；公共关系的目标是获得公众的信任与支持；公共关系的工作手段是专业性的传播沟通活动。所以，公共关系学在系统借鉴和吸取各门科学成果的基础上，形成了自己的研究对象、目标、专业特点及方法。毋庸置疑，公共关系学是一门独立的学科。当然，公共关系学毕竟是一门年轻的学科，其理论体系和理论深度仍处在不断充实、完善和发展的过程中。

（三）公共关系学是一门应用性极强的学科

首先，公共关系应用的范围非常广泛。现代社会里，任何一个社会组织都处在错综复杂的社会关系网络之中，为了维持社会组织的平稳发展，必须与社会组织内外的各类公众建立密切而良好的关系。因此，公共关系的原理与实务可以运用于一切社会组织的事务之中。其次，公共关系在实际工作中的应用具有高度的技巧性。与许多社会学科一样，公共关系体现了科学性与艺术性的完美结合。它总结了公共关系活动的基本规律，为人们解决公共关系问题提供了可以借鉴的基本原则、方法和手段。但是，面对具体的公共关系问题，如转变公众的态度、危机问题的解决和公共关系策划等工作，则要求公共关系人员凭借其丰富的实践经验，具体问题具体分析，灵活运用公共关系的基本原则和方法，充分发挥想象力和创造精神，富有成效地达到公共关系目标。与其他学科相比，公共关系学的艺术性和技巧性更为突出，它是一门应用性极强的学科。

综合上述，可以这样定义公共关系学：公共关系学是以公共关系的客观现象和活动规律为研究对象的一门新兴的综合性的应用学科。或者，公共关系学是研究社会组织与相关公众之间传播与沟通行为、规律和方法的一门新兴的综合性的应用学科。公共关系学具备三大特点：新兴性、边缘交叉性和实践性。

二、公共关系学的研究内容

公共关系学的研究范围可以分为公共关系的发展、公共关系的理论、公共关系的应用三大部分，每一部分均由若干内容构成。

（一）公共关系的发展研究

公共关系的发展研究由三块相对独立而又相互联系的内容构成。

（1）公共关系的史前史研究。公共关系的出现、形成经过了一个极其漫长的史前阶段，对这一阶段的研究就是史前史研究，时间从人类群体和组织的出现至19世纪30年代前后。虽然，这一阶段的公共关系活动是盲目的、自发的，是主观对客观的一种反映，但仍然具有启迪、借鉴和批判的作用，历史是一面最好的镜子。

（2）公共关系的形成史研究。时间从19世纪30年代至20世纪50年代左右。这一阶段的研究以分析近代特别是现代社会组织、经济、技术、文化等因素与公共关系产生、形成、发展的必然联系为主，探索和把握公共关系发展的规律，认识和界定公共关系的本质。这一阶段的研究必须以大文化为背景，以社会的发展变迁为基础，以公共关系自身的演变为主体。

（3）公共关系的发展趋势研究。时间以现代、当代和未来为界。这一阶段的研究包括公共关系的辐射、引进、借鉴、吸收，公共关系理论的补充、完善，公共关系实务的突破、创新，特别是在重大全球问题上，公共关系对全人类的沟通和合作所做出的贡献以及新领域、新行业的运用和渗透，旨在把握公共关系的发展动态，预测公共关系的发展趋势，以前瞻性研究引导公共关系的运动轨迹。

（二）公共关系的理论研究

公共关系的理论研究包括基础理论研究和核心理论研究。

基础理论是公共关系学与其他学科的交叉部分，它们构成了公共关系学的方法论。其主要包括传播学、管理学、社会学、心理学、新闻学、广告学、历史学、经济学、市场学、人际关系学、新闻学、演讲学、哲学、民俗学等学科中的相关理论。公共关系学的综合性和边缘交叉性决定了其理论基础的广阔性与学科知识的广博性。

核心理论部分除了公共关系原理外，主要是围绕公共关系的"三大要素"——公共关系的行为主体、公共关系的行为客体、公共关系的传播和公共关系"四步骤工作法"——公共关系调查、公共关系计划、公共关系实施、公共关系评估展开。相对于基础理论部分，公共关系的核心理论部分更为狭窄，但却自成体系。

（三）公共关系的应用研究

公共关系的应用研究又称实务研究、业务研究、活动研究，是目前公共关系学研究的重要组成部分，现今国内外一些有影响的公共关系教科书和其他读物，都以很大的篇幅来阐述和讨论公共关系实务，有的干脆以"公共关系实务""实用公共关系"等为书名，来突出论述的重点。公共关系学应用研究主要是研究如何应用公共关系的原理指导实践，以提高活动效果，达到公共关系战略目标。其研究内容可以按照公共关系活动所借用的主要媒介和方法分为公共关系调查研究、公共关系策划、新闻传播研究、组织传播研究、人际传播研究、综合传播研究、礼仪规范研究、公共关系评估等部分。

三、公共关系学与相关学科的辨析

公共关系学作为一门边缘交叉性学科，与其他学科不可避免地存在某些共性，但其作为一门独立的学科，又有着其特殊性，比较公共关系学与相关活动和学科的联系与区别，澄清人们对公共关系与这些活动和学科的模糊认识，不但可以在理论上加深对公共关系活动的认识，而且对公共关系实践活动具有现实的指导意义，同时也将有利于公共关系学科的发展、完善。

（一）公共关系与宣传

公共关系与宣传都要运用新闻媒介，都要开展新闻报道，都是既对内又对外，都属于信息传播活动，在很多方面相似而且交叉。

公共关系与宣传的联系主要表现在：二者性质上都是一种传播过程，并具有一些共同的活动特点；二者的工作内容有时也是相同的，如每个组织都有团结内部成员，增强群体凝聚力、向心力、荣誉感等方面的任务，这既是组织内部宣传工作的内容，也是组织内部公共关系工作的目标。

公共关系与宣传是有区别的，其主要表现在以下两方面。

（1）工作性质不同。传统的宣传工作属于政治思想工作范畴，是政治思想工作的手段和工具。宣传的目的主要是改变和强化人们的心理状态与精神状态，获取人们对某种主张或信仰的支持。宣传的主要内容是国家的方针、政策、社会道德、伦理、法制等方面的教育。公共关系作为一种特殊的管理职能，其目的是塑造组织形象，建立组织与公众的良好关系，除了宣传、鼓动以外，其工作的主要内容是信息交流、协调沟通、决策咨询、危机处理等。

（2）工作方式不同。宣传工作是社会组织向公众的单向传播，带有灌输性和强制性，其目的有时是隐秘的，并不为公众所知晓。宣传的工作重点往往是以组织既定的目标来控制公众的心理，有时为了获取目标对象的支持，往往容易出现夸张渲染的片面效应。公共关系工作是一种社会组织向公众的双向传播过程，公共关系必须尊重事实，及时、准确、有效地向公众传递组织信息，以真诚换取公众对组织的理解和信任。公共关系除了向公众解释、说服外，很重要的职能在于向社会组织的决策层提供信息和咨询。公共关系的目的、动机是公开的，应努力使公众了解，让公众知晓，公共关系工作是说与做的统一，不仅要求组织做好本身工作，还要求把自己做好的工作告诉公众。

（二）公共关系与市场营销

在实际工作中，有一种"公共关系等于市场营销"的错误观点。之所以存在这种认识上的偏差，主要是因为公共关系与市场营销经常交叉、融合在一起，给人仿佛你中有我、我中有你的感觉，两者确实存在某些相似之处：其一，这二者都涉及社会组织尤其是企业和它的顾客公众之间关系的管理。其二，公共关系在客观上具备促销的功能，正如有人所言，"良好的企业形象是无言的推销员"。这使得公共关系与市场营销的功能有所交叉，尤其在企业社会组织经营中，二者常常融合在一起发挥作用。其三，这二者工作的成功均有赖对顾客公众的看法和行为的了解。特别是 1986 年，菲利普·科特勒提出了"大营销"概念，认为一个公司可能有优质的产品和完美的营销方案，但是，要进入某个特定的地理区域时，可能面临种种政治壁垒和公众舆论方面的障碍，当代营销越来越需要借助政治技巧和公共关系技巧以便在全球市场上有效地开展工作。在麦卡西的产品、价格、渠道、促销的四要素上，科特勒加入政治和公共关系这两个要素，强调了公共关系在市场活动中的重要性。但是，在社会组织的经营管理中，公共关系和市场营销毕竟是两种不同的管理职能，透过这些表层现象做进一步的分析，就不难发现，二者之间还存在重要的差别。

（1）应用的领域不同。市场营销是社会组织满足消费者需求，实现组织目标的商务活动。公共关系的应用领域则不仅包括工商企业组织，还包括政府各部门、事业单位、社会团体和各行各业，范围远远超过营利性社会组织。

（2）工作的对象不同。市场营销的活动对象是消费者，公共关系的工作对象除了消费者外，还包括员工公众、股东公众、政府公众、媒介公众、社区公众、名流公众等，工作对象远非市场营销所能比拟。

（3）采用的手段不同。市场营销所采用的手段是产品设计、价格、包装、分销、推广等，这些手段都紧紧围绕着产品销售的目的。公共关系所采用的手段是发放宣传资料、举办各种专题活动，如记者招待会、社会赞助、典礼仪式、危机处理等活动。即使有时市场营销也可以运用公共关系的一些手段，但严格来讲，两者在手段上还是有很大差异的。

（4）实施的目标不同。市场营销的目标是实现生产与消费的统一，它主要关注商品和服务的盈利。公共关系的目标是促进社会组织与公众之间的理解、信任和支持，树立美好的社会组织形象，它注重的是与公众之间双向的信息交流。

此外，公共关系与市场营销的差别还表现在信息传播的形式、媒介、控制等许多方面，由以上分析我们可以清晰地看到：公共关系并不等于市场营销。

（三）公共关系与广告

公共关系与广告从总体上看有一些共同的特征，它们本质上都是信息传播，都要推销某种东西（如观念、商品或服务等），因此，不了解公共关系真正内涵的人常常把公共关系与广告混为一谈，或者把公共关系活动只视为"免费的广告"。公共关系工作中确实需要广告，但是，广告只是作为公共关系传播信息的众多手段的一种，广告包含不了公共关系那么丰富的内容，它们之间有一些原则上的区别。

（1）目标不同。一般来说，广告是以直接地推销产品和服务为其目标的；而公共关系活动则以构建社会组织良好的生存和发展环境，树立形象、增进好感为目标。当广告被设计来影响特定公众对社会组织的态度和行为时，它便具有公共关系的性质。

（2）传播手法不同。广告为了在很短的时间内引起公众的购买兴趣，促使购买行为的发生，常使用艺术夸张的手法；而公共关系的传播原则是以事实为依据、用事实来说话，传播艺术手法上尽量诚挚朴素，其生命力在于它真诚、坦诚的做法，力求达到"润物细无声"的效果。

（3）与媒介的关系不同。广告同媒介的关系是经济交易关系，即广告是广告主付钱购买媒介进行的传播，因而媒介依赖广告；公共关系活动（如新闻稿、社会组织有关的经济及技术介绍信息）是否被传播、怎样被传播，最终主要决定权掌握在媒介手中。为此，公共关系要保持同媒介的长期协调的关系。

（4）传播效果不同。广告的效果一般侧重于告知，特别是在短期内创造较高的知名度，公共关系一般侧重于建立偏好、提升美誉度；广告长于对简单信息的传达，公共关系优于对复杂信息的传播；广告偏向品牌外在形象包装，公共关系注重品牌内涵的构建。一般而言，广告产生直接的、可见的、单一的、短期的传播效果，公共关系则致力于组织与公众之间的长期良好关系，效果是全局性的、战略性的。

广告在社会组织中只服务于营销领域，它的成败不会对社会组织的存亡构成直接影响。公共关系只宣传社会组织，树立组织整体形象，因此，在同一机构里，公共关系一般可以从社会组织全局出发，从战略的角度来指导、确定广告业务，运用公共关系原理参与广告决策，以提高广告效果，在某种意义上可以说公共关系高于广告。"广告是要大家买我，而公共关系是要大家爱我"。这句话可以形象说明两者的不同传播效果。

（四）公共关系与管理学

公共关系是一种管理活动，也具有多种管理职能，它借助管理科学的相关理论，又与管理学有诸多差异。

（1）管理的对象不同。公共关系的管理对象是公众及社会组织与公众的关系，是着眼于人的管理，而社会组织的管理则以一切可控因素为对象，包括人、财、物等。

（2）管理的范围不同。公共关系既要协调社会组织与内部公众的关系，又要协调社会组织与外部公众的关系，管理范围很大，有时还要跨越社区和国家。而社会组织管理工作的重点在组织内部。

（3）管理的内容不同。公共关系管理公众关系，更注意公众的态度、社会的舆论和公众的评价，而不涉及各类公众从事的具体工作，仅仅是一种软性管理，而社会组织管理的内容却覆盖了组织方方面面，从战略决策到日常出勤、从人力资本到工作质量，无所不包，有软管理也有硬管理，所以说，公共关系是社会组织管理系统当中的一个重要组成部分。

（五）公共关系与传播学

公共关系对传播学的研究与应用也具有极强的选择性，它侧重于有效地运用各种传播媒介，更好地掌握传播技巧，提高公共关系工作的水平和效率，利于社会组织与公众的沟通，所以着眼于社会组织对相关公众的信息交流。

传播学研究传播，是为了认识和把握传播在人与团体关系中的作用和效果，推动传播事业的发展，推动传播媒介的进步，致力于整个人类的传播事业。

（六）公共关系与庸俗关系

庸俗关系是指在日常生活和经济交往中，利用金钱或职权，"拉关系""走后门""套私情"，为个人谋取好处等不正当的人际交往活动。从表面上看，庸俗关系与公共关系的协调沟通是一致的，目的都是解决问题或获取利益。因此，有人一听说公共关系就联想到这种不正当的庸俗关系，其实这是一个极大的误解。公共关系与庸俗关系有着本质的区别。

（1）产生的基础不同。公共关系是商品经济高度发达、现代民主制度不断发展、信息手段十分先进的产物；庸俗关系则是封闭落后的经济条件下，由于生产力水平低下、商品经济不发达，也缺乏竞争，因而人们的交际习惯往往依靠血缘、地缘色彩而产生的。

（2）遵循的原则不同。公共关系以组织利益、社会利益、公众利益三者的统一为原则，以尊重事实、平等互利、科学指导为原则，以对公众负责任的态度赢得公众的信任和支持；庸俗关系则以小集团或个人的私利为追求目标，奉行为我所用的原则、实用主义的原则、急功近利的原则，甚至损人利己、损公肥私的原则，只要达到目的，不论采用什么手段。

（3）产生的效果不同。公共关系是通过一系列有计划的活动，使社会组织在与社会整体利益一致的前提下发展，其结果是组织、公众、社会、国家都受益；为社会创造一种以诚相见、讲究信誉、提高声望的良好风气；有利于形成和谐、友善、正常、健康的人际关系；有利于提高社会文明程度，促进社会的发展。庸俗关系则将人际关系商品化，使人们变得唯利是图、目光短浅，使整体社会充满市侩气，降低社会文明程度，对社会造成恶劣影响。

以上相关学科、相关活动（除庸俗关系外），都可以视为广义公共关系理论、方法、技巧、功能的一部分，但在相关概念上不应将它们与公共关系等同或混淆。总之，公共关系学是在许多相关学科的基础上发展起来的一门综合性的应用科学。日益深化和丰富的公共关系实践正在给这门年轻的科学不断注入新鲜的养分与活力。作为一门新兴的应用科学，它正以其独特的研究角度、研究方法以及在实践中发挥出的巨大潜能，显示出旺盛的生命力。

 **课后思考** »

1. 如何理解公共关系？
2. 公共关系的主要功能有哪些？
3. 公共关系的意识和行为准则各包括哪些内容？
4. 公共关系学的研究对象和内容是什么？
5. 试述公共关系与其他学科的联系和区别。

 案例分析

长城饭店的公共关系活动

1983 年，中国第一家五星级宾馆，也是第一家中美合资的宾馆——北京长城饭店正式开张营业。开业伊始，面临的首要问题就是如何招徕顾客。按照通常的做法，应该在中外报刊、电台、电视台做广告等。这笔费用是十分昂贵的，国内电视广告每 30 秒需数千元，每天需插播几次，一个月最少需要几十万元。但由于北京长城饭店的客户多来自香港、澳门地区及海外，这就需要海外宣传，而香港电视台每 30 秒的广告费最少需 3.8 万港元，若按内地方式插播，每个月需几百万元人民币。至于外国的广告费，一个月下来更是个天文数字了。一开始，北京长城饭店也曾在美国的几家报纸上登过几次广告，后来因为经费不足，收效又不佳，只得停止广告攻势。广告攻势虽然停止了，北京长城饭店宣传自己的公共关系活动却没有停止，只不过是改变了策略。

北京市为了缓解八达岭长城过于拥挤之苦，整修了慕田峪长城。当慕田峪长城刚刚修复、准备开放之际，北京长城饭店不失时机地向慕田峪长城管理处提出由它来举办一次招待外国记者的活动，一切费用都由北京长城饭店负担。双方很快便达成了协议。在招待外国记者的活动中，有一项内容是请他们游览整修一新的慕田峪长城，目的当然是想借他们之口向国外宣传新开辟的慕田峪长城。这一天，北京长城饭店特意在慕田峪长城脚下准备了一批小毛驴。毛驴是中国古代传统的代步工具，既能骑，也能驮东西。如果长城、毛驴被这些外国记者传到国外，更能增加中国这一东方文明古国的神秘感。这次北京长城饭店准备的毛驴，除了一批供给愿意骑的记者外，大部分用来驮饮料和食品。当外国记者陆续来到山顶之际，主人们从毛驴背上取下法国香槟酒，在长城上打开，供记者们饮用。长城、毛驴、香槟、洋人，记者们觉得这个镜头对比太鲜明了，连连叫好，纷纷举起了照相机。照片发回各国之后，编辑们也甚为动心。于是，第二天世界各地的报纸几乎都刊登了慕田峪长城的照片。北京这家以长城命名的饭店名声也随之大振。通过这次活动，北京长城饭店的公共关系经理，一位当过记者的美国人士，尝到了通过编辑、记者的笔头、镜头，把长城饭店介绍给世界各国，不仅效果远远超过广告，而且可少花钱的甜头。于是，这位精明的公共关系经理心中盘算再举办一次更大规模的活动。

机会终于来了。1984 年 4 月 26 日到 5 月 1 日，美国总统里根将访问中国。北京长城饭店立即着手了解里根访华的日程安排和随行人员。当得知随行来访的有一个 500 多人的新闻代表团，包括美国的三大电视广播公司和各通讯社及著名的报刊之后，北京长城饭店的这位公共关系经理真是喜出望外，她决定把早已酝酿的计谋有步骤地付诸实施。首先，争取把 500 多人的新闻代表团请进饭店。长城饭店三番五次免费邀请美国驻华使馆的工作人员来长城饭店参观品尝，在宴会上由饭店的总经理征求使馆对服务质量的意见，并多次上门求教。在这之后，长城饭店以美国投资的一流饭店应该接待美国的一流新闻代表团为理由，提出接待随同里根的新闻代表团的要求，经双方磋商，长城饭店如愿以偿地获得接待美国新闻代表团的任务。其次，在优惠的服务中实现潜在动机，长城饭店对代表团的所有要求都给予满足。为了使代表团各新闻机构能够及时把稿件发回国内，长城饭店主动在楼顶上架起了扇形天线，并把客房的高级套房布置成便利发稿的工作间。对美国的三大电

视广播公司，长城饭店更是给予特殊的照顾。将富有中国园林特色的"艺亭苑"茶园的六角亭介绍给CBS公司、将中西合璧的顶楼酒吧"凌霄阁"介绍给NBC公司、将古朴典雅的露天花园介绍给ABC公司，分别当成它们播放电视新闻的背景。这样一来，长城饭店的精华部分尽收西方各国公众的眼底。为了使收看电视、收听广播的公众能记住长城饭店这一名字，饭店的总经理提出，各电视广播公司只要在播映时说上一句"我是在北京长城饭店向观众讲话"，一切费用都可以优惠。富有经济头脑的美国各电视广播公司自然愿意接受这个条件，暂当代言人、做免费的广告，把长城饭店的名字传向世界。

有了这两步成功的经验，长城饭店又把目标对准了高规格的里根总统的答谢宴会。要争取到这样高规格的答谢宴会是有相当大难度的，因为以往像这样的宴会，都要在人民大会堂或美国大使馆举行，移到其他地方尚无先例。长城饭店决定用事实来说话。于是，长城饭店在向中美两国礼宾司的首脑及有关执行部门的工作人员详细介绍情况、赠送资料的同时，把重点放在了邀请各方首脑及各级负责人到饭店参观考察上，让他们亲眼看一看长城饭店的设施、店容店貌、酒菜质量和服务水平，不仅在中国，即使是在世界上也是一流的。到场的中美官员被事实说服了，当即拍板，还争取到了里根总统的同意。获得承办权之后，饭店经理立即与中外各大新闻机构联系，邀请它们到饭店租用场地，实况转播美国总统的答谢宴会，收费可以优惠，但条件当然是：在转播时要提到长城饭店。

答谢宴会举行的那一天，中美首脑、外国驻华使节、中外记者云集长城饭店。电视上在出现长城饭店宴会厅豪华的场面时，各国电视台记者和美国三大电视广播公司的节目主持人异口同声地说："现在我们是在中国北京的长城饭店转播里根总统访华的最后一项活动——答谢宴会……"在频频的举杯中，长城饭店的名字一次又一次地通过电波飞向世界各地，长城饭店的风姿一次又一次地跃入各国公众的眼帘。里根总统的夫人南希后来给长城饭店写信说："感谢你们周到的服务，使我和我的丈夫在这里度过了一个愉快的夜晚。"通过这一成功的公共关系活动，北京长城饭店名声大振。各国访问者、旅游者、经商者慕名而来；美国的"珠宝号"游艇来签合同了；美国的林德布来德旅游公司来签订合同了；几家外国航空公司也来签合同了……后来，有38个国家的首脑率代表团访问中国时，都在长城饭店举行了答谢宴会，以显示自己像里根总统一样对这次访华的重视和成功。从此，北京长城饭店的名字传了出去。

作为一家经常接待外国元首的豪华饭店，长城饭店的客人98%是外宾，这在许多中国人心目中形成"'长城'是洋人出入的地方，中国人进不去"的误解。为了消除这种误解，公共关系部又有了新的策划：举办一场集体婚礼，每个普通的北京市民都可以报名参加，还可以带上15名亲友。这条消息在《北京日报》登出后，没过几天就名额爆满，来电和登门询问者让公共关系部人员应接不暇，忙得不亦乐乎。当100对新人和他们的1500名亲友步入长城饭店大厅时，通过中央电视台和北京电视台，亿万中国人收看到了这一盛况，此举受到了人们的热烈赞扬。新人们为在这里举行婚礼而倍感荣幸。此后，许多企业、政府机构、社会团体也在这里举办各种活动，长城饭店在中国人心目中变得更亲近了。

资料来源：刘建廷. 公共关系学[M]. 北京：中国传媒大学出版社，2014（有整理）

问题：

1. 长城饭店采用的公共关系活动效果如何？
2. 长城饭店还可以采用哪些方法达到这个效果？试比较各种方法的优劣势。

第二章

公共关系的起源与发展

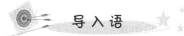 **导入语**

公共关系是人类社会发展进步的必然产物，朴素的公共关系思想和原始的公共关系活动古已有之。但作为一门学科的公共关系却是近代市场经济、民主政治和传播技术等发展的结果。本章我们追溯历史、把握现状、展望未来，对公共关系发展的总体情况和趋势进行描述。

学习目标

1. 了解现代公共关系发展历程及阶段特征。
2. 熟悉公共关系发展进程中重要人物及其贡献。
3. 了解我国公共关系事业的发展。

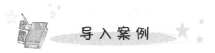 **导入案例**

子产不毁乡校

郑人游于乡校，以论执政。然明谓子产曰："毁乡校，何如？"子产曰："何为？夫人朝夕退而游焉，以议执政之善否。其所善者，吾则行之；其所恶者，吾则改之。是吾师也，若之何毁之？我闻忠善以损怨，不闻作威以防怨。岂不遽止？然犹防川：大决所犯，伤人必多，吾不克救也；不如小决使道，不如吾闻而药之也。"然明曰："蔑也今而后知吾子之信可事也。小人实不才。若果行此，其郑国实赖之，岂唯二三臣？"

仲尼闻是语也，曰："以是观之，人谓子产不仁，吾不信也。"

资料来源：选自《左传》

第一节　公共关系的起源

公共关系的源头可以追溯到古代社会人类文明开始的地方——古埃及、古巴比伦、波斯和中国等国家，朴素的公共关系思想和原始的公共关系活动早已存在。

一、公共关系的源流

古代的埃及、巴比伦和波斯的统治者虽然更多的是用武力、恫吓等手段来控制社会，但舆论手段的运用在处理与民众的关系上占有相当重要的地位。这些古代的国家、政府、帝王都曾动用大量的金钱和人力去营造雕像、寺院、金字塔，以及创作赞美诗等，用精湛的艺术描述他们东征西讨的英雄勋绩，树立统治者的声誉，宣扬自己的伟大和神圣的身份。当年君王们制造舆论、控制舆论的意图属于原始公共关系思想的萌动。

古希腊的民主政治导致公众代表会议和陪审团制度的形成，它为公众提供了对话的讲坛，演讲逐步引起人们的重视。公元前4世纪，一批从事法律、道德、宗教、哲学研究与宣传的教师和演说家在社会上十分活跃，他们被史学家们称为诡辩学者，其代表人物有苏格拉底、柏拉图和亚里士多德等。其中，亚里士多德利用严谨的思维逻辑和科学的研究方法写出《修辞学》，强调语言修辞在人际交往和宣讲中的重要性。他认为，修辞是沟通政治家、艺术家和社会公众相互关系的重要手段与工具，是寻求相互了解与信任的艺术。他还提出在交往沟通中，要用感情的呼唤去获取公众的了解与信任，要从感情入手去增强宣讲和劝服的感召力与可靠性。为此，西方的一些公共关系学者视亚里士多德的《修辞学》为人类历史上最古老的公共关系经典之作。

古罗马时代，人们对民意有更深的认识，并提出"公众的声音就是上帝的声音"。古罗马人注重发展各种影响人的传播技术，改进诗歌形式，使它更加精练，并巧妙地把宣传意图渗透进艺术的表现之中。例如，由于城市的发展，当时大量向往城市生活的农民涌进城市，罗马城一时变得拥挤不堪，人满为患。为了减轻城市的人口压力，同时也为了稳定农业人口，政府曾委托诗人写诗来协助宣传，维吉尔所写的《田园诗》就是其中之一。诗歌通过赞美乡村生活、新鲜的空气、纯净的水流，以及处身于大自然之中的乐趣，来激发人们对乡村生活的向往之情，潜移默化，使人们受到艺术美的熏陶，最终达到宣传的目的。

在凯撒时代，手抄小册子的流行，促使凯撒发行了世界上最早的日报《每日记闻》作为自己与臣民沟通的工具。而由凯撒写作的《高卢战记》，记载了他的业绩和功德，成为一部纪实性的经典之作广为流传。国外的公共关系学者称这部书是出色的公共关系实务宣传的佳作。

中国古代公共关系的萌芽早于古希腊和古罗马。在春秋战国时期便出现了百家争鸣、百花齐放的文化盛世。当时产生的士阶层，在社会上举足轻重，深受各诸侯君王的器重与信赖，形成策士游说成风、舌战宣讲艺术发达的历史局面。《文心雕龙·论说》曾描述道："战国争雄，辩士云涌，纵横参谋，长短角势；《转丸》骋其巧辞，《飞钳》伏其精术。一人之辩，重于九鼎之宝；三寸之舌，强于百万之师。"战国的游说者，足智多谋，口才雄辩。战国的游说，以闻名中外的纵横之争达到最高境界。

中国古代十分强调争取民心对事业的重要性。《老子·六章》说："江海所以能为百谷王者，以其善下之也，故能为百谷王。是以圣人之欲上民也，必以其言下之；欲先民也，必以其身后之。是以圣人处上而民不重，处前而民不害。是以天下乐推而不厌。"此即"得民心者得天下，失民心者失天下"。取信于民是中国古代争取民心的一种常用的方法。孔子曾讲过与朋友交，要"言而有信"，"人而无信，不知其可也"。国家则"民无信不立"。

如果失去了人民的信任，这个国家将无法生存下去。孔子的核心思想是"仁"，即仁爱、爱人。他看重人、宽厚待人、信赖人，主张施民以惠，以教育说服人、感化人。他提倡"和为贵""礼为尚"。他用"己所不欲，勿施于人""君使臣以礼，臣事君以忠""德不孤，必有邻"等信条来处理相互关系①。

到了明清时期，公共关系思想开始进入商业活动中。如酒店门口悬挂的写着"酒"的旗帜，店铺门上的"百年老店"招牌，人们经商活动中遵循的"和气生财"准则，都是公共关系思想在商业活动中的运用。这一时期，人们甚至还有了朦胧的形象意识，已经懂得良好的企业（店铺）名称对顾客的正面影响。

虽然人类社会早期实际上就存在公共关系的某些观念和某些类似的活动，但这些东西仅仅是零星的观念和技巧而已，始终没有出现过自觉地研究、推行公共关系的需要，更谈不上形成系统的公共关系理论和产生有一定目标、规模和系统的经常性的公共关系活动。

二、公共关系产生的原因

英文"public relations"一词最早出现在 1882 年美国律师多尔曼·伊顿（D. Eaton）在耶鲁大学法学院对毕业生所做的《公共关系与法律职业的责任》演讲中，但那时表示的非现代意义上的"公共关系"，而是"大众利益"的意思。现代意义上的"公共关系"这一用语第一次正式使用是在 1897 年，出现在美国铁路协会的《铁路文献年鉴》上。这个概念真正作为科学用语流传和普及则要归功于美国著名公共关系专家爱德华·伯内斯，1923 年他完成了世界上第一部公共关系学专著《公众舆论之凝结》（*Condensation of Public Opinion*），并在纽约大学开设公共关系课程，使公共关系逐渐发展成为一门新的学科②。所以，从比较严格的意义上讲，现代公共关系产生于 19 世纪末 20 世纪初的美国，这与美国当时的政治、经济、文化、科技等环境分不开。

（一）民主政治：公共关系发展的制度安排

从人类社会制度发展看，公共关系的产生是社会民主化发展的必然产物。人类社会在数千年的漫长发展过程中，多数时间实行的是封建主或宗教主的专制统治。在这种制度下，君主拥有无上的权威，君主便是国家，君令便是法律，生杀予夺，全凭君主的喜怒哀乐。从根本上讲，在封建专制制度下不可能也不允许发展真正的公共关系。文艺复兴和宗教改革，使欧洲从长达数千年愚昧宗教统治的"黑暗时代"中解放出来。随着经济关系的变化，资本主义的民主政体代替了封建专制政体。虽然资本主义的民主制仍存在虚伪的一面，但它比起专制的封建制度毕竟是有了很大的进步。政党要执政就得想办法争取社会舆论和选民的支持，即使当政，还得千方百计与选民保持良好的关系。在这一社会民主化的进程中，公民的参与意识不断增强，对各种社会重大问题，特别是关系到自己切身利益的问题，都要通过各种渠道来表达自己的意见。公众的意愿第一次成为竞选者和执政者不得不加以认

① 李道平. 公共关系学[M]. 北京：经济科学出版社，2002.

② 居延安. 公共关系学导论[M]. 上海：上海人民出版社，1992.

真考虑的问题。如何才能有效地与民众进行沟通，建立良好的关系，成为资产阶级政府、政党及各利益集团所面临的新问题。长期以来，公共关系也就一直成为各种政治变革、权力斗争的工具。

（二）市场经济：公共关系发展的现实土壤

在农业社会里，其经济模式是一种自给自足的封闭的小生产式，其生产组织方式以一家一户为单位。人与人之间关系的维系主要是靠血缘、地缘、人缘关系，靠传统的伦理观念和义务。直至资本主义社会前期，大工业尚不十分发达，受经济水平限制，人们的社会联系仍是相当狭隘，商品交换基本上用不着广为宣传，更没有必要花大力气去开展公共关系活动。随着时代发展，特别是工业革命之后，经济突飞猛进地发展，工业社会代替了农业社会。大工业的市场经济突破了时空和血亲的局限，形成以市场为轴心的极广泛的社会分工协作。任何社会组织均须得到社会的广泛承认，获得社会整体的支持，才能生存发展。所以，市场经济势必需要公共关系。

在市场经济的发展过程中，市场形势经历了由"卖方市场"向"买方市场"的逐步转换。在买方市场条件下，消费者具有更多的优势，可以根据销售者的产品质量、价格、服务、品牌以及人情关系等条件，灵活地决定向哪个"卖家"去购买所需的商品。为此，必须通过发展良好的相互感情关系方能有效地维护交换关系，维持市场发展。此外，消费者的消费水平也随着商品的不断丰富而不断提高，从"基本需要"逐步转向"个性需要"。生产者、销售者必须对消费者多样的、多变的选择需求有及时、深入而全面的了解与掌握，以便能提供适销对路的商品，这就需要公共关系工作来促进双边沟通和相互了解，更好地满足顾客，赢得市场。

（三）人性文化：公共关系发展的精神源泉

美国是世界上少有的移民国家，几乎没有历史传统的包袱。美国文化体系中有三个突出特点：个人主义、英雄主义、理性主义。个人主义使美国人富于自由浪漫的色彩；英雄主义使美国人崇拜巨头伟业，富于竞争的精神；理性主义使他们注重严密的法规，崇尚教条、数据和实效。管理科学的鼻祖泰勒的思想及其制度，便是理性主义的典型代表。它将人视为机器的一部分，强调严格的操作程序，作业计量定额，颠倒了人与机器的关系，使手段异化为目的。这种机械唯理主义的管理，虽然短期内取得了显著的高效率，但同时也促使阶级矛盾与劳资矛盾的日趋尖锐激化，孕育着社会危机和动荡不安，也孕育着社会文化意识的嬗变。正是在严峻的现实面前，人们逐渐意识到纯理性文化的局限，人文主义重新抬头，在管理中注重人性、注重个人和群体的文化精神理念迅速地获得人们的认同。20世纪初，哈佛大学教授梅奥（Mayo）在著名的"霍桑实验"中提出的"人群关系理论""行为科学"，便是人性文化逐步形成的有力体现。此外，大众传播的发展，社会化大生产的发展，也对尊重个人隐秘但又互不相关、过于狭隘的美国传统文化形成冲击，使社会生活、社会交往更趋开明化、开放化。这种尊重人性的、尊重个人感情和尊严的、人文的、开放的、人性化的文化，正是公共关系得以产生的精神源泉。

（四）传播技术：公共关系发展的技术支持

随着经济的发展和政治变革，人们交往的空间不断扩大，人们需要了解的信息量也越来越大。为适应这种需要，信息传播技术，特别是大众传播技术迅速发展。印刷技术日益普及与提高，报刊媒介遍及千家万户；电子技术不断进步，更带来广播、电影、电话、电视、网络等电子传播媒介的普及。在现代信息社会，具有极高的传播广度、速度与深度且费用低廉的传媒迅猛发展，各种信息在瞬间即可传遍世界各地，使整个世界变得如同一个村落。这种"地球村"的发展趋势，使得言论自由、新闻自由的理想能进一步地实现，使得社会舆论的力量、公众意见的表达越来越具有影响力。公众对社会组织机构的政策、制度和管理实施的实际干预能力大大增强。这种干预力量又不以人们的意志为转移地向社会各管理层渗透，政府和企业界不考虑公众意愿的管理方法已行不通。摆在管理阶层面前唯一的出路就是尽快地学会有效地驾驭新的传播手段和传播技术，与自己的公众建立起一种新的有利于相互了解、相互协调的沟通关系。由此可见，传播技术与传播有关的信息通信技术、控制技术的出现和发展为现代公共关系的形成与发展提供了重要的物质技术支持[①]。

第二节 现代公共关系的发展

公共关系作为一种全新的观念、科学和一种专门化的社会职业，起始于 19 世纪中叶至 20 世纪初的美国。此后，随着以美国为代表的资本主义的经济、政治、思想、文化及其他社会历史条件的不断发展和变化，公共关系的发展也经历了不同的历史时期，并呈现出新的发展趋势。因此，我们在这里主要考察美国公共关系的发展历史，以此来把握国际公共关系的发展历程[②]。

一、现代公共关系的发展阶段

（一）公共关系的早期实践（19 世纪中叶以前）

具有现代意义的公共关系活动的出现可追溯到北美殖民地人民反对君主专制，为争取独立的斗争。其中萨缪尔·亚当斯、本杰明·富兰克林、亚历山大·汉密尔顿等被认为是公共关系的创始人。持这种观念的人其依据是，萨缪尔·亚当斯当时为了攻击英国、塑造美国形象，于 1750 年至 1783 年出版了 1500 多种小册子广为散发，利用这些"现代传播手段"反对英国的殖民统治，为美国革命制造舆论。本杰明·富兰克林是"自我宣传的伟大信奉者"。他在任美国第一任驻法大使期间，发挥自己的个人特性，用炫耀、夸张、摆阔等手段在法国人面前显示了美国的神圣与强大，使法国人很快改变了对美国人的看法，不仅认为富兰克林本人是一个富有教养的外交官，而且认为美国是一个相当富有的国家。

---

① 李道平. 公共关系学[M]. 北京：经济科学出版社，2002.

② 西泰尔 FP. 公共关系实务[M]. 梁浼洁，等译. 8 版. 北京：机械工业出版社，2004.

亚历山大·汉密尔顿作为美国历史上第一位政治专家，创编了《联邦制者论文集》和《1787—1788 年的美国北部联邦同盟文件》，有效地引导了当时的公共舆论，为美国实现联邦制铺平了道路。美国历史学家阿伦·内文斯认为，汉密尔顿利用舆论争取美国 1789 年宪法获得批准这一事件，是迄今为止美国公共关系领域所取得的最大成果。

上述具有现代意义的公共关系活动比古代社会的那种零星的公共关系观念和活动有较大的进步，其最主要的标志在于这些活动目的更明确、计划更严密、活动规模更大，现代的媒介、大众传播方式也已被公共关系活动广泛采用。

（二）巴纳姆时期——现代公共关系的发端

19 世纪中叶至 20 世纪初是公共关系发展过程中一个重要的承上启下的时期。在这一时期，企业界利用报纸进行富有戏剧性的新闻广告宣传，公共关系从过去的模糊状态中走了出来，从自发阶段进入自觉运用的阶段，并逐步形成新闻机构的公共关系、广告宣传部门的公共关系和企业界的公共关系三个主要分支[①]。

19 世纪 30 年代，在美国由《纽约太阳报》领头，掀起了一场"便士报运动"。便士报的诞生，使报纸的影响迅速扩大。随着报纸发行量的猛增，广告费上涨，这使得一些急于宣传自己的公司不得不考虑如何使广告费的支出不致上升得太快。当时的一些政治组织和公司企业发现利用报刊宣传自己的主张、美化自己的形象有意想不到的效果，于是纷纷雇用一些能在报刊上发表文章的记者和与新闻界有关系的人员为本组织展开宣传，挖空心思"制造新闻"，根本没有职业道德的顾忌。报纸为了扩大发行量，也推波助澜，以制造的新闻吸引读者，以离奇的故事引起公众的关注。在这方面最为突出的人物是报刊宣传员费尼斯·巴纳姆（Phines T. Barnum）。

巴纳姆是当时美国最善于创新和最受人赞赏的游艺节目演出经理人。他曾制造过一个关于黑人女奴海斯在 100 年前曾养育过美国第一任总统乔治·华盛顿的神话。这一新闻在美国社会引起了轰动。巴纳姆又乘势使用不同笔名向报纸寄去读者来信，人为地引起一场讨论，有的来信说，巴纳姆的所谓"海斯"的故事是个骗局；有的来信说，巴纳姆发现了海斯是个大功劳。巴纳姆说，只要报纸上没有把他的名字拼错，随便怎么说他都无妨。海斯死后，对她的尸体解剖表明，海斯只不过 80 岁左右，并非巴纳姆所说的 161 岁。对此，巴纳姆厚颜无耻地表示深感震惊，还说他本人也受了骗。其实作为这场骗局的策划者，他大大获利了。他达到了自己真正的目的：每周可从那些希望一睹海斯风采的美国人那里获得 1500 美元的门票收入。巴纳姆的信条是"凡宣传皆好事"，完全不把公众放在眼里。这种宣传行为存在两个致命的弱点：一是对公众的利益全然不顾。在当时的背景下，甚至出现了美国铁路大王"让公众见鬼去吧"这种谩骂公众的典型个案。二是几乎所有的报刊宣传员都以获得免费的报刊版面为满足，并为此而不择手段地为自己制造神话，欺骗公众，这种做法与公共关系职业的基本要求和道德准则相差甚远。因此，这就使整个巴纳姆时期在公共关系历史上成了一个不太光彩的时期，有人称之为"公众受愚弄"的时期。

---

① 李道平. 公共关系学[M]. 北京：经济科学出版社，2002.

当然，这一时期也不乏早期科学公共关系实践的萌芽。19 世纪 50 年代，美国的一些铁路和土地开发者就曾利用公共关系与其他宣传手段吸引人们到西部去发展。1888 年，互助人寿保险公司聘用查尔斯·史密斯为其撰写新闻稿或文章，以塑造公司的形象，并在公司设立了新闻宣传部。1889 年，交流电的发明人乔治·威斯汀豪斯为他新创立的新电器公司成立了公共关系部门，雇用记者 E. H. 海因希来协助宣传交流电的知识，让公众了解他的公司，他们凭借娴熟的公众沟通技巧和媒介渠道，成功地打消当时某些人阻碍交流电发展的企图，使威斯汀豪斯的交流电系统最终为公众所接受。

这一时期公共关系的最大特点是报刊宣传活动已经带有一定的组织性和较为明确的目的性，与牟取经济利益的愿望紧密结合在一起，已经不再局限于政治活动和思想宣传活动，这为公共关系以后的发展奠定了基础。

（三）艾维·李时期——现代公共关系职业化的开始

1903 年，艾维·李（Ivy Lee）在美国开办了世界上第一家宣传咨询事务所，成为第一位为客户提供现代公共关系咨询并收取费用的职业公共关系人员，也就当之无愧地成为公共关系职业化的先驱。艾维·李的公共关系实践活动以及他在 1906 年发表的《原则宣言》被看作现代公共关系的开端。

19 世纪末，美国已进入垄断资本主义时代，美国的铁路、钢铁、石油、煤炭和银行业的经济命脉都掌握在大财团手里，它们一味追求高额利润，无视公众利益，加之经济危机爆发，中小企业大批破产，被大资本兼并，工人阶层的生活更加困苦，阶级矛盾日益尖锐，社会公众对工商寡头充满了敌意。于是，在 20 世纪之交，美国爆发了以揭露工商企业阴暗面为主题的新闻揭丑运动，史称"扒粪运动"。

当时，一些作家和新闻界的记者以笔代枪，掀起了揭丑运动的高潮。在十几年间，各种报纸杂志上发表的此类文章达 2000 多篇，还有社论和漫画，从而使许多大企业和资本家声名狼藉。为了应对，一些大财团和大公司公开雇用记者创办自己的刊物，仿效 19 世纪报刊宣传运动的手法，杜撰有利于工商巨子们的"神话"和"新闻"，遮掩公司和企业中出现的种种问题。结果，适得其反，公众对垄断财团的敌意反而与日俱增。在此背景下，以"说真话""讲实情"获得公众信任的主张被提了出来，并越来越得到工商界一些开明人士的赞同，该主张的代表人物之一就是艾维·李。

艾维·李是一个牧师之子，先后就读于普林斯顿大学和哈佛大学，后相继在《纽约时报》《纽约世界报》做过记者。他的公共关系思想就是"说真话"，这与其记者生涯不无关系。他认为，一家企业或公司唯有将本身真实的情况告诉公众，才能赢得好的声誉。如果披露真相对自身生存、发展不利，那就及时调整或改变自身的行为。

1903 年，艾维·李与人开设了最早的公共关系公司——"宣传咨询事务所"，这也是第一个向顾客提供公共关系咨询而收取报酬的公司。从此，公共关系成为一门职业和行业。艾维·李事务所开展的业务是专门为企业和其他社会机构提供传播与宣传服务，以及协助它们与公众之间建立和维持一种较正常的关系。艾维·李声称他的工作是公开进行的，目的是提供新闻，他经常向报社提供免费的新闻公报，并总是在公报后标明作者或他们所代表的组织，此做法使他在新闻界与公众中获得好评。艾维·李还反复向其客户灌输如下信条：凡是有益于公众的事业最终必将有益于企业或组织。

1906 年，艾维·李在给报界的一份《原则宣言》中，明确论述了公共关系的职业目标，"我们的计划是代表企业单位及公众组织，将对公众有影响且为公众采用的课题或信息向报界和公众提供，并保证其准确性、迅速性"。他还认为，"公众需要了解与他们的利益有关的情况是合乎情理的"，"而向报界提供有关情况以供发表，则是他的责任"。他还呼吁企业不要唯利是图，应实现企业人性化，并倡导公共关系进入企业最高管理层次。

艾维·李事务所的第一个客户就是当时深受"扒粪运动"之苦的洛克菲勒财团。当时洛克菲勒因科罗拉多州燃料公司和钢铁公司工人罢工而处于焦头烂额的境地，小约翰·洛克菲勒在处理罢工时，态度强硬、不妥协、进行镇压，在当时的公众中声誉极坏，被称为"强盗大王"。艾维·李接受这次事件的协调使命后，采取了几条不同凡响的措施：调查事发原因并公布于众，聘请有声望的劳资关系专家来主持调查，以示公正；邀请工人代表参与商讨解决劳资纠纷的办法；建议增加工人福利和向慈善事业捐款，以改变形象。洛克菲勒无奈只得接受艾维·李的建议，公众逐渐改变了对洛克菲勒本人的看法，从而平息了事端，洛克菲勒挽回了声誉。艾维·李因此而声名鹊起，美国许多大公司如美国电话电报公司、公平人寿公司、铁路公司等纷纷聘请艾维· 李为公共关系顾问或公共关系代理人，都取得了良好的效果。

艾维·李在公共关系工作中凭经验和直觉，缺少科学理论指导，但他提出了公共关系的基本原则，同时由于艾维·李在实践方面的卓越建树，公共关系界的多数人都把他称为"现代公共关系之父"。

艾维·李的贡献在于如下几方面。

（1）首创近代公共关系事业的模式，付出劳务而收费。

（2）意识到公众的重要性，将员工、客户、社区关系列为公共关系的主要对象，改变了新闻代理人只关注新闻效果的偏颇。

（3）改变一方消极揭露、一方消极防守的做法。尊重公众的客体地位，改变公众被动的局面。

（4）明确公共关系是决策层的职能，只有最高领导的支持，才能保证公共关系计划的实施。

（四）爱德华·伯内斯时期——现代公共关系科学化的发展

爱德华·伯内斯是与艾维·李同时代的另一位公共关系先驱者，相对艾维·李来说，爱德华·伯内斯更注重公共关系的理论研究，并努力使之形成一个独立的科学体系。这一点据说是受其舅父影响，其舅父是奥地利心理学家弗洛伊德。所以，爱德华·伯内斯被称为杰出的公共关系学者。

1891 年伯内斯出生于奥地利，次年随父母移居美国。1913 年，伯内斯被聘为美国福特汽车公司的公共关系部经理。他为该公司筹划并实施了一系列旨在发展公众的福利及社会服务的计划，大大地提高了该公司在公众及社会中的影响力，为促进福特公司的发展起到了重大作用。

　　第一次世界大战期间，伍德罗·威尔逊总统敏锐地意识到舆论的重要性，创办了公共信息委员会——克里尔委员会，其职责就是动员全国舆论支持战争所需要的各种努力和政府的和平目标。克里尔委员会把全美卓越的和有才华的新闻记者、学者、新闻代理人、主编、艺术家和其他舆论控制者聚集起来，为战争大造舆论，他们通过大量的新闻宣传活动和尽可能的传播手段，以争取民众对战争捐款、持有公债债券和其他支持行为[①]。伯内斯加入克里尔委员会，其具体工作是向国外的新闻界提供有关美国参战情况的背景及解释性材料。

　　第一次世界大战后，伯内斯主要从事公共关系的理论研究及教学。1923年，伯内斯以教授的身份首次在纽约大学讲授公共关系课程，同年，出版了被称为公共关系理论发展史上"第一个里程碑"的专著——《舆论之凝结》。1928年，《舆论》一书出版，从而使公共关系的基本理论和方法成为一个较为完整的体系。1952年，他编纂教材《公共关系学》，该书从理论上对20世纪美国的公共关系实践进行了概括与总结，并使之成果化。可见，伯内斯在建立公共关系学科体系方面卓有建树。

　　伯内斯在《舆论之凝结》一书中首次提出"公共关系咨询"的概念，并对它的作用做了详细的解释。在他看来，"公共关系咨询有两种作用：其一是向工商组织推荐它们应采纳的政策，这种政策的实施可以保证工商组织的行为符合社会利益；其二是把工商组织执行的合理政策、采取的有益社会行为向社会广为宣传，帮助工商组织赢得公众的好感、信任和支持。"伯内斯公共关系思想的核心是"投公众所好"。他认为，以公众为中心，了解公众的喜好，掌握公众对组织的期待与要求的态度，确定公众的价值观念应该是公共关系的基础工作，然后按照公众的意愿进行宣传工作，才能做好公共关系工作。伯内斯的公共关系思想对后世影响巨大[②]。

　　伯内斯对现代公共关系的重要贡献主要表现在如下几方面。

　　（1）使公共关系从一种社会现象和活动上升为一门科学。

　　（2）提出公共关系的整个运作过程应当包括从计划到反馈最后到重新评估等8个基本程序。

　　（3）强调了舆论以及通过"投其所好"的方法和通过宣传引导公众舆论的重要。

　　（4）使公共关系的基本理论和方法形成了一个较为独立完整的学科体系。

　　伯内斯的理论探讨和实践活动为公共关系的职业化、科学化，为公共关系教育的发展做出了重要贡献，使他享有"公共关系先驱者之一"的美誉。在他的努力下，1924年，美国《芝加哥论坛报》发表社论，强调提出："公共关系已经成为一种专门职业、一种艺术和一门科学。"

　　伯内斯终身以公共关系为业，1962年，从岗位上退休之后，他仍然关注着公共关系事业的发展，1991年还以99岁高龄参加了第十二届公共关系大会，并对公共关系的功能定

---

① 斯各特·卡特里普，艾伦·森特，格伦·布鲁姆. 公共关系教程[M]. 明安居，译. 8版. 北京：华夏出版社，2001.

② 李道平. 公共关系学[M]. 北京：经济科学出版社，2002.

位等提出了看法，他把一生贡献给了这个崭新的事业。

在公共关系科学化的时期，还有一位杰出的贡献者——乔治·盖洛普（George Gallup）。

盖洛普，美国数学家，抽样调查方法的创始人、民意调查的组织者，他几乎是民意调查活动的代名词。1901 年 11 月 18 日，盖洛普出生在艾奥瓦州一个叫杰佛森的美国中心小镇上一个贫穷的农民家庭，他从小就被灌输了牢固的基于民主政治的思想。当他 9 岁的时候，他的父亲就让他做一份乳牛的牧群工作，以赚取他自己的生活费。他于 1918 年进入爱荷华大学，在那里获得了学士学位（1923 年）、硕士学位（1925 年）和博士学位（1928 年）。1932 年，盖洛普加入罗必凯广告公司，创建了文案研究部，之后的 16 年一直在广告公司工作。通过多年的研究与实践，盖洛普深信，消费态度的研究必须先于创意工作。20 世纪二三十年代，盖洛普发明了各种不同的研究方法和程序测量广告。1935 年，他开始了美国民意测验。在 1936 年的第一次选举投票和其他早期调查中，盖洛普应用市场研究技术对公众关于社会和政治议题的意见进行研究，选举的结果证明了盖洛普应用科学的调查得出的预测是准确的。这样，这次民意调查就成为政治史上第一次科学的民意调查。受这次成功的激励，盖洛普在 1935 年成立了盖洛普民意调查研究所，成为世界上第一个客观和科学的民意测验机构。1936 年，盖洛普公司由于盖洛普民意测验正确地预测罗斯福总统将再次当选而异军突起。在后来的 60 年，盖洛普公司从一个普林斯顿的小小的学会办公室成长为一个位于新泽西的国际性的盖洛普组织。1948 年，盖洛普被认为是爱荷华大学新闻业和大众传播名人堂的第一人，出现在很多杂志封面上。盖洛普在 1964 年荣获广告金像奖，在 1965 年又获得美国市场调研的帕林奖，1977 年被引进广告名人堂[①]。

盖洛普的主要成就是创立了民意测验法，使公共关系有了自己独特的研究方法，同时也成为政治活动、市场调查以及学术活动研究的重要工具。

（五）卡特里普时期——现代公共关系理论化的成熟

第二次世界大战以后，国际的经济、技术和劳务合作日趋频繁与紧密。由于不同民族和国家之间在交往过程中存在语言文字、思想文化、社会制度和风俗习惯等方面的障碍，客观上要求必须有一批公共关系的专业人员从中斡旋，进行有效的沟通与协调。正如美国《公共关系手册》所指出的："打算进入外国市场的美国商人发现，他们当务之急是解决公共关系问题。"因为"对外关系的交恶，十有八九不是出于利益的冲突，而是语言、文化、传统等方面的隔阂"。社会组织要想在世界范围内有所发展，必须和发生利益关系的一方相互了解、相互信任、相互支持，最终才能共同发展。传统的公共关系理论认为，公共关系无论其科学发展的理论深度如何，在公共关系实践中，它都是作为"一项具体工作"而表现出来的。"公共关系工作就是试图去保持和推进社会对组织的良好印象，这是建立在拥护组织的公众将会不断吸收组织的产出这样一个假设基础上的。"这类工作只注重将有关组织的信息扩散到组织环境之中，而忽略将有关环境的信息传递给组织。这种理论实质上是把公共关系的组织系统看成封闭系统，把公共关系被动化了，这是典型的公共关系具

---

① 根据百度百科整理.

体工作论。而在当时，能够解决公共关系实践并且把公共关系理论推向一个新的高度的就是斯各特·卡特里普和艾伦·森特。

1952 年，斯各特·卡特里普和艾伦·森特出版了《有效公共关系》这部著作。在著作中，提出了"公共关系开放系统"模式（"双向对称"模式）和"公共关系四步工作法"。公共关系"双向对称"模式表明组织与公众的沟通是双向的，而且信息交流改变着双方：一方面要把组织的想法和信息向公众进行传播与解释；另一方面又要把公众的想法和信息向组织进行传播与解释，目的是使组织与公众结成一种双向沟通和对称和谐的关系。

运用"双向对称"模式，首先和最重要的要求是对环境进行有目的的感应，以便发现和预测对组织与公众有影响的环境变化。根据"双向对称"模式，公共关系必须有选择地注意那些对组织有影响的公众或者组织政策所涉及的公众。这不仅需要确定目标公众，而且要运用研究技术，在协调组织本身的同时协调公众。需要强调的是，在这种模式中，对于公众的组织结构、观点与行为所施加的影响，是为了实现和维持组织目标，这一目标应该是组织与公众双方的共同利益。当今世界，科技革命、知识革命和产业革命不仅使每个国家的政治、经济乃至整个社会发生了划时代的变化，而且深刻地影响着整个世界的经济格局、政治格局和人们的思想观念，其社会发展的总体趋势表现为：一方面社会日益走向多元化与多极化，另一方面各种社会矛盾既对立又日趋融通。这就使得任何一个社会组织只有增强与其他社会组织和公众的相互沟通、协调与合作，才能得以生存和发展。因此，社会组织与其相关团体和公众自觉的、积极的、有目的的、有计划的相互沟通与联系就变得更加迫切和必要。开放系统的"双向对称"公共关系模式正是这一社会客观环境的必然产物。

《有效公共关系》（后更名为《公共关系教程》）经过近 10 次的修订，半个多世纪以来在公共关系领域人们一直将它视为公共关系的"圣经"，被世界各高校广泛应用于公共关系的教学。

二、现代公共关系的特征

20 世纪 30 年代，尤其是第二次世界大战期间及战后，公共关系受到人们普遍的关注，公共关系的发展达到了一个新的高潮，具体特征有以下四个方面。

1. 公共关系学科规范化

公共关系学作为一门学科，其学术积累时间不长，规范性相对较弱。特别是有些人对公共关系学的滥用，把什么都归属于公共关系范畴，使人们在某些时期对公共关系评价不高。因此，20 世纪以来，凡致力于公共关系理论建设和体系构造的有识之士都尤为强调该门学科的规范性。从艾维·李的"说真话"到爱德华·伯内斯的"投公众所好"，再到斯各特·卡特里普等所倡导的"双向对称"公共关系理论模式，经过公共关系研究者和实践者几代人的努力，这门学科的基本规范已经形成，基本理论逐步建立，大致构成了一套公共关系学理论。

2. 公共关系教育专门化

1923 年，爱德华·伯内斯在纽约大学首次开设公共关系学课程，之后，公共关系教育发展之迅猛超出人们的想象。美国大学教育的特点是与社会需求联系紧密。当社会急需大批有专业背景的公共关系从业人员时，大学教育便会相应地迅速发展。1937 年，美国公共关系协会的创始人之一莱克斯·哈罗在斯坦福大学开设公共关系专业课程，首次比较系统地讲授公共关系学。据《有效公共关系》介绍，1946 年，美国被调查的 59 所主要高等院校中有 30 所开设了公共关系课程。10 年后，美国公共关系协会的调查结果表明，开设公共关系课程的学院增加 3 倍，653 个学院与公共关系协会保持联系。1947 年，美国波士顿大学创办了第一所公共关系学院，标志着公共关系学教育已经达到一个新的高度。1978 年，美国有 292 所大学开设公共关系专业，其中 10 所设博士学位，23 所设硕士学位，93 所设学士学位。到 1985 年，美国讲授公共关系课程的学校在 400 所以上。公共关系教育一方面强调自身的公共关系特点，另一方面也主张多学科兼容。因此，学习公共关系专业的学生就业面广、适应能力强，符合社会的需求。

3. 公共关系工作职业化

自 20 世纪 30 年代起，欧美国家纷纷成立专业化、职业化的公共关系咨询顾问公司，一些大公司设立公共关系部门，随后这种做法逐渐扩展到发展中国家，在政府部门和大公司中颇为流行。

公共关系工作职业化有其自身的基础：其一是社会组织所处的环境日益复杂。企业和政府都面临繁复的公共关系事务与社会问题，必须有专门部门和人员来协调各方面的关系。公共关系活动介入一些重大社会问题，如民族问题、和平问题、生态环境问题等。其二是产业结构发生了变化。20 世纪 50 年代在信息部门工作的人员只占就业人数的 17%左右，到了 80 年代，在同类部门工作的人员占 60%左右。许多投资、咨询、销售、调查公司所雇用的职员大都来自公共关系专业和其他相关专业。相关资料显示，美国 85%的企业公司设有公共关系部门。在美国，公共关系咨询公司在 1937 年约有 250 家，1960 年约有 1350 家，1980 年有 1600 余家。

公共关系工作的职业化催发了公共关系职业道德建设。公共关系的主要特点是处理与公众的关系，稍不谨慎，就会在形象真实、利益维护等方面出现偏差，引起公众的反感和不信任。因此，公共关系专家把公共关系职业道德建设放到了十分重要的地位，失去了职业道德就失去了公共关系及其职业的生命。世界各地的公共关系协会、组织都先后制定了公共关系职业道德守则，强化公共关系人员的道德观念，规范公共关系从业人员的行为。1954 年，美国公共关系协会制定出第一部公共关系道德准则；1962 年，这个协会专门设立一个检查机构监督公共关系准则的实施。1964 年，美国公共关系学会和美国公共关系协会合并，成为全美公共关系学会。全美公共关系学会在推动公共关系的专业化和高标准的职业道德方面发挥着积极的作用。

4. 公共关系行业国际化

1955 年，国际公共关系协会在伦敦成立，标志和预示着公共关系事业在全世界的发展与成功。经过几十年的努力，公共关系学在许多国家被广为传播，已被明智的政治家、实业家视为一种资源来开发。可以说公共关系的原理和方法已经成为国际通用的"语言"，为具有不同文化背景和语言习惯的各国人民所接受。公共关系行业的国际化已成为一种不可逆转的趋势。第一，国际贸易的增长需要各国之间加强了解彼此的经济体制和法律规范。由于历史和文化因素，各国建立的经济运行体制很不相同，强制其他国家实行与自己相同的经济体制必然会导致误解与冲突。现代公共关系是消除误解、化解冲突最为有效的工具。第二，跨国公司的增长使得经济活动完全突破了国家和地区的界限。跨国工作的情况已司空见惯，重视两国或多国人员在同一工作环境里交往的特殊性和采取特别的对策，如公共关系对策、文化融合对策等是跨国公司得以顺利发展的根本保证。第三，国际旅游事业的增长尤其需要沟通各国人民之间的情感，防止种族偏见观念的滋长。公共关系教育和训练在旅游业中十分受欢迎。现今许多国家的旅游部门和公司都设有从事公共关系活动的专门机构。第四，国际政治文化合作的增长迫切需要公共关系人员更多地参与调解冲突、维持和平等。冷战结束后，世界向多极化的方向发展，但天下仍很不太平。地区冲突、民族冲突时有发生，各国政府和联合国成员一直在寻找合作的机会，共同解决局部冲突带来的诸多问题，许多公共关系人员进入联合国机构，开赴世界各地，缓和冲突双方的矛盾，增进冲突双方的了解和沟通。

三、国际公共关系发展面临的挑战

现今，国际公共关系发展面临以下几个挑战。

1. 公共关系需要关注人本身的问题

当今社会是一个多元化与发展不平衡的社会，社会有很多问题，如文化、阶层、种族、肤色、性别等，公共关系行业从业者需要做的工作有很多。从事公共关系工作，不仅要处理政府、行业、组织层面的问题，更需要以人为本，处理人的问题，因为整个社会和各组织的发展最终依靠人。如今，社会组织各行业主力是 70 后、80 后，他们需要社会和组织的关怀，站在他们个人的角度去思考许多问题，考虑他们的想法，满足他们的需求，从而才能更好地解决社会和组织的问题。

2. 战略公共关系的重要性

公共关系如果真的希望在 21 世纪发展成为一颗耀眼的业界新星的话，是必定代表着高尚的价值观，声誉至为重要。其实公共关系人士经常被称作企业"声誉的管家"，大多数 CEO（chief executive officer，首席执行官）都指望公共关系专家能负责监管和维护企业的声誉。因为大多数公司的 CEO 整日进行的都是"有形思维"——关于收益、投入和成本等，而公共关系专家考虑的却是"无形理念"——态度、建议和动机。高层领导者需要来自这些领域的建议，公共关系有必要提高到战略高度。

3. 沟通模式的变化

"一对一"的沟通模式变得更为普及。大众传媒的作用将大为降低。

21 世纪，我们迎来了真正的双向沟通时代。移动电话、语音邮箱、视频电话等技术，以及其他科技手段的应用，为信息的传输和接收过程带来了技术上的革命，从根本上促进了沟通技术的进一步发展。

网络给公共关系活动带来的影响是显而易见的。现今的公共关系工作人员把网络当作与组织取得联系的第二选择——仅次于人际沟通的方式。当今社会的新一代已经舍弃了其他传统通信手段，大幅度依赖互联网，把它作为主要的沟通手段，公共关系传播必须适应这种转变。

4. 新媒体时代下的人才需求

随着社交媒体平台的兴起，传统公共关系公司的渠道垄断被打破。面对不断增长的内容营销需求，运用新技术进行创意制作与精准投放就成了横亘在传统公共关系面前的一道坎。"技术与公关的结合将成为大势所趋，缺乏技术、产品和运营思维的公关公司将面临生存性风险。"

面对客户预算缩减、业务规模缩水等行业问题，传统公共关系行业一方面不断削减人力成本，一方面却苦于招不到人才。在美国，很多业界人士认为，公共关系专业学生在大学接受的培养教育并不能满足行业发展的需求。

沐芽文化的 CEO 虎啸在接受采访时说道："在未来，数据、流量、内容、创意、策略五维一体的营销方式，需要更具专业性的人才，所以公关人员的门槛也会越来越高。"

5. "去中介化" 成为一种趋势

2016 年，百事可乐就推出了 Creators League（创造者联盟）的内容工作室，为自己的品牌提供创意和生产内容。《华盛顿邮报》在欧洲和亚洲拥有约 6 人的国际销售团队，专注于程序化和直接交易广告业务。媒体凭借大量的数据和对用户的了解，可以更好地开展突破性的品牌内容工作。谷歌把自建的 Google Zoo 定义为针对品牌和机构的创意智囊，而 Facebook 不断增加的创意工作室利用平台、用户等资源优势进行创意策划，和福特、百威、丰田等品牌均有合作。

如果说媒体对用户有着一定的了解，那平台通过数据抓取和分析则能更好地建立用户画像，所有这些 "去中介化" 的行为都使传统的公共关系公司失去了竞争的优势。

公共关系行业资深从业者 Robert Phillips 在 *Trust Me，PR is Dead* 一书中写道：公关的盛宴已经结束了。这是一个个体赋权（individual empowerment）的时代。在这个时代，"控制权" 和 "影响力" 正在从政府流向个人，从雇主流向雇员，从企业流向消费者[①]。

公共关系学从诞生之初就饱受争议，人们也在不断赋予 "公关" 新的含义。不论是何种职能，构建并且维系和公众间的信任才能走得更远。传统公共关系在新时代的冲击下，重要的是要思考如何应对。

---

① 根据百度百科整理.

第三节　中国公共关系事业

20 世纪 60 年代，我国香港、台湾地区公共关系的引进，可以作为现代公共关系思想和公共关系实践进入中国的发端。20 世纪 80 年代初，中国内地实施对外开放政策，公共关系作为一种新的经营思想和技术传入中国，并呈现由南向北、由东向西、由服务行业向工业企业、由外资企业向国有企业、由企业组织向政府组织逐步发展的格局。

一、中国公共关系发展历程

公共关系传入中国内地，其发展历程与中国改革开放和市场经济体制的建立与完善紧密联系在一起。回顾其发展历程，大致经历了以下三个时期。

（一）起步阶段：1980～1985 年

1980 年，《广东省经济特区条例》颁布，并设立深圳、珠海、汕头三个经济特区。改革开放的潮流，市场经济的发展，为现代公共关系在中国的兴起提供了必要条件。

在中国内地，现代公共关系起初是作为舶来品引进的，没有形成自己的公共关系思想和操作规范，而是以模仿和搬抄国外的理论及操作规则占主流，所以，这时期被称为拿来主义时期。这一时期的突出特点表现在以下几个方面。

1. 公共关系部门的设立

1963 年，一些跨国公司在台湾地区和香港地区的分公司纷纷引进了母公司的体制与管理方式，在企业中设立公共关系部，随之公共关系理论和实务迅速流行开来。1963 年，在香港地区出现了第一家专业的公共关系公司——韦特公共关系公司。1975 年，台湾的魏景蒙先生创办了第一家中国人自办的公共关系专业公司——联合国际公司。20 世纪六七十年代，香港、台湾两地区的公共关系已进入职业化阶段。

在中国内地，20 世纪 80 年代初，最早实行改革开放的深圳特区的一些外商独资或中外合资企业参照其海外母公司的经营管理模式，设立了公共关系部。1980 年，深圳华森建筑设计顾问公司率先成立，这是我国内地第一家公共关系性质的专业公司，主要目的是适应特区建设的需要，为企业提供经验与技术服务。1982 年，深圳竹园宾馆成立公共关系部，开展以招徕顾客、扩大影响为目的的服务性公共关系活动。1983 年，广州中国大酒店等宾馆、酒家和服务部门相继设立公共关系部门。后来，广东电视台以这批宾馆酒楼的公共关系活动为背景拍摄了第一部反映公共关系理论与实践的电视连续剧《公关小姐》。该剧在全国放映后，影响千家万户，使公共关系为亿万中国人所知晓。1984 年 9 月，国有企业第一家公共关系部——广州白云山制药厂公共关系部正式成立。

2. 国际公共关系公司的进入

随着我国的改革开放向纵深发展，国际著名的公共关系公司纷纷进入中国市场。1984 年，希尔诺顿公共关系公司率先在北京设立了办事处。1985 年 8 月，世界上最大的公共关系公司博雅与中国新华社下属的中国新闻发展公司联手成立了中国第一家公共关系公司

——中国环球公共关系公司，同年还有一家合资公共关系公司——中法公关公司成立。之后又陆续有一些国际公共关系公司在中国内地设立分公司，它们带来的新思路和新的国际操作规范极大地促进了我国公共关系公司的出现与成长。

3. 公共关系教育的起步

随着公共关系实践活动的开展，公共关系作为一门学科也开始引起国内学术界、教育界人士的关注。1984 年 11 月，中国社会科学院新闻研究所开始了中国社会主义公共关系学的前瞻性研究，并筹备成立中国公共关系函授大学。当时国务委员张劲夫为此题词"研究社会主义公共关系，为'四化'建设服务"。1984 年 12 月 26 日，《经济日报》发表了明安香采写的长篇通讯《如虎添翼——记广州白云山制药厂的公共关系工作》，并配发重要社论《认真研究社会主义公共关系》，对公共关系的引进和发展阐述了原则性的看法与指导性意见。1985 年，著名经济学家于光远在广州青年经济研究协会成立会上呼吁，发展第三产业中，特别要注意发展公共关系方面的业务，要提倡对公共关系的研究，重视发展公共关系学，这些标志着现代公共关系在中国已得到确立。

1985 年 1 月，深圳市总工会举办了国内第一个公共关系培训班。1985 年下半年，中山大学与广州青年经济协会、广州财贸管理干部学院联合举办了三期公共关系讲习班。1985 年 7 月，中山大学成立全国第一家公共关系研究会。同年 9 月，在著名的传播学者余也鲁教授、香港浸会大学前传播系主任张同教授等的帮助下，筹建中的厦门大学新闻传播系就已把公共关系列入该系本科的专业必修课程。1985 年 9 月，深圳大学首先设立了公共关系专业，开设公共关系的必修与选修课程，从此，公共关系开始步入高等学府的讲坛。

起步阶段的中国公共关系是在没有充分准备的条件下引进的，改革发展中各种关系尚未理顺，旧的管理体制和旧的管理思想仍有较大的影响力，而公共关系的思想观念、专业知识的普及教育仍没有跟上，所以，公共关系在国内的影响无论是在广度上还是在深度上都十分有限。即便如此，对改革开放的中国人来说，能以新的思想观念接受国外的理念、经验、技术，已经是一个了不起的进步。

（二）发展阶段：1985～1993 年

中国呈现的第一个公共关系热潮，应该是 20 世纪 80 年代后期，其主要标志是公共关系实践活动的良莠不齐和公共关系教育培训及理论研究的蓬勃发展。

1. 公共关系实践活动蹒跚前行

20 世纪 80 年代中期，曾一度出现"公关热"，许多企业都设立了公关部。但由于对公共关系理念不能准确把握，实践中又缺乏专业公共关系人员，许多企业的公共关系工作处于浅层次的操作状态。例如，在不少企业里，公共关系部仅充当"接待部"的角色，更有一些企业，公然打着公共关系的招牌大搞"庸俗关系"活动。由于这样的公共关系活动不能与企业管理、营销活动有机结合且起到应有的促进作用，一些企业出现了撤销公共关系部的举动。

这一时期，尽管公共关系在企业的实践遭遇到来自各方面的批评，但仍有不少成功企业的杰出表现。例如，广东健力宝集团有限公司的"健力宝"从"运动饮料"的产品定位，到"体育公共关系"的战略实施，与中国的体育事业相伴相随，企业知名度不断提升，使这个曾是广州三水县不过百人的"小作坊"发展成为名声远扬、实力雄厚的大型企业集团。再如，北京亚都环境科技公司1991年在天津举办的"亚都加湿器向天津市民有偿请教"的公共关系活动，不仅大大增强了公众对公司及产品的了解，同时还获取了良好的经济效益。

1993年，一种新的促进企业形象和企业文化传播沟通的技法——CIS（corporate identity system，企业形象识别系统）被引入我国，给我国企业带来了一种提升和管理企业形象的新思路，为企业形象塑造工作提供了值得借鉴的、系统的方法，使企业公共关系工作找到了新的支点。例如，1993年开业的北京蓝岛大厦，就是在科学的经营战略指导下，内部管理大力提倡"以人为本"，强调企业文化建设；市场经营中开展了丰富多彩的"以文兴商"的公共关系营销活动，着力突出了"蓝岛"的"文化形象"，使这样一个新企业在开业后的第二年销售额就突破10亿元大关，一跃跻身京城十大商场第三位，公共关系与企业管理和市场营销结合取得了骄人的业绩。企业股份制试点的不断推开，客观上促使越来越多的上市公司关注自身的形象，诸如四川长虹、上海石化、仪征化纤、青岛海尔等大批大型企业纷纷导入CIS战略，这为公共关系提供了更为广阔的实践空间。与此同时，金融公共关系也日益成为引人注目的公共关系专业领域。

不断发生的危机事件也催生了企业对公共关系的需求。1985年底，南京某高校外籍教师使用"玉环"热水器时中毒身亡，成都和兰州两位用户在使用"玉环"热水器时也不幸死亡（事故是由于消费者使用不当造成的），1988年7月发生在南京的沙松电冰箱"爆炸事件"，1993年的"华旗事件"，1993年郑州万家乐热水器"暴裂"事件，等等，这些频频爆发的企业危机事件，使许多刚刚从计划经济的"超稳定"结构走出来的企业措手不及，倍感压力。也正因为如此，公共关系重要的战略内容"危机公共关系"开始引起企业家们的深切关注。

总的来说，这一时期公共关系开始比较普遍地进入企业实践领域，处于一个摸索中逐步前进的过程。

2. 公共关系协会迅速壮大

1986年1月，中国内地第一个民间公共关系机构——广东地区公共关系俱乐部成立。1986年11月6日，中国第一家公共关系协会——上海公共关系协会成立。1987年6月22日，中国公共关系协会在北京成立，这标志着公共关系在中国得到了正式确认和接受，公共关系事业的发展进入一个崭新的发展时期。紧接着，深圳、北京、浙江、天津、南京、武汉、陕西、四川等地先后成立了省市一级的公共关系协会、学会、研究会和俱乐部等社团组织。1991年4月26日，中国国际公共关系协会在北京成立，前驻美国大使柴泽民任会长，宣告中国公共关系研究开始与国际理论研究接轨。

据中国公共关系协会1999年第1期《通讯》发布的公共关系调查，全国共有100多家公共关系协会或学会。这些协会或学会在20世纪80年代中期积极发展会员，进行公共关系基本知识的培训与传播，对推进公共关系事业的普及、促进公共关系职业的规范化、完善公共关系科学化做出了卓越贡献。

3. 公共关系学术成果丰硕

中国公共关系事业的发展与 20 世纪 80 年代中期趋向火热的公共关系学术成果的翻译、出版、推介有直接关系，同时也与公共关系报纸杂志的陆续推出有关。中国内地第一部公共关系学专著，是中国社科院新闻研究所课题组编著的《公共关系学概论》，1986年 11 月由科学普及出版社出版，这是一部全面系统论述公共关系理论和实践的专著。1993年 8 月，我国最大的一部公共关系巨著、550 万字的《中国公共关系大辞典》问世，吴学谦、邵华泽为之作序，正如邵华泽在序言中所言，"可以预料《中国公共关系大辞典》将对推动我国公共关系事业的发展发挥重大的作用，从而对我国的改革开放和经济建设，对建设中国特色社会主义事业产生积极的影响"。这期间大量的公共关系译著、专著、教材、辞典纷纷上市，截至 1994 年初已超过 300 种。

在传媒方面，最早问世的公共关系报纸是由浙江省公共关系协会主办的《公共关系报》，1988 年 1 月 31 日在杭州创刊。1989 年 1 月 25 日，陕西省公共关系协会和中国公共关系专业委员会联合主办的《公共关系》杂志在西安面世；同年，《公共关系导报》在青岛创刊。1993 年，《公关世界》在石家庄创刊。到 1992 年，专业的公共关系报已达到 29种之多，极大地推动了公共关系的普及和公共关系的纵深发展。

4. 公共关系教育研讨不断深入

1985 年 9 月，深圳大学首先设立了公共关系专业，开设公共关系的必修与选修课程，从此，公共关系开始步入高等学府的讲坛。1987 年，国家教委正式将公共关系列入行政管理、工业经济、企业管理、旅游经济、市场营销、广告学、新闻学等专业的必修课，表明我国公共关系的学科化建设迈上一个新的台阶。

伴随着中国公共关系教育和实践的迅速发展，一大批有识之士结合中国的政治、经济和文化的特点来探索中国公共关系的一些重大理论问题。尤其是在两大国家级协会的推动下，每年都召开公共关系理论与实践问题的研讨会。

1986 年 3 月，在广州和北京分别召开了"公共关系与现代化""公共关系和新闻工作"的研讨会。1987 年 7 月，在杭州召开了由复旦大学、中山大学、兰州大学和杭州大学发起的全国高校公共关系理论研讨会。1988 年 5 月，在北京召开了由中国环球公共关系公司和博雅公共关系公司联合主办的首届国际公共关系专业研讨会。1989 年 12 月，在深圳召开了第一届全国高校公共关系教学研讨会。中国公共关系界还分别于 1990 年、1991 年、1992年围绕"公共关系与社会发展""公共关系与改革开放""公共关系与经济建设"三个主题进行了理论研究和探讨。

公共关系的研讨会加强了学术界的成果交流与传播，深化和完善了公共关系理论，为下一时期的公共关系发展打下了较好的基础。

（三）成熟稳定发展时期：1993 年至今

1993 年 11 月，中国共产党第十四届中央委员会第三次会议通过了《中共中央关于建立社会主义市场经济体制若干问题的决定》，中国社会主义市场经济全面启动，这给中国公共关系业带来了勃勃生机，中国公共关系业经过自身的整合提高与市场的优胜劣汰，开始步入更加职业化和专业化的成熟发展时期，具体表现在以下四个方面。

1. 公共关系职能渗透到各行各业

公共关系事业经过近 10 年的冲浪，开始步入稳步发展时期，从一开始仅限在服务行业到后来进入各类企业和经济实体，并扩展到各类社会组织和行业，如社会团体、科研机构、银行、学校和党政部门。人们越来越重视运用公共关系手段来保障和促进组织自身的发展。公共关系作为一种管理功能被引入各行各业的管理领域，一种形象管理即无形资产管理的理念已广为人们所知。全国有一大批公共关系专家、学者分别主持策划操作企业公共关系、企业 CIS、政府公共关系或城市 CIS 和城市形象建设，公共关系活动从自发走向自为，从照搬走向创新。各行各业出现了各种各样的公共关系职能部门，在不同程度上发挥着公共关系的功能。

2. 职业公共关系公司趋于成熟

公共关系公司经历了风雨的洗礼，开始步入自我整顿、自我提高时期。20 世纪 80 年代中期到 90 年代初，名目繁多的公共关系公司风起云涌。据媒介报道，全国注册的公共关系公司有 2000 家之多，但由于自身人才的匮乏及公共关系市场的不成熟、运作规则的不规范，许多注册公司在 20 世纪 90 年代上半期纷纷关门倒闭或转业另谋出路，生存下来的渐渐开始向专业化、市场化、职业化发展，在公共关系市场上确立了自己的地位，如中国环球公共关系公司、蓝色光标等。20 世纪 90 年代中后期，市场经济和 IT（information technology，信息技术）产业的发展带动与催生了一批本土公共关系公司。

2000 年度中国公共关系市场（不包括港、澳、台地区）继续保持快速增长势头，整个行业年营业额估计接近 15 亿元人民币，年增长率 50%。全国 80% 以上的专业公共关系公司仍集中在北京、上海、广州、深圳，其市场份额估计占全国的 70% 以上。

值得一提的是一些著名国际公共关系公司在中国市场运作的成功案例，让业内人士和中国客户备受鼓舞，让他们看到了公共关系带来的阳光和希望，这极大地推进了中国公共关系市场的形成，并对中国公共关系市场的专业化、职业化、国际化起到了积极的影响和作用[1]。

3. 公共关系教育任重道远

公共关系教育目前基本形成立体多维的学历和非学历交叉并存的局面。从低级到高级，公共关系教育的具体种类有业余培训、函授教育、大学全日制本科、公共关系专业方向的硕士研究生的培养。但需要说明的是，当前公共关系教育仍以知识教育为主，培养的学生还不能真正满足专业公共关系公司在公共关系技能方面的要求。理论研究方面停留在纯理论研究，缺乏对公共关系技术的总结，急需建立一套完整的专业公共关系业务培训机

---

① 郭惠民. 中国公共关系：创造未来比预测未来更重要[N]. 中国青年报，2018-11-22.

制和培训课程以弥补当前公共关系教育与研究的不足。同样，高素质公共关系人才的严重缺乏也制约了中国公共关系业的迅速发展，必须培养一支训练有素、有敬业精神和职业道德的公共关系从业人员队伍与管理队伍。因此，公共关系教育任重道远。

4. 公共关系职业正式化

1994 年，"中国公共关系市场高级研讨会"在京举办，以市场概念肯定了已近 10 年的中国公共关系实践，为改革开放以来形成的公共关系职业、产业及其引进之学问的合法性奠定了良好的基础。为此，1993 年可视为中国公共关系市场发展的重要节点，中国公共关系市场的概念由此确立。

1997 年 11 月 15 日，劳动和社会保障部为适应形势发展的需要，成立了中国公共关系职业审定委员会。该委员会先后在北京、上海、广州等地举行了职业论证研讨会和座谈会，并取得了重要成果：一是为公共关系职业定下了"公关员"的职业名称，并正式列入《中华人民共和国职业分类大典》，这标志着国家已正式承认公共关系这一职业；二是制定了公共关系人员的国家职业标准和考核规范；三是正式编撰出版了权威性的培训教材——《公关员职业培训和鉴定教材》；四是于 2000 年 12 月 3 日在全国范围内举行了第一次公关员职业资格上岗全国统考。这些标志着我国的公共关系开始真正走上职业化和行业化的道路，不仅促进了公共关系职业的成熟发展，而且极大地推进了中国公共关系业并入国际化运作轨道，同时也为中国经济真正融入全球一体化经济发挥着巨大作用。

二、中国公共关系的展望

2001 年 12 月，中国正式加入世界贸易组织（World Trade Organization，WTO），这标志着中国的改革开放与全球化的世界经济全面对接。2003 年爆发的"非典"促进了社会转型，激发了风险社会、危机时代对专业公共关系的旺盛需求。2008 年，北京成功举办奥运会，国家形象传播又成为新的热点。2010 年，中国跃居世界第二大经济体，中国的和平崛起受到了世界关注，中国与世界的关系发生了深刻变化。2013 年 9 月，中国提出的旨在"促进沿线各国经济繁荣与区域经济合作，加强不同文明交流互鉴，促进世界和平发展"的"一带一路"倡议又为公共关系的发展创造了更大的机遇。

近年来，政府部门对公共关系越来越重视，相关机构购买公共关系服务的趋势开始显现。在杭州举行的 G20 峰会、在乌镇举办的世界互联网大会，以及近年来旅游景点的推广，政府机构都是通过购买服务的形式参与其中，这为公共关系行业未来的发展开辟了新的领域。

人类已经进入 21 世纪，世界正在经历着复杂而深刻的变化，孕育着新的希望，拥有广阔的发展前景。经济全球化、政治多极化、民粹主义的抬头、文化多样化和信息网络化，正逐渐影响着这个时代。中国现代公共关系的发展也顺应着这个特征。

（一）全球化的公共关系发展

随着全球经济一体化的持续和深入，组建大公司、大集团，进入国际大市场是大势所趋。公共关系作为一种重要的传播手段，将为这些组织塑造一种"全球形象"而纳入组织的战略管理层面，其战略性地位日益加强。因此，以企业公共关系为龙头标志的公共关系事业已呈现出全球化趋势。

全球化不单指经济生活的全球化，也包括政治、文化和社会生活的全球化。全人类面临的一些全球性问题，如环保、人口膨胀、战争与和平、人权与主权等问题的存在与解决，就必须通过国际的沟通对话，形成共识，制定国际化的标准，靠全人类通力合作来加以解决，而公共关系在解决此类问题的过程中是最有发言权和成效的。随着全球一体化程度的加深，中国公共关系在今后发展中的战略地位会受到越来越多的重视，其发挥的作用更加不容忽视，其发展前景将更加广阔。

（二）互联网下的公共关系传播

21世纪，互联网已成为当前的主流科技。在互联网经济下，网络让各种形式的传播都成为公共关系的媒介，用户接收信息以及寻找需求信息等过程都有所改变，个性化的资源成为吸引受众的主流，对于这些信息的整合难度又相对较大，直接冲击着传统意义上的公共关系。一方面，公共关系利用互联网这一传播形式丰富了传统公共关系的传播渠道，将更多的感官元素融入传播内容中，吸引客户的注意，并加强体验感受，提高了传播效果和效率。另一方面，公共关系也面临开辟移动端通道、去中介化、整合传播等诸多挑战。

与此同时，公共关系也迎来了真正的双向沟通时代。通过互联网，公众接触到更多的信息，有更多的机会发表自己的意见，参与社会互动式传播。实际上，网络传播已经实实在在地成为一种主流媒体支持公共关系传播的开展，如电子邮件（E-mail），组织形象介绍的网址、主页、网上新闻发布、网上展览、网上市场调查、网上新品推广等，使公共关系传播的平等性、双向性、反馈性得到更大程度的提升，信息传播双方已成为真正意义上的平等交流伙伴，实现了更深层次的双向互动。

随着高科技的发展，未来的传播手段将是一种更加数字化的手段，公共关系传播将会在高科技的服务支撑下，实现真正意义上的人际互动。

（三）人才需求的公共关系教育

2000年中国国际公共关系大会通过的《新世纪中国公关业宣言》称"振兴公关，教育为本"，中国公共关系事业的发展，中国公共关系事业与国际接轨，是与中国公共关系教育的水平成正比的。中国国际公共关系协会2000年度行业调查显示，国际公共关系公司紧缺人才的前三位是：高级咨询顾问、高级管理人员、客户经理。本地公共关系公司紧缺人才的前三位是：高级文案、客户经理、高级管理人员；国际公共关系公司人才选拔标准强调与客户沟通能力、外语水平、文案写作能力，而本地公共关系公司人才选拔标准强调与客户沟通能力、公共关系工作经验、外语水平，并且非常强调能适应高强度、具挑战性的工作。这样的人才需求将大大促进中国公共关系事业的健康发展，也将造就中国公共关系人才市场的早日形成。

（四）专门化的公共关系实务

经过多年的发展，中国公共关系业逐渐迈入公共关系实务专业化的轨道。其具体表现在：一是公共关系实务从内容到形式将得到极大的丰富。从企业公关、政府公关发展到各行各业，如高科技公关、影视公关、环境公关、体育公关等。公关手段和技巧更为丰富多彩，从一般的新闻发布、媒介宣传、市场推广的营销公关，到政府关系协调、大型活动策划等。二是专业服务进一步细分且更加到位。公共关系公司将从简单项目执行向高层次整合策划和顾问咨询方面转变。公共关系公司的业务操作规范更加国际化、标准化，服务水准将纳入国际统一的标准体系中。三是专门化的公共关系公司将备受各级组织青睐。针对不同行业组织的专门化公共关系公司层出不穷，如金融公共关系公司、通信公共关系公司、旅游公共关系公司等。这种专门化的公共关系公司将给组织带来更为详尽到位的全方位服务。

课后思考 »»

1. 现代公共关系产生和发展的主要原因是什么？
2. 国际公共关系发展经历了哪些重要历史时期？有哪些主要特征？
3. 简述我国公共关系的发展历程。
4. 就我国公共关系的发展前景发表一下自己的看法。

案例分析

罗斯福的"炉边谈话"

一位虽然肢体残疾但是精神坚毅的总统，在黑夜，在微弱的炉火边，透过无线电波，娓娓地向自己的选民倾诉国家的艰难、需要和希望……它体现了美国政府的亲和力与"惧内情结"，也使我们感觉到炉火不仅可以温暖人的肌肤，还可以温暖人的心灵和眼睛。

著名的"炉边谈话"至少进行了 21 次。让我们倒转时光，在一个主体化的语境里，倾听异国他乡的声音，寻找历史的记忆，揣摩大人物的说话方式。

1933 年 3 月 12 日，罗斯福第一次进行"炉边谈话"，此时他并不轻松，因为经济危机正深深地困扰着这个国家及其人民。他深知自己的责任，他以兄弟姐妹般的语气平静地请求人民信任银行，他没有命令，只是轻轻地、富有感情地说："伟大的全国性计划能不能完全得到成功，当然要靠大众的合作——要靠大众对这项可靠的制度给予明智的支持和妥善的利用。"

1933 年 5 月 7 日，罗斯福进行第二次"炉边谈话"。这一个晚上，他"向大家汇报"政府对危机做了些什么以及还计划要做些什么。他的言行仍然体现了他对法治的尊重，他的行动都"已向国会申请并获同意"，他赞扬了正处于苦难之中的人们的顽强精神。"我们全体国会议员和政府成员对于你们大家——我国的人民——深表感激。在整个萧条时期，你们大家很有耐心。你们授予我们广泛的权力；你们对我们的目标的广泛支持，鼓舞了我们。"

1933 年 7 月 24 日，罗斯福进行第三次"炉边谈话"。他看到了复兴计划的坚实基础，这就是人民之间的"谅解与合作""共同的盟约"。在交谈中，他申明了一个朴素的真理——"在战争中，在夜战的朦胧中，战士们都在肩头戴着明亮的标志，以避免同志们自相射击。根据同一原则，在这项计划中合作的人，也必须随时都能互相识别。""我们不拆伙"，"我正在要求工人们以谅解和协助的精神与我们同行"。就像有首中国歌曲唱的那样，罗斯福深深地知道：团结是民族复兴、崛起的伟大力量，这力量是铁，这力量是钢，比铁还硬，比钢还强……

1933 年 10 月 22 日，罗斯福进行第四次"炉边谈话"。在闷热的、难熬的夏季之后，北美的上空并非天高云淡，凉爽宜人，甚至他能时刻感受到孤立主义带来的阵阵寒意。但是，他关注人们秋天的收成，所以今晚的主题就是"我国普通公民的福利"。他依然"感谢大家的耐心和信任"，也坦陈了对他人误解自己的看法，然后坚定地强调："国家复兴的秘诀就在于合作。这种合作是自愿的……"

这种"炉边谈话"一直持续到 1944 年 6 月 12 日，罗斯福第 21 次"炉边谈话"，主题是第五次认购战时公债运动。

罗斯福被公认为美国历史上最会利用新闻媒介的政治家之一，他进行初次"炉边谈话"时，正值美国 20 世纪 30 年代大萧条时期，罗斯福利用刚刚兴起的广播媒介，用"谈话"而非"讲话"的形式将自己自信洪亮的声音传遍全国，带进千家万户，一下子就将总统与民众的感情拉近了，从而在心理上造成了一种休戚与共的神圣感。每当听到"炉边谈话"，人们就仿佛看见脸上挂满笑容的罗斯福，所以有人说，"罗斯福与他们的距离，不比起居室里的收音机远"。甚至有民众将他的照片剪下来，贴在收音机上。"炉边谈话"取得的巨大影响，成为广播史上的一个传奇。此后罗斯福将这种形式延续下来，一直到他去世。

罗斯福对于广播的偏好使得很多报刊记者感到不平，正如后来肯尼迪对电视的热衷，罗斯福的"炉边谈话"也因此成为政府公关的范例之一。

资料来源：根据百度百科整理

问题：

1. 你如何评价罗斯福总统的"炉边谈话"的沟通方式？
2. 查找资料了解领导人还运用了哪些公共关系的沟通方式并评价其效果。

第三章

公共关系的行为主体

 **导入语**

社会组织是公共关系的行为主体，是公共关系活动的构建者和承担者。社会组织有自身的特征，有其赖以生存的环境，有其特殊的形象要求，因此不同类型的社会组织其公共关系的协调具有特殊性。社会组织开展公共关系活动的水平既取决于其所选择的公共关系组织机构，更取决于组织机构中公共关系人员的职业素养和工作能力。

学习目标

1. 了解社会组织的特征及分类。
2. 了解社会组织与其环境的关系。
3. 明确社会组织形象管理的重要性。
4. 掌握常见的社会组织公共关系协调的特殊性。
5. 掌握不同类型公共关系机构的各自特点。
6. 明确作为公共关系人员的基本要求。

 **导入案例**

创新的力量

伯内斯公共关系技巧中一个最引人注目的实例发生在 1929 年。为了庆祝爱迪生发明灯泡 15 周年，伯内斯组织了举世瞩目的"灯光佳节"活动。1929 年 10 月 21 日，世界上许多公用事业公司都同时切断了自己的一切电源，为时一分钟，以示对爱迪生的纪念。胡佛总统和许多名流要人还出席了一次盛宴，将这个庆祝活动推向了高潮。这件事促使美国邮电部门专门为此发行了一枚两分的纪念邮票。

社会学家伦纳德·杜布认为，这个节目是"和平时期美国所进行的最盛况空前的宣传活动之一"。杜布说，"伯内斯并不是为爱迪生或亨利·福特而这样做的，而是在为非常重要的利益集团工作（通用电气公司和威斯汀豪斯公司都曾雇用过伯内斯）。这些利益集团把这一历史性的周年纪念活动作为宣传使用电灯的良好机会。"托马斯·爱迪生被广泛传颂为美国的科学与独创性之神，因此，这一事实本身也有助于世界范围的宣传和引起舆论界的关注。

"灯光佳节"纪念活动被认为是伯内斯的重大成就之一。当时，它就表现出有效的公共关系的潜在能量。1984 年，当电视台评论员杜尔·莫耶斯就公共关系的起源在"公共广播系统"节目中采访伯内斯时，莫耶斯说："你使托马斯·爱迪生、亨利·福特、赫伯特·胡佛以及众多美国人做了许多你让他们做的事；你使全世界在同一时刻灯光齐暗。这不是影响，这是力量。"伯内斯答道："不过，我从未把它当作力量对待。人们不过是愿意到他们需要被引导的地方罢了。"

资料来源：王伟娅. 公共关系概论[M]. 大连：东北财经大学出版社，2010（有整理）

第一节　社　会　组　织

公共关系是社会组织的一种行为，不同类型的社会组织，其公共关系的对象会有所不同；处于不同发展时期或不同环境下的社会组织，其公共关系的目标、策略和方法也会有所不同。因此，有必要对公共关系主体——社会组织做认真的分析。

一、社会组织的定义及其特征

社会组织，是指人们为了有效地达到特定的目标，按照一定的宗旨、制度和系统建立起来的共同活动集体。社会组织有明确的目标和确定的职能，内部成员有明确的分工，并确立旨在协调其成员活动的正式关系结构。如政府、部队、企业、学校、医院、酒店、商场、社会团体等都是社会组织。

社会组织是人类社会的组合方式，是社会关系有组织、有秩序的体现。在人类社会生活中，彼此孤立的个人通过一定的社会活动进行交往，由此建立特定形式的社会联系并组合在一起。这种通过社会活动形成的联系与组合，本质上是社会关系的体现，形式上便表现为社会组织。

社会组织的发展与变化是现代公共关系产生的基础。随着社会的发展，社会组织也不断地进行着调整改变，不适应社会发展需要的社会组织消亡了，适应社会发展要求的社会组织应运而生。社会组织的生存和发展必须与外部环境相适应，必须得到外部公众的支持。因此，社会组织必须与外部环境实现互动，相互依赖，相互作用。自然，公共关系也就在社会组织与公众之间产生了。

公共关系说到底是指社会组织与其相应的公众对象之间的关系，在这一关系的协调中，社会组织起主导作用。因此，要协调好这一关系，必须认清社会组织的特征。社会组织的基本特征有三个，即目的性、整体性和变动性。

1. 目的性

任何社会组织的建立都有着明确的社会目的，都有着本身的目标追求，社会组织存在的目的往往就是试图通过自身的努力达到所期望的目标。社会组织存在的目的是确立其宗旨、原则和运行规范与条件的依据，是协调组织人力资源、发挥组织群体效应、实现组织目标的前提和基础，也是区分不同组织的类别、性质和职能的基本标志。社会组织存在的目的对组织的生存与发展具有导向作用，对组织成员具有统一认识、规范行为的作用。

2. 整体性

社会组织是社会的一个组成部分，有着严密的组织机构和足够数量的组织成员。组织内部各部门、各成员之间既有明确的分工，又有机地构成一个整体，组织成员有着共同的追求目标和利益保障。在组织的形象塑造和传播的过程中，应充分认识到组织的整体性，注重组织的全方位、整体性的形象管理，充分调动组织各部门及各方面成员的积极性。只有整个组织形象目标明确，形象识别系统统一，步伐协调一致，全员积极参与，才能真正搞好组织的公共关系工作。

3. 变动性

社会组织生存于社会环境之中，社会发展及其相应的社会环境的变化对组织的生存与发展必然产生一定的影响。组织的新生与消亡，在某种程度上也往往要取决于社会环境的变化。因此，可以从两个方面理解和把握社会组织的变动性：一是社会环境是不断变化的，要适应这一变化，社会组织就应适时地进行目标、功能、机构及人员的调整；二是社会组织本身也是不断发展变化的，在不同的发展时期，组织的形象目标也会有所不同。因此在进行形象目标的设计中，应充分考虑到社会组织的变动性特征。

二、社会组织的环境

社会组织存在于复杂的环境之中，其存在和发展必然受到环境的制约及影响。一方面，组织的运作方式要同一定的社会环境相适应，组织成员要通过对现有环境的监测和把握来选择、确定合适的运行方式与管理方法；另一方面，组织也必须设法创造有利的环境以实现组织的目标。因此，对所处环境的适应与调节，也自然成为社会组织公共关系工作的一项内容。

社会组织的环境大致分为两个方面：一是组织内部系统，二是组织外部环境，这两者构成了社会组织的环境系统[①]。

（一）组织内部系统

1. 组织内部系统的构成

从系统论的角度来看，社会组织是人们在一定的社会历史条件下，为执行一定的社会职能而组成的社会系统，具有一般系统的性质。分析社会组织内部系统，将有利于我们更好地理解社会组织开展公共关系的必要性。

---

① 张玉明，李先坦. 公共关系学[M]. 北京：中国科学技术出版社，2000.

社会组织内部系统具体可分为三个层次：一是战略层，即决策领导层，如董事会、行政组织的最高领导层，这是组织内部的核心层，直接与外部环境发生关系。二是管理层，如各职能部门的中层领导，其主要职责是协调内部各种关系，负责组织各要素、资源的运行和使用。同时也负责与外界组织的协调工作，以及在外部环境发生变化的条件下实施动态管理。三是操作层，如各生产和技术部门，其主要任务是使用技术从事组织活动和开展咨询服务等。

2. 构成组织内部系统的基本要素

组织内部形成良好的分工协作系统是组织成为一个协调的有机整体的关键。对此，美国管理学家切斯特·巴纳德提出维持和发展组织成为一个协作系统的三个基本要素，即协作意愿、共同目标和信息沟通。

（1）协作意愿。协作意愿是指组织成员愿意为组织目标做出贡献的决心和意志。组织中的个人，都不是孤立存在的，它是在一定的相互作用和影响的社会关系下，彼此协作，共同向组织系统提供服务，否则就无法实现组织目标。而个人的协作意愿的付出，意味着个人自我克制、交出个人的行为控制权、个人行为的非个性化。组织成员对自己在协作中的贡献同所得到的报酬（包括金钱、威望、权力、参与决策等）进行比较后，如个人欲望的满足是正数，则产生协作意愿的增力，满足程度越高，增力越大。反之，则产生减力，甚至退出组织。

一般而言，维持和提高组织成员的协作意愿有三条措施：一是为组织成员提供金钱、威望、权力等各种物质和精神的刺激；二是说服和影响组织成员的主观态度，包括对组织的忠诚教育、培养团队精神、宣传组织目标等；三是提高组织的社会知名度、美誉度、信任度，使组织成员在组织内有荣誉感，有精神上的满足感。

（2）共同目标。共同目标是指组织成员共同期望的成果。它是组织存在的基本条件和组织成员产生协作意愿的必要前提。个人之所以愿意对组织的共同目标做贡献，并不因为组织的共同目标就是个人目标，而是因为他知道实现了组织的共同目标，有助于实现个人目标。在对组织目标的理解上，组织成员有协作性理解和个人理解两种情形。协作性理解是指组织成员脱离个人立场而站在组织整体利益的立场上，客观地理解组织的共同目标；个人理解是指组织成员站在个人立场上主观地理解组织的共同目标。这两种理解所产生的协作效力不同。组织管理的重要职能之一就是向组织成员灌输实现共同目标的信念，克服组织目标与个人目标的背离。

（3）信息沟通。信息沟通是组织运行的基础。因为只有通过组织内部的信息交流，才会形成组织成员的协作意愿，也只有通过信息沟通，才能说服组织成员正确处理个人目标与共同目标的关系，努力实现组织的共同目标。相反，如果一个组织内部信息不交流或不畅通，则互相之间难以有效协作，更谈不上共同目标的实现。

公共关系正是基于组织内部上述特征和要素的考察，有目的、有针对性地运用公共关系的方法和手段，加强对组织成员的工作，以提高组织运行效率。

（二）组织外部环境

组织是一个系统，但是从更广泛的角度上考察，它又是一个存在于社会系统之中的一个子系统。也就是说，任何组织都不可能孤立地存在于社会之中，它必然与一定的环境发生关系，这就是组织的外部环境。组织的外部环境是组织行为、组织结构变化和发展的依据。

从公共关系的角度分析，组织的外部环境可分为两种类型，即组织的一般环境和工作环境。一般环境是指任何社会组织都面临的宏观环境，就是我们通常讲的"社会大环境"，它包括政治环境、经济环境、文化环境、法律环境、技术环境、自然环境、人口环境等方面，这些环境对所有组织都存在广泛的、不停顿的、程度不一的作用和影响，涉及组织的目标、组织的结构、组织行为、组织技能等各个方面。工作环境是指与组织目标的确定和实现有直接作用与影响的微观环境，包括组织的服务对象、竞争对象、客户、政府部门、新闻机构等。这些环境因素对组织的影响是直接的、迅速的，并可能推动或制约组织的发展。

可见，组织既受工作环境的影响，又受一般环境的影响，而且不同的组织其工作环境不一样，但它们在同一时期所处的一般环境是相同的，只不过所受影响的程度深浅不一而已。社会组织的公共关系活动范围主要限于其工作环境的各因素，当然，也不能脱离社会的大环境（一般环境）。公共关系既要把握工作环境，争取社会公众的支持，又要掌握一般环境的变化，及时调整公共关系战略，为实现组织发展目标创造有利条件。

（三）组织与环境的关系

任何组织都是一个开放系统，都是置于某一特定的社会环境之下，组织与环境是相互作用、相互影响的关系，这表现在以下几方面。

（1）环境是组织存在的条件和基础，每个组织都必须适应其社会环境才能生存和发展。组织不是虚幻的，其建立和运行都要有现实的物质条件，都要外界不断地提供物质资源、人力资源、信息资源、政策法规等，否则，组织的活动就无法进行。这点也可以用系统的观点来解释：组织不是封闭的，它的存在一定要与外界环境发生物质、能量和信息等方面的交换。当今社会瞬息万变，这种交换的频率也越来越快，以适应不断变化着的环境。

（2）组织在环境中并非消极和被动的，它可以反过来对环境施以影响，发挥作用。一方面，组织根据其外部环境的状况及发展趋势，及时调整组织目标、结构和活动范围，实现组织与环境的动态平衡；另一方面，组织利用其在环境中的地位、实力和影响，采取积极主动的公共关系活动方式，来影响或改变环境中的若干因素，即所谓的"营造环境"，从而使环境条件有利于组织的生存与发展。

（3）环境的不确定性和可变性，使组织对公共关系产生需求。社会环境是一个动态的系统，环境变化迅速并且难以预测，人们对环境信息的感知往往是滞后和不确定的，这种情况有可能导致组织做出错误判断，或者是不能及时、准确地做出决策。由此看出，组织与环境之中总是存在一个矛盾，那就是组织目标的确定性与环境的不确定性之间的矛盾。解决矛盾必须使得在组织与环境中有一个"中介"，这个"中介"既能把有关的环境信息源源不断地输送给组织，又能在组织与环境产生冲突的时候，充当"调解人"角色，协调关系，化解矛盾，努力改善和提高组织的社会形象，以确保组织目标的实现。公共关系正是起着这样一种"中介"作用，通过自身的努力为组织创造良好的社会环境。

三、社会组织形象

（一）社会组织形象的界定与构成

1. 社会组织形象的界定

社会组织形象是指公众对一个组织综合认识后形成的总体评价，是组织的表现与特征在公众心目中的反映。在现代社会中，一个社会组织的形象如何，会直接影响到组织的生存和发展。因此，树立良好的组织形象，是社会组织至关重要的任务，也是公共关系工作的重要目的。

社会组织形象具有以下四个基本特征。

（1）社会组织形象的客观性。公众心目中的社会组织形象不是从天上掉下来的，也不是公众头脑中固有的。它是公众在对社会组织各方面有了具体的感知和认识之后才逐渐形成的印象，是组织各方面活动和所有外在表现这一系列客观状况在公众心目中的反映。这个公众不是单个的人或少数群众组织，而是一个公众集合，个人的意见是主观的、可变的，但作为一个整体的公众或大多数的公众的意见则是客观的。

（2）社会组织形象表现的主观性。社会组织形象作为公众对组织的一种综合性认识，一种综合性的总印象，必然会受到公众的价值观念、思维方式、道德标准、审美取向、性格差异等主观因素的影响。因此，任何一个组织形象在不同的公众心目中都有不同程度的差异。所以，为了塑造良好的组织形象，社会组织应全面重视自己的每项活动，力求把每件小事做好，以便使自己在公众心目中留下良好的印象。

（3）社会组织形象的相对性。社会组织形象的好坏既受同一定的参照物相比较所表现出来的优劣的影响，又受主客观两方面因素的影响，任何一种要素的变化都会对组织形象产生作用。因此，组织形象具有相对性的特征。

（4）社会组织形象的稳定性。社会组织形象是社会组织综合行为的结果。社会组织形象一旦形成，不论其内在理念还是外在形象，都会在一定时空条件下，在一定的公众心目中形成一种心理定式，它不会随着组织行为的某些变化而马上改变。因此组织形象具有一定的稳定性。

2. 社会组织形象的构成

社会组织形象是社会组织在运行中显示出来的精神面貌和行为特征，它包括社会组织的内在素质和外观形象。

社会组织的内在素质，是指社会组织在运行中对现实诸因素的发生或改变所表现出的基本态度、价值取向以及社会公德水平，包括服务态度与服务水平、待人处世的基本行为准则等，它是社会组织的"软件"。

社会组织的外观形象，是指社会组织在实现工作目标时所显示的能力识别标记，如产品质量、美观度及市场占有率，组织的名称、标志、商标、广告，组织的建筑式样、代表色，组织的建筑、设施、场所状况，组织的技术力量、人员素质等。它是社会组织的"硬件"。

社会组织的内在素质与外观形象有机结合，构成社会组织形象，是组织活动中最为宝贵的无形资源。

（二）社会组织形象塑造的意义

市场经济的基本特征是竞争，竞争的最高层次就是组织形象的竞争。谁拥有了良好的组织形象，谁就能赢得公众的支持，谁就拥有了市场，并获得源源不断的利润，且能使产品和社会组织在激烈的市场竞争中立于不败之地。就塑造社会组织形象的意义而言，主要可以概括为以下三点。

1. 社会组织形象是无形资产的重要组成部分

无形资产是组织资产的重要组成部分，它是不具有实物形态而以知识形态存在的重要经济资源。无形资产的作用、价值可以远远超过有形资产。

自然灾害可以损毁有形资产，但对无形资产却无可奈何。无形资产的价值代表社会组织在公众心目中的形象，组织形象的好坏决定了无形资产价值的高低。无形资产主要是靠组织形象作为表现形式的。一个社会组织要不断地发展，维系和增值自己的无形资产，就必须充分重视自身的组织形象。

2. 社会组织形象是生存发展的精神资源

社会组织形象之所以能以精神资源作用于组织的生存发展，是因为组织形象具有以下功能。

（1）规范与导向功能。社会组织形象是把社会组织的价值观念和行为规范加以确立，为组织自身的生存和发展树立了一面旗帜，向全体员工发出了一种号召。这种号召一经广大员工的认可、接受和拥护，就会产生巨大的规范与导向作用。社会组织通过教育引导、规范员工的言行、态度，让他们在工作中注意把自己的形象与组织的形象联系起来，使本组织成为优秀的社会组织。

（2）凝聚与整合功能。社会组织因不同的人从事不同的工作，人的性格、爱好、追求又不一样，如果没有一种精神力量把他们"黏合"起来，组织就会成为一盘散沙。组织形象确立的共同价值观和信念就像一种高强度的黏合剂，将组织全体成员紧紧凝聚在一起，形成"命运共同体"，产生"集体安全感"，使组织内部上下左右成为一个协调和谐、配合默契的高效率集体。

（3）激励功能。良好的社会组织形象可以使组织内部的员工产生一种自豪感。这种感觉可以让员工保持一种士气高昂、奋发进取的精神状态。因为每个人都有尊重的需要，希望得到他人的尊重与羡慕，所以，当员工在与别人谈起"值得骄傲"的组织时，那种对组织的热情与爱戴就不言而喻了。这种对组织的热爱会产生强烈的激励作用，诱导并刺激员工的工作热情和积极性。

（4）辐射功能。社会组织形象的建立，不仅对内有着极大的凝聚、规范、号召、激励作用，而且能对外辐射、扩散，在一定范围内对其他的社会组织乃至整个社会产生重大影响。

3. 社会组织形象是外在市场扩张的铺垫

在现代社会中，公众对商品的购买，不仅是对产品功能和价格的选择，同时也是对组织精神、经营管理作风、服务水准的全面选择。社会组织形象的优良与否，是公众选择的重要依据。良好的组织形象，会使公众对产品产生"信得过"的购买心理与勇气，使公众能够在纷乱繁杂、令人眼花缭乱的商品世界中培养起对组织、对产品的忠诚度，从而达到使组织争夺更大的市场份额、进行社会组织扩张的目的。可见，良好的组织形象可以赢得社会舆论，铺垫潜在市场。社会各界的了解、信任、好感和合作，有利于改善组织的生存发展环境，便于社会组织的对外扩张。

（三）社会组织形象设计

社会组织形象设计的基本内容就是形成统一的组织形象系统，使组织形象在各个层面上得到有效的统一。它是突出组织个性、强化组织印象的最有力的武器，是组织形象可持续发展的基本保证。

社会组织形象的设计和导入是一项复杂的系统工程，它牵涉到组织经营的方方面面，既是组织外在"形象"的更新，也是组织内部"灵魂"的革命，而这个更新与革命可以通过实施 CIS 战略来完成。

1. CIS 的概念和基本特征

CIS 是英文 "corporate identity system" 的缩写，直译为"企业识别系统"或"企业形象识别体系"，也可简称为 CI 系统。CIS 作为企业身份的识别系统，是指企业确定企业理念、行动规范及视觉识别系统，并将其对内渗透到全体员工行为之中，对外进行全方位传播，以显示该企业在行业和社会结构中的特定定位或个性化特征。

CIS 具有以下两个基本特征。

（1）独特的识别性。它强调企业的个性，力求在公众心中把企业及其产品的形象同其他企业及其产品从根本上区别开来。

（2）同一的系统性。它强调企业的整体性，把识别贯穿于产品系列、时空环境和信息流程的全过程。

市场竞争日益激烈，企业之间从产品质量的竞争、推销手段的竞争进入组织整体形象的竞争。CIS 作为组织的一种形象战略，是强化企业形象，使企业更能引起外界注意，使公众对企业及产品产生统一的认同感和价值观，进而提高企业业绩的经营技法，是组织参与市场竞争的一个制高点。

2. CIS 的构成要素

CIS 是一个综合性概念。它包括 MIS、BIS 和 VIS 这三个要素。MIS 是英文 "mind identity system" 的缩写，意为理念识别系统；BIS 是英文 "behavior identity system" 的缩写，意为行动识别系统；VIS 是英文 "visual identity system" 的缩写，意为视觉识别系统。三者的交集即是最完整的 CIS。

1）MI

在 CIS 的三个构成要素 MI（mind identity，理念识别）、BI（behavior identity，行动识别）、VI（visual identity，视觉识别）中，MI 是 CIS 战略的决策面，可以比作企业的"心"，是由最高决策层确立方针而导入的企业识别体系，是 CIS 的基本精神所在，也是系统支撑的原动力和实施的基石。有关 BI 和 VI 的执行与推动皆根植于 MI，也就是先有 MI 的确立，经由 VI 的建立，透过 BI 的实际行动落实了 MI，使得企业形象具体地被认同，达到 CIS 的最终目的。

企业 MI 是企业的经营理念，包括经营信条、价值观念、精神标语、经营哲学与方针策略等。

2）BI

企业 BI 是 CIS 战略的动态识别形式，是 CIS 战略的执行面，可以比作企业的"手"。

企业 BI 包括对内和对外两部分，对内的活动包括行动准则、工作制度、员工教育、工作环境、职工福利、经营决策、礼仪规范、专业训练等。对外的活动包括经营决策、市场调查、产品推广、公共关系、沟通对策、促销活动及公益文化活动等。

3）VI

VI 又称视觉标识，是 CIS 战略的静态识别符号，也是具体化、视觉化的传达形式，是 CSI 战略的展开面，可以比作企业的"脸"。

企业 VI 分基本要素、应用要素、辅助要素。基本要素包括企业名称、品牌标志、标准字体、标准图形、标准色、企业精神标语和口号、企业报告和产品说明书等。应用要素包括事务用品、办公用品、产品设计、包装设计、工作场所规划、广告媒体、交通工具、招牌、橱窗和标识牌、工作服及其饰物、建筑设计、展示场所和器具等。辅助要素包括标准字和标准色特殊的使用规格、样本的使用法及其他附加使用。

（四）社会组织形象的评价

社会组织形象的评价可以从认知度和美誉度来概括。

认知度是指社会组织被公众认识、知晓的程度，因而又称为知名度，它包括被认识的深度、被知晓的广度两方面。它是评价社会组织名气大小的客观尺度，主要衡量舆论评价社会组织"量"的大小。

美誉度是指一个社会组织获得公众赞美、称誉的程度，以及社会影响的好坏。它是社会组织形象接受公众给予评价的舆论倾向指标，主要衡量舆论评价社会组织"质"的好坏。

认知度高并不一定美誉度也高，认知度低也不意味着美誉度低，良好的社会组织形象要求是将认知度和美誉度作为组织追求的目标。

四、社会组织的划分及其公共关系的协调

社会组织是公共关系的主体。在现实社会中，社会组织为数众多，形式多样，很难确定出一个统一的分类标准将社会组织加以区分。一些学者根据其研究的需要，按照组织本身的性质将其划分为政治组织、经济组织、军事组织及文化组织等；另一些专家又根据组织本身的特点和功能将其划分为营利性组织与非营利性组织，等等。

从公共关系学的角度来说，对社会组织的划分，并不着重于形式上确定一个统一的划分标准将各类组织加以区分，关键是要分清公共关系适用于哪些社会组织，这些社会组织在公共关系的协调中各有什么独具的特点。因此，可以将对公共关系有较多应用的社会组织（如政府、企业、商业服务业、事业单位及社会团体等）逐一列出，并分析其公共关系协调的特征，对做好社会组织的公共关系工作更具有实际的意义。

（一）政府组织及其公共关系的协调

政府，即国家行政机关，是国家权力的执行机构，它对国家各方面事务具有指导、管理、服务、协调、监督、保卫等基本职能，包括政党、政府、立法机关、司法机关、军队等。各级政府部门作为公共关系主体，应有效地进行各种管理，争取广大公众的信任和支持，这对形成稳定和谐的社会政治局面、建构良好的公共关系是至关重要的。在现代社会，公共关系在政府部门已得到广泛应用，政府公共关系已成为政府从事管理的重要组成部分，成为政府与公众充分沟通和协调内外关系的强有力的手段。

政府作为公共关系的主体，有它自身的特性。第一是政府机构的权威性，即它依法对国家事务和社会公共事务履行指导、控制、管理与服务等职能，它以国家强制力为后盾，从而具有绝对的权威性。第二是政府的复杂性，即它的组织机构错综复杂，其管理的事务涉及社会的方方面面，所要处理的利益关系也复杂多样。第三是政府的服务性，即它为社会公众提供所需要的各种公共服务。第四是政府的独立性，即它超越各类社会组织之上，作为整个社会的核心组织和最高权力执行机构，独立地行使管理权，主导整个社会的运行方向。

政府作为公共关系主体的特殊性，使得它与其他社会组织的公共关系有很大的差别。

其一是公共关系主体与客体双方利益的一致性。政府是全体公众对象的政府，公众的利益也是政府的利益，政府是公众合法权益的维护者和保障者。因此，政府公共关系是在主、客体双方利益一致基础上的特定关系。从某种意义上说，政府并不存有自身的特殊利益，这一点是与企业组织根本不同的。

其二是决定政府公共关系状态的关键因素是政府自身的行为与政策，这其中也包括政府工作人员的言行举止。政府或其相关的工作人员推出某项政策或实施某项管理行为，从而对公众产生一定的影响，公众在了解或接受这一影响之后，便以他们自己的标准、要求和价值观去评判该项政策或相应的行为。政府的公共关系状态直接反映

政府工作的成效，换句话说，政府组织的威信、形象或工作绩效与政府公共关系直接相关。政府组织公共关系工作做得好，政府的威信就高，形象就好，工作绩效明显，否则，政府的工作就会极为被动和不利。

政府组织公共关系协调工作主要体现在以下两个方面。

其一是主动地、有计划地收集信息。这包括广泛开展各种形式的民意调查，倾听公众呼声，接受群众的监督。因此，这就需要建立规范的信息反馈制度，设立专门的调查统计机构，使信息收集、分析处理工作做到科学化、专业化、定期化。

其二是及时准确地传播信息。这主要是指政府应有效地利用各种信息传播媒介和渠道及时向社会公众提供公众舆论普遍关注的信息，宣传政府的工作方针和政策，传播政府为民办实事、办好事的活动，只有这样才能得到人民群众真心实意地拥护和支持，良好的政府形象才能树立起来。

（二）企业组织及其公共关系的协调

企业组织主要是指在经济领域中进行物质资料生产的组织。企业组织是公共关系运用得最多、最充分且是受益最大、最明显的公共关系主体，其公共关系的显著特征体现在以下四方面。

一是为企业盈利服务。企业组织是一个独立运作的经济实体，它必须依靠盈利来维持自己的生存与发展。因此，企业公共关系工作的第一个显著特征就是它的营利性，即全面深入企业的一切行为活动之中，为企业的盈利服务。

二是满足公众利益。公共关系工作帮助企业达到盈利的目的是依靠构建良好的公共关系环境来实现的。也就是说，公共关系帮助企业寻求公众利益的满足与自身盈利之间的最佳结合点：一方面为公众利益着想，使其得到来自企业的最大的利益满足；另一方面又要为企业服务，使其最大限度地实现盈利的目的，即企业公共关系的协调，实际上是在保证公众利益不受侵害的前提下，寻求企业本身的最大利益。

三是协调公众关系。企业组织是所有社会组织中面临公众对象最多，需求最复杂，利益矛盾和冲突最为突出的公共关系主体，不仅存在合作者的利益需求，还存在竞争者、媒介和政府的种种挑战、监督与制约。这是企业组织公共关系的第三个显著特征，即企业组织要与诸多的公众对象协调好关系，满足各方面公众的需求，才能顺利发展。

四是对公众的依赖性。在激烈的市场竞争中，企业表面上是在进行市场争夺的拼杀，而实质上则是在争夺消费者，争夺自己的顾客，乃至争夺自己的每一个公众对象。没有公众的信任与支持，也就不会得到市场。没有市场，企业也就失去了生存的空间。企业组织对公众的这种强烈的依赖性，是其公共关系工作的第四个显著特征。

为此，企业组织只有认清自身公共关系协调的特征，有效地开展公共关系工作，才能使自己在激烈的市场竞争中永远立于不败之地。

（三）商业服务业组织及其公共关系的协调

商业组织是以销售物质商品来满足顾客需求的经济实体，包括批发商、代理商和各类商场商店等组织。服务业组织则是以提供劳务服务来满足顾客需要的经营实体，包括酒店、宾馆、旅行社等。商业组织与服务业组织的一个共同特点就是以工作人员与顾客的直接接触来开展经营活动。因此，在其公共关系协调方面，有三点是必须明确的。

其一是确立优质服务、顾客至上的信条。商业服务业作为为社会提供服务的窗口行业，其行为直接处于社会公众的监督之下，组织是否做到文明经商、礼貌待客、优质服务和方便顾客，直接关系到公众及社会舆论对组织的评价。因此，组织必须使每一位工作人员都明白自己组织的利益与声誉只有通过最大限度地满足顾客的需求才能得到保证。

其二是捕捉有利时机，大力对外宣传。商业服务业的工作重在直接满足人们的生活需要，而人们的生活需要又有着很强的规律性。因此，如何利用消费需求的变化，捕捉时机大力推出宣传攻势，是组织与公众保持最大沟通和协调的一项重要工作。

其三是重视员工关系，满足员工需要。商业服务业员工关系的协调直接影响其他公众关系的协调。员工关系协调，就能够有效地调动员工在顾客关系协调中的积极性和主动性。相反，员工关系不协调，顾客关系的协调也必然会受到一定的影响，甚至是破坏。因此，商业服务业组织应比任何其他社会组织都更为重视员工关系的协调。组织应尊重员工的权益，关心并最大限度地满足员工的利益需求。

（四）事业组织与社会团体及其公共关系的协调

事业组织通常是指那些由政府出资设立的满足社会某种需要的专门机构，如学校、图书馆、医院等。社会团体是指具有共同利益需求或背景的人为实现某种社会理想自愿结合而成的一些非营利性组织，如专业学术团体、宗教团体等。

事业组织和社会团体由于其本身的非营利性特点，其公共关系协调除了具有与其他社会组织共有的特征（如树立自身良好形象、积极扩大社会影响）外，还有其自身的特色，表现在以下三个方面。

其一是确立一种良好的社会认识及道德楷模形象。事业组织与社会团体在社会公众中树立的形象目标是：担当着崇高的社会道义责任；具有强烈的献身社会的奉献精神；表现较高的文化知识水平和社会道德水准。

其二是以自身的行为积极影响社会舆论。事业组织与社会团体成员在社会利益关系格局中处于较为超脱的位置，对各种社会问题的看法往往容易引起人们的重视，形成一定的社会舆论导向。因此，事业组织与社会团体成员，一是通过参政议政，表明立场，影响舆论；二是以身作则，通过在社会各界公众中树立良好的行为样板以促进良好社会风气的形成。

其三是积极参与和组织各种社会活动。事业组织和社会团体应积极组织和参与各种公益性的社会活动，并在其中起领导作用。这样，既可使广大社会公众受益，又可扩大组织自身的影响，并能通过与社会公众的有效沟通得到更多的理解和支持。

以上只介绍了几种主要类型的社会组织及其公共关系的协调。需要说明的是，作为公共关系主体的社会组织是多种多样的，每一个社会组织都有其自身的公共关系协调问题。组织应针对自身的特点和公众的特殊要求，不断总结自己的公共关系协调经验，并上升到理论来指导自己的公共关系实践。

第二节　公共关系机构

公共关系机构是专业从事公共关系工作的组织机构，代理着特定组织的公共关系工作，其实质是公共关系的实施主体。现有的公共关系机构主要分为两类：一类是社会组织内部设立的公共关系部门，如组织内部的公共关系部；另一类是专门承接公共关系委托业务，代理其他社会组织公共关系业务的服务性机构，如公共关系公司，以下分别加以介绍。

一、公共关系部

公共关系部是社会组织内部自行设立的专门负责处理公共关系事务的部门（或机构）。社会组织不同，其公共关系机构的设置和名称也有所不同，如公共关系部、公共事务部、公共信息部、公共广告部或社区关系部等，这些都是国际上广泛采用的机构名称。

随着社会的快速发展，社会组织面临的环境越来越复杂，公共关系部的工作也日趋繁重。一个组织要想做好公共关系工作，不仅应在组织机构上设立公共关系部，更重要的是对公共关系部的地位和作用、公共关系部的设置原则、组织机构的规模与模式及组织自设公共关系机构工作的局限性有一个足够的认识。

（一）公共关系部的地位与作用

社会组织内部的公共关系部是为实现组织的既定目标而设置的，与组织内部的其他机构一样，其也有着特定的职能。公共关系部在社会组织中的地位，既取决于组织决策者对公共关系内涵的把握以及对公共关系部的目标期望，也取决于公共关系部自身作用的发挥。通常，组织决策者对公共关系部的目标期望高，公共关系部自身作用发挥得好，其在组织中的地位就高。相反，组织决策者对公共关系部的目标期望低（如仅限于一般接待或促销工作），公共关系部的自身作用发挥得不好（如不能参与决策），其在组织中的地位就低。通常，公共关系部在组织内充当以下角色。

1. 信息情报部

公共关系部在当代信息社会中首要的职能就是及时、准确地向组织提供环境变化的信息。公共关系部要发挥好这一作用，就要不断了解组织内部公众对本组织的意见和建议；了解社会政治、经济、文化、科技发展的现状及变化，并预测其未来趋势；了解外部公众对本组织的方针、决策和行为的反映与评价，等等。当然，这些作用的发挥还必须依靠建立一套完善的信息网络系统和广泛的信息沟通渠道。

2. 形象策划部

现代社会的竞争已经由原来质量、价格的竞争升格为组织整体形象的竞争，一个社会组织的良好社会形象是这个组织最主要的无形资产，可以使组织得到公众的肯定和支持，使组织的产品和服务更容易被公众认同与接受，也能使组织获得更多、更好的投资支持和合作机会。所以，许多社会组织把塑造组织形象作为公共关系部和全体人员的头等大事。进行组织形象识别系统的设计，组织文化的构思，知名度、美誉度的定位，各种方案的选定，都离不开公共关系部的精心策划。

3. 决策参谋部

公共关系部在决策参谋方面的重要作用表现为协助组织决策者分析、权衡各种决策方案的利弊；预测组织决策所产生的社会后果及影响的广度和深度；督促并提示组织决策者修正不利于组织长远发展的政策与行为；等等。为了保证公共关系部这一作用的充分发挥，不仅要求组织提高决策的民主化程度和科学化水平，而且要求组织决策者亲自主持这一部门的工作，甚至兼任公共关系部的领导职务，在组织上给予充分的保障。

4. 传播沟通部

社会组织要获得公众的了解、理解和信任，赢得公众的喜爱，取得公众的支持与合作就要不断地向公众宣传组织的政策，解释组织的行为，增加组织的透明度。除此之外，还应通过对外联络、接待访问、社会服务及社会赞助等多种交往活动，协调关系，为组织创造一个"人和"的环境。公共关系部的传播沟通作用表现在：对外赢得公众，避免或减少组织与公众的摩擦与冲突；对内增强组织凝聚力，创造一个充满理解信任、团结合作气氛的良好内部环境。

（二）公共关系部的职能

根据以上公共关系的地位与作用，公共关系部主要从事以下四类日常工作。

（1）公共关系的长期工作：社会组织整体形象的策划、调整、传播，评估，管理好社会组织的无形资产。

（2）公共关系的日常工作：①监测社会组织环境，收集社会组织内外公众的各种意见，接待投诉；②撰写社会组织有关情况和活动的新闻稿、演讲稿；③同各种传播媒介及记者、编辑保持密切联系；④协同影视制作方面的人员拍摄、整理、保存资料；⑤设计、策划、监测社会组织的各种宣传品和馈赠品；⑥注册互联网上本组织的域名，设计网络上的主页，管理电子信息；⑦了解竞争对手的公共关系活动情况，并加以分析；⑧同主管部门、政府有关部门的人员、有业务来往的公共关系公司、公共关系社团如公共关系协会等保持联系；⑨培训公共关系工作人员。

（3）公共关系的定期活动，主要有：组织记者招待会；组织内部的听证会；编辑、联系印刷组织的内部刊物；参加各种管理会议，了解组织内部的管理状况；参加各种销售会议，了解组织同外界的商业联系情况；同所在社区的代表接触，关注互联网上的"虚拟社区"与网络公众；协助拟写组织年度报告；组织安排全体人员的集体娱乐活动；总结、评价公共关系活动的效果。

（4）公共关系的专题活动，主要有：组织安排各种大型庆典活动；处理危机事件；组织、举办展览会；筹划、制作公共关系广告，拍摄有关组织情况的录像或影片；安排来宾参观访问；组织新产品介绍会；安排筹款、赞助活动。

以上四类公共关系工作不是截然分开的，而是日积月累、相辅相成的。同时，各社会组织的具体情况不同，应以适应本组织发展为标准酌情变通处理。

（三）公共关系部的设置

1. 设置公共关系部应遵循的原则

设置公共关系部应遵循以下原则。

1）精简高效原则

公共关系部的组建、结构设置和人员规模等，必须根据社会组织目标和公共关系工作的实际需要来确定，应本着精简高效的原则，从实际出发，因地制宜，科学决策。

2）专业性原则

公共关系部能否真正发挥公共关系的功能，在促进社会组织管理中切实显现出应有的效力，很大程度上取决于公共关系部的专业水准。因此，组建公共关系部之初，就必须考虑两个基本问题：一是组织公共关系工作的层次、内容等客观要求；二是组织内部人员素质和人员储备的实际状况。只有保证公共关系部从组建开始就具备相当的专业性水准，才能为日后公共关系工作的有效开展打下坚实的基础。

3）协调性原则

在实现公共关系目标的过程中，公共关系部与社会组织其他职能部门之间在工作上存在合作、交叉的复杂关系。因此，为确保日后公共关系工作能够与组织各项管理工作密切配合，高效工作，在设置公共关系部时，必须充分考虑公共关系部门与其他职能部门相互协调运作的关系。

4）责权相当原则

责任是权力的基础，权力是责任的保障，委以重任，并授以相应的权力，才能保证公共关系部工作的权威性和有效性。保证这一点的前提是，组织决策者必须对公共关系工作的科学性和重要作用有正确、深刻的认识。

2. 公共关系部在组织机构中的位置

公共关系部在组织机构中处于怎样的位置，直接影响到公共关系工作的开展和公共关系功能的发挥。实际工作中，公共关系部在企业中的设置主要有以下几种类型。

1）直接隶属型

直接隶属型的公共关系部受组织最高管理层直接管辖，由总经理或副总经理担任公共关系部的负责人。直接隶属型公关机构设置如图3-1所示。

这种设置方式是一种较为理想的模式。公共关系部相当于组织最高管理层的特殊的"决策智囊"机构，各种意见、信息和建议可以直接反映到组织的决策层。此外，公共关系部还可以承担起各职能部门之间的信息沟通和协调工作。

图 3-1 直接隶属型公关机构设置

2）部门并列型

部门并列型的公共关系部作为社会组织一个普通的职能部门，具有一定的决策权和指挥权，并能独立地开展各项公共关系业务。部门并列型公关机构设置如图 3-2 所示。

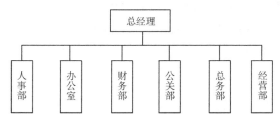

图 3-2 部门并列型公关机构设置

这种设置方式沿用了"直线职能制"组织机构的设置方法，公共关系部与组织的其他职能部门平行排列，处于同一层次，公共关系部负责人与其他部门负责人均为中层管理者，工作向主管领导负责。在实际运作中，这种设置方式由于"条块分割"，容易妨碍公共关系部沟通协调职能的发挥。

3）部门隶属型

部门隶属型的公共关系机构附属于社会组织中的某个职能部门，一般隶属传播沟通的任务较繁重或工作重要性较突出的部门，但公共关系部门的负责人与组织最高决策层保持某种特殊的信息沟通方式，公共关系经理可以列席组织最高决策层的某些会议或参加某些活动。部门隶属型公关机构设置如图 3-3 所示。

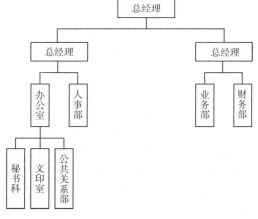

图 3-3 部门隶属型公关机构设置

这种设置方式易使公共关系部的职能偏重所隶属部门的特点，而且由于公共关系部的行政层次较低，从整体上看不利于公共关系工作的全面、深入开展。

3. 公共关系部的分工与结构

社会组织公共关系工作的具体特点和要求，决定了公共关系内部的分工与结构。由于分工不同，内部结构则各不相同。内部结构主要有以下几种。

（1）技能型公共关系部：按公共关系技术来设置，如内部报刊编辑、参观布置者、摄影师、印刷出版人员、新闻发言人等。

（2）服务型公共关系部：按公共关系对象的不同来设置，如员工关系组、股东关系组、顾客关系组、社区关系组、媒体关系组、政府关系组。

（3）区域型公共关系部：对于特定区域由具体的公关事务组负责与控制。

（4）过程型公共关系部：按公共关系的程序来设置，如调查组、策划组、传播执行组、评估组、检查控制组。

（四）公共关系部工作的优势与局限

明确公共关系部的优势及缺点，一方面可以促进改进工作，另一方面可以在比较内部公共关系部和聘用外部公共关系咨询公司的经济性时，有一个基本的比较尺度。

1. 公共关系部的优势

（1）积极性和工作的连续性。公共关系部的成员与其他员工一样，同处在社会组织中，为组织的发展积极工作是他们的本分。与外聘公共关系咨询公司相比，公共关系部的工作具有持续性，从而保证了组织公共关系工作的系统性和连续性。

（2）知深性和更好的沟通能力。内部公共关系部的工作人员对社会组织内部的人员、管理工作及信息沟通状况非常了解，而且长期的公共关系实践使他们在员工中建立了良好的信任度，这使得在开展内部公共关系工作时，公共关系部具有外部公共关系咨询公司无法比拟的优势，其工作更具权威性和说服力。

（3）经济性和实用性。社会组织公共关系工作纷繁复杂，除了某些重大的项目活动外，还包括大量日常的内外公共关系事务，这些工作由公共关系部来完成，显然具有经济性和实用性。尤其是大型企业组织，其内外公共关系业务的规模和内容都更为复杂，设立专门的公共关系部来处理公共关系业务工作更是组织管理工作的客观需要。

2. 公共关系部的局限

（1）缺乏公正。由于公共关系部处于社会组织内部，因此不可避免地在某些公共关系工作中可能带有一定的主观色彩，如新闻稿件的撰写，从而影响社会组织获得公众的信任。

（2）阅历有限。公共关系部的工作一般仅局限于社会组织所属的行业，这使它与外界的交往受到一定程度的限制，或使它仅限于参加某些种类的活动，等等。这些给组织公共关系工作的拓展带来一定的局限性。

（3）缺乏训练。公共关系部的人员很有可能是从别的岗位上调过来的非专业人员，缺乏职业教育和训练，会直接影响组织公共关系工作的水平。

二、公共关系公司

公共关系公司又称公共关系顾问或公共关系咨询公司，是专门为客户提供公共关系劳务和业务咨询服务的专业性机构。公共关系公司已经在全球成为咨询产业中一个蓬勃发展的分支，它们为社会提供高水平的、全面的公共关系服务，在社会生活中发挥着越来越重要的作用。

（一）公共关系公司的基本职能

1. 提供咨询

公共关系公司可根据客户的要求，为客户提供社会、政治、经济、文化、教育、科技等方面的情报，提供市场信息、公众态度、社会心理倾向及社区文化习俗的分析资料；为客户进行公共关系问题的分析与诊断；为客户的形象设计、形象评价及公共关系政策或决策提供咨询等。

2. 传播信息

公共关系公司可为客户进行各种信息传播，包括：为客户撰写新闻稿件，选择新闻媒体，建立媒体关系，举行记者招待会或新闻发布会；为客户设计、印制宣传资料和纪念物品及统一的标识制品；为客户制作宣传影片、视频、录像带或光盘等视听资料；为客户制订广告投资计划，设计制作产品广告及公共关系广告；协助客户推广产品信息，制造有利的市场气氛；等等。

3. 组织活动

公共关系公司协助客户与相关公众进行有效的联络沟通，帮助客户与政府、社区、媒体等公众建立并维持良好的关系；为客户安排、组织重要的交往活动，如贵宾和社会政要的参观访问等；为客户策划组织各种专题活动，如剪彩仪式、庆典、联谊以及各种社会赞助活动等；组织各种会议，如信息交流会、产品展销会及洽谈谈判会等。

4. 人员培训

公共关系公司可为客户进行各类人员的知识或技能培训，使其具有足够的公共关系理论知识和实际操作技能，以适应岗位的需要。

（二）公共关系公司的主要特点

公共关系公司在为客户提供公共关系服务时具有以下主要特点。

（1）客观性。公共关系公司独立于组织之外，因而对于组织的公共关系问题，能够以冷静的态度，实事求是地进行分析，易于做出较客观的评价。

（2）权威性。公共关系公司利用专业性公司在人才、技术、经验等方面的优势，可以为客户提供高水平的咨询意见和策划方案，容易受到组织决策者的重视，提出的方案和建议具有权威性。

（3）广泛性。公共关系公司在长期的专业实践中，与政府部门、新闻媒介、社会团体等有着密切的联系，建立起了一套较为完备的信息来源和渠道网络，拥有广泛的信息来源和信息渠道，从而在一定程度上保证了公共关系工作信息的全面性与客观性。

（4）规范性。公共关系公司拥有专业素质较高、训练有素的工作人员队伍，在长期的工作实践中积累了规范化操作的经验，可以为客户提供较高水平的规范化服务。

由此可见，公共关系公司在人员、技术、设备、经验、信息传播、规范化操作等方面具有社会组织内部公共关系部无法企及的优势。因此，公共关系公司是社会组织公共关系工作应注意借用的"外脑"。特别是在开展一些大型活动和专业性很强的公共关系工作时，如导入 CIS、财经传播、制作较复杂的影视资料等，可以聘请或委托外部公共关系公司来完成。

（三）公共关系公司的种类

（1）综合服务型的公共关系公司。这类公司不仅为客户提供如环境调研、新闻发布、媒介关系、大型活动策划、传播设计、制作各类宣传材料和人员培训等多种公共关系服务，而且能够利用自己丰富的知识和经验，对客户公共关系工作失调的原因进行综合诊断，帮助客户推行公共关系工作。

（2）专项服务型的公共关系公司。这类公司仅提供专项公共关系服务，其服务项目仅限于一种，如专门为客户提供设计各种宣传材料的公共关系公司，或专门为客户提供媒介关系的公司等。这类公司规模较小，但专业性较强，可为客户提供较高水准的专项服务。

（3）与广告公司合营的公共关系公司。这类公司既经营广告业务，也提供公共关系咨询服务。由于公共关系与广告在业务上有交叉，因此才存在这种合营现象。但是，随着社会经济的发展，社会上对公共关系咨询的需求量越来越大，在这种合营公司内部，公共关系业务的份额也在逐渐增大。

（四）公共关系公司的收费方式

公共关系公司的收费方式有两种：项目收费和计时收费。

1. 项目收费

项目收费即按公共关系业务项目的总费用支出，经由公共关系咨询公司与客户双方协商确定，采取一次性预支、项目结束后一次性付清或分次付款等方式。公共关系公司对某项公共关系委托业务的收费项目主要包括咨询服务费、行政管理费、项目活动经费、项目利润等。项目收费方式主要适用于持续时间较长、规模较大、内容复杂的委托项目。

2. 计时收费

计时收费即按提供咨询服务的时间收费。收费标准一般按提供服务的咨询人员的级别，以及委托项目的难易程度来确定。

公共关系公司的计费方式与费用标准，没有统一的规定，除以上常用的两种计费方式外，也有按工作日的计费方式，或按项目进展情况分项、分期的计费方式。公司的声誉、公共关系人员的资历不同，其计费方式与费用标准也有很大差别。所以，在选择公共关系公司时，客户应慎重考虑。

三、公共关系协会

公共关系协会（Public Relations Association）也称公共关系社团，是指社会上自发组织起来的、非营利性的从事公共关系理论研究和实务活动的群众组织或群众团体。

公共关系行业性协会的建立和发展，是公共关系成熟程度的一个标志。国际公共关系协会成立于 1955 年。随着公共关系的发展，公共关系协会也在中国各地广泛出现。1986 年 11 月，上海公共关系协会成立。1987 年 6 月，中国公共关系协会成立以后，各省市乃至地县和乡镇都出现了公共关系协会。公共关系协会主要包括公共关系学会、研究会、俱乐部等组织。

1. 公共关系协会的基本任务

（1）加强从业人员之间的交流、协调与合作。

（2）维护本行业专业人士的基本权利和利益。

（3）推动公共关系学术理论的发展，编辑出版会刊和专业资料，传播公共关系学知识。

（4）规范本行业的职业道德和行为准则，维护本行业的形象和声誉。

（5）培养和训练公共关系从业人员，不断提高业内人士的专业水准。

（6）为会员及各界人士提供公共关系专业方面的咨询服务。

（7）建立和发展本行业与社会各界与国外同行之间的联系与合作。

2. 国内外主要公共关系协会

（1）中国环球公共关系公司。

（2）中国公共关系协会。

（3）国际公共关系协会。

（4）国际公共关系咨询公司。

（5）泛太平洋公共关系联盟。

（6）泛美公共关系协会联盟。

（7）欧洲公共关系联盟。

3. 中国公共关系协会

中国公共关系协会成立于 1987 年，由公共关系专业机构、新闻媒体、教育、科研机构、政府有关机构和企业界人士等自愿组成，是经中华人民共和国民政部批准成立的全国性的、学术性的、广泛性的非营利性社会团体组织。

中国公共关系协会宗旨：遵循"提供服务、反映诉求、规范行为"的工作宗旨；遵守中华人民共和国宪法、法律、法规、政策，遵守社会道德风尚，促进中国公共关系事业的发展，加强与国内外相关组织的交流合作，运用公共关系理论和管理科学的协调功能，促进社会经济发展，推动社会和谐，与国内外社会各界广泛交流，增进相互了解，发展交流与合作，为建设社会主义和谐社会、推动科学发展做出应有的贡献。

中国公共关系协会自成立以来，致力于开拓和发展中国的公共关系事业，积极参与国际公共关系活动，弘扬中华民族文化，积极开展行业自律、资源整合、国际交流与合作、人才培训、理论研究等方面的工作，对促进公共关系事业的发展起到了重要的推动作用。协会拥有众多国内外资深教授和业界专家队伍，与国内外相关组织、著名院校合作，举办职业认证和专业培训等；编著业界专业书籍、教材，提供各类国家权威培训，促进行业整体素质提高。协会通过举办各类讲座、论坛，为会员和行业提供及时的信息服务；通过举办各类活动，为不同行业之间、企业之间、国内与国家之间增进相互了解；为中国企业走向世界，为海外信息、人才、技术、资金进入中国提供服务。

第三节　公共关系人员

公共关系人员，从狭义上讲，是指从事公共关系职业的专职人员，包括社会组织内公共关系部的工作人员和公共关系公司从事公共关系活动的工作人员，他们是公共关系职能的实际承担者和执行者。我国劳动和社会保障部为公共关系人员给出的定义是：专门从事组织机构公众信息传播、关系协调与形象管理事务的调查、策划和实施的人员。

随着时代的变迁以及公共关系专业化水平的提高，公共关系活动自身对公共关系从业人员的意识观念、知识结构与能力素质都提出了新的要求。只有具备满足这些要求的条件，并善于在实践中不断提高自己的从业水平，才能适应新的历史时期公共关系工作的需要。

一、公共关系人员的意识

公共关系意识是公共关系人员的思想灵魂，是公共关系人员所应具备的各项基本素质中最为重要的一项素质。公共关系意识作为一种深层的思想，指导约束着从业人员的行为。良好的公共关系意识能促使从业人员始终处于一种积极主动的工作状态，可创造性地完成各项公共关系工作。相反，不具有足够明确的公共关系意识是绝不可能干好公共关系工作的。公共关系人员所应具有的公共关系意识主要有形象意识、公众意识、协调意识、开放意识、互惠意识和创新意识等。

1. 形象意识

公共关系的核心概念之一是形象。在现代社会中，良好的形象是组织的无形资产，公共关系的一切工作都是围绕形象目标而展开的，可以说，没有形象的问题，也就没有公共关系这门学科存在的必要。因此，具有明确的形象意识的从业人员，往往能够深刻理解知名度和美誉度对社会组织的生存与发展的重要性，会在行动中敏锐体察组织形象中的问题，自觉维护组织的形象。

2. 公众意识

形象是为社会组织的相关公众塑造的，相关公众的需求就是社会组织形象塑造追求的目标。因此，社会组织应一切为公众的利益着想，创造一切条件为公众服务，满足公众不断发展的需求。只有牢固树立"公众优先"的观念，明确社会组织的公共关系工作归根到底是为了"赢得公众"，才能承担起社会组织应有的责任，才能真正做好社会组织的公共关系工作。

3. 协调意识

社会组织与相关公众之间关系的协调是公共关系的本质属性。社会组织公共关系的性质既有对立的一面，也有合作的一面。促使组织与其相关公众建立信任与合作的关系，调节其对立性因素，并使其向合作方面转化是公共关系人员的重要工作。只有在协调的状态下，社会组织和公众才能各得其所，才能获得更好的生存和发展的空间。

4. 开放意识

作为公共关系的主体，社会组织应主动地在公共关系行为活动中寻求建立良好的公共关系的途径。开放意识倡导社会组织以开放姿态和胸怀向公众、社会袒露自己，这种诚挚的举措是实现公共关系协调发展的基础和条件，营造"玻璃屋"，增加社会组织行为的透明度，可以使社会组织坦诚地、全面地融入社会、面向公众，以达成与公众、与社会的全面的双向交流。

5. 互惠意识

互惠互利"与自己的组织共同发展"是社会组织开展公共关系工作的原则，组织能否做到与公众互惠互利也是组织是否真诚对待公众的试金石。在现代社会，任何社会组织都希望有一个良好的发展环境，都希望得到更多的公众的信任、理解和支持。但社会组织在自身的发展过程中，能否想到信任、理解和支持自己的公众的利益，能否想到自己对公众的回报，是社会组织是否具有互惠互利意识的表现。不具有这一互惠意识的公共关系人员，是不可能做好公共关系工作的。

6. 创新意识

塑造组织形象过程中的每一个公共关系活动都不可能是以往或他人已有的活动形式的简单重复，其策划与设计都需要有所创新。人们说公共关系是一门科学和技术，是因为它有可遵循的客观规律，有相对稳定的操作程序；而说公共关系是一门艺术，则指的是它有突破固定程式、追求不断变化的特点。唯有创新，才能塑造具有个性的组织形象；也唯有创新，才能使组织的良好形象打动公众、征服公众。

二、公共关系人员的知识结构

公共关系学是一门综合性的应用科学，其学科体系包括公共关系人员从事公共关系工作所需的专业知识及相关知识构成的全部知识内容。公共关系从业人员的知识结构就是公共关系知识体系在其头脑中的内化。健全的知识结构不仅是公共关系人员基本素质的重要组成部分，而且是其创造性地开展公共关系工作的保证。公共关系人员的知识结构应包括基础学科知识、背景学科知识、专业学科知识、相关学科知识及操作性学科知识。

1. 基础学科知识

公共关系从业人员的基础学科知识包括哲学和思想史等。哲学从世界观和方法论的高度对公共关系的学科研究与具体实践进行宏观指导。思想史可对认识人类社会发展历程与规律给予一定的启示。公共关系人员的基础理论知识越深厚扎实，其思维空间就越开阔，创造性也就越强。

2. 背景学科知识

广泛的背景学科知识，如政治学、经济学、社会学、心理学、法学等，为公共关系人员提供了完整的文化知识背景，这对于提高其理论修养和分析现实问题的能力是十分重要的。不可想象，一个不懂政治或经济的人会是一个出色的公共关系专家。

3. 专业学科知识

公共关系专业的学科知识包括公共关系基本概念、公共关系历史与发展、公共关系构成要素、公共关系职能、公共关系传播、公众分析、公共关系策划及工作步骤、公共关系实务知识等。专业学科知识是从事公共关系工作直接运用的知识，公共关系人员必须掌握这些知识并在实际工作中灵活运用才能做好公共关系工作。

4. 相关学科组织

公共关系工作所涉及的领域是多方面的，单一的学科知识是不能满足实际工作需要的，一些与之密切相关的学科知识，公共关系人员也应熟知和掌握，如管理学、传播学、市场营销学、文化学、民俗学和人际关系学等。

5. 操作性学科知识

操作性学科知识对提高公共关系人员的实际工作能力有直接的帮助，如广告学、写作学、演讲学、社会调查学、计算机应用与社交礼仪知识等。

以上几个方面的学科知识，是专业公共关系人员所必备的。公共关系人员或有志于从事公共关系工作的青年学生，可通过学历教育或专业培训获得知识补充或进行系统学习。

三、公共关系人员的能力要素

美国学者丹尼斯·威尔科克斯在其所著的《公共关系的战略与战术》一书中提出，公共关系人员应具备三项至关重要的才能，即写作技巧、研究能力和创造才能。同样，在斯各特·卡特里普等所著的《有效公共关系》一书中，曾将公共关系工作概括为10类：①写作；②编辑；③与新闻媒介的联络；④特殊事件的组织与筹备；⑤演讲；⑥制作；⑦调研；⑧策划与咨询；⑨培训；⑩管理。由此可见，要胜任上述工作，公共关系人员所需要的能力要素是多方面的。当然，在公共关系工作中，并不要求每一个工作人员都是全能的，实际上这也不可能做到。但对于一个高水平的公共关系人员来说，一些基本的能力要素是必须具备的，如创新能力、表达能力、交往能力、协调能力和组织能力等。

1. 创新能力

创新是公共关系活动的一个突出特点，每一个成功的公共关系活动就像是一件件雕塑精品，没有完全一样的。只有不断推出富有想象力的、别具一格的新颖活动方案，才可能使组织或一鸣惊人、旗开得胜，或力挽狂澜、化险为夷，或力克群雄、出奇制胜。公共关系之所以如此迅猛地在世界范围内得以发展，正是这种变幻无穷的创新设计，使人们强烈地感受到公共关系的强大魅力。因此，创新能力是公共关系人员极重要的一项能力因素。公共关系工作是科学性和艺术性的高度完美结合，在社会组织内外环境剧烈变化的现代社会里，为促使社会组织得到更快更好的发展，企业公共关系人员必须具备强烈的开拓创新意识，积极开展创造性的工作，力争走在时代的前列。

2. 表达能力

公共关系人员经常大量的工作是信息传播，它需要及时、准确地向各类公众传播、发布、解释社会组织各方面的情况。在许多场合还要演讲、与人交谈，把所要传达的信息或思想清晰地表达出来，表达能力是对公共关系人员的一项基本要求。表达能力既包括口头表达能力，也包括文字表达能力。因此，一名优秀的公共关系人员还要有较强的撰写稿件、草拟计划、报告等写作能力。

3. 交往能力

公共关系固然是一种组织间的关系，但组织间关系的建立和维护要依靠人际交往来完成。因此，有效的人际交往是社会组织搞好公共关系工作的基础。衡量一个公共关系人员是否符合公共关系工作需要的标准之一，就看他是否具备善于与他人交往的能力。不具备这种能力，就无法有效地与周围的人进行沟通，组织之间的关系也难以协调。这样的人也就很难胜任公共关系工作。

4. 协调能力

公共关系中的每一件工作都离不开公共关系人员的协调。对社会组织内部公众而言，有组织上下级关系的协调，有同级部门之间关系的协调；对社会组织外部公众而言，有组织利益与公众利益关系的协调等。公共关系人员的协调能力强，公共关系活动的推展就快，效果就好，公共关系工作的成效也就越大；反之，则可能处处受阻，寸步难行，公共关系工作很难取得成效。

5. 组织能力

公共关系活动十分丰富，如组织各种纪念活动、重大庆典活动、新闻发布会、产品展览会、各种联谊会、记者招待会和日常的接待工作、资料收集整理工作、信息传播工作等，每一项目都要认真、周密地组织，进行宣传、发动、协调、实施、控制等。这些工作不仅是公共关系管理人员的职责，也是每一个公共关系人员的职责，要求全员参与具体的组织实施。因此，公共关系人员良好的组织能力是社会组织各项公共关系活动得以顺利实施的保证。

四、公共关系人员的职业准则

公共关系人员的职业准则，就是公共关系工作中必须遵循的道德操守和行为规范。很多国家及国际公共关系组织都十分重视公共关系人员的职业准则问题，并纷纷制定出相应的职业准则条款用以规范组织成员的行为。

在已成文的公共关系职业准则中，《国际公共关系道德准则》的影响较大，很多国家的公共关系组织都采用这一准则。除此之外，《美国公共关系协会职业标准准则》和《英国公共关系协会行为准则》在推动公共关系人员职业活动的规范化方面也发挥了很大的作用。参照以上准则，我国也相应地制定了《中国公共关系职业道德准则》。

纵观多种范本的公共关系职业准则（或道德准则），其目的均在于规范公共关系人员的行为，珍惜并扩展公共关系行业的良好声誉。所列条款多由以下内容构成：坚持真实和准确地反映事物的本来面貌；尊重客户的权益，客观、公正、忠诚地对待所服务的对象，为客户保守秘密；不损害、中伤同行的权益和声誉；应以自己的行为赢得有关方面的信赖；等等。

总之，公共关系人员的职业准则是在公共关系的发展过程中逐渐形成和完善的对职业行为的道德要求。这些由公共关系职业特性所决定的道德要求，从一定意义上讲，比其他行业对从业人员的道德要求更高一些。这是因为，公共关系要塑造社会组织的良好形象、扩大社会组织的认知度和美誉度，追求社会组织的经济效益和社会效益的高度统一，自然，从事这一职业的人应首先表现出高尚的道德品行。此外，公共关系人员的行为也代表着所属的社会组织，其在工作中所表现出的道德操守，也将直接影响公众对社会组织的评价。因此，从事公共关系这一职业的人员道德标准也应更高一些。

课后思考 »»

1. 什么是社会组织？社会组织和环境的关系如何？
2. 简述社会组织形象管理的重要性。
3. 简述常见的社会组织公共关系协调的特殊性。
4. 怎样理解公共关系部在一个社会组织中的地位与作用？
5. 公共关系部与公共关系公司各自的优劣势有哪些？
6. 公共关系人员的基本素质包括哪些方面？

伟达公共关系顾问公司

2006年4月，第29届夏季奥林匹克运动会组织委员会（以下简称"北京奥组委"）与伟达公共关系顾问公司签订合作协议，聘请伟达公司作为2008年北京奥运会的传播顾问。北京奥组委于2005年2月启动公共关系公司选聘工作，共有8家国际公共关系公司参加竞聘。经过全面、认真的评选，并综合衡量各方面因素，北京奥组委最终选择聘用伟达公共关系顾问公司（以下简称"伟达公关"）作为传播顾问。

伟达公关成立于1927年，是世界上最早成立的专业公关公司。公司总部位于纽约，伟达公关隶属WPP集团，WPP集团是英国的一家广告和公关服务跨国公司，是全球最大的广告传播集团。

作为一个业界领先的国际传媒咨询公司，伟达公关在80多年发展历程中积累了丰富的专业经验。伟达公关在向客户提供深度专业顾问及公关服务的同时，帮助客户利用不同形式和渠道了解其主要利益相关者及公众并与其进行有效互动，从而提升品牌的认知度和美誉度，促进客户业务的全面发展。伟达公关现有及曾经服务的客户包括各个领域的行业领导者，如IBM、AT&T、美国三大汽车公司、波音、麦当劳、肯德基、百事可乐、雀巢、德尔福、微软、BP、英国电讯、摩托罗拉、P&G、惠普公司、戴姆勒-奔驰汽车公司等企业，以及世界咖啡组织、世界黄金协会、美国杏仁协会等知名机构。

迄今为止，伟达公关已经在46个国家和地区拥有83个分公司或办公室，针对政府或非营利机构，伟达公关提供量身定制的传播咨询及公关服务。无论在行业研究、数字化沟通、媒体关系、金融传播、市场营销传播、危机管理还是在公共事务等领域，伟达公关在全新数字时代不断研究探索和创新，引领战略传播和商业咨询的方向，是一支值得信赖并拥有无比热情以及卓越执行力的顾问和创意团队。

伟达（中国）公共关系有限公司于1984年在中国创立，作为第一家进入中国的国际公关公司，其在行业内一直保持着领先地位。如今伟达公关在北京、上海、广州、成都设有分公司，并在南京、沈阳、济南、武汉等二线城市委派了常驻代表。伟达公关不但为世界500强企业、协会和政府机构提供服务，还在中国为本土企业提供公关服务，伟达公关在帮助中国企业国际化和"走出去"方面更是领先者，并获得多项有影响力的奖项。伟达公关的专业技能涵盖了科技、快消品、汽车、航空业、时尚奢侈品、旅游休闲、银行、金融保险、化工、能源和政府及公共事务服务等多个领域。

伟达公关北京分公司被选为中国最重要的全球盛事——2008年北京奥运会的指定官方公关公司。在此期间，伟达公关利用往届奥运会的经验、全球沟通网络和技能，以及对中国国情的深入了解，为北京奥组委在奥运会期间提供了及时的传播战略顾问和执行工作。在闭幕式上，国际奥委会主席雅克·罗格表示，2008年奥运会堪称"无与伦比"。

伟达公关在中国市场发展迅速，全国已拥有250多位多语言的专业顾问。霍姆斯报告授予伟达公关北京分公司2012年度"最佳政府公关和公共事务咨询公司"光荣称号，公共事务是公司和非营利组织在华开展业务的重要内容之一。

伟达公关上海分公司很荣幸地被选为中国最为盛大的项目之一——2010 年上海世博会的官方公关公司。为塑造上海世博会积极正面的形象，伟达公关在上海世博会期间提供了本地及全球专业的公关服务，为上海世博会的成功举办做出了贡献。

资料来源：根据百度百科整理

问题：

1. 国际公共关系公司的优劣势有哪些?
2. 了解本土著名公共关系公司。

第四章

公共关系的行为客体

 导入语

公众是公共关系的行为客体，是公共关系的工作对象。作为公共关系的三大构成要素之一，没有公众，也就无所谓公共关系；再者，公众的态度和行为能够反映社会组织公共关系目标实现的程度，是检验公共关系成效的最好尺度。因此，开展公共关系工作就必须研究公众。

学习目标

1. 理解公众的基本含义。
2. 了解公众的主要分类及特征。
3. 掌握组织目标公众的公共关系基本策略。
4. 了解舆论及其形成过程。

 导入案例

看美国克林顿政府推行"全民卫生保健工程"受挫一事

克林顿在竞选美国总统时，曾信誓旦旦地保证，要解决美国贫困公民的医疗保健问题。当他如愿登上总统宝座以后，果然没有食言，很快着手实施"全民卫生保健工程"，并委任第一夫人希拉里为该项工程的负责人。对于3200多万生活在贫困线以下的美国人民来说，这次前所未有的浩大工程，如果真能成为现实，的确是件天大的好事。然而，出人意料的是，这项工程计划一出台，立即遭到了社会各界的猛烈抨击，而且批评的浪潮与日俱增，舆论把克林顿政府的"全民卫生保健工程"计划批得一无是处，致使该项工程无法进行下去。

这样一件由政府支持，又是万民翘首以待的大好事，照理应该能很顺利地办成。那么，又为什么计划的推行会阻力重重呢？

社会组织与环境之间，始终存在平衡或不平衡的交互关系，只有当组织与环境达到相对平衡时，才是彼此顺利发展的最佳状态。这种平衡状态的创造，又是以事实的把握为基础的，而克林顿政府恰恰忽视了这一点，自己为"全民卫生保健工程"的实施设置了障碍。

美国的医生和律师这两个阶层之间，由于历史的原因，彼此存在很深的成见。曾经因为律师的摇唇鼓舌，把医生与产业资本同等看待，结果医生被课以重税。克林顿政府任命第一夫人希拉里为"全民卫生保健工程"的负责人本来也无可非议，历来美国总统夫人主持一些福利慈善事业，既造福人民，又博取选民的好感，可谓是一举两得的好事。然而希拉里却是个律师，偏偏又去负责医疗保健事务。美国政府此举失策在于，忽略了美国历史上医生与律师积存宿怨的事实。"全民卫生保健工程"必须依靠美国的卫生机构配合才能获得成果，而医务界的权威都是著名的医生。希拉里作为一名律师正好成为出气筒，医生们把对律师的全部怨气朝希拉里头上撒去。他们处处找碴儿，暗中作对，存心要希拉里好看。显然，克林顿政府一开始就把"全民卫生保健工程"推到了火山口上。

然而，有矛盾并不等于事情成功无望，只要变不平衡为平衡，事情总会有转机。

但是，作为工程主要负责人的希拉里，非但没能清醒地发现问题的严重性，采取恰当的公共关系策略去调和与医务界的紧张关系，反而继续漠视事实，在闭门造车的错误中越陷越深。希拉里在编制计划的过程中，虽然也邀请了许多专家出谋划策，但偏偏忽视了应该在此项工程中担当主角的医务界代表。也就是说，在众多医院、药厂没有代表参与的情况下，规定了他们将来要承担的降低医疗费用、降低药品价格等重大义务。

如此缺乏现实基础的计划出台，催化了紧张关系的火山爆发。医务界强烈抵制并获得了广泛的舆论支持，使这桩本该举国协力办好的事情，非但没有办成，反而成了克林顿政府内政策划失误的典型。

资料来源：郭芳芳. 公共关系学教程[M]. 上海：上海财经大学出版社，2001（有整理）

第一节　公众的基本含义

公众是公共关系学中的一个基本概念，正确理解这个概念对于把握公共关系的真谛至关重要。

一、公众的界定

从公共关系学的一般意义上说，公众即是与特定的公共关系主体即社会组织存在相互联系、相互影响和相互作用的个人、群体或组织。公众是公共关系工作的对象，也是公共关系传播沟通的对象。

在日常生活中，"公众"一词常常与人民、群众、人群几个概念相混淆，我们应注意它们之间的区别。

人民作为一个政治哲学及社会历史范畴，量的方面泛指居民中的大多数，质的方面指一切推动社会历史前进的人，其中包括劳动群众，也包括具有剥削性但又促进社会历史发展的其他阶级、阶层或集团。但是，在不同的国家、不同的历史时期，"人民"这个概念具有不同的内容。

群众与人民相比，其内涵大、外延小。也就是说，它们的本质含义很大程度上是一致的。从范围上看，群众包含在人民之中，但其内涵更具体、更稳定。人民是个流动的变化的概念，但其主体部分始终是从事物质资料和精神资料生产，在推动社会前进中起作用的人们，这里的人们就是群众。

人群作为社会学用语，在量上指居民中的某一部分；在质上，人群是个松散的结构，不一定需要合群的整体意识和相互联结的牢固纽带。凡是聚在一起成群的人都可以称为人群。

公众作为公共关系学的特定概念，不论从量上还是从质上，都与人民、群众有鲜明的区别，也无法用聚集的现象来定义。换一个角度来看，公众相对于社会组织，人民相对于国家、政府，群众相对于干部、领导，人群相对于个人，也是不能混淆的。还有，公众围绕具体的问题产生、消失，处于不断的变化之中。而只要国家、政府、干部、领导存在，人民、群众就存在，就不会消失。可见，公众与人民、群众、人群等几个概念不能混为一谈。

这里还要特别提及的一个概念就是受众。受众是传播学的概念，在新闻学、广告学中通用，其含义与公众很接近。从广告的角度讲，"受众"一词是指信息的接收者，因此受众是消极和被动的。但公众与社会组织的关系是相互的，公众会对社会组织施加影响，社会组织也会影响公众。虽然从信息传播的对象、信息的接收者这个角度，可以把公众和受众看作同义词，但公共关系活动的目标是激起较强的公众参与。从公共关系角度看，公众是积极的、主动的，而不是消极的和被动的。

二、公众的特点

公众具有以下特点。

1. 相关性

公众不是抽象的、各组织相互"通用"的，而是具体的、与特定的公共关系主体相关的。公众总是相对于一定的社会组织而存在的，即公众的意见、观点、态度和行为对该社会组织具有潜在的影响力和制约力，甚至决定该社会组织的成败；同样，该社会组织的决策和行为也对这些公众具有实际或潜在的影响力、作用力，制约着公众利益的实现、需求的满足、问题的解决等。这种相关性是社会组织与公众形成公共关系的关键。寻找公众、确定公众就是寻找和确定这种相关性，分析清楚，从而确定自己的公共关系工作目标。

2. 共同性

公众的共同性又称同质性，指构成某类公众的全体成员内在的相同性。表面上看来，某类公众的成员之间有时并无密切联系，甚至互不相识，但实际上他们却是由于面对共同的问题、共同的利益并由此产生共同的要求、共同的愿望的具有某种共性的群体。例如，面临某工厂污染威胁的若干社会组织、群体、个人，其态度行为就具有某种内在联系，会不约而同地或者有组织地对该工厂构成一定的舆论压力、行为压力。也正是因为这种内在的联系，他们彼此之间很容易产生互动和共鸣，具有天然的一致性，甚至形成心理上、情感上的默契和一致，并表现出明显的合群意识。因此，了解和分析自己的公众，必须了解和分析其内在的共同性、内在的联系，这样才可能通过现象看到本质，在定性和定量分析的基础上，以具有针对性和科学性的方法来解决矛盾、解决问题。

3. 可变性

公众是一个开放的系统，处于动态发展的过程之中，而不是封闭僵化、一成不变的对象。首先，任何组织的公众在性质、形式、数量、范围等方面均会发生变化，即随着主体条件、客观环境的变化而变化。例如，因为共同问题的出现，带有同质性特点的公众群体随之形成；若问题得到及时控制和缓解，得到处理和解决，该公众群体就会逐渐缩小，直至解体；若问题难以解决并趋于严重，该公众群体将不断扩大、继续存在。其结果是现有的问题和公众群体、新的问题和公众群体都不断发生变化，都处于产生、形成、缩小、扩大、稳固、动荡、维持、解体甚至从量变到质变的动态过程之中。其次，行为客体和行为主体的角色也有可能随着时间的失衡发生互换、转化。例如，某化工厂的职工食堂，购买了某食品厂的变质食品，化工厂成为食品厂的食品问题的公众。食品厂在调查过程中，发现食品变质与化工厂的废气污染有关，于是食品厂又成为化工厂废气污染问题的公众。所以，必须以动态的、发展的眼光来认识公众，不断调整公共关系的方法和手段。

4. 多样性

首先是公众构成，也就是公众存在形式的多样性。公众的存在形式复杂多样，可以是个人，可以是群体，也可以是团队或组织。即便是同一类的公众对象，构成也很复杂。例如，媒介关系可以是电台、电视台的某个对口部门，可以是报社、杂志社的记者或编辑，也可以是记者协会或新闻学会等。公众存在形式的多样性，决定了公共关系沟通方式和传播媒介的多样性。其次是公众需求层次的多样性。公众虽然是因某种共同的问题而形成，具有共同的利益、要求、愿望等，但是因其背景不同，具体的需求就有差异。例如，在受化工厂废气污染而形成的公众之中，食品厂除了和大家一起提出彻底解决污染的要求，还会提出对已被污染的食品做出合理赔偿的要求；股东会要求解决污染时尽量节省投资、降低成本；用户会要求不中断生产、按时按质按量交货。所以，在对公众做宏观的定性定量分析的同时，还要做微观的具体的分析。最后是公众隶属关系的多样性。在社会生活中，公众往往会碰到各种各样的问题，因此同时成为多个行为主体的工作对象，形成多重隶属关系。例如，在消费过程中成为厂家的商家的公众，在治病过程中成为医院的公众，在旅游过程中成为交通服务部门的公众，在工作过程中成为本组织的公众。考虑隶属关系的多样性，研究其他社会组织及其公共关系活动，可以避免本组织的公共关系活动与他人撞车和雷同。

5. 整体性

在特定的时间、因特定的问题，社会组织面临的往往是一些具体的乃至个别的这样或那样的特殊的人，或是某一社会组织，或是某些股东，或是几位内部职工，或是少数消费者。由于公众类别、公众社会地位、公众数量、组织性质、群体大小不同，公共关系行为主体往往会厚此薄彼、重此轻彼。作为一种集中力量解决主要矛盾的"ABC"工作法或战术手段，这无可非议，但作为一种战略规划、一种总的原则和指导思想，却有失妥当。因为，公众不论所属类别、社会地位、数量、组织性质，都是构成与行为主体相关的整体公众环境中的一个组成部分，都是构成整体公众关系网络的个点。逐步优化其中的每一个细小的组成部分、每一个不起眼的点，积少成多、集腋成裘，就可以逐渐改善公众环境。而不经意地破坏其中的任何一种关系，都会成倍数地产生连锁反应和负面效应，甚至使整个公众环境不断恶化，这就是公众的整体性特点。基于这种特点，社会组织必须将全部公众视作一个完整的环境，用全面的、系统的观点来分析它们，并确定长期的公共关系目标和方法，避免在与公众具体交往中因遇到个别性、特殊性问题而迷失正确方向的现象发生。

三、公众的心理

公众心理又可称大众心理，是社会心理的一种特殊存在的形式，是日常社会生活中普遍存在的一种群体心理现象。这种群体心理现象，随时随地影响着社会组织的公共关系活动。为了更加有效地与公众沟通，在了解其主要特点的同时，还应进一步了解其心理特征，掌握与之相吻合的沟通方法。

（一）公众的心理特征

现代社会具有高度发达的生产力，创造着日益丰富的社会物质和精神财富。生活在这种环境中的公众，具有鲜明的心理特征。

1. 同质性特征

同质性心理特征指不同社区、阶层、民族、国家的不同公众在基本欲望、心态、社会价值观等方面日益趋近乃至相同。这种心理上的同质性由两方面引起。一方面是经济的高速发展、科学技术的突飞猛进以及通信和交通的日新月异，使地球越来越小，人类的联系越来越紧密，以至于出现了跨社区跨阶层跨民族甚至是全球性的标准化、同质化趋势。另一方面是大范围的共同问题，如生态问题、环境问题、戒毒问题、和平问题、犯罪问题等，使越来越多的国家、民族受到影响，并使他们对治理的呼声趋于一致。这两方面的原因给人们造成的心理共鸣远远突破了空间和观念的限制。

2. 变异性特征

变异性特征也可称不确定性特征，指现代公众的心态和情绪的多变性。这种变异性既是现代社会生活节奏强烈、色彩缤纷的反映，也是每一个个体或群体所承担的社会角色多变的结果。现代社会生活的动荡要求个体或群体必须有极强的心理适应能力，墨守成规或犹豫彷徨将落伍于时代。社会角色的多变更迫使人们不断调整角色心理，以合适的心态和情绪去扮演角色。变异性最突出的表现是时尚的此起彼伏，如流行的观点、发型、服装、色彩、家具、音乐甚至婚姻模式、消费模式。时尚现象增多反映了公众心理的变异，时尚寿命的缩短说明了公众心理变异的速度。

3. 从众性特征

社会心理学指出，个体在群体中常常会不知不觉地承受群体压力，而在知觉、判断、信仰、行为上，表现出与群体中多数人一致的现象，这就是从众性。现代社会提倡自我发展，崇尚个性，但并非每一个个体和群体都能认识、把握、塑造个性。相反，面对大众媒介提供的各种人格模式，大多数公众都无力鉴别和选择自己的形象，终使现代社会追求个性的冲动，陷入古老的公众行为模式之中。这种从众行为模式最典型的表现就是盲目追求时尚。

4. 攀比性特征

人生活在社会之中，每个人往往通过与他人的比较来选择、确定自己的行为或观点。个体往往把其他人分为两类：一类是与自己一样的人，这些人构成他的"隶属群体"；另一类是他心目中希望成为的人，这些人构成他的"参照群体"。社会竞争中出现的种种"优胜劣汰"现象，使人们往往喜欢超出同类追求更高的目标，即处处与"参照群体"比较，并由此产生攀比的好胜心理。

（二）与公众心理特征相关的传播模式

现代公众所具有的上述四种心理特征，主要是通过大众传媒和人际沟通而引发的相互间的暗示、模仿、感染而形成的。那么，我们就可以把暗示、模仿、感染当作与公众心理特征相关的公共关系传播模式。其中暗示是观念的传播，模仿是行为的传播，感染是情绪的传播。

1. 暗示——观念的传播

暗示是指人在有意无意的情况下，以含蓄、间接的方式向他人发出某种信息，以期对他人的心理和行为产生影响的过程。

暗示的特点在于含蓄。从传播学的角度说，暗示就是故意使用不适当的传播媒介传送信息，使人们既接收到信息，又不引起主观的注意。暗示可使人自觉地接受特定的观念和意见，并以此为出发点规划自己的行动。合理地使用暗示手段，往往能够收到事半功倍的效果。

暗示分为四种：第一，直接暗示，即由暗示者把某一事物的意义提供给他人，使人迅速而无意地加以接收。第二，间接暗示，即凭借其他事物或行为中介将观念传给他人。这是暗示的主要形式。第三，自我暗示，即通过自我联想、触景生情等引发的暗示，故又称自动暗示。草木皆兵、杯弓蛇影就是自我暗示。第四，反暗示，即暗示者发出的信息引起了受暗示者相反的心理或行为反应。

在公众与社会组织的交流过程中，大量的观念交流是通过暗示实现的。尤其对于社会组织，如果能创造一定的暗示环境，就能在一定程度上控制公众的观念，左右公众的行为。暗示是公共关系活动中广泛地经常性地使用的基本方法之一。但要注意，暗示发出的是真实信息，若发出虚假信息就不是暗示，而是欺骗。

2. 模仿——行为的传播

模仿是指由非控制的社会刺激所引发的人们对某些行为方式的趋从或仿效。

模仿是在"榜样"的刺激下发生的，这一刺激并不受"榜样"的控制。模仿行为基于两个动机：其一是好奇心理。人们在现实生活中对新鲜事物总是有着深厚的兴趣，如果有条件去做一下，就会得到心理的满足。其二是求同心理。尽管模仿的只是外在行为，但大多数模仿者却希望通过这种外在模仿，达到与榜样的内在认同。从这点来看，每一个社会组织都应该为其公众提供符合社会利益的形象，使公众产生既有利社会进步也有利组织发展的共同价值观和行为规范。

应当注意的是，公众的模仿行为既是一些健康消费、文明行为得以推广、流行的因素，也可能成为一些不文明、不健康的行为难以消除的原因之一。为此，社会组织必须创造、宣传科学和健康的行为标本，对公众和社会负责。

3. 感染——情绪的传播

感染指人们通过语言、动作、表情及其他方式而引发他人相同的情绪反应，从而被感染者对感染者的某种心理状态产生无意识、不自主的遵从。

感染是在无压力的条件下产生的，是在内在情绪状态一致的情况下做出的无意识的不自主的屈从。同时，产生于公众中的感染会在公众的间接交往中多次相互强化，从而达到公众对一般心理状态的共同感受。感染的传播越广，公众的情绪走样越大。感染还受两个因素的制约：一是相似程度的制约，受感染者同感染者的相似程度越高，感染就越易发生；二是理智水平的制约，受感染者理智水平越高，受感染的程度就越低。

社会组织研究感染规律，不但可以用它避免公众心理互感可能带来的消极影响，而且可以运用这种规律去引导公众。感染必须引导公众受到积极情绪的影响，而不能是消极的、恐怖的影响。

以上针对公众的一般心理情况进行了宏观概括，实际上公众的心理还受到知觉、价值观、态度、需要、性格、气质、兴趣、能力等的具体影响。对社会组织而言，不同类型的公众，其心理状态、表现、特点等还有显著的区别。这些都是公共关系所不能忽视的。

第二节　公众的分类及意义

公众分类是公共关系理论的重要内容，其方法论意义是很明显的：没有区别就没有政策，从而也就没有方法。从公共关系实践操作的角度看，公众对象的构成是非常复杂的，公共关系政策的制定和公共关系方法、技巧的运用，都有赖区别不同的公众。

一、公众的分类

对公众的分类，可根据不同的标准，从不同的角度予以考虑，以使公共关系活动更具针对性。常见的公众分类有以下几种。

1. 根据社会组织的内外对象分类

根据社会组织的内外对象，可以将公众分为内部公众与外部公众。

内部公众是指社会组织内部的全体成员，包括全体员工、股东和董事会、员工家属等。社会组织与这些内部公众所发生的关系，便称为员工关系、股东关系等。

外部公众是指社会组织外部环境中所面临的公众，即除内部公众以外的其余公众。在现代社会中，社会组织的生存和发展越来越依赖其外部公众环境。外部公众可分为业务公众（供应商、经销商、竞争者、顾客等）、权力公众（政府部门、财税金融、工商司法、公共事业等）和扩散公众（新闻媒介、社区学校、行业团体等）等。社会组织与这些外部公众发生的关系，称为顾客关系、社区关系、政府关系、媒介关系和协作关系等。

公共关系的政策需要内外有别。公共关系传播的信息是经过选择、整理的有序的信息资料，哪些在内部传播、哪些在外部传播必须分清；内部传播和外部传播在形式、尺度、时间等方面都有区别。组织内部的情况不能毫无控制和调节地宣扬出去，必要的保密也是一种重要的传播政策。在对外传播之前，内部传播必须统一口径，否则就会造成整体形象的混乱。

2. 根据公众对社会组织的重要程度分类

根据公众对社会组织的重要程度，可以将公众分为首要公众、次要公众和边缘公众。

首要公众是指对社会组织的生存、发展和形象的好坏有着重大影响与制约力的公众，如企业社会组织内部的员工、产品的客户、政府有关部门、有关的新闻媒介等。对于首要公众，公共关系工作往往要投入最多的人力、物力和财力。

次要公众是指那些对组织的生存、发展及组织的形象有一定影响，但不发生直接利益关系的公众。如企业社会组织的竞争对手、职工家属等。对于次要公众，在投入上就相对要少。

边缘公众是指那些对于社会组织来讲，处于公众与非公众交界地带的公众。这类公众与社会组织有联系，但是距离组织各项工作较远，因而往往得不到社会组织的足够重视。

从公共关系实务投入和产出效益来考虑，应保证首要公众，兼顾次要公众和边缘公众。但我们也要认识到，三者的区分只是相对的，在一定条件下，它们之间还会转化。

3. 根据公众对社会组织的态度分类

根据公众对社会组织的态度，可以将公众分为顺意公众、逆意公众和独立公众。

顺意公众是指对社会组织的政策、行为及组织的形象持支持和赞扬态度的公众。社会组织首先应维持并加强对顺意公众的关系。

逆意公众是指对社会组织的政策、行为及组织的形象持否定或反对态度的公众。社会组织应积极做好逆意公众的转化工作，改变逆意公众的反对态度。

独立公众是指对社会组织的政策、行为及组织的形象不了解、不理解或者有所怀疑，一时间持中间态度或态度不明朗的公众。针对大多数独立公众即"沉默的多数"，社会组织应该做好沟通工作。

美国学者 E. M. 罗杰斯研究发现，消费者购买新产品的类型比例是：革新者和早期接受者是 16%，守旧者是 16%，传播中期、后期接受者是 64%。即"沉默的大多数"是我们公共关系工作的主要对象，这部分公众的转化工作做好了，公共关系工作就成功了。

4. 根据公众发展过程不同阶段的特点分类

根据公众发展过程不同阶段的特点，可以将公众分为非公众、潜在公众、知晓公众和行动公众。

非公众，是指在社会组织的影响范围中，不受组织各项政策和行为左右，同时，他们的行为和要求也不影响组织的社会群体。非公众不是公共关系工作的对象。因此，区分公众与非公众可减少公共关系工作的盲目性。

潜在公众，是指将来可能与某社会组织发生关系的群体，或者因为问题尚未显露，公众没有意识到有利害关系，但随着问题的逐步发展，迟早会成为该社会组织的现在公众的公众。据美国一家百货公司调查，进入商店的顾客，有明确购买欲望的占 28%，其余都是潜在顾客。所以社会组织要密切注意潜在公众的态度和意向，通过有效沟通引起注意、诱发兴趣、激发动机、促成行为。潜在公众进一步发展，就成为知晓公众。

知晓公众，是指本身已经意识到他们所面临的与社会组织有共同问题的那类公众。他们迫切需要了解社会组织的信息，社会组织应刻不容缓地与之沟通，主动控制舆论，促使这一类公众对社会组织产生信赖感，向积极的方向转化。

行动公众，是指那些已经把意识转变为行动的公众。行动公众由知晓公众发展而来，对社会组织已经构成了直接的影响，此时，社会组织的反应已不能停留在语言、文字上，而是要有实际的行为。社会组织应该制定高超的、有效的公共关系预案，保持和他们的良好关系，出现危机时将公众利益放在首位，求得公众的理解、支持和合作。

公众对象的分类还有其他的划分方法。公共关系人员应该根据社会组织面临的各种类型问题与组织之间的各种利益关系，来确定公众对象。

5. 根据公众的价值观和生活方式的不同分类[①]

（1）实现者：拥有最多财富和权力的人。

（2）满足者：拥有相当资源、做事恪守原则的专业人士或退休者。

（3）相信者：不具备资源基础的满足者。

（4）成就者：拥有相当资源并且有追求地位取向的人。

（5）奋斗者：缺乏成就者所拥有的资源，当同样有追求地位取向的人。

（6）实践主义者：拥有相当的资源、有行动取向和敢于冒险的人。

（7）制造者：虽然也有行动取向，但所拥有的资源相对薄弱的人。

（8）挣扎者：拥有最少资源的那部分人。

运用这种生活方式来划分公众的方法，反映了现代经济社会发展的某些特征，某种程度上也能帮助社会组织有效地瞄准这些主要公众，制定出恰当的公共关系决策。

---

① 西泰尔 F P. 公共关系实务[M]. 梁浍洁，等译. 8 版. 北京：机械工业出版社，2004.

二、公众分类的意义

我们在列举每一种公众分类方法的时候,都谈到了各种分类方法的意义,科学的公众分类对保证公共关系工作顺利进行具有重要的意义。

1. 科学的公众分类为公共关系的调查研究和组织形象评估确定范围

公共关系工作是从调查研究开始的,通过调查研究客观地评估社会组织形象,确定公共关系问题,寻找形象差距,这是公共关系工作的第一步。而这一步要走好,就必须首先正确地确定自己的公众,通过确定公众来确定调查的对象和研究的范围,通过确定公众来找到客观评估社会组织形象的一面镜子。因为反映社会组织形象的镜子就是公众舆论,公共关系的调查研究很重要的是做民意分析。要了解公众的看法和态度,首先就必须研究公众、分析公众。所以,对公众进行分类,是每一个公共关系部门的一项重要工作,是开展公共关系工作的出发点。

2. 科学的公众分类为制定公共关系政策、设计公共关系方案明确方向

正确的政策和成功的方案是公共关系活动的灵魂,制定公共关系政策和策划公共关系方案是公共关系活动过程中的第二步。决策和策划的水平将决定整个公共关系工作的层次和水平。而科学的决策和周密的策划是建立在对实际情况了解基础之上的,特别是对公众的了解和分析至关重要。前面我们就指出:没有区别就没有政策,从而就没有方法。通过对公众的分析,区分出亲疏远近、轻重缓急,正确认识公众的特征和共性,认识公众的多变性,顾及各方面公众的利益,把握住公众发展的脉络,为制定不同的政策、策划针对性的方案提供依据,指明方向。

3. 科学的公众分类为公共关系活动的组织和运行奠定基础

运用各种传播媒介、开发多种沟通渠道去"说"和"做",是公共关系运行过程中的第三步。公共关系工作成功与否,要通过实际的公共关系活动来体现,即"说"得精彩、"做"得成功。实际传播与沟通活动的许多环节都离不开对公众的研究和分析,通过对公众的分类研究和分析,清晰地把握每一类公众的特征,有针对性、有重点、有选择地开展公共关系工作,有助于与各类公众更好地进行沟通与交流,建立起良好的情感关系。

4. 科学的公众分类为准确评审公共关系活动的效果提供依据

公共关系工作过程的最后一步是准确地检测和评审公共关系工作的成效。公共关系工作成效的评审是多层次、多视角的。例如,信息的传递范围和效率,感情的建立和深化,公众态度的形成和改变,公众行为的支持与配合,等等。这些效果的评审都直接与对公众的研究有关。需要分门别类地考察各类不同的公众,了解他们是否接收到了与他们有关的信息,他们的情感、态度和行为有什么变化,预期的形象效果与他们的实际评价还存在什么差距,等等。科学的公众分类,为评审公共关系工作效果提供了重要依据。

第三节　目标公众分析

每个社会组织都有特定的目标公众。组织的性质、类型不同，具体的目标公众也不完全相同。若以企业为例，在整个营运过程中涉及的公众大约有 24 种：股东公众、职工公众、顾客公众、社区公众、一般公众、消费者公众、竞争者公众、原料供应者公众、批发商公众、代销商公众、经销商公众、公务员公众、金融机构公众、报界公众、慈善团体公众、宗教团体公众、劳工公众、工会公众、学校公众、政治团体公众、政府公众、公共服务团体公众、企业团体公众、工商界公众等。社会组织面对许多异常挑剔又极为重要的公众，必须与他们进行直接而频繁的沟通，必须对各类公众的利益、需要和关注点都保持相当的敏感度。

本节列举一般社会组织较为常见的、带有一定共性的目标公众，对其进行简要分析，并期望起到触类旁通、举一反三的作用。

一、内部公众

内部公众指社会组织内部的全体成员，如组织内部的员工和股东。内部公众既是内部公共关系工作的对象，又是外部公共关系工作的主体，是与组织相关性最强的一类公众，是组织赖以生存和发展的首要条件，组织的领导者和公共关系从业人员对此必须有足够的认识。

（一）员工公众

1. 员工公众的地位与作用

员工公众又称职工公众，他们与社会组织构成的关系是最重要的内部公共关系，也是社会组织内部的全部人事关系。员工公众与社会组织的目标利益关系最为密切，社会组织的一切方针、政策、计划、措施首先必须得到他们的理解与支持，并身体力行地付诸实施。没有成员的配合与支持，社会组织的价值目标就会落空，社会组织将无法作为一个整体面对外部社会公众。员工公众中的每一个成员都是社会组织的细胞，他们对社会组织有机体的认同和依附，是这个有机体得以存在的基础。同时，员工的对外社会交往和关系往来对社会组织的形象也有很大影响。每一个员工都是社会组织与外部公众接触的触角，他们的工作、生产、服务、言行都代表着社会组织的形象。他们在与亲属、朋友的社会交往中，也会给外界留下或好或坏的印象，这种印象直接影响到社会组织的外拓力和竞争力。所以说，员工公众对内关系到社会组织的生存，对外关系到社会组织的发展，社会组织的公共关系工作首先就要针对员工，要使员工与社会组织凝结在一起。

2. 与员工公众沟通的准则

（1）尊重人、关心人的准则。在社会主义制度下，每个社会组织的成员都是国家的主人，人与人之间都是平等的关系，人人都有受到尊重、保护、关心的权力，人人都有尊重、保护、关心他人的义务。

（2）民主公开的准则。隔阂来自误会，接触增进了解。在社会组织内部，员工希望知道而又必须让员工知道的事实，应该全部公开。在双向沟通的基础上集思广益，提高决策的民主化和科学化程度。同时增强员工的主人翁意识，在员工与社会组织之间建立起同忧患、共存亡的信念，提高员工对社会组织的认同感、归属感，形成向心力和凝聚力。

（3）科学管理的准则。员工问题是社会组织的管理问题，与员工沟通必须掌握有关员工管理的理论知识，特别是现代行为科学理论、企业文化理论、人力资源管理等理论。用其中的人性理论、需要理论、激励理论、公平理论等指导具体的工作，提高管理水平。

（4）权变有效的准则。社会组织内外环境复杂多变，在各个不同的时期有不同的目标和任务，不同的方针和政策，因而对员工的要求也不同。另外，每个员工作为不同的内部公众对象也因人而异，即使是同一员工在不同时期也有不同的心理要求。因此，社会组织必须有针对性地选择实施相应的内部公共关系活动，特殊情况下尤应如此，对人的管理没有统一模式。

（二）股东公众

1. 股东公众的地位与作用

股东公众指以多种形式向社会组织提供资金而获取利润的个人或团体。股东公众中所包含的成员大致可以分为三大类：一是人数众多的持有多少不等股份的股东；二是董事会；三是专业的金融舆论专家。从本质上说，股东公众是内部公众；从形式上看，又似外部公众（除员工股东）。组织必须慎重地对待这类分散于外部的内部公众。

现代社会组织的股东公众，一般具有三个方面的作用：第一，助销和促销作用。由于股东公众与社会组织的实际利益相一致，所以能够成为社会组织同舟共济的经营伙伴，倾力为社会组织开拓市场，特别是股东中的一部分本身就是社会组织的第一顾客。第二，投资作用。股东是商品经济迅速发展的产物，特别是在第二次世界大战以后发展更快。战后由于经济的迅速增长，商品生命周期相对缩短，许多企业急需增加投资，以利扩大再生产、提高竞争能力。而有一定货币积蓄的人们也希望把购买有价证券当作货币增值之道，股东就以投资的方式成为社会组织的公众，为社会组织带来急需资金。第三，决策和协调的作用。股东成员来自四面八方，各个层次，他们信息灵通，各有所长。由于利益相关，会致力于社会组织内部协调和对外联络，会通过董事会等形式直接参与社会组织的重大决策，由此促进社会组织决策水平的提高和应变能力的增强。

2. 与股东公众沟通的准则与方法

（1）尊重股东的特权意识，培养股东对社会组织的感情。特权意识又称主人意识，因为股东购买了社会组织的股票，自然而然地把自己的利益与社会组织的利益联系起来，从而产生一种主人意识，并认为有权利知道社会组织的种种信息。事实上，不论他们购买了多少股票，成为股东以后都享有股东的权利，所以社会组织应当把他们当作自己人看待，尊重他们、理解他们，维持现有股东，减少退股现象，争取更多股东，扩大资金来源。

（2）加强与股东的信息交流。一方面，社会组织要定期向股东或董事会报告组织的有关信息情况，包括社会组织的目标、政策、计划、资金流动状况、股利分配、盈利预测等，使股东了解实情、通晓现状、分享喜悦、共担风险，以赢得股东的信任和理解。另一方面，社会组织要设法收集来自股东的信息和情况，包括股东本人的背景资料、对组织的意见和建议、对产品或服务的评价和感想，他们所知道的社会上对组织的反映，等等。

社会组织与股东公众的交流，经常采用的方法有年度报告、股东会议、股东通讯、个别访问、调查表、问卷、新产品试用等。

二、外部公众

外部公众是与社会组织有关的、除内部公众之外的全部公众。处理好与外部公众的关系，是社会组织获得成功和发展的基本条件。因为社会是组织生存和发展的空间，组织是社会构成的一部分，二者相互储存、相互制约、相互促进。不同的社会组织拥有不同的外部公众，这里主要介绍顾客公众（服务对象）、媒介公众、政府公众和社区公众四种最为基本且最为重要的外部公众。

（一）顾客公众

1. 顾客公众的地位与作用

顾客公众是指社会组织的物质产品和精神产品以及某种服务的购买者与消费者，如企业产品的用户、商店的顾客、酒店的客人、电影院的观众、出版物的读者等，包括个人消费者、社团和组织用户。顾客是与组织具有直接利益关系的外部公众，对组织的发展具有重要的作用。尤其是在商品经济不断发展、外部竞争日趋激烈、买方市场为主的情况下，顾客公众更是组织不可忽视的公众。因为顾客就是组织自己的市场。在商品经济发达的国家，许多企业倒闭都与失去顾客密切相关，所以有组织把顾客比作"上帝"，这正是顾客公众的重要意义之所在。虽然与顾客公众的沟通，并不等同于市场经营中的销售关系、买卖关系，但良好的顾客关系的确有利于发展组织的市场销售关系和买卖关系，最终能给组织带来直接利益。

2. 与顾客公众沟通的准则

（1）尊重基本权利的准则。顾客对于商品生产者和经营者具有以下基本权利：顾客有权不买不喜欢的商品或服务；顾客有权挑选商品的式样和服务种类；顾客有权了解商品制造、使用和维修方面的信息与知识；顾客有权对商品或服务的质量、款式、性能、价格等提出意见，并有权要求这些意见被有关工商部门听取；当使用不良商品或接受不良服务受到损害时，顾客有权要求得到赔偿。现实生活中，时有顾客的权利被剥夺、被侵犯的现象，这与现代公共关系的要求是根本背离的。

（2）满足各项需求的准则。要想与顾客公众沟通，就必须最大限度地满足顾客的需求，树立顾客第一、一切为了顾客的经营思想。当今世界，科学技术和管理水平越来越高，顾客的购买力、选择性、各种需求也越来越高。社会组织能否与顾客沟通并建立良好的关系，不仅取决于优质的产品，还取决于优质的服务。这种服务包括售前、售中、售后诸环节，包括质量、使用方法、有关信息等多层次。满足顾客的各项需求，是建立良好的顾客关系的又一保证。

通过尊重顾客的基本权利、满足顾客的各项需求来换取社会组织的利益，是一种经营观念和行为的转变，这种转变必须表现为良好的顾客关系。

（二）媒介公众

1. 媒介公众的两重性及作用

媒介公众指新闻传播机构及其工作人员，如报社、杂志社、广播电台、电视台及其编辑、记者等。媒介公众是公共关系工作对象中最敏感、最特殊的一部分。一方面，新闻媒介是社会组织与广大公众沟通的重要中介；另一方面，媒介公众又是社会组织需要特别争取的外部公众。两重性决定了媒介公众是传媒性质最强、公共关系操作意义最大的公众。从对外公共关系实务层次来看，媒介关系往往被置于最显著的位置，甚至被称为对外传播的首要公众。

与媒介公众建立良好关系的目的是争取新闻传播界对本社会组织的全面报道，以形成有利舆论的气氛，并形成对全部公众的影响力。新闻机构及其从业人员是社会信息流通过程中的"把关人"，他们决定着各种社会信息的取舍、流量和流向，并以一种权威性引导着公众舆论的中心议题，能够赋予被传播者特殊的、重要的社会地位，即具有"确定议程"和"授予地位"的功能。能够成为新闻报道的正面热点，就会形成具有公众影响力的舆论话题，赢得公众的信任，提高社会组织的知名度和美誉度。相反，若被新闻媒介批评或曝光，将有可能一蹶不振。在实行"三权分立"的西方社会，人们把新闻界称为"第四权力"，把立法、行政、司法、舆论称为"四权鼎立"。可见新闻舆论在社会政治、经济、文化乃至日常生活中的重要地位以及媒介公众的重要作用。

2. 与媒介公众沟通的准则

（1）一视同仁、积极配合的准则。对新闻机构不分级别、种类，不厚此薄彼。对新闻工作者不分职称、年龄、地位，一碗水端平。主动与媒介公众建立联系，主动提供新闻线索及相关资料，主动协助解决他们在本组织工作与生活期间的各种问题，建立社会组织与新闻界的良好关系。

（2）实事求是、正确对待的准则。实事求是是新闻工作的基本要求，所以，公共关系人员在与新闻界打交道时一定要诚恳、真实，提供的数据要准确可靠，而且不封锁负面消息。对新闻媒介的批评报道，应正确对待而不持敌对态度，要善意交涉、承认不足，要争取记者继续采访，通力合作，让改进工作见诸媒介，重塑组织形象。

（3）主动了解、有效配合的准则。要了解掌握各种媒介的长处与不足，了解各种新闻稿件的编写要求与规范，了解各新闻机构的编辑方针、工作程序、工作方式等，以减少公共关系人员投入的盲目性，提高工作水准，有效配合媒介公众，避免误会和冲突。同时要尊重记者的判断和选择，不强求、不勒令对方发稿，不无理纠缠，不一稿多投。

社会组织只有与媒介这一特殊公众建立良好的关系，才能充分利用其传播工具传送信息，形成有利的舆论环境，在社会大众中树立良好的形象。

（三）政府公众

1. 政府公众的特殊性

在公共关系学视野中，政府是一种社会组织。政府公众是与某一社会组织有关的各级政府部门及其官员和工作人员的总称，包括中央政府、各级地方政府、立法、司法、税务、安全、环保、市场监督管理、人事、海关、卫检等政府职能部门及工作人员。政府作为公众，具有不同于一般公众的特殊性。政府履行建设国家、管理社会和国家的职能；政府是全民利益的代表，是全体社会公众利益的代表；政府是信息中心，是具有强制力的权力机构；政府与各种社会组织存在财政税务关系，对组织的资金来源有特殊作用。政府公众的特殊性，也表现为对社会组织的制约。在不同政治、经济体制的国家，政府公众的特殊性有一些差异，但始终是社会组织沟通对象中最具权威性的公众。

2. 与政府公众沟通的目的

社会组织与政府公众保持良好沟通，是为了争取得到政府及各职能部门的了解、信任、支持，为组织的生存和发展争取良好的政策环境、法律保障、行政支持和社会政治条件。一个组织的政策、行为和产品如果能够得到政府的认可与支持，无疑会对社会各方面产生重大影响，甚至使组织的各种渠道畅通无阻。为此，应该把握一切有利时机，扩大本组织在政府部门中的信誉和影响，使政府了解本组织对社会、对国家的贡献和成就。还要通过良好的政府关系，及时了解有关政策的变动，争取政策性的优惠或支持。争取政府对有关本组织的问题在进入法律程序或管理程序之前参与意见，使之对组织的发展有利。

政府公众的特殊性，要求与之沟通的公共关系人员具有相应的素质、修养和能力。例如，理论水平、政策水平以及对政府机构内部分工、办事程序、工作步骤等的熟悉了解。这样才能少走弯路，提高行政沟通的效率。

（四）社区公众

1. 社区公众的特点

社区作为社会学的概念，是指人群的综合集体。这些人占有一定的地域，共同从事政治、经济和社会活动，基本上形成一个具有某些共同价值标准和相互从属心理的、自治的社会单位。社区作为公共关系学的概念，是相对社会组织而言的，指社会组织所在的地区。社区公众指社会组织所在地的权力管理部门、地方团体组织、居民百姓等。一定社区的人们，在长期的共同的社会生活中，受经济、文化生活水平、传统、民族、宗教、习俗等因素的影响，往往会形成某些共同的生活习俗、行为方式、价值标准、文化认同。又由于空间上与社会组织的紧密联系，彼此更为了解。所以，社区公众与其他公众相比，具有"准自家人"的特点。社区关系因此也称区域关系、地方关系、睦邻关系。

2. 与社区公众沟通的目的

社会组织与社区公众沟通是为了争取社区公众对自己的了解、理解、支持，创造一个稳固的生存环境，并通过社区扩大组织的区域性影响。社区是组织扎根的土壤，是组织生存的根基。社区为组织的生存、活动和发展提供各种社会服务,提供购物、文化娱乐场所,提供劳动力供给,提供稳定的消费,等等。任何社会组织都生存于一定的社区之中,从组织的运作到员工的生活,无一不与社区密切联系。忽视与社区公众的沟通,忽视建立良好的社区关系,组织将失去立足之地。由于地域和空间范围的关系,在社区公众之间,对组织的某种评价和看法极易相互传播,形成区域性的影响,从而影响组织的公共关系状态和社会形象。所以,社会组织必须做社区的"合格公民",主动承担必要的社会责任和义务,协调好与社区公众的关系,为社区公众多做贡献,以通过社区在更大的范围内获得良好的名声、树立良好的形象。

三、其他公众

(一)名流公众

1. 名流公众的概念

名流公众指那些对公众舆论和社会生活具有较大的影响力与号召力的有名望的人士,如政界、工商界、金融界的首脑人物,科学界、教育界、学术界的权威人士,文化、艺术、影视、体育及各行各业的明星,新闻出版界的舆论领袖等。这类公众的数量有限,但对传播的作用很大,能在舆论中迅速"聚焦",影响力、渗透力很强。名流公众大多是外部公众,同时也不排除内部公众。

2. 与名流公众沟通的目的

社会组织与名流公众沟通的目的,是借助名流的知名度扩大组织的公众影响力,丰满组织的社会形象,完善组织的公共关系网络。名流公众往往见多识广,或是某一方面的专家权威,社会组织在与他们交往的过程中可以获得广泛的社会信息和宝贵的专业信息,无形中使组织增添了一笔知识财富、信息财富。名流公众往往有良好的社会关系网络,凭借他们与社会各界的广泛联系或对某一方面的特别影响,社会组织更容易与有关公众沟通,更容易扩大社会交往的范围。名流公众往往有较高的社会地位,或具有某方面的权威性,或有突出成就、特殊贡献。一般公众恰恰存在"崇尚英雄""崇拜明星"的社会心理,社会组织就可以利用这种心理,借助名流公众提高自己在公众心目中的地位,加深在公众心目中的印象。

(二)国际公众

1. 国际公众的特殊性

国际公众指一个组织的人员及其活动进入国际范围时所面对的不同国家、不同地区的个人公众、团体公众、组织公众的总和。国际公众包括别国的政府公众、媒介公众、顾客公众、同业公众等。国际公众是在第二次世界大战之后,随着现代国际经济的发展,许多跨国公司相继建立的背景下出现的。我国实行对外开放政策以后,国际贸易和合作也成为社会组织的重要经济活动,国际公众开始与中国的组织结缘。随着全球经济一体化的发展,国际公众日益受到社会组织的重视。在文化、艺术、科学、教育、医疗、体育等方面的对外交流中，社会组织也会接触到许多国际公众。

然而，国际公众绝不是国内公众的简单延伸或扩展。国际公众的特殊性在于语言、风俗、习惯、礼节、宗教、信仰等文化背景和生活方式与国内公众有很大差别，他们所在的国家政治制度、法律制度、经济等也与社会组织的母国有很大差异。所以，与国际公众的沟通是一种跨文化的沟通，难度很大。

2. 与国际公众沟通的目的

与国际公众沟通的目的是争取国际公众和国际舆论的了解、理解、支持，为社会组织及其政策、活动、产品、服务、人员创造良好的国际声誉，塑造良好的国际形象。我国长期实行对外开放政策，发展外向型经济，参与国际经济大循环，参与世界经济竞争，迫切需要与国际公众沟通。渴望"走出去"的社会组织需要通过公共关系调查，准确地了解国际市场动向，了解有关国家政治、经济、社会、文化等方面的信息，了解国际公共关系手段，向国外的公众、市场传播自己的信息，介绍自己的产品和服务，提高自己的国际知名度、国际美誉度，树立自己的形象。在本土发展的社会组织，也要开展国际公共关系活动，与有关的国际公众沟通，拓宽组织发展的途径或争取合资合作，参与国际竞争。

国际公众的特殊性，决定了国际公共关系是一项意义重大而又十分复杂的工作。国际公共关系要求公共关系从业人员懂得运用对象国的语言文字，了解对象国的历史文化、风俗习惯、公众心理，以及对外交往的国际惯例、外交知识、地理、宗教、礼仪等，使传播的信息尽量符合国际公众的习惯。与国际公众的沟通，还要善于运用国际新闻传播和广告传播手段，要了解对象国和国际上著名的新闻机构的广告公司，并与它们建立联系，利用国际新闻媒介传播信息，开展活动。

公共关系的目标公众并不止以上八种。不同的社会组织需要根据自己的特点对相关公众进行分析，在分析的基础上制订公共关系目标，选择传播沟通的方法，探索建立关系的技巧，并总结出一套可供借鉴的模式。

第四节　公　众　舆　论

美国学者杜·纽萨姆和艾伦·斯各特在《公共关系与实践》一书中提出，公共关系传播活动的结果导致社会舆论的产生，传播技巧的变化会引起舆论的变化。因此，研究舆论并对其进行科学的监测、引导和管理是公共关系人员的重要职责。"对研究公众舆论的人来说，他们的主要任务是了解、测定、分析和评价舆论，而公共关系人员的作用是建设性地帮助人们去对付公众舆论的力量。"[1]

一、舆论

简单地说，舆论就是公众的意识或意见的集合。它是在特定的空间里，公众对于特定

---

[1] 纽萨姆 D，斯各特 A. 公共关系与实践[M]. 上海：上海译文出版社，1989.

的社会公共事务公开表达的基本一致的意见或态度，是社会评价的一种，是社会心理的反映，以公众的利益为基础，以公共事务为指向。

"个人意见不是舆论，少数人的意见没有达到集合意识的临界点也不是舆论——舆论不是固有的，通常被认为是权力中心之外的人的意见，表现为公众对事物的综合看法——个人意识在传播中和他人意识交融不断堆积起同向意识，便形成了共同意见。舆论不仅是集合意识，而且是处于传动状态的意识。"[①]

认识舆论还有必要区分几个概念：态度、意见和情感。

态度是指人们对事物的评价倾向，可以用语言或情感表达，态度一经形成，便可以在多种形式下较持久地发挥作用。态度一般受个体、家庭、教育、社会地位、民族、文化等方面的影响。意见是态度的语言表达，它也可能取决于当时当地的形势，因此，一个人所说的意见并不一定与他的态度完全吻合。情感则是非语言的，或伴随语言的情绪态度。

因此，我们可以把舆论看作一个集合体，它代表了受特定事件影响的人群中的众多个别意见。换句话说，舆论代表着一种集体意见，这种集体意见是许多个别意见的集合，当然，最初是来源于人们对存有争议的事件所持的态度。由此可见，公共关系的核心和关键就在于，不论个体在某个问题上的想法是什么，都要尽力影响这些个体的态度。

二、舆论形成与发展阶段

对于舆论的形成与发展阶段，国内外学者多有论述，结合舆论运动的特点，通常将舆论的形成与发展过程分为如下几个阶段[②]。

（1）前舆论状态或舆论待发状态。我们知道诸如经济、政治、文化观念以及公众的态度、固定成见、集群或群体心理等对舆论生成起着制约作用。这些基本要素构成了舆论活动的空间，它们共同决定着舆论的基本走向。舆论生于兹，而又沿着这些因素的"作用合力"方向前进。我们就将这一舆论活动的空间状态称为前舆论状态或舆论待发状态。

（2）舆论的初燃状态。公共事务的发生，首先投入更多关注的是舆论领袖和舆论人。在他们的积极参与之下，有关公共事务的信息，首先在他们所在的小群体或初级群体内引起关注，许多公众根据自己的体验和基本价值、利益取向对此做出最初的判断，在脑海中形成自己的个体意识，即"私见"。这里，"私见"纯粹是由个人的愿望和基本态度决定的。

恩格斯曾指出："愿望是由激情或思虑来决定的。而直接决定激情或思虑的杠杆是各式各样的。有的可能是外界的事物，有的可能是精神方面的动机，如功名心，对真理和正义的热忱，个人的憎恶，或者甚至是各种纯粹的个人怪癖。""私见"的形成是公众个人对公共事务的最初反映，一般不是在他人授意或一定社会组织指挥下产生的，也没有考虑到群体的压力。所以"私见"往往所代表的是公众真实的意愿，它显示的是真正的舆情。

在舆论的初燃状态中，最活跃的是公众为了解有关公共事务的真实情况而进行的广泛的消息情报交流。接着，在一些小群体、初级群体内出现舆论圈。舆论人社会角色的多样

---

① 刘建明. 舆论传播[M]. 北京：清华大学出版社，2001.

② 吴飞. 当代舆论形成与发展的途径和模式[J]. 杭州大学学报（哲学社会科学版），1995（4）.

性和舆论人进一步扩大交流范围，舆论圈将以辐射的方式向四周扩散，使个人意见讨论评议的范围进一步扩大。

（3）舆论的生发、形成与壮大。随着舆论圈的进一步扩大，更多的公众被吸引到公共事务的周围，他们的评议争辩活动将舆论运动推向一个更成熟的阶段。这一阶段中，细小舆论圈被融合进更大范围的舆论波中，各种次级群体内意见争论热烈，并逐渐取得意志的基本统一。但社会上众多的群体间意志的交锋仍然很剧烈，这时群体规范、集团压力和其他的群体行为很明显地表现出来。

这样，通过各群体间、群体内成员间的争论或论战，以及舆论领袖的指导与综合，社会上的意见逐渐分化成多数人的意志和一个或多个少数派的意志，舆论的主流逐渐明确。可以说舆论至此已基本成熟。

（4）权威机构或权威人士介入。凡是一种影响较大、触及较多人利益的舆论活动，也触及一些权威机构（集团或个人）的利益与地位时，权威的介入都是不可避免的。这些权威将依照自己的利益、价值所在，通过他们所能利用的各种传媒手段，如大众媒介、文件等，表明自己的意志。

这时又可能会出现两种情况：一是权威的意志与社会上多数公众所持的意志一致。这样，大多数公众的意志会获得更大的权威性；二是两者的意志间有一定的差距，甚至根本不相容，这又会导致如下几种可能：①大多数公众的意志屈从于权威的意志而不了了之，或转入隐伏状态；②大多数公众所持的意志，携众人之力向权威冲击，使权威不得不放弃自己原有的意志；③权威意志与大多数公众的意志在一定程度上调和，从而出现一种新的意志形态。

舆论的这种发展过程，似乎正合于恩格斯的一段名言："人们通过每一个人追求他自己的、自觉期望的目的而创造自己的历史，却不管这种历史的结局如何，而许多按不同方向活动的愿望及其对外部世界的各种各样影响所产生的结果就是历史。""在历史上活动的许多个别愿望在大多数场合下所得到的完全不同预期的结果……往往是恰恰相反的结果……"权威介入的目的自然在于控制舆论。然而，舆论的形成与发展有其规律性，并不仅仅看权威的"脸色"行事。

有一点需要指出的是：权威介入阶段并不一定固定在第四阶段，它有可能提前，有可能延后，也有可能自始至终并不出场。但有一点可以明确，只要触及权威的利益，权威一般会以直接或间接的手段介入其中。

（5）舆论的自我超越——过渡到社会行动。这是舆论形成与发展的最后阶段。从舆论自身的本质看，它完全属于社会意识范围之内。它是一种基于对现实事件和问题的观察、思考与意见。"但是它的过程并不单纯仅仅是产生、形成、发展到传播的'从意见到意见'的圈圈，不是自我封闭的循环，而是整个社会活动系统中的一个必要环节。"这个环节是一个把社会存在与时代精神联系起来的中介。

现实问题和其他与公众利益相关的公共事务，由引起普遍关注到形成大体一致的看法和意见的发展进程与最终结果，不管是否符合权威者的意愿，不管是否获得他们的支持或肯定，公众总是要在行动上努力表现出来，总是要采取这样或那样的社会实践行为。

三、影响公众舆论

分析舆论要比影响舆论容易多了。但无论如何，一个考虑周全的公共关系项目应该做到有效地强化人们的信仰，坚定他们的态度，有时候还能改变公众舆论。为了达到以上目的，必须首先明确希望改变或修正的是舆论的哪一方面；其次必须清楚界定目标公众；最后尽管舆论是无形的，并且很难把握，但公共关系人员必须高度清醒，掌握主导舆论的"法则"。

下面介绍美国社会心理学家阿尔伯特·哈德利·坎特里尔多年以前根据研究结果发展出来的，到现在仍极为中肯的影响公众的忠告。

（1）舆论对重大事件非常敏感。

（2）如果有非同寻常的事件发生，那可能导致公众的意见暂时性地由一个极端波动到另一个极端，直到当公众对事件之间的关联了解得比较清楚时，舆论才会稳定下来。

（3）舆论通常决定于所发生的事件，而非对事件的文字叙述，除非那些文字叙述本身就是发生的事件。

（4）当舆论还未建立起来，人们尚且愿意听从建议、寻求各种可靠信息来源来了解事情的始末时，就事件所发表的口头声明和梗概描述能起到相当大的作用。

（5）一般来说，舆论并不能预见到紧急事件的发生，它只会对事件做出反应。

（6）舆论基本上是由自身利益所决定的，任何文字、事件或刺激物，只在和自身利益相关的时候才会影响舆论。

（7）除非事件中涉及人们的自身利益，或者事件本身是支持舆论的，否则舆论一般不会维持太长久的激情。

（8）一旦涉及自身利益，人们的意见将不会轻易被改变。

（9）在民主社会中，当涉及人们的利益时，舆论的地位通常优于官方政策。

（10）当一种意见只有少数人赞同，或者意见还没有明确建立时，一个既有的事实更容易改变他们的看法，让他们接受。

（11）关键时刻，公众往往对其领导者的能力非常敏感。假如他们非常信赖领导者，那么他们更愿意去承担更大的责任；但假如他们对领导者丧失了信心，那么就会对现状更加难以忍受。

（12）如果公众感觉到他们也参加了决策的制定过程，他们更乐意由领导者做出最终重大的决策。

（13）人们的意见主要体现在所要达成的目标上，而不是实现目标的具体方式上。

（14）舆论和个人看法一样，会因个人需要而被添油加醋。如果舆论主要来自人们内心的欲望，而不是基于可靠的事实，那么它很有可能会随着形势的变化而变化。

（15）一般来说，在民主社会中，假如公众能拥有良好的学习环境，并有机会获得正确的信息，那么舆论通常能代表实际的共同认知。公众越能深刻认识到某些事件可能对他们的利益所产生的影响，就越容易认同专家的客观而现实的意见。

课后思考 >>>

1. 什么是公众？公众有哪些基本特征？

2. 简述公众心理的基本特征。

3. 在公共关系工作中，公众通常有哪几种分类方式？

4. 为什么说在社会组织面对的诸目标公众中应将内部公众摆在首位？怎样与内部公众协调关系？

5. 社会组织应怎样很好地处理与政府公众的关系？

6. 简述媒体公众对社会组织的重要影响及与之建立良好关系的途径。

7. 描述舆论形成发展阶段。

8. 简述阿尔伯特·哈德利·坎特里尔舆论法则。

"三高"为中国申奥放歌

2001 年 6 月 23 日晚，昔日皇家禁苑中乐声翩翩，弦歌阵阵。世界著名三大男高音歌唱家在紫禁城午门广场联袂演出，在"6·23 国际奥林匹克日"掀起北京申奥活动的高潮。时任国务院副总理李岚清和数万热情的中外观众一同观赏了这场精彩的演出。

当晚三位"歌剧之王"身着黑色燕尾服，站在了紫禁城古老红墙之间的舞台上神采奕奕，他们演唱了近 30 首脍炙人口的歌剧选段或歌曲。从卡雷拉斯的《我知道这个花园》，到多明戈的《星光灿烂》，到帕瓦罗蒂的《今夜无人入睡》，洪亮且有穿透力的歌声，赢得了在场 3 万名观众的热烈掌声。

昔日这里曾经钟鼓齐鸣，如今西方歌剧在这里缭绕；昔日皇帝曾在这里议政，如今三位音乐大师在此纵情高歌。东方建筑的神韵与西方艺术经典在这里得到了完美的交融，古老的紫禁城在一个充满激情的夜晚被唤醒，改革开放的中国以一场东西方文化交融的音乐盛会，向世界展示他们积极走向世界的宽阔胸怀。

紫禁城午门广场，"歌剧之王"帕瓦罗蒂、多明戈和卡雷拉斯畅情演绎音乐盛典，取得了空前的成功，音乐会电视可直接覆盖全球 110 多个国家和地区的 33 亿观众。

资料来源：根据百度百科《公共关系案例分析 20 例》整理

问题：

1. 这次活动为什么请"三高"？

2. 这次活动的意义如何？

第五章

公共关系传播

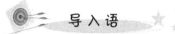 **导入语**

　　公共关系传播是连接公共关系的行为主体与行为客体双方并使之得以相互影响的桥梁，是开展公共关系活动的基础和重要手段。公共关系传播的要旨在于其有效性，正确选择公共关系的传播方式和传播媒介是前提，更为重要的是公共关系传播过程应体现传播者与受众的双向沟通机制。

学习目标

1. 了解传播的基本理论知识。
2. 把握公共关系传播的发展趋势。
3. 正确选择公共关系的传播方式和传播媒介。
4. 掌握提高公共关系传播效果的基本策略。

 导入案例

沟通缺失淘宝"伤"城

　　2011年10月10日，淘宝商城宣布，正式升级商家管理体系，为了促使商家更加严肃对待在商场的经营行为，淘宝商城将原有的每年6000元的技术服务费用提高至3万元和6万元两个档次，涨到了以前的5倍到10倍。

　　据了解，淘宝在做出新规调整决策前，没有跟任何卖家商量过，甚至连10月刚刚和淘宝签订协议的商户都没有接到这个最新消息。因此，消息一出，便遭到众多中小卖家的抗议，淘宝被质疑"过河拆桥"。11日晚，多达7000个中小商家通过YY语音等组织方式，对淘宝商城大卖家进行恶意攻击，意在逼迫淘宝商城修改规则。

　　这次"暴动"对淘宝来说并不是第一次了。2011年7月，淘宝网搜索宝贝修改搜索规则，80%的流量集中到15%的卖家上，这直接导致很多卖家的店铺不能被搜索到。阿里巴巴董事局主席马云针对卖家对新规的抗议发出了一封态度强硬的邮件："对那些不愿意拥抱变化，喜欢活在昨天的人……我想说'你们就恨我吧'！"9月9日上午，近百名淘宝卖家来到杭州淘宝网总部，抗议淘宝搜索新规。

　　2011年10月17日，淘宝召开媒体沟通会，马云连夜从美国飞回参加，试图化解这次纠纷。马云坦言："闹事的人也不是毫无道理，我们经过反思认为，本次制定的政策虽然想法是对的，但方法不对头，沟通有问题，为此我向大家道歉。"

马云强调淘宝商城打击假货的原则绝不会退让半步，但他承诺将淘宝商城新规实施时间延后，明年对商户收取的保证金也暂时只收一半。

对此，许多卖家仍不买账，纷纷指责淘宝商城和马云"玩文字游戏""混淆视听"，认为发布会没有邀请 YY 群里的人参加，要求与淘宝正面对话，并希望淘宝不要再采取单方面行动，而要举行听证会。还有卖家称，YY 群里的组织者遭到了黑客攻击，无法登录YY，因此下一步攻击活动无法展开。

在关键点传媒董事长、华中科技大学公共传播研究所常务副所长游昌乔看来，淘宝的这次冲突事件除了利益双方不可调和的矛盾之外，淘宝在沟通方面也存在四个方面的不足：第一，新规发布之前，酝酿的时间短，如果准备期再长一些，沟通再充分一些，卖家在情绪上的反应就不会有那么强烈。第二，新规发布后，关于涨价的原因，淘宝称是为了清除卖假货的不法商家，如此一来，淘宝就把自己放在道德制高点的位置上，无形之中激起公愤，伤害了大家的感情，这是淘宝最大的失误。第三，"暴动"发生之后，淘宝的应对比较滞后，缺乏敏锐的判断。第四，在媒体沟通会上，马云在手上写了好几个"忍"字，这只是个人情绪化的反映，没有把其应该拥有的社会责任感、气度和胸怀表达出来。

资料来源：刘晓玲. 沟通缺位伤了淘宝[J]. 国际公关，2011（6）（有整理）

第一节　传播的基本原理

控制论的创始人诺伯特·维纳曾经说过："传播是社会的黏合剂。"在考察社会这个人的集合体时，没有了传播，也就没有社会，因为是传播将人联系在一起形成了社会。

一、传播及其特性

1. 传播

"传播"一词来自英语"communication"，与社区、社会有着密切的联系。从本质上讲，传播是传递、输送、沟通、交流信息的意思，同时，它还包含着一个分享信息的含义。

因此，传播是个人、组织、社会之间的信息传递、交流和分享的过程，泛指人类信息交流的关系和全部活动，具体包括以下三层含义。

（1）信息的传递。传播者通过一定的方式和工具将传播内容传递给信息的接收者。

（2）双向互动。受传者将收到信息后引起的反应以传播者的角度反馈给对方，以形成下一次的传播过程的出现，这样构成了相互传递、双向交流、相互反馈的循环过程。

（3）信息的共享。双方的信息沟通使人类在传播的同时取得了一致认识、理解和帮助，从而形成共识和行动。

2. 传播与信息

传播的内涵是很丰富的，对于传播的定义因此就出现了众多侧重于不同方面的界定，如亚历山大·戈德认为传播是使一个人或几个人所独有的信息,化为两个人或更多人所共有的过程,他强调了信息共享;而传播学的集大成者威尔伯·施拉姆则提出了传播是对一组告知性符号采取同一意向的过程,他突出了信息的统一;再如著名的传播学奠基人卡尔·霍夫兰则肯定传播是某个人传递刺激以影响另一些人行为的过程,在这里他侧重的是传播的信息劝服行为。无论对哪一方面的论述,都是围绕信息这一核心概念展开的。

信息是构成世界的基本要素,其显示事物的存在状态与变化趋势,就人类而言它是消除事物中或事物间任何不确定性因素的东西,包括消息、意见、观念、知识、资料、数据等。

经历了农业文明、工业文明后,人类进入信息社会。在现代的信息流动社会中,人们将主要面对大量的信息发送、接收和处理,其对象是庞大而无限的,所传送的信息也需要大量地复制,为此信息传播业飞速发展。

传播和信息是一对相辅相成、相互依存的概念。信息必须进入交流过程才有价值,而信息的交流过程就是传播;传播同时又必须依赖传播内容,没有内容的传播活动是不可思议的,所以,交流的信息和信息的交流无法分开。重视信息就必须强调传播。

3. 传播的特性

传播作为人类社会生活的基本手段具备了自身所特有的属性,主要表现在以下几方面。

(1)综合性。传播是人的主观感受借助客观手段加以传递的一种活动,不管什么样的思想,也不管哪一方面的信息,都须依赖一定的物质媒介,诸如言语媒介、印刷媒介、电子媒介等。所以传播是人各种主观愿望和客观手段的结合体。

(2)社会性。对于人而言,传播行为无处不在,无时不在,随时随地。传播是人与人联系的唯一方式,它是社会的黏合剂,是人们为维持社会生活而进行的一种结合行为。它对人的价值在于建立社会联系、形成理解,完成团结和帮助。没有它,社会、国家、群体的概念就不存在。

(3)工具性。传播是人们联系的纽带,因而从本质上是为人的生存服务的。它用来监测、适应和改造社会,所有的传播内容和方式手段都是为具体目的服务的。

(4)互动性。传播活动始终伴随发出与反馈,反馈从逆向角度而言也是一种传播,因此传播是一种双向的、互动的、循环的作用过程。

(5)符号性。信息的传播是物质形式的,任何主观的思想,必须依托一定的客观形式,才能实现传播,因而使用各种符号实现交流,就成了传播形成的必要条件,离开了符号,就没有传播。符号也称码,传播过程的符号选择、传递、还原为主观信息的过程,就是一个从编码到输送再到译码的过程。

二、传播的构成要素

传播的核心是信息,然而在整个传播过程中只有信息,完不成传播。任何一个传播活动的形成,必须具备相应的必要条件,这些构成传播活动的必备条件称为要素。对于传播的要素，古往今来，许多学者对其进行了探索和分析。早在公元前古希腊亚里士多德在其《修辞学》里就通过分析，得出了传播的三个要素，他提出在演讲过程中，离不开三个方面，即演讲人（传播者）、演讲稿（讯息）和听讲人（受传者）。1948年，美国政治学家、传播学四大奠基人之一的哈罗德·拉斯韦尔发表了《社会传播的结构与功能》一文。在这篇文章中，拉斯韦尔明确提出了传播过程及其五个基本构成要素：谁（who）、说什么（what）、通过什么渠道（in which channel）、对谁说（to whom）、取得什么效果（with what effect），即"5W"模式。这个模式简明而清晰，是传播过程模式中的经典。这五个要素又构成了后来传播学研究的五个基本内容，即控制研究、内容分析、媒介研究、受众研究和效果研究。这五个要素各有其自身的特点。

"谁"，就是传播者，在传播过程中担负着信息的收集、加工和传递的任务。传播者既可以是单个的人，也可以是集体或社会组织。

"说什么"，是指传播的信息内容，它是由一组有意义的符号组成的信息组合。符号包括语言符号和非语言符号。

"渠道"，是信息传递所必须经过的中介或借助的物质载体。它可以是诸如信件、电话等人际媒介，也可以是报纸、广播、电视等大众传播媒介。

"对谁"，就是受传者或受众。受众是所有受传者如读者、听众、观众等的总称，它是传播的最终对象和目的地。

"效果"，是信息到达受众后在其认知、情感、行为各层面所引起的反应。它是检验传播活动是否成功的重要尺度。

除了以上一些要素外，事实上，传播还始终离不开以下其他因素。

干扰：又称噪声，是指传播过程中放大或缩小信息量使信息失真的因素，它常常无处不在。

共同经验范围：是指传播者与受传者之间共同能理解的约定俗成的规则，即"共同语言"。毫无"共同语言"的人无法实现传播。

环境：指传播存在的时间与空间条件，物质条件和社会条件。

三、传播的主要类别

人类传播的方式多种多样，按照不同的分类标准，可以将传播分为许多不同的类别。在日常传播的使用中，最有效的分类手段是按照传播的范围进行分类，它将传播分为以下五种。

（1）人内传播。人内传播也称内向传播，或自身传播、自我传播，指的是个人接收外部信息并在人体内部进行信息处理的活动。米德在研究人的内省活动时发现，自我意识对人的行为决策有着重要的影响。自我可以分解成互相联系、互相作用的两个方面：一方面是"作为意愿和行为主体的'自我'"，另一方面是"作为他人的社会评价和社会期待之代表的'客我'"，它是自我意识的社会关系性的体现。换句话说，人的自我是在"自我"和"客我"的互动中形成的，又是这种互动关系的体现。

（2）人际传播。人际传播指个体与个体之间的信息传播活动。人际传播又称人际沟通，其动机是获取信息、建立与他人的社会协作关系、自我认知和相互认知。一般地说，它有两种方式：一种是面对面的交谈，一种是通过中介进行的信息沟通。

（3）群体传播。群体传播指社会群众之间的信息活动，它是在群体成员或群体之间发生的传播行为。所谓群体，就是一群人按照某种个体特征，在同一目标的指引和统一规范的约束下，心理和行为上彼此影响、相互作用、协调运动的社会组合，可分为组织群体和非组织群体。

（4）组织传播。组织传播包括组织内传播和组织外传播。相对于群体，组织具有更加严密的结构秩序、更加严格的分工管理体系，其目标、制度、纪律等也比非组织更为明确。组织的存在必须依赖其自身的交流，没有传播就没有组织存在；同时，组织也必须与其依存的社会环境进行交流，这就是组织外传播。

（5）大众传播。大众传播指传播组织通过现代的传播媒介对极其广泛的受众所进行的传播活动。大众传播工具主要包括报纸、期刊、书籍等印刷传播媒介和广播、电视、电影、网络等电子传播媒介等。

第二节　公共关系传播的基本理论

公共关系传播是一种有组织、有计划、有一定规模的信息交流活动，其目的是沟通传播者与公众之间的信息交流，使社会组织在公众中树立良好的形象。公共关系运作的每一个方面，都离不开传播活动。

一、公共关系与传播的关系

1. 传播是公共关系确立的基本前提

首先，公共关系作为一个组织，为提高自身的知名度和信誉度，争取公众舆论支持而有计划地开展的各类活动，其直接的手段是依赖传播，通过传播过程而完成。其次，社会组织为了使建立的公共关系始终处于一个良性的状态中，就必须在传播的实施和手段上下功夫。甚至可以认为，公共关系的实施过程，就是传播的实施过程。

2. 公共关系极大地促进了传播的发展

首先，现代公共关系虽然借助传播展开，但是在公共关系产生和大规模兴起的近百年历史中，其已经成为经济组织经营管理的重要组成部分，传播内容也由原来的政治、意识形态和文化教育迅速扩展到以传递经济信息为主上来，因此，从这个角度来说，公共关系丰富了传播内容。其次，公共关系发展了传播手段。早期公共关系活动的传播手段主要是新闻报刊。现代科学技术的发展，广播电视网络的推广和应用，特别是以企业为主的公共关系活动大都使用先进的技术作为传播工具，这就必然促进了现代化传播手段的运用与发展。最后，公共关系因为越来越重要的作用以及其所依托的经济后盾，而对传播水平提出了越来越高的要求，直接的结果是无论在制作还是传播的技术、技巧、手段和方式方面都发生了前所未有的变化。

3. 公共关系传播的实质是沟通

传播的根本目的是传递信息，是人与人之间、人与社会之间，通过有意义的符号传递进行信息传递、信息接收或信息反馈的总称。大多数情况下，传播是为了发布信息，传播是单向的。沟通是人与人之间，人与群体之间思想与感情的传递和反馈的过程，以求思想达成一致和感情的通畅，所以，沟通是希望达成共识，必定是双向的。

公共关系传播的目的是树立好的公众形象，更多的是借助信息的发布，谋求公众的理解与支持，获得公众的认同，所以公共关系传播的实质是沟通。

二、公共关系传播的功能

公共关系工作的基本功能就是在广大公众心目中树立社会组织的良好形象。围绕着这一基本功能，公共关系传播可以具体起到以下三个方面作用。

1. 向公众提供社会组织的有关信息

一般来说，对一个事物是否熟悉和了解，是能否喜欢这个事物的前提。社会组织要使公众对自己的工作、行为、目标有所理解和支持，要使组织在公众中建立起良好的形象，其根本前提就是要让公众对组织的行为、目标有所了解。这就要求公共关系人员必须借助最有效的传播手段，经常地向公众提供及时、准确和有说服力的关于组织的最新信息和情况。同时，为了更好地向公众提供有关组织的信息，还必须借助沟通渠道了解公众对组织的有关评价，以便使公共关系传播向公众提供的信息更有针对性和说服力。

2. 影响和改变公众对社会组织的态度

所谓态度，就是指人们对事物或人所持的带有稳定性的反应倾向。社会组织自身形象的好坏直接体现在公众对组织持有的态度之中。公众态度可以分为正态度和负态度。前者是对组织的肯定性评价，后者则是对组织的否定性评价。虽然人们的态度一旦形成就会具有相对稳定的特征，但是随着信息的不断交流和外界条件的变化，人们的态度也是可转变的。公共关系传播活动就是运用各种传播手段和媒介来促使公众对组织产生好感，由负态度转变为正态度，公共关系传播对改变公众对组织的态度起了决定性的作用。

3. 引起社会组织所期待的公众行为

公共关系传播除了向公众提供信息，改变公众的态度以外，更主要的是促使公众对组织采取理解和支持的行为，这是因为人们有了一定的态度并非就有一定的行为。人们的态度和行为之间还有一系列的中间环节，如人们的需要、动机、外部环境的压力等，这就需要组织通过公共关系传播予以启发和引导。

总之，公共关系传播的功能就在于要社会组织适应公众环境，要公众环境适应社会组织，从而使社会组织同公众之间达到完美和谐的统一。

三、公共关系的四种传播模式

对于公共关系实践中所形成的传播模式，美国学者詹姆斯·格伦宁（James Grunning）

和托德·亨特（Todd Hunt）曾用列表的形式做了概括介绍，见表 5-1。

表 5-1 公共关系的传播模式

特征	新闻活动/宣传型	公共信息型	双向非对称型	双向对称型
目的	宣传	散布信息	科学诱导	相互理解
传播性质	单向，不注重宣传，绝对真实	单向，真实性，重要	双向，效果不等同	双向，效果等同
传播模式	提供信息—反应	提供信息—反应	提供信息—反应—反馈	集团—集团
历史上代表人物	巴纳姆	艾维·李	伯内斯	伯内斯，教育工作者、职业领导人
目前主要运用范围	运动，剧场，产品推销	政府，非营利性团体	竞争性企业部门，各类代理处	受管制的企业部门，各类代理处
估计目前各类组织运用的百分比	15%	50%	20%	15%

在表 5-1 中，其前三个特征描述了这四种模式各自的特点，后三个特征提供了模式产生的历史背景和各模式的大致使用范围。可以说，格伦宁和亨特为我们研究公共关系传播实践与传播理论的发展提供了较完整的轮廓。

这四种公共关系传播模式间的区别主要表现在以下两方面。

1. 各自在传播目的和传播方法上的区别

在目的上，各种传播活动都是为出资的组织服务。新闻宣传型的传播活动主要起宣传的作用，公共关系人员不能通过不完整的或歪曲的，或真假参半的信息，来传播有关组织的保证或许诺，达到诱导公众的目的。公共信息型的传播活动主要是起常驻记者的作用，向公众客观报道有关组织的情况，达到传播信息的作用，它的传播活动一般不带有诱导的意图。双向非对称型的传播活动，是运用社会科学中有关态度和行为的知识来进行传播，来诱导公众接受组织的观点并支持组织的行事方式。双向非对称型的传播与宣传型的传播区别在于：宣传型是依据直觉来开展活动，而双向非对称型则是依据科学来进行传播。在双向对称型的传播活动中，其公共关系人员是在组织与公众间起中介作用，在传播活动中更多地依据传播学理论，而不是劝说、诱导理论来指导工作，其目的是建立和加深双方的理解与认可。

2. 各自在驾驭组织与公众之间的信息和传播方式上的区别

宣传型和公共信息型的传播是单向的，由组织向公众的传播方式，公共关系人员缺乏倾听来自公众方面信息的自觉意识。宣传型的传播常常忽视了对组织完整的介绍，而公共信息型则注意到这一问题的重要性。双向非对称型和双向对称型都是一种沟通性的传播，传播既指向公众也来自公众，但双向非对称型的传播更多的是要求有利于组织，强调的是影响改变公众的态度和行为，忽视了依据公众的信息来改变调整自己。他们将来自公众一方的信息视为反馈，视为帮助信息提供者控制信息接收者行为的传播，公众一方只是处于受控制、受支配的地位。而对称型传播的双方则是平等的，双方可以对等地影响对方，最理想的情况是一次公共关系活动后，双方各自都有所变化和调整。即使如通常那样，双方的态度和行为都无变化，但只要能使双方实现沟通和理解，也可称为成功的公共关系传播活动。

从历史的发展角度来分析这四种传播模式，我们可看到人类对公共关系传播这一事物的认识发展趋向。这种发展趋势主要表现如下。

（1）对公共关系传播功能的认识，从主观宣扬、客观提供信息、科学诱导到促进相互理解的发展趋向。

（2）对公共关系传播方式的认识，从线性的单向传播、利用反馈的双向沟通到双向传播的发展趋向。

（3）对公共关系传播关系的认识，从任意支配公众、不对称的双向沟通关系到双向对等共享信息的传播关系的发展趋向。

第三节　公共关系传播的主要类别

传统的传播理论通常将传播分为人内传播、人际传播、群体传播、组织传播和大众传播五大类别。在实施公共关系的活动中，公共关系的传播主要是组织的传播，依赖人际传播、群体传播、组织传播和大众传播。

一、人际传播

人际传播又称人际沟通，它是个人与个人之间的信息沟通，即我们日常讲的"人际交往""人际关系"，是人与人之间的交流、交往、联络、联系、沟通。这是最常见、最普遍、渗透人类生活一切方面的一种最基本的传播方式。人际传播的表现形式有两种：一种是面对面传播，即通过语言、动作和表情等进行传播；另一种是非面对面传播，即通过电话、电报、书信、网络等进行交流。

在公共关系活动中，公共关系人员在很多场合下需要个别地与职工、领导、顾客、记者等相关公众个体进行交往，因此，公共关系人员常常是作为社会组织的代表借助人际传播方式开展工作的。

人际传播具有一些明显的特征，具体如下。

（1）灵活性。人际传播通常是面对面的信息交流，受传者的参与度高，传播者可以随时得到受传者的反应，及时调整传播的内容、态度和方式。同时人际传播是一种随时随地的传播，在时间和空间上都有很大的自由度。

（2）针对性。人际传播因为是针对具体对象的，所以往往目标明确，可以根据不同的具体个人和具体特殊的环境展开传播。

（3）情感性。就面对面的人际传播而言，人与人的传播可以察其言、观其行，而且表现形式灵活多样，加之使用口语、肢体语、服饰语等多种传播符号，很富有人情味。人际传播有情的感染、理的引导，容易使双方形成共鸣、产生共识，对受传者而言有身临其境的感受，很容易被感化、被激发。

（4）快速性。这是就人际传播的反馈而言的，在这种传播中，每一个个体既是传播者又是受传者，一方发出信息的同时也接收对方的反馈，反馈本身就是一种传播，反馈出现后，紧接着再形成下一轮传播与反馈，每一次互为传播与反馈的传递是双方的、及时的、连续而紧密的。

（5）局限性。人际传播具有个体性，人为控制色彩很重，虽然个性突出了，但传播内容的容量变小，传播面十分有限，传播的影响力也很有限。

二、群体传播

群体传播是发生在自然社会群体中的一种传播活动，是人数不多的群体、成员之间比较自由的、直接的、多向性的沟通交流方式，它实际上是人际传播的扩大，保存了人际传播的一些特点。群体传播主要包括小组传播和公共传播两个基本类型。

1. 小组传播

小组传播是介于人际传播和组织传播之间的一种传播形式，即群体内的人际传播活动。它一般是在小规模的群体内，如6～10人进行的信息交流活动。例如小组讨论、小组座谈、小组总结等，这种传播一般采用民主的方式，没有约束和强制性质。

我们每个人都生活在若干个小群体范围内，如班组、处室、团体等，客观上做任何工作都存在如何与小群体内其他成员沟通和交流的问题，它具有明确的特点。

（1）在特定的群体内进行。小组的传播活动是很有限的，范围也很具体。往往其活动的性质、内容、方式与团体本身的性质特点相一致，有与其他团体的明确界定。

（2）意见比较个性化。小组的传播本质上是以人际传播为基础的。小组传播方式灵活，手段多样，反馈迅速，相互比较容易交流，同时每一个传播者都传达着最原始、最本质的个人意见。

（3）存在小组的影响力。小组有共同的目标与行为规范，小组成员多有从众心理，小组压力对个人有制约作用。小组传播可利用成员的归属感，有效改变或暂时压抑个别成员的相悖观点或行为。

公共关系活动中，尤其是内部公共关系活动中，常常要用到这种小范围的传播形式，可以说小组传播是公共关系无法回避、必须依赖的基本传播形式。

2. 公共传播

公共传播也称公众传播，一般是指一个人对多数人的传播，也称公开传播。这种传播通常是一方发出信息，多方接收信息的传播过程，传播对象是一个相对大的有限传播范围，传播的内容一般是一些需要及时公布和公开的公共信息。这种传播形式的信息传播速度快、范围广，但从本质上说，它是有限范围内的传播。

公共关系的公共传播活动包括大型集会、公众演讲、大型演出活动、竞赛活动、展览活动、开放参观活动、庆典活动和各种专题活动等，其主要特点如下。

（1）参与者是较大的公众群体。公众传播的范围远远超出一般人际传播和小组传播，涉及比较广泛的公众层，因此，反应很有限，而且笼统。如掌声、笑声、喝倒彩和议论等，都能看出一些反应但不具体。

（2）产生影响较大。传播对象多是此种传播的最大特点，传播者与传播对象双方通常直接出现在沟通现场，其场面宏大、气氛热烈、有声有势，常常产生轰动效应。

（3）多种媒体的综合使用。在大型传播场合，往往是既有口号，又有文字、图片、音响、模型、幻灯、电影、视频和实物展示、模拟表演等媒介形式，立体感非常强。

公共传播具有范围较广、速度较快、反馈较直接的特点，在公共关系活动中，公共传播无论对宣传组织良好形象，还是经营组织的产品形象、扩大组织的知名度，都是使用频率极高，也是很有效的方式。

三、组织传播

公共关系的组织传播是社会组织与其成员及环境之间的信息交流和沟通活动，如社会组织中的个人与个人、团体与团体、部门与部门、组织与其他成员，或组织与相关的外部环境（其他社会组织）之间的沟通和交流活动。组织传播的目的是保证组织内外部协调与有序运作，它包括组织内部传播和组织外部传播，组织外部传播主要包括广告和公共关系两种形式。组织传播具有以下特点。

（1）传播主体的组织化。组织传播的行为者、实施者、承担者是组织机构而非个人。传播活动受组织目标和计划的制约，受组织结构的制约，受组织的控制，为组织的利益服务，是组织管理的一种手段，组织传播的内容也是体现组织意志的信息。因此，它的传播活动有很强的目标导向和计划的特点。

（2）传播对象的具体化和大众化。组织传播的对象既有内部的沟通对象，又有外部的公众环境，但都在具体目标制约下有选择地作用于对象。组织传播活动总是涉及特定范围内的公众，当然也包括大范围的公众，并对其产生舆论影响。

（3）组织内部传播活动的双重性。公共关系组织在内部信息传播活动中，存在正式的组织传播和非正式的人际沟通形式，正式沟通又以下行传播、平行传播、上行传播三种方式实现组织主要目标，非正式沟通辅助正式沟通以感情、兴趣为润滑剂，形成富有弹性的人际沟通，从而达到组织目的的最大实现。

（4）组织外部传播方法的综合性。面对外部公众对象的多样性，组织在传播活动中必须综合运用人际传播、小组传播、公众传播和大众传播等方式，集各种媒介的优势，广泛开展传播。

四、大众传播

大众传播有广义和狭义两种理解。广义的大众传播专指使用大众传播媒介（书籍、报纸、杂志、广播、电影、电视、网络）所进行的传播。狭义的大众传播是职业传播者（新闻单位、报社、电台、电视台、出版单位、电影制片厂、网站等）通过现代传播媒介，向社会大众提供信息的传播形式。

大众传播是随着科学技术的发展而实现的远程通信与大批复制信息，它使信息传递的规模和速度空前发展。大众传播具有以下特点。

（1）间接性。大众传播的传播过程是经过大众传播媒介完成的，其传播主体和客体不直接接触，因此，大众传播是间接传播。虽然大众传播拥有大量的受众，但分散的、匿名的受众使传播的信息反馈迟钝、过程长、速度慢、成本高、不准确、不完全，这些都导致传播者难以及时得到有效的信息反馈。

（2）专业性。大众传播具有传播机构的专业化和传播手段的技术化特点。现代大众传播是个专业性很强的行业，采写、编辑、设计、印刷、拍摄等大量复制信息的过程，都是专业机构和专门人员协同工作的结果。

（3）高效化。大众传播使用现代传媒，大量高速地复制和传递信息，借助传媒覆盖面，大大减少了对大量公众传播一则信息所经过的层次，从而减少传播过程对信息准确性的损害，提高传播速度，对于大范围的公众，具有强大的公众舆论影响力。因此，大众传播的力量是其他传播方式无法相比的，它常常成为公共关系工作最有效的手段。

随着互联网的普及和运用，大众传播的现代化进程必将进一步加快，其作用也愈显重要。

公共关系的人际传播、群体传播、组织传播、大众传播这四种传播类别，既自成体系，具有独特的结构、要素、形式和功能，同时又互相联系、逐次涵容，传播形式以下四个方面的不确定性考验着公共关系工作人员：受众面的把握，传受双方在距离和感情上的度量，信息的个性化处理，组织系统和传播技术的选择。公共关系工作人员对各种公共关系传播类型特点的掌握是开展公共关系活动的基础。

第四节　公共关系传播的主要媒介

信息是不能独立存在的，它必须依附于某个特定的载体方能显示出来。信息的物质载体就是传播媒介，凡载有信息的物体可视为传播媒介。在公共关系活动中，不同类型的传播活动的区别之一就是传播媒介使用的区别：人际传播一般使用口语和体语媒介；大众传播使用大众传播媒介，如印刷媒介和电子媒介；群体传播和组织传播则要根据场合的不同选取不同的媒介。为此，必须对公共关系传播活动中的常用媒介有所了解。

一、言语媒介

言语媒介也称语言媒介，主要指个人在传播中使用的信息传递方式，它包括有声语言和无声语言两大类。

（一）有声语言

有声语言，即口头语言，又称口语，口语传播专指传播者（说话人）通过口腔发声并运用特定的语词和语法结构及各种辅助手段向受传者（听话人）进行的一种信息交流。

有声语言传播在日常接待、新闻发布、演讲、沟通性会议，公务谈判和演说等场合应用非常广泛。它主要包括说话的技巧、听话的技巧、提问的技巧和演讲的技巧。

（1）说话的技巧：首先要讲究全身心投入，对讲述的内容要用词准确，有感情，声情并茂地表现出诚恳、认真的态度。其次语言要通俗、生动、口语化，不要用生硬的书面语，更不要用套语和生涩的词语。再次是用语要准确简洁，用最少的、最精确的语言表述最多、最生动的意思。最后要讲究流畅的语流与和谐的语言表达风格，并且在音量音速和停顿上有精确的讲究，在使用副语言时也要做到准确、传神。

（2）听话的技巧：要十分注意聆听的艺术。聆听艺术是言语传播的重要技巧。首先要讲究全神贯注地听，做到尊重说话人以及他讲述的内容。其次要用积极的反馈激发说话人的谈话热情，并运用表情和动作鼓励对方，以增加表达效果。最后要多听对方的谈话内容，思索对方的每一句话包含的信息量，做到尽快与对方沟通。

（3）提问的技巧：要尽量使用双方习惯和喜欢的问话方式；要做到文明提问，尽量避免直接提问带来的不礼貌。此外还要注意避免一次提多重问题，给对方的回答带来压力。最后要注意提问时机必须适当，所有的问题必须围绕中心问题展开。

（4）演讲的技巧：首先演讲时开头要引人入胜，用精致的语言、诚挚的情感引导听众的兴趣和注意。其次表达要形象生动、传神。再次要选择典型、有新意的事例，并适时将演讲推向高潮。最后在演讲的结尾处要深刻、含蓄、耐人寻味。

（二）无声语言

无声语言传播，也被称作非语言传播。无声语言主要是借助非有声语言来传递信息、表达感情、参与交际活动的一种不出声的伴随言语，分为默语和体语，它的使用也是有技巧的。

（1）默语。默语是言语中短暂的间隙，往往会出现言外之意、话外之音。使用默语首先要利用各种环境因素造成丰富的寓意，产生此时无声胜有声的效果。其次是讲求适度实效，在使用默语时要借助有声语言互相映衬。最后要注意无声的感情，如戛然而出的强烈效果。

（2）体语。体语是以人的动作、表情和服饰来传递信息的一种无声语言。在传播中体语表述的内容是丰富复杂的。首语，即点头与摇头包含的意思，前者为肯定，后者为否定，有时它们的应用比语言更生动传情。手语，即用手所表达的丰富内涵，如手指构成的语言、手势和哑语等，再如握手传递的信息。足语，就是用脚的运动表达的内容，如跺脚、来回踱步等。目光语，历来被誉为"心灵之窗"的眼神和视角、视线传递的内容也是很丰富、微妙的。微笑语，是通过不出声的笑所传递的信息，主要由面部肌肉的运动来完成各种复杂信息的传递。姿势语，是人体的动态或静态所表达的信息内容，如鞠躬、立正等。服饰语，是指通过服装和饰品所传递的信息，也是一种个人素养、爱好和文化品位的显现。

二、印刷媒介

印刷媒介就是以文字、图片形式将信息印刷在纸张上所进行的传播。报纸、杂志、图书、传单、图片和招贴等，是在公共关系实务活动中使用频率比较高的印刷媒介。

（一）报纸

报纸是以刊登新闻为主的、通过版面的空间组合以整张的形式刊出的、面向广大公众发行的定期出版物。

1. 报纸的优点

（1）便于选择。报纸的信息量虽然很大，但由于经过了科学的编辑排版，各种信息都一目了然，读者可按自己的需要和阅读习惯在许多"并时性"排列的信息中，迅速选择自己感兴趣或最想了解的信息加以阅读。报纸的便于选择还在于读者可以自由选择读报的时间、地点和方式。

（2）便于保存。信息以文字的形式固定下来，读者可根据自己的需要在阅读之后再进行剪辑，加以保存。

（3）内容深入。文字表达可以不受具体时间、空间的限制而连续深入地进行。所以，报纸非常适合传播一些逻辑性强、内容比较抽象的信息。解析性大于告知性。

（4）经济实惠。报纸的印刷工艺比较简单，制作成本比较低，发行周期比较短，传播信息的频率高。

2. 报纸的局限性

（1）阅读受到文化水平的限制。从报纸获取信息的前提是要有一定的文化基础，报纸信息的使用率与读者的文化程度成正比。所以，在我国文化水平偏低的农村或城市低文化层次的人群中运用报纸传播，效果就不理想。

（2）报纸属于静止媒介。在传播信息的及时性方面，报纸不如广播；在传播信息的生动形象方面，报纸又不如电视。

（二）杂志

杂志是以成册装订的形式刊出，以目录为引导，将各种内容按分类顺序编排进行信息传播的定期出版物。

1. 杂志的优点

（1）专业性强。杂志分类较细，内容比较专门化，针对性强，传播的目标指向比较明确，具有权威性。

（2）内容价值高。刊出的内容一般都有一定的深度，也比较完整、系统，杂志的内容能对公众深层次的心理产生较大的影响力，这就使得杂志传播的信息价值高。

（3）感染力强。杂志一般图文并茂、内容丰富，而且色彩艳丽、印刷精美，对读者具有很强的感染力。

2. 杂志的局限性

（1）对受众文化水平的要求高。因为杂志专业化程度高，内容有一定的深度，所以，阅读杂志不仅要具备一定的文化程度，还需要具有一定的专业知识。

（2）杂志的出版周期较长，传播效果的时效性较差，而且杂志的印刷成本偏高，这都会直接影响到传播的效益。

（三）图书

图书是由出版社正规出版发行、内容连贯统一、印刷精良的成册出版物。

1. 图书的优点

（1）内容有深度。图书所刊载的内容一般都是经过作者深入研究后发表的，信息量大，信息的价值也高。可以利用这点传播某种思想或某一课题方面的内容。

（2）传播信息持久。由于图书装订成册、印刷精良，且是正规出版的，可以长期使用和保存，读者也比较珍爱，因此，图书负载的信息可以持久地传播下去。

2. 图书的局限性

（1）周期太长。图书从写作到正式出版面世需要一个比较长的过程，所以，它传播信息的周期太长，不利于及时传播信息。

（2）普及率低。图书一般内容深入，售价较高，这一方面限制了那些文化水平偏低的公众接收信息，另一方面它的发行量也受到较大限制。

（四）传单、图片和招贴

公共关系工作还要用到一些其他印刷媒介，诸如传单、图片和招贴等印刷品，它们具有不定期、不专业、偶然性强和针对性强的特点。

1. 传单

传单属于单张性的宣传印刷品，内容单一，针对目标集中的内容进行传播，如企业简介、产品说明、产品目录、经营特色、促销宣传品和邮递广告等。

2. 图片

图片是通过平面构图传递形象信息的印刷品，具有准确、客观、逼真的特点，适用于直观、快速、醒目地传递公关信息。

3. 招贴

招贴是印刷后的图文单页资料利用公共场所进行公开悬挂和告贴的传播形式。它是其他主要媒介的辅助手段，有醒目、明确的特点。

三、电子媒介

电子媒介是需要运用专门的电子接收和发送设备来传播信息的传播媒介。它以电波的形式传播声音、文字、图像，运用专门的电气设备来发送和接收信息，主要有广播、电视、互联网、电影、录音、录像、幻灯片等。

（一）广播

广播是指通过无线电波或导线传送声音符号供受众收听信息的传播媒介，是最先普及的大众电子传播媒介，它以声音为传送形式，作用于人的听觉器官。

1. 广播的优点

（1）及时性强。通过广播传播信息可以不受时空条件的限制，各种信息转瞬之间就可以借助电波传播到世界各地。它可以把刚刚发生或正在发生的事情及时告诉公众，广播节目的制作比电视更快，所以，传播比电视更及时。

（2）机动性强。公众通过广播接收信息可以不受时间、地点和场合的限制，不受文化、视力、行动的制约。因为无线电收音机越来越微型化，人们可以走到哪里带到哪里，工作时可以听，做家务时也可以听，这一优势是其他大众媒介无法比拟的。

（3）普及率高。收音机和广播喇叭的价格便宜，网络遍及城乡，收听不受限制，方便易于理解。

2. 广播的局限性

（1）从传播信息与受众接收信息两方面的效果来看，广播的内容往往缺乏深度，其作用是告知性大于解析性，信息内容的深刻性不如报纸，形象性不如电视。

（2）广播的信息稍纵即逝，不便保存（除非录音保存），而且公众从广播里获取信息的选择性也差，与电视一样，受众也是只有选择频道的自由，而没有选择节目顺序的自由。

（二）电视

电视是用电子技术传递声音和活动图像，能给受众视觉与听觉综合刺激的传播媒介。电视第一次将人的视听结合在一起，它影响大、效果好、传播快。电视是大众传播的核心媒介。

1. 电视的优点

（1）感染力强。电视在传播信息时不仅有声音，而且有图像，声音生动逼真，图像异彩纷呈。公众在接收信息时有一种身临其境的感觉。如一些食品广告，经过电视技术处理，很快就会吸引消费者，促使潜在的消费者向现实的消费者转化。

（2）及时性强。电视台可随时实况转播新近发生的事件。

（3）受众面广。电视是以声音、图像作为载体传播信息的，只要听觉、视觉正常的人都可以成为它的受众，不受文化水平的限制，老少皆宜。

2. 电视的局限性

（1）信息内容深度不够。电视受到表现形式的限制，电视传播求新、求奇、求快，一旦电视节目长时间连篇累牍地报道同一条信息，或反复深入地阐述某个理论，它很快就会失去它的受众。

（2）不便选择。受众通过电视接收信息只能按照电视台规定好的节目时间、顺序和速度进行，受众只有选择频道的自由，而无选择节目顺序的自由。

（3）不便保存。电视信息是稍纵即逝的，受众只能一次性接受，不像报纸、杂志一次没看懂或没看完还可以重新进行，而电视信息是不便保存下来再检索、再使用的（除非录像保存）。

（4）专业性制作。电视更大的局限在于它制作的设备复杂、制作成本昂贵、制作的专业性强。

（三）互联网

互联网主要通过电脑、光缆和现成的电话通信线路，将全世界多个国家和地区的数千万用户连接起来，形成一个全球范围内的电脑互联网络。它可以进行文字、图像、数据、声音等多媒体的沟通，具有许多诱人的传播沟通功能，为公共关系工作提供了新的思维方式、新的策划思路和新的传播媒介。

1. 互联网的优点

（1）较强的时效性。在网络的电子报纸上，新闻撰稿、投稿、审稿、修改、签收、排版、校对直到播发都可以通过电脑直接操作，因此，报道快捷，时效性强。

（2）超越时空的广范围传播。网络传播是在电子空间中进行的，它打破了传统的时空概念，不受时间和空间的限制，有着极自由的时间和广阔的空间。时间上，只要需要，公众或组织可以随时上网寻找自己需要的信息，也可以随时在网上发布自己需要的信息；空间上，网络使地球上的人们如同在一个小小的村落里，远在天边，在网上真的就在眼前。

（3）平等的参与性。在其他大众传媒领域中，编辑、记者、出版社等享有支配信息资源的行业特权，在传播中处于垄断或支配的地位，而在网络中，不管什么人，都有支配信息的权利，可以平等地发布信息、交流信息。

（4）互动性强。交互性是互联网媒介的最大优势，它不同于传统媒体的信息单向传播，而是信息互动传播。在互联网上，信息接收者可以根据自己的需要和兴趣获取有关的信息，同时也可以自由地、及时地反馈自己的意见，而信息的发布者可以方便地收集反馈的信息。所以，互联网具有双向性和互动性。

（5）成本费用低。通过互联网收集信息、推广宣传自己的形象，在时间和费用上都不需要花费太多。而且在互联网上还可以按照需要随时更改信息，更改信息的费用很少。

（6）受众的数量可以精确统计。在互联网上，可以通过访客流量统计系统精确地统计出每条网络信息浏览的受众数量，以及这些受众的时间分布和地域分布，从而有助于组织正确地评估传播的效果，审定传播策略。

（7）强烈的感官性。网络传播的载体基本上是多媒体、超文本格式的文件，受众可以对感兴趣的组织、产品或服务了解更为详细的信息。它以图、文、声、像的多种形式传送多感官的信息，让用户身临其境般感受商品或服务的品质，大大增强网络传播的实效。

2. 互联网的局限性

（1）不可控性。传统的大众传播媒介要受到法律和行政的制约与监督，具有可控性，而网络媒体因为没有中心控制的计算机，没有主管机构，信息的发布、使用以及信息的内容都具有不可控性。

（2）没有覆盖区域。在互联网上的传播没有明确的覆盖区域，不能进行有效的传播。

（四）电影、录音、录像、幻灯片

在公共关系的传播活动中，也经常使用诸如电影、录音、录像、幻灯片等传播媒介。

1. 电影

电影是使用摄影机摄制影像，并利用化学冲印手段将影像固定在胶片上，利用电子放像设备传送的传播手段。由于电影制作手法比较复杂，这种传播媒介多用于文化、艺术作品的传播，在公共关系工作中，微电影、植入广告则会被选用。

2. 录音和录像

录音和录像是利用电子录制设备对声音与声像的保留。录音对声音进行录制后，可反复播放；录像也是一种可以重复播放的传播媒介，只不过它既复制声音也复制图像，在公共关系实务中常用于实录和重复性内容的传输。录像带用处广泛、使用灵活、声情并茂，可以用于现场采集信息；可以用于接待参观时做资料介绍、宣传讲解；也可以用于闭路电视系统、内部培训业务；还可以给客户提供展示和过程等。录音带有携带方便、操作简单、反复使用、经济普及的特点，它广泛地用于会议重要内容的重复播放，也用于庆典活动和展览活动，以及在销售宣传中制造背景音乐、渲染气氛、播放口号。

3. 幻灯片

幻灯片是将摄影底片制作成底片，用投射仪播放的一种传播媒介，它一直是会议演讲、专题报告、展览说明的辅助手段。在公共关系活动中，一般不用作主要的传播工具。

四、其他传播媒介

在公共关系工作中，除了使用语言媒介、印刷媒介、电子媒介，还要用到一些其他的媒介形式，事实上这些媒介和以上三种媒介都有密切的联系，甚至可以视为这三种媒介的组成部分，在这里做大致的介绍。

（1）小众化媒介。小众化媒介即在有限范围内的传输媒介，是专门用来针对小团体的，如有线电视、专业化频道、会员交流内部的信息资料等。

（2）个人传播工具。个人传播工具如公用电话、个人座机电话、移动电话；另外还有图文传真系统，即凭借电话线路，可将书信、文字资料、图像资料保真传输的传播系统。再如电讯，这是一种经济的电子传播方式，目前内容和形式很多，有社会电话、礼品电报、鲜花电报、生日电报等。在个人传播工具中还有私人信函、卡片，这些都是针对特定对象的。以上几种个人传播工具既有印刷的，也有电子的。

（3）宣传品。宣传品主要有公共关系刊物，即组织编辑、发行的小报、杂志、通讯和内外传阅资料，它们定期发行，免费分发。还有书籍、小册子，以及配合特定主题内容编制的文案、影集、画册或宣传手册。另外还有海报、POP（point of purchase advertising，POP广告指在各种营业现场设置的各种广告形式）宣传品，主要用来配合一些活动主题制作的宣传海报、横幅、彩旗、不干胶宣传品等。

（4）图像标识。图像标识主要有照片和图画以及标识系列，它通过平面构图传递形象、信息。照片比图画更准确、客观、逼真；图画比照片更灵活，更富创造性、想象力和表现力。这些方式适用于橱窗展示和展览陈列活动。另外还有标识系列，它是以特殊的文字、图形、色彩构成组织的形象标志，以区别于其他组织和产品。例如，商标、徽标、品牌名称，以及包装、门面、办公用品、运输工具、环境装修、人员装束等所有这些都可以传播组织的各种信息。

（5）人体活动媒介。人体作为媒介主要指两个方面：一是人体语言，即人的表情、动作、姿态以及服饰等非语言传播，这些内容在前面已有所介绍，这里不再反复。二是人的活动。人的行为以及各种活动本身就是一种高效率的、感染力很强的传播手段。如以身作则的行动、诚恳的态度、认真的作风都会传达丰富的信息。在各种公共关系活动中，人体活动传达的内容既是生动的，也是必不可少的。

（6）实物媒体。实物本身也是信息载体，在公共关系活动中也大量使用，它具有与一般符号媒介所不同的特点。例如，产品及其劳务本身就是一种最实在、最可信赖的信息载体，它通过质量、款式传达出最原始的信息。因此产品本身在公共关系活动中应当是主角，事实上它常常参与展览活动，以及赠送和赞助活动。另外，公共关系礼品作为带有本组织标识的实物宣传品，也是组织的传播工具，还有象征物和模型，作为传递组织各种观念、管理方式、产品信息的媒介也经常出现在大型的活动中和实物展览会上。

（7）特别活动媒体。在许多创意独特、形式特殊的公共关系活动中，形象生动的活动过程、具有重要作用的媒介等都传递着公共关系信息。如风筝节中的"风筝"，"锣鼓"节中的"锣鼓"，等等，作为特殊的媒介形式维系着公共关系活动的全过程。

公共关系工作人员要注意研究各种传播媒介的特点，根据不同的公众对象、不同的时间条件、不同的工作目标和不同的传播内容来选用不同的传播媒介，这样才能使所传送的内容达到有效传输，从而正确选用传播媒介达到信息传播的目的。

第五节　公共关系传播的效果

一、公共关系传播中的障碍

公共关系传播中的障碍，是指一切干扰信息的及时、准确、完整地发布、传递、接收的因素。全面了解公共关系传播中的障碍是积极改善社会组织与公众沟通的重要方法之一，它可以使社会组织在传播之前就能对沟通中可能出现的问题做到心里有数，从而起到保证传播达到预期效果的作用。在公共关系领域里的传播障碍主要表现在以下几个方面。

（一）传播者方面的障碍

传播者要把一种思想、观念传递给自己的受众，他首先得把思想、观念编码转换成双方都能理解的清晰的符号。在这一过程中，传播者容易遇到的主要障碍有以下几种。

（1）编码能力不佳。传播者本身的某种传播要素缺陷所造成的词不达意，或符号模糊等传播上的失误，使受众难以了解所传播的真正内容。

（2）语义的差异。信息的传播需要借助符号作为载体，符号是人的思维反映客观事物的一种外化形式。符号不是客观事物本身，它和所代表的事物只存在间接的关系，而客观事物和人的思想又是复杂多变的，这就使得人所使用的符号的表达范围和人使用符号的能力受到更大的局限。因此，当传播者使用的符号有多种意思时，可能引起误解或曲解。

（3）传达形式的不协调。当信息需经多种符号形式（文字、表情、声音）共同传送时，如果各种符号之间不协调，就会让人难以正确地理解所传送信息的内容。

（4）知识经验的局限。传播者一般是在自己的知识和经验范围内进行译码。只有在传播者与受众所共有的知识和经验范围内来进行传播，传才能通，超出这一知识经验范围共同区，传播就会出现沟通上的障碍。因此，传播者对信息的表达经常受到这种知识经验局限的困扰。

（二）信息传递方面的障碍

在信息的传递过程中，由于时空因素的制约或人为的、媒介的原因，也会出现各种障碍。

（1）时机不适。对时间的选择和控制是传送信息不可忽视的问题。传送信息时机是否恰当会影响信息沟通的价值，不合时机所发送出去的信息也将造成受众的理解和接收的困难。此外，信息一般都具有时效性，时间上的拖延或耽搁也会使信息无效。

（2）漏失或错传。在信息的传递过程中，人为的失误或传播工具的故障，也会造成信息内容的漏失或错传，而这些都可能造成传播上的沟通问题。

（3）环境的干扰。信息的传递都是在特定的环境中进行的。在传递中，如果遇到其他环境中客观存在的事物、事件、信息等干扰，也会影响信息的正确传递，甚至造成传递的中断。

（三）信息接收者方面的障碍

受众对传播者发出的信息必须经过接收，进而对接收到的信息符号进行译解，然后才能达成对信息的理解。在这一过程中，受众在接收信息时经常出现的障碍有以下几种。

（1）知觉的选择性。人接收某种信息是一种知觉的形式，人的知觉性不仅依赖客观刺激物的物理特性，还与知觉者的需要和动机、兴趣和爱好、目的和任务、已有的知识经验以及刺激物对个体的意义等主观因素密切相关。因此，人往往是习惯倾向于接收某类部分信息，而阻塞或排斥其他的信息，人的这种知觉性选择常常会造成对某些重要信息接收上的偏差。

（2）对信息的过滤。受传者在接收信息时，有时会按照自己个人的需要，对信息进行过滤。特别是在组织传播中，下级提供的资料，往往是为了获得他们需要的回答，或者是依据领导的意图来编制的。

（3）信息过量。在现代社会里，人们正日益被各种社会信息所干扰，四面八方涌来的各种信息令人无力应接，特别是对过量的新闻、广告、公共关系信息，人们常常采取不予理睬的态度。

（4）心理障碍。受传者对传播者怀有不信任感、敌意或有紧张、恐惧心理时，也会拒绝接收传播者的信息，或歪曲信息的内容。

二、公共关系传播效果的界定

公共关系传播效果，是指目标公众对资讯传播的反应，也是公共关系人员对传播对象的影响程度。对于公共关系工作者来说，由于各种传播类型、传播媒介都要使用，更应该了解传播发生作用的不同程度。一般而言，公共关系传播对受众的影响可以达到四种程度，也就是四层次传播效果。

1. 信息层次

信息层次指将所要传递的信息传到受众处，使之完整、清晰地被接收，并且较少歧义、含混、缺漏，这是简单的传到、知晓层次，是任何传播行为首先应达到的传播效果层次。

2. 情感层次

情感层次指传播者传出的信息从知晓进而触动受众情感，使受众在感情上与传播内容接近、认同，对这一传播活动感兴趣，从而与传播者接近，这是传播达到的较为理想的效果。但是需要注意的是，情感有正负之分，只有正面情感才是传播者所需要的，负面情感如反感、厌恶等，应予以避免。

3. 态度层次

态度是人对事物或现象认识的程度、情感表达和行为倾向的总和。它已从感性层次进入理性层次，是在感性认识基础上经过分析判断、理性思维而产生的，一经形成就非常难以改变。传播如果能达到这一层次，对受众的影响就非常深入了。态度除有正负、肯定与否定之外，也不一定与情感有必然的同方向联系。有些人和事，人们在感性上同情，而在理智上则不赞成。

4. 行为层次

行为层次是传播效果的最高层次。它是指受众在感性、理性认识之后，行为发生改变，做出与传播者要求目标一致的行为，从而完成从知到行的认识实践全过程，使传播者的目标不仅有了同情、肯定者，而且有了具体实施、执行者。实验研究证明，态度对行为的改变有着较密切的相关关系。

应该看到，随着效果层次的提高，受众由于各种原因而逐渐减少；同时只有能达到较高的效果层次，才能使哪怕是初级效果得以较长时间保持，否则受众很快淡忘，一个传播行为也就以无效告终。几种传播效果不是直线相连、必然上升的，它们之间的互相影响是复杂的，关系是辩证的。

三、取得公共关系传播效果的方法

公共关系传播是围绕传播效果展开的，能否取得良好的传播效果，判断的标准是能否达到传播者的预期目的，即引发他人的行为或取得他人理解和支持。那么，如何才能实现这个目的呢？

美国公共关系学者卡特里普和森特在其《有效公共关系》一书中，提出了作为公共关系有效传播的七大要素。

第一，可信度。公关传播首先必须建立对传播者的信赖气氛。

第二，情境架构。传播计划必须与现实环境相一致、相协调。

第三，内容。传播的内容须与受众有关，必须能引起他们的兴趣，满足他们的需要。

第四，清晰。要求信息的组织形式应该简洁明确、易于接受。

第五，持续和一贯。传播是个不断循环往复的过程。

第六，通道。正确选择传播媒介。

第七，受众的能力。传播对象的研究，它要求任何传播行为都必须考虑受众的条件和能力。

依据这七个方面，我们认为为了实现有效的公共关系传播应该做到以下方面。

1. 精心挑选传播者

传播者，是传播行为的起点，是实现有效传播的首要条件。在公共关系传播活动中，传播者本身的地位、特征等因素都会对传播活动产生有利或不利的影响。这种影响主要是由传播者相对于传播对象的关系，或者在传播对象心目中的形象所带来的，表现为：①接近性。传播者与受众的接近性更多地表现为文化上、观念上、地缘因素上的接近与差异。传播者通过这些因素与受众越接近，就越能引起受众的关注与兴趣。②权威性。传播者在受众心目中是否具有权威性，在很大程度上影响传播的效果。特别是在公共关系活动中所发出的一些需要权威支持的信息，如产品质量、安全保证类信息，这时，如果社会组织本身具有权威性，或能提供权威的信息来源，就会在受众中产生更大的影响力。③可靠性。传播者的可靠程度，是由长期的公共关系传播活动在公众心目中所形成的信誉所决定的。因此，社会组织要十分珍惜自身的传播信誉，慎重负责地为公众提供各种信息，以自己良好的传播行为建立起可信赖的形象，保证公众的传播效果。④悦目性。在大众传播中，传播者有时也可以是非重要的领导人和专业机构的专家学者，或者是社会知名人士，包括球星、影星、歌星和社会名流等，利用他们的影响和声誉以及公众对他们的喜爱和认可来进行公共关系传播，实现最佳公共关系效果。

2. 正确确定传播信息

公共关系传播的目的是向公众传达一定的信息，这些信息都是与组织活动密切相关的。不管社会组织认为某个信息有多重要，在公众看来，都是些司空见惯、枯燥而平常的事情，如企业开张、大厦落成、新产品上市、为社会服务等。公共关系工作人员想要得到好的传播效果，就必须对这些原生信息进行加工和"包装"，使它们变成公众感兴趣和易接受的信息。所以，社会组织在公共关系传播工作中，应该尽量使要传播的信息具备清晰性、相关性、利益性、刺激性等特征，以保证取得最佳的传播效果。这里所说的"具备"不仅仅指信息本身所具有的属性，更强调通过公共关系人员的创意和策划，把原本枯燥无味的信息融合在生动的公共关系活动之中，"借势"让公众在不知不觉中或者非常有兴趣地接收组织的信息，并且留下深刻美好的印象。

3. 恰当选用传播媒介

不同的传播媒介拥有的受众不同，不同性质的媒介具有各自的优缺点，而且不同媒介的搭配使用也会收到不同的传播效果。所以，为保证组织公共关系传播取得预想的效果，应当根据以下原则来进行传播媒介的选择：①联系目标原则。根据公共关系的具体目标和工作要求来选择与使用传播媒介，即选择和使用的手段与方法必须符合公共关系工作的性质和要求，以便充分发挥媒介的功能。②适用对象原则。根据公共关系对象的特征来选择和使用传播媒介，即根据不同公众对象选用不同的传播手段，才能使信息有效地传达到目标公众，并可能被公众所接受。③区别内容原则。根据传播内容的特点和要求来选择与使用传播媒介。只有根据传播的内容决定传播的形式，才可能充分发挥传播媒介的优势。④合乎经济原则。根据组织具体的经济能力和最经济的条件来选择与使用传播媒介。根据公共关系预算和传播投资能力，量力而行，并精打细算，争取在最经济的条件下获得尽可能大的传播效益。

4. 认真考察传播对象

所有的传播是否有效都是以公众是否接收为标志。具体说就是公众在接收信息之后，在认识上、态度上是否发生了变化和是否随之引起传播者所希望的行动。一般来说，公众对传播信息是有选择性的，为了让公众积极主动地接收信息，我们就需要研究和分析公众，了解公众接收信息的规律。①公众是选择性接收信息的。公众往往根据自己的兴趣、思想、习惯、信仰来选取所传递的信息；在理解信息时，不同的公众从自己原有观念或需要出发，把它理解为符合自己需要的意义；在记忆信息时，倾向于记住自己赞同及对自己有利的信息。②公众个体是有差异的。公众因为年龄、性别、职业、文化程度、经济条件、宗教信仰的不同也会影响他们对信息的反应。③公众是受影响的。公众受所处的组织的处世原则和社会价值及其亲属、朋友传播信息的影响，在接收信息时，他们也会有所选择。因此，传播者要重视公众接收信息的规律，及时改变和调整自己的传播策略。根据公众的需求来确定自己的传播方法和传播内容，以达到最好的传播效果。

5. 努力营造传播氛围

传播活动总是在一定的社会环境、具体场合、具体情境氛围中进行的，具有一定的传播背景。有效的传播不可忽视具体场合、情境氛围的影响作用。情境不同，场合不同，传播的形式就不同，同样的传播信息就会有不同的传播效果。传播环境可分为空间环境与时间环境两种：①空间环境。传播活动总是在一定的空间环境下进行的。就空间角度来说，选择在什么地方进行传播，传播者与受众之间的互相位置或地位，周围包括音响、照明、室内温度、整洁安静程度等都会影响到传播的效果。如谈判桌和宴会桌上传播的形式与气氛完全不同，谈判桌上谈不妥的，宴会桌上就可能达成协议。②时间环境。开展传播活动要选择恰当的时机。如果时机适时，则效果显著。组织开展公共关系时选择时机一般有两种情况：一是为精心策划的公共关系活动寻求最佳的实施时点；二是抓住某些具有特殊意义的时机及时开展公共关系活动。

所以，要使公共关系传播取得良好的传播效果，就应该深入分析以上几方面及其相互间的联系，并积极寻找对它们进行有效管理的方法。

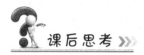

课后思考 »»

1. 传播包括哪些构成要素？
2. 公共关系传播的特点有哪些？
3. 简述公共关系传播的类型及特点。
4. 简述公共关系传播媒介及特点。
5. 如何获得理想的公共关系传播效果？
6. 谈谈互联网下的各种传播方式及特点。

案例分析

上海外滩踩踏事件

在网络迅猛发展的今天，人们根据自己的需要运用互联网获得信息，表达自己的情感和言论，网络已成为人们交流思想情感不可替代的传播方式。

2014 年 12 月 31 日，跨年的钟声即将敲响的时候，上海外滩陈毅广场发生了令人震惊的踩踏事件。当晚 23 时 35 分许，正值跨年夜活动，因很多游客和市民聚集在上海外滩迎接新年，黄浦区外滩陈毅广场进入和退出的人流对冲，致使有人摔倒，发生踩踏事件。截至 2015 年 1 月 13 日 11 时，事件造成 36 人死亡、49 人受伤，已有 41 名伤员经诊治后出院，8 人继续在院治疗，其中重伤 2 人。

1. 传播关注度

截至 2015 年 1 月 7 日 16 时，相关网络新闻超过 4 万篇，报刊、电视、广播等传统媒体报道将近 3320 篇，微博报道接近 13 万条，相关微信文章超过 1000 篇。自媒体在信息发布上发挥了明显的作用。

2. 微博传播分析

微博平台上，@上海发布和@警民直通车——上海成为事件发生后信息发布的主要渠道，此外，@人民日报、@央视新闻媒体等媒体微博积极介入事件传播，推升事件微博关注度。

@人民日报发布微评《公共安全是一根松不得的弦》，指出："公共安全事关每个人的生命财产，它考验一座城市的管理与服务水平，也是每个人时刻不能放松的弦，前事足戒，尽快查明事故原因，追究责任，汲取教训。"

知名网友@Life Time发出纽约警察如何在新年维护公共秩序的微博，引发众多网友关注。毫无疑问，对于人口已经超过2000万的超级大都市来说，纽约的经验不无借鉴意义。

3. 媒体报道内容分析

新华网发文三问"上海外滩踩踏事件"：风险预防策略是否充分？安全管理手册是否到位？应急控制措施是否及时？

《新京报》将事件追问到10条：事发时外滩人流量多大？灯光秀转场是否及时通知？交通为何没有管制限流？踩踏是否由"撒钱"引发？外滩警力配置是否得当？应急控制措施是否及时？为什么遇难者多是女性？伤亡人员如何救治赔偿？此次踩踏事件如何追责？特大城市缘何出现踩踏？连续的追问，让事件的舆情热度不断上升。

在"上海外滩踩踏事件"中，绝大多数网友对事件的发生表示痛心，感叹生命之脆弱，纷纷为遇难者祈祷。希望汲取教训，让悲剧不再重演。在哀悼事故中的逝者之余，许多网友开始反思事件的来龙去脉，在事件发生之前就有网友发言抱怨现场人员拥挤，没有足够的警力维持秩序。有相当一部分网友认为，造成踩踏的原因是缺乏应急管理预案和措施，管理部门定有失职之嫌。还有相当一部分网友认为，这次事件正是上海人口过多的体现，呼吁加大对类似上海特大型城市发展的控制与管理。

关于踩踏事件，许多媒体在深入调查的基础上，做出了客观真实的报道，但也有部分媒体，特别是微博、微信等自媒体的报道中，出现了虚假信息、网络侵权以及有悖网络伦理准则等问题。伴随互联网快速发展，人类已经进入一个以网络为核心的现代化信息时代，网络传播的作用日益凸显，极大地改善了人们的交往方式，对人们的价值观念、思想意识和文化观念产生了很大影响，更向公共关系传播工作提出了新挑战。

资料来源：根据百度百科整理

问题：

1. 查找相关资料，说说上海市政府是如何对整个事件进行报道的，收效如何。
2. 如何正确认识网络传播的利弊？

第六章

公共关系调查

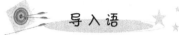
导入语

　　通过公共关系调查，社会组织既对外进行环境扫描，也反观其自身内部情境，使得社会组织变成一个开放性系统。运用一定的信息收集和统计分析方法，科学而准确地对社会组织及其公共关系工作的相关环境、所处现状、面临的问题等展开调查、分析与研究，能为社会组织决策及公共关系工作的科学性及准确性提供一定的保证。

学习目标

1. 认知公共关系调查工作的重要性。
2. 了解公共关系调查的原则。
3. 了解公共关系调查工作的实质内涵和过程。
4. 掌握公共关系调查分析方法，并力求能加以应用。
5. 掌握撰写公共关系调查报告和专业地为社会组织决策做好咨询的相关知识。

导入案例

"先搞清这些问题"

　　现代运营环境下，越来越多的社会组织认识到公共关系工作的重要性，许多公司和机构都纷纷设置相应的公共关系职能部门。A宾馆也不例外，新设了公共关系部。从一开始，该部门就配备了豪华的办公室、漂亮迷人的公关小姐、现代化的通信设备等，但新上任的公共关系部部长却很迷茫，因为他对如何开展公共关系工作感到无所适从而显得力不从心，于是向一位资深公共关系顾问请教"怎么办"？这位顾问一连向他问了以下几个问题。

　　（1）本地共有多少宾馆？它们各自总铺位有多少？

　　（2）过去三年中，在旅游旺季和淡季时，本地的游客情况怎样？其中外国游客每月有多少？国内港澳游客有多少？国内内地的外地游客有多少？

　　（3）贵宾馆的"知名度"和"美誉度"情况如何？这些是否影响贵宾馆的竞争力？贵宾馆最大的竞争对手是谁？贵宾馆潜在的竞争对手将是谁？

　　（4）在过去三年中，贵宾馆花在宣传上的经费共有多少？

　　（5）在过去的一年中，贵宾馆因服务不周引起房客不满的事件有多少起？服务不周的症结何在？

面对这样一些极其具体、普通而又重要的公共关系工作相关问题，这位新上任的公共关系部部长竟无以对答。于是，公共关系顾问对该部长说："先搞清这些问题，然后再开始着手你们的公共关系工作。"

资料来源：周安华，苗晋平. 公共关系：理论、实务与技巧[M]. 4 版. 北京：中国人民大学出版社，2013（有整理）

第一节　公共关系调查概述

美国公共关系学的权威著作《有效的公共关系》一书中提出了保证公共关系工作取得有效性的"四步骤法"工作程序，认为社会组织的公共关系工作应在遵循调研、策划、实施和评估的四步循环程序中从公共关系调查与研究工作开始。正确认识公共关系调查的内涵、地位与作用，并科学地开展公共关系调查工作是一个主观对客观的能动的认识过程。其结果能为预测社会组织发展，做好社会组织决策咨询工作，科学开展对应的公共关系活动及其评估、检验公共关系活动效果等提供科学依据。

一、公共关系调查的概念

调查指对信息进行系统的收集和解释，从而增加对该知识的认识与理解[①]。公共关系调查正是指运用一定的定量分析与定性分析相结合的信息收集和统计分析方法，以客观事实为基础，科学、准确地调查、分析与研究社会组织、社会组织所处的环境及社会组织公共关系现状和历史，了解社会组织和社会组织公共关系相关影响因素及社会公众对社会组织的意见和态度，从而认识和分析社会组织及其公共关系的状态与存在的问题，科学地分析问题的根源和公共关系方案需要面对的困难等一系列活动。

值得注意的是，要区分公共关系调查与市场调查和社会调查。首先是调查目的有所不同，公共关系调查侧重为塑造组织形象与提供良好的公共关系服务，而市场调查更注重如何通过产品、服务及其市场实现社会组织的利益。其次，调查在任务、主题与假设的选择上也有所不同，公共关系调查在保证科学、客观的前提下，多为明确、具体的实证性研究，更强调针对性、实用性、创新性地预测社会组织未来的发展趋势，偏向敏感地关注公众态度、心理、文化背景及舆论等，常以社会组织自身及其所处的公众环境等为调查对象，以公众需求和满意度及社会组织形象为中心主题而进行调查。

另外，随着信息技术的进步和广泛应用，现代公共关系管理中收集信息的渠道与方式更加多样化和科学化，如大数据分析相关的信息测量和评估方法的运用使得信息收集与分析更加便捷、准确，更能确保尊重与遵循事物内在客观规律。但如果社会组织仍旧停留在仅凭经验、本能和直觉开展公共关系相关工作，忽视公共关系调查工作或在公共关系调查阶段投入较少的资源、人力、时间与精力，将调查过程形式化甚至忽略调查环节，没有现

---

① 西泰尔 FP. 公共关系实务[M]. 潘艳丽，等译. 北京：清华大学出版社，2008.

代公共关系专业的视野、能力及现代调查分析技术来保障科学地抓住社会组织及其公共关系工作的重点和工作实施的重心，这些都将使社会组织公共关系工作存在极大的隐患而难以保证其科学性。

二、公共关系调查的有效性特征

公共关系调查是做好社会组织决策咨询工作和社会组织实施有效公共活动的前提与基础，它为社会组织决策咨询工作和有效公共活动提供必不可少的事实依据，具有多方面的意义与作用。一个好的公共关系调查方案及其好的实施结果应体现在以下几方面。

（1）能及时、全面地检查和了解社会组织内部、外部关系现状，及时掌握社会组织环境和公众需求变化，比较多地体现公众意识而考虑和涉及公众利益；能促使公共关系调查结果让人们对公共关系现象的认识从模糊转变为清晰，使人们对公共关系状态的认识从不确定到确定；能及时、准确地发现问题，并能分析问题及其根源和提出相关建议，使得调查成果能为社会组织进行科学决策和制订各项公共关系行动计划提供科学依据，促进社会组织不断改善和提升其管理，从而为提高社会组织的社会效益和经济效益更好地服务。

（2）调查的时间安排能充分考虑公众的工作、生活节奏，注意选择最佳时机；调查的内容表达、方式方法科学、新颖、别致、有特色，是一个公共关系人员与公众互动并了解和熟悉公众的过程，既能吸引公众积极参与调查，又能赢得公众好感而有利于拉近社会组织与公众的距离，还能尽量扩大社会组织对公众的积极良好的影响。

（3）调查的范围、覆盖面、样本数和经费预算适度，不盲目求大、求多，在保证调查质量的前提下，能控制规模和降低成本；调查的目的、任务明确，各项指标和要求清楚、具体，有较强的合理性和可行性，有合理的分工与高效的组织、管理与协调机制，指定专人负责，明确每个人的职责范围；并能考虑到实际情况的变化而注意保持一定的弹性，使调查项目、内容、方式和方法的策划既要切合实际又能随机应变；公共关系调查方案对调查人员及其活动有切实的指导作用，能确保调查活动的顺利进行。

（4）调查与分析体现一定的相关专业水准，调查成果在学术价值方面能提供完整性、真实性、可靠性的事实资料和数据资料，并能提出具有科学性、合理性、创新性的理论观点和研究结论。

三、公共关系调查的原则

公共关系调查既有调查的共性，又是调查的一种特殊形式，具有其特有的规范性。公共关系调查要求公共关系调查工作人员对信息与环境变化保持灵敏嗅觉而及时反馈；同时应将调查工作制度化、规范化、长期跟踪化；制订严密的调查计划，对调查的任务及人力、物力做出合理的安排；并坚持用科学的调查方法系统地收集客观真实性信息，对调查中可能遇到的问题及对策进行充分考虑，用正确的价值观和专业思维进行科学分析等来提高调查质量。为保证调查结果的科学性和准确性，公共关系调查过程中应遵循以下相关原则。

（一）客观真实性原则

公共关系调查应该从客观实际出发，是一个根据客观事实获得真实信息的过程。客观真实性是信息的重要特性之一，公共关系调查客观真实性原则是调查人员应遵循的最重要的原则，因为这是保证为社会组织提供正确的决策咨询和科学地开展公共关系工作的第一步。在现有的社会中，虚假信息、数据捏造等现象时有发生，而信息传播技术的越来越发达，既增加了虚假信息发生的概率和可能性，也能增强人们识别信息真伪的鉴别能力。为保证做到遵循客观真实性原则，要求调查人员自身素质提升到一定高度，如调研人员高度的理解能力和责任心，具有一定专业素养和对相关事物具有洞察力而能判断那些相关信息的必要性和相关性，对调研内容内在规律的熟悉和高程度把握，能区分公众的客观态度和主观臆想的能力，等等；同时，在公共关系调查中掌握的材料要尽量保证是源于真实客观事实的第一手，获取的信息要来源于公众的直观感受，切忌主观地想当然性及掉以轻心，更不可随心所欲地给客观事实加入主观猜测成分。

（二）计划性原则

对于社会组织而言，首先要将公共关系调查工作上升到公共关系管理的战略高度加以重视，做好调查工作的规划使其具有长期的持续性。有效的公共关系调查需要全面、系统、深刻与科学地制订和实施调查计划。这可从调查工作的系统建设——信息库建立，人才匹配，科学运用访谈、问卷调查等方法，调查工作程序完整及关注调查工作的细节等方面进行把控；同时还必须弄清楚是基于什么目的进行调查，调查范围的科学性以及在何时何地对谁进行调查等问题。

（三）科学和专业性分析原则

公共关系调查要求对信息的分析必须是全面、系统的，并具有一定的专业深度和科学性。公众往往具有不同的社会背景、年龄、职业、受教育程度、信仰、生活条件和经历等，调查时对这些不同带来的影响要做周全的专业性深度思考。同时，要能够专业地甄别所调查的对象——公众是否具有整体的代表性，并且保证调查所得资料的全面、系统性；在分析公众意见时，既要深刻追究各种信息的相关性，也要考虑各种信息的矛盾对立性；既要考虑信息的显性特征，又要考虑信息的隐性特征；既要考虑调查对象的正面意见，也要兼顾对象的反面意见；既要注意一方公众的意见，又要注意另一方甚至多方公众的意见；等等。任何盲目、零星、带有主观色彩的不科学的调查都将导致信息不系统而带来极大的误差，以偏概全的资料及其分析将使社会组织决策失误，并对公共关系活动计划与实施有误导作用。

（四）时效性原则

公共关系调查的时效性原则首先体现在环境扫描与具体有针对性调查相结合性上。公共关系调查应是社会组织的常态工作，时刻关注环境、进行环境大扫描促使社会组织对环境变化保持敏锐感知性，才能促使社会组织对产生的具体问题有敏感意识、发现并有所反应；也为应对解决某具体问题而展开的具体针对性专题调查提供一定信息依据和驱动作用，从而及时开展对社会组织科学决策咨询工作，避免社会组织失去取胜的良机。其次，公共关系调查的时效性原则要求切忌将公众一时的态度看作永恒的态度，公共关系调查是了解公众在某一确定时间对组织形象的评价，只能反映当时的公众态度，结果具有很强的时效性；同时还必须意识到，公众的态度是会随着时间的推延和环境的变化而发生变化的。

（五）经济效益原则

随着人们对公共关系调查工作的越来越重视，社会组织对公共关系调查的投入越来越大，由此，做好调查预算和规划，注意公共关系调查活动科学性和经济效益也就越发有其重要性。科学的公共关系调查工作预算要求明确公共关系调查目的，科学合理地开展公共关系调查工作，做到既能降低调查成本不浪费宝贵的资源，又不因对公共关系调查没有正确科学的认知而不够重视调查工作，过度压缩调查成本从而影响必要的、正常合理的、科学的公共关系相关调查工作的展开。因此，公共关系调查的经济效益原则不仅指尽量减少浪费，以最小合理的成本开展调查工作，同时也是指通过科学的调查目标实现最好的调查结果，获得有效信息来服务于社会组织决策咨询，从而使得社会组织做出科学决策，实现经济效益最大化。

（六）沟通与伦理原则

沟通与伦理原则是保证公共关系调查所得资料的客观真实性的重要原则。

公共关系调查本身就是一个需要公众能积极参与和配合的工作过程，公众是否有极大兴趣和意愿参与到公共关系调查中来，并是否愿意或能否提供客观真实性信息，这些都与在调查过程中公共关系调查人员是否能高度重视并遵循沟通与伦理原则有密切关联性。调查过程中，如果公共关系调查人员不专业，缺乏艺术性沟通能力与技巧，或者对资料进行分析时片面地引用调查事实，采用欺骗、诱骗甚至威胁的手段等非道德的行为，将会对调查对象——公众造成某种程度的伤害，公众将会处于某种心理压力之下而不愿很好地配合调查工作及提供客观真实的信息，甚至会由此提供不真实的虚假信息。

第二节　公共关系调查的内容

公共关系调查内容涉及社会组织及其公共关系状态的各种影响因素。根据公共关系基本三要素：公共关系的主体——社会组织、公共关系的客体——社会公众、公共关系的手段——传播沟通，以及代表社会组织公共关系现状的知名度、美誉度与和谐度三大指标相关因素，大致可将公共关系调查的内容分为三大方面：①社会组织所处社会环境状况调查；②公共关系客体——公众调查；③社会组织及其公共关系状态的调查。

一、社会组织所处社会环境状况调查

社会组织所处社会环境是指与社会组织生存和发展相关联的外部社会条件的总和。任

何社会组织的运行和发展及其公共关系活动都是在一定的环境下进行的，社会环境对社会组织的经营发展既有可能具有一定的制约作用，也有可能具有一定的促进和推动作用，是社会组织经营发展的重要影响因素之一，因此，社会组织必须重视做好相关社会环境扫描和调查工作。公共关系社会环境调查既包括对与社会组织相关的政治法律环境、经济环境、科技环境、文化环境等的宏观环境调查，也包括对与社会组织相关的竞争对手、市场需求状况以及消费者状况的行业环境的调查。具体归纳如下。

（一）社会宏观环境状况调查

宏观环境一般是指与社会组织相关的国家或地区（含社会组织自身所处的国家或地区）的政治、经济、技术、人口环境及其文化环境状况等因素构成的宏观社会环境系统。

1. 政治法律环境

政治环境指相关的国家或地区的政党系统、政治体系、政治组织性质及政治气候，以及其他方面的政治因素的存在与变化情况等；法律环境指相关的国家或地区的方针政策和法令条规的提出、制定、颁布、实施、改革等方面的情况及其对社会组织生存、发展和前途的影响等，如环境保护法、劳动法、广告法等。社会组织有必要通过对有关的政府的方针、政策，以及法律、法规所形成的政治法律环境对社会组织发展的影响的调查与分析来制定相关应对策略，提高社会组织的相关适应能力和协调能力。

2. 经济环境

经济环境侧重于一个国家或地区的物质资源、经济体制、产业结构、技术结构、经济发展水平、分配结构、交换结构、消费水平等及其调整变化情况和未来发展趋势。经济环境的好坏及变化，是影响和制约社会组织发展及其公共关系开展的基础。只有把握相关经济形势，了解相关国家或地区的经济发展水平，才能有助于社会组织对相关公众做出对应的正确分析，从而做出正确促进社会组织长期生存与发展的决策咨询。

3. 技术环境

技术环境调查，一是侧重于与目标市场相关的技术水平、技术特征、技术要求、技术标准、技术类型等技术革新会带来的市场变化分析以帮助社会组织做出科学应对措施；二是调查与公共关系活动和工作实施相关的对公共关系活动产生深远影响的技术环境及其变化，如对"互联网＋"平台相关调查，对大众传播媒介技术相关情况调查，如大众传播媒介的地域分布情况、行业分布情况、传播媒介类型分布情况、传播媒介数量分布情况等，大众传播媒介技术功能作用及其可传播范围、内容、特色及传播效果，等等。技术环境调查既能为社会组织正确提供产品和服务及其对等参与竞争的策略制定提供依据，也能为社会组织科学地制订和实施公共关系传播工作的方案提供依据。

4. 人口环境及其文化环境状况

人口环境主要指一定背景下现有人口的总数、增长速度、年龄结构、性别比例、地理分布、婚姻状况、教育状况、就业状况、流动状况、国家的人口控制政策与管理措施等方面的情况。文化环境包括公众（含内部公众和外部公众）所在国家的民族特征、社会结构、意识形态、社会价值观念和标准、伦理道德规范与精神文明、社会心理、宗教信仰、教育水平、领导方式、生活方式、文化背景与传统、风俗与行为习惯、人际关系等构成因素的情况。

公共关系活动中重要对象和参与者是公众，公共关系目的之一就是通过了解公众心理、动机和行为可能而加以信息传播来改变与正确引导公众的观点和行为，通过和公众观点达成趋同而建立和谐良好的公共关系。而公众的观点往往是以一定的文化背景、风俗习惯、伦理道德、意识形态、社会心理、社会价值观标准为依托和影响的；只有对公众所在相关文化背景和社会心理加以分析，才能深刻了解公众，才能明了社会上的重大事件、重大问题、社会思潮、流行趋势将对员工（内部公众）及相关外部公众产生怎样的影响，以及将会对社会组织的运行和发展发挥怎样的作用。

是否能做好对公众所处的文化环境调查决定了公共关系调查工作的深度和专业化程度，如第二次世界大战时期的美国政府组织了一批人类社会学家对日本进行深度调查和分析，其目的就是想通过这批人类社会学家的专业分析而真正了解日本这个民族和国家，以便好对日本战后相关事宜做出正确安排。此次调查报告深刻影响了后续美国对日本的战后相关策略，后来被整理出版成书，书名在我国被翻译成《菊与刀》。

（二）所属行业环境状况调查

所属行业环境是指社会组织与其所在特定行业中所有其他同行组织共同构成的环境系统。开展所属行业环境调查，可以收集同行业其他组织的信息，把握本行业基本情况，如所属行业组织的数量、所属行业的整体发展水平及社会组织本身在所属行业环境中的战略地位等，从而在公共关系工作中为社会组织决策咨询工作提供重要依据。具体调查内容有以下三项。

1. 所属行业特定组织情况调查

此类调查包括所属行业特定组织的经营方针、人员素质、技术力量、资金占有、经营管理水平、产品与服务方面的情况、在公众心目中的形象、在同行中的竞争地位等。

2. 所属行业横向协作情况调查

此类调查包括所属行业其他企业公共关系的相关状况、各企业之间的协作意向、协作项目、协作类型、协作可能取得的效果，有无同行组织愿与本社会组织开展协作的机会等。

3. 所属行业竞争情况调查

此类调查包括所属行业有关竞争者、合作者、潜在竞争者及其公共关系状态，如谁是真正竞争对手，所属行业竞争位势如何，所属行业竞争壁垒所在，竞争对手的历史及其具体竞争优势，关键人物、关键技术与核心竞争力是什么，竞争对手的横向联系情况，竞争对手的公共关系理念、策略及技巧如何等。

（三）市场环境状况调查

在现代市场经济条件下，对市场环境进行调查是企业型社会组织环境状况调查的一项特别重要课题，市场环境状况调查为社会组织市场决策与策略及对应的公共关系促进工作的咨询提供重要依据。相关调查的主要内容涉及以下几方面。

1. 市场需求状况调查

市场需求状况调查包括市场容量、居民的消费结构和消费水平、现有的和潜在的购买人数、需求及其变化趋势、国家是否鼓励某项消费、银行是否贷款支持某类消费等。

2. 相关市场细分情况调查

相关市场细分情况调查指根据消费者的需求偏好、消费欲望与购买动机对消费者细分情况及造成消费者细分的原因等方面情况的调查与分析。

3. 市场竞争状况调查

此类调查包括市场形成的竞争态势及其原因，竞争对手的市场份额、生产能力、产品特色、销售政策、服务措施、在消费者中的品牌形象状态、与中间商和消费者的关系、广告宣传的力度、公共关系促销措施方面构成竞争能力的情况。

二、公共关系客体——公众调查

开展公众情况调查有利于确定公共关系的基本范围和重点对象。要想获得公共关系的成功，不仅要"知己"，更要"知彼"，即要了解、掌握公众的详细情况，避免盲目开展公共关系。

（一）公众基本情况调查

公众基本情况调查主要包括以下几方面。

（1）内部公众基本情况，如组织成员数量和员工自身具体相关要素的构成——年龄结构、专业结构、职称职务构成、需求层次结构、思想意识素质、需求满足情况和满意度等情况。

（2）外部公众情况，如外部公众的总量、所属行业、基本特征、需求体现、对事物认知与观念等。

（3）公众与社会组织相关的基本状态情况，即通过分析公众的顺意、逆意或中立态度，对社会组织知晓、行动或忠诚度的状态，或公众对社会组织而言在一定背景下的关键、次要的重要性程度来分析公众的分类构成。

（二）公众需求与心理情况调查

组织要有效地开展公共关系，必须做好对公众需求与心理情况的调查工作。公众需求与心理情况调查主要涉及以下几个方面。

（1）公众的物质需求情况，如公众对改善物质生活环境的需求，公众对获得产品质量的需求，公众对获得各种有形服务的需求。

（2）公众的精神需求情况，如公众对合法权益被保护的需求，公众对获得满意服务的需求，公众话语权和参与愿望的需求，公众对重要信息知情权的需求，公众对获得组织重视和尊重的需求等。

（3）公众个体心理情况，指个体自身个性特征，如热情或理性等，又或一定社会文化背景下呈现的个性特征，如北方人的豪爽、南方人的精明等。

（4）公众群体与社会心理情况，指一定群体与社会文化背景下呈现的具有社会性的公众心理特征，如从众心理、民族精神，一定社会价值观念下的伦理道德、行为准则等。

（三）公众评价与社会舆论情况调查

不管社会组织是否关注、在意与重视公众对事物的评价及公众的态度倾向，公众评价和公众的态度倾向总是存在并对社会组织有重要影响作用。因此，关注公众评价与社会舆论情况是公共关系调查的重要工作内容。

1. 公众对社会组织的评价

作为和社会组织利益相关的公众，对社会组织存有相关要求、期许，是否满意与忠诚等相关性会通过公众对社会组织的评价及态度倾向体现出来。公众对社会组织的评价主要有以下几种。

（1）对社会组织提供的产品评价，如对产品的内在质量的评价、对产品外形的评价、对产品价值的评价等。

（2）对社会组织提供的服务评价，如公众对组织服务项目、服务方式、服务措施、服务质量水平的评价等。

（3）对社会组织管理水平的评价，如公众对社会组织管理机构及其办事效率的评价，对社会组织经营创新和管理革新的评价，对社会组织的发展性、道德与诚信等的评价，对社会组织管理效益的评价等。

（4）对社会组织人员素质的评价，如公众对组织的服务人员、最高领导人、中层管理人员、专业技术人员、一般员工、公共关系人员及特殊人物等的评价，如服务人员的服务意识、最高领导人企业家精神等。

（5）对社会组织外向活动的评价，如公众对社会组织对外宣传活动、公益活动的评价等。

2. 公众舆论情况调查

公众对社会组织较为一致的评价意见和态度，形成公众舆论，公众舆论调查是对公众的态度倾向进行统计、测算，用数据显示公众的整体意见。

反映社会组织真实形象的镜子是社会舆论和公众评价，所以公共关系调查必须着重收集公众对社会组织的评价性信息，对于各个时期的公众舆论，要进行准确的定性、定量和趋势分析，以确保社会组织能顺应公众舆论做出正确决策或更好开展公众舆论导向工作。

3. 舆论标志

舆论标志是对舆论总体趋向的一种描述,表明各种公众意见在一定时间和空间所达到的规模与发展趋势。按舆论分布的区域和公众人数的多少可把舆论标志划分为四个等级:主导舆论、分支舆论、次舆论和微舆论,舆论标志的四个等级揭示各类舆论标志的综合对比关系。

（1）主导舆论是指在一定范围内 70%以上的人所坚持的共同意见。

（2）分支舆论是指同时存在的几种有相当数量的人赞成的一致意见。

（3）次舆论是指在某些局部地区有多数人坚持的但并不具有全局性的意见。

（4）微舆论通常是极小区域内的群体舆论,舆论主体则是很少一部分人。

在"互联网＋"时代,舆论标志有其新时代特征的表达形式,如热度指数、口碑指数、流量指数等,艾漫数据 2018 年上半年艺人商业价值 TOP50 榜单显示,某艺人排在第八位,其中商业价值指数就是由热度指数、口碑指数、专业指数、代言指数四个维度组成的。

三、社会组织及其公共关系状态的调查

作为公共关系的主体,社会组织也是公共关系调查的主要对象。即有必要站在公共关系的视角来审视社会组织各要素、组织形象及其公共关系状态的相关性。

（一）对公共关系主体——社会组织的调查

对社会组织的调查主要涉及社会组织基本情况、社会组织的品牌力情况和社会组织实力情况等。

1. 社会组织基本情况调查

任何社会组织开展公共关系活动都要结合社会组织自身的实际情况,都离不开对社会组织自身基本情况的掌握。

1）社会组织的基本要素情况调查

社会组织基本要素情况,如组织的性质、任务、类型、规模与组织形象,组织的管理体制,组织流程与结构层次性,部门机构的设置、匹配与相关性,员工队伍、人才结构、知识水平、整体素质和员工形象等。

2）社会组织的经营情况调查

社会组织的经营情况,如组织的经营发展目标、经营理念与方针、经营战略,社会组织提供的产品、服务及其特色,近年来的经营状况、发展趋势及在行业中的竞争地位等。

3）社会组织的物资、财力与技术力量基础等基本情况调查

社会组织的物资、财力与技术力量基础等基本情况,如组织拥有的空间、现代设备与设施、科研器材和实验手段、现代办公手段及各种附属设施的状况;组织的固定资产总额、流动资产总额、人均利润率、资本运作能力的状况等。

2. 社会组织的品牌力情况调查

1）社会组织的荣誉情况调查

社会组织的荣誉情况:社会组织发展中的光荣历史、重大事件及影响、各种奖励与殊

荣的获得、社会组织对社会的贡献的情况等。

2）社会组织的组织文化情况调查

社会组织的组织文化情况指组织文化的 MI、BI 与 VI 三个层面相关的设置及落实状态。

（1）MI 层面，如组织信念、组织精神、组织的信条及道德规范的提炼与设置状态；BI 层面，组织构架与运行、产品和服务提供、组织行为与规范、各种仪式等的具体呈现状态；VI 层面，组织的名称以及各种可识别标志的设计与呈现状态，如标识、建筑物等。

（2）MI、BI 与 VI 相匹配一致性程度，好的组织文化体现在科学的 MI、BI 体系及其 MI、BI 的高度一致，并能通过良好的 VI 对 MI、BI 产生一定的强化效果。

（3）以社会组织信念、精神、信条及道德规范为核心的社会组织的精神面貌和组织氛围，以及社会组织的文化强度及其文化影响力等。

3）社会组织的品牌打造情况调查

社会组织的品牌打造情况是指社会组织的 CIS 系统形象策划与推广，及其产生的效果等情况，即以组织文化的 MI、BI、VI 为基本构架设计社会组织文化内涵并加以传播产生文化影响力的情况，尤其以 MI、BI 基本内涵来做好 VI 设计与推广过程中，对社会组织进行信息传播资源开发、利用、设计与整合的情况。

3. 社会组织实力情况调查

社会组织实力情况指在社会组织自身的物资、财力与技术力量基础状况下的管理运作能力与水平以及公共关系力量和品牌形象带来的无形资产方面的状况。具体应当调查以下几方面。

1）社会组织的管理能力与水平情况

社会组织的管理能力与水平情况，如管理效率，社会组织的良好经营管理理念与社会公民意识程度，引领社会文明良性发展、带来社会效益的能力；管理模式的科学性、管理机制与组织设计及运作的能力、团队管理、人力资源开发及人力资源管理系统性等状况；信息化建设、沟通及传播操作能力，如科学、正确地选择媒介，整合媒介资源，提升传播与沟通的时效能力；人性化管理程度和为公众及社会服务意识程度；组织文化特征与强度，及其品牌打造能力；等等。

2）社会组织对员工激励与开发整合情况

社会组织对员工激励与开发整合情况决定了社会组织的组织成员竞争力，源于社会组织对其员工绩效、激励管理及其对员工开发整合工作的科学与否，以及相关管理效果如何，如员工的态度、处理问题与对环境适应的能力、是否有优秀团队及组织文化等。

3）社会组织的竞争力与竞争地位情况

社会组织的竞争力与竞争地位情况源于社会组织在行业中所处竞争地位，如所占市场份额和战略领先程度；拥有的技术人员数量和知识结构构成、技术的领先程度与技术创新实力；管理及组织文化变革能力等核心竞争力带来的对环境变化反应和适应的能力状况，社会组织存在的潜力、竞争优势状况水平；等等。

（二）社会组织自我期望形象、实际自我形象、公众评价形象调查

1. 社会组织自我期望形象、实际自我形象、公众评价形象

社会组织形象是社会组织各种构成要素的综合，它既以社会组织自身的各种构成要素的综合表现现状呈现，也体现在公众（含内部公众和外部公众）对社会组织各种构成要素的综合表现现状的全部看法与评价，这二者之间常常存在一定联系，又存在一定差距性，但公众评价常常形成一定社会舆论而具有对反映社会组织形象评价结论的更大的话语权。由此，社会组织要塑造良好组织形象，既要做好组织自身全方位洁身自好的形象设计和整合工作，还需做好传播、社会舆论导向和公众评价管理工作，从而努力保持社会组织自身形象和公众评价的一致性来增加对自身组织形象的话语权。

社会组织自我期望形象是指社会组织对组织自身所期望建立的组织形象的一种设计，它是社会组织公共关系工作的内在动力、基本方向和目标。社会组织自我期望形象科学设计应注意主观愿望和实际可能相结合，要求不能脱离客观的实际状态和条件，根据社会组织的实际基础来确定社会组织的自我期望形象。事实上，社会组织的实际状态和基本条件所体现的社会组织的实际自我形象和社会组织自我期望形象二者之间常常会存在一定差距。

2. 社会组织形象要素差距图分析

社会组织形象距离的比较分析就是将社会组织的自我期望形象作为理想形象（或自身实际形象）与公众评价形象相比较，找出相互间的差距，可以通过制作组织形象要素差距图来进行分析。如表 6-1 和图 6-1 所示，如选定社会组织（C 机构）形象指标有产品、服务、效率、道德、规模、环境六方面，通过对 C 机构形象的公众意向调查得到如表 6-1 所示的公众评价形象相关数据，结合表 6-1 和社会组织的自我期望形象（或自身实际形象）的以上各项对应形象指标，可以得出图 6-1，并能发现二者之间的各项差距。

表 6-1　公众意向调查表（C 机构）

项目	非常好 60	相当好 50	稍微好 40	一般 30	稍微差 20	相当差 10	非常差 0	项目
产品好	28	10	2					
服务好		16	20	4				
效率高		12	16	12				
道德好					12	20	8	
规模大				20	20			
环境好					20	20		

注：表中数字为选择该项要素的问卷占问卷总数的百分比

组织形象差距比较分析的基本步骤如下。

第一步，分析社会组织形象的具体构成要素。不同的社会组织形象由多种不同的组织形象要素构成。同时每一个要素设定若干档次，如相当好、比较好、比较差、差等，也可采用量化的等级制，如从 10 分到 1 分等。

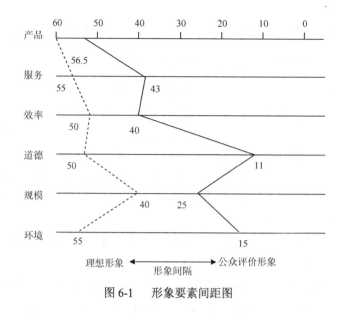

图 6-1 形象要素间距图

第二步，将社会组织自我期望形象（自身实际形象）中各个项目内容的状态通过评价数值标出来，并且连成虚线。

第三步，将公众对社会组织评价形象的要素进行评分，用实线连起来。两条线中间的相差就是相差距离。

3. 社会组织形象比较分析

形象要素差距图为社会组织弥补形象差距和制订公共关系计划提供了可靠的信息数据和分析资料，但社会组织应该要弥补组织形象差距和制定公共关系工作的重点到底在哪方面，需要结合竞争分析和社会组织自身情况来权变科学地抉择和确定相关公共关系工作的方向与重点，及时制订修正社会组织形象的方案。

在对社会组织自我期望形象（自身实际形象）、公众评价形象比较分析时应做好以下工作。

（1）审视社会组织形象各种构成要素，并对社会组织形象各种构成加以权重分析。

（2）用形象要素差距图等工具来比较分析社会组织自我期望形象（自身实际形象）与公众对社会组织评价形象的差距。

（3）研究社会组织自我期望形象（自身实际形象）与公众对社会组织评价形象的差距、社会组织形象问题及原因所在。

（4）结合公众偏好、竞争环境分析和社会组织自身发展所需实际情况，根据社会组织形象问题及原因做好社会组织决策咨询，确定公共关系形象工作的方向与重点并及时制订修正组织形象的公共关系工作方案。

（三）社会组织的公共关系状态调查

社会组织的公共关系状态不仅体现在社会组织的内部公共关系状态，还常常体现在社会组织在公众中享有的知名度、美誉度，从而折射出社会组织公共关系的和谐度。

1. 社会组织的内部公共关系状态调查

社会组织的内部公众——内部员工是社会组织赖以生存的细胞，是社会组织与外部公众接触的触角，是社会组织实现目标和利益的主要依靠力量，他们与社会组织的目标和利益有着最直接、最密切的关系。公共关系的基本理念是内求团结、外求发展。社会组织要对内树立组织的整体形象，就必须通过内部公共关系的调查了解社会组织内部群体的心理氛围，协调和谐性与内聚力、满意度以及心理契约与忠诚度等情况。良好的社会组织内部公共关系状态有益于员工专注于工作，有益于团队中人员群策群力，共同积极完成社会组织的目标而更好地服务社会。相反，如员工工作负担重、心理压力大、满意度低，就会导致员工流动程度高，社会组织缺乏凝聚力和向心力从而对社会组织的生存与发展造成不良影响。

内部公共关系状态调查的相关内容包括以下几方面。

（1）社会组织的组织规范性程度、员工间协作方式、内部员工的工作负荷程度、员工需求和心理的满足状态以及员工流动程度等。

（2）员工间人际关系和谐度，员工思想意识一致性程度，组织内部群体的统一性、整体性程度，社会组织的团队化程度，组织文化成熟度及其影响力、员工的归属感与员工间的凝聚力。

（3）员工对社会组织的管理及发展、各项政策等的看法和期望以及对社会组织的满意度、信任度和忠诚度。

社会组织可以通过采取问卷调查法、民意测验、访谈法等多样化有效方法、措施及不同渠道与途径，来科学、及时地把握员工的思想意识脉搏和了解社会组织内部公共关系状态，可以为社会组织及时应对和消除内部员工的不满与抱怨，以达到和谐、积极、乐观向上的内部公共关系状态而做出有针对性措施，制定各种合理的激励机制与政策，为科学开展团队建设和文化打造工作提供依据。

2. 社会组织知名度调查

知名度指社会组织被公众知晓、了解的程度，是评价组织名气大小的客观尺度，侧重于"量"的评价，即社会组织对社会公众影响的广度和深度。

知名度是衡量社会组织与公众关系现状的一个重要指标。知名度由两大维度构成：一是知晓度，即一个组织为社会公众知晓的广度；二是熟悉度，即一个组织为公众知晓的深度。所以，在公共关系调查中，对知名度的调查可以分为知晓度和熟悉度两个方面。

知晓度调查侧重反映社会组织的名声在多大范围内为多少公众所知晓，其主要的调查内容包括三项。

（1）相关公众的总体数量。

（2）相关公众区域分布情况。

（3）一定区域的相关公众中知晓公众数量。

通过这些方面的调查，便可测算出社会组织在某一区域内的知晓度。其计算公式为

某一区域内的知晓度＝（某一区域内知晓公众数/某一区域内公众总数）×100%

熟悉度调查侧重反映公众对社会组织不同内容层次的各种因素的认识情况。公众对社会组织认识内容层次由浅表层到深层的内在的认知程度不同，表明公众对社会组织由不够熟悉到很熟悉的区别。熟悉度调查的内容涉及公众对组织名称和标识及色彩、所处地理位置、行业归属、规模档次、组织领导人、发展历史、取得业绩、组织深层理念、员工思想意识与素养、理念与行为匹配性等方面的熟悉情况。通过调查，公众对这些不同层次的认识内容的熟悉程度，即可把握公众对社会组织有多深的认识，或社会组织的哪些方面在公众中有多大的影响等情况。

3. 社会组织美誉度调查

美誉度指一个社会组织获得公众赞誉的程度，代表公众对社会组织的信任、好感、接纳和欢迎的程度。美誉度侧重"质"的评价，是对衡量社会组织与公众关系现状性质具有决定性意义的关键指标。美誉度调查具体内容可体现在以下几个方面。

（1）公众对社会组织理念的赞誉程度。如对组织经营主旨、经营价值观念、经营哲学的赞誉度等。

（2）公众对社会组织行为的赞誉程度。如对社会组织的行为机制、行为规则、行为模式、行为过程、行为结果等的赞誉程度。

（3）公众对社会组织视听标识的赞誉程度。如对组织名称、组织标志、组织标准色、组织标准字、组织广告、组织态度歌曲和音乐等的赞誉程度。

（4）公众对社会组织产品的赞誉程度。如对产品设计、产品质量、产品功用、产品价格等的赞誉程度。

（5）公众对社会组织服务的赞誉程度。如对组织服务方式、组织服务保障体系、组织服务的完备性和方便性、组织服务的环境、组织服务的态度、组织服务的绩效等的赞誉程度。

通过这些方面的调查，计算在社会组织具有一定认知度的公众中，对社会组织持好感、信任、欢迎、赞赏态度人数的百分比可以得出社会组织美誉度。其计算公式为

一定区域内的美誉度＝（一定区域内对社会组织持赞赏态度的公众人数/社会组织在一定区域内的知晓公众人数）×100%

对美誉度的调查往往要通过态度测量方式和知名度的调查结伴而行。良好的组织形象是由知名度和美誉度构成的，知名度需要以美誉度为客观基础，才能产生和实现正面的积极的社会影响效果；美誉度需要以一定的知名度为前提条件，才能充分显示其社会价值。

4. 社会组织形象位势图

通过对社会组织的知名度和美誉度的相关调查与分析，便能测定和掌握社会组织的一定组织形象状态与地位，也代表社会组织与公众的关系状态，即这能为公共关系打造组织形象提供一定依据。根据社会组织的知名度和美誉度两个维度指标，可建立社会组织形象位势图（图 6-2）。组织形象位势图分为四个区，分别表示社会组织四类不同的公共关系状态。

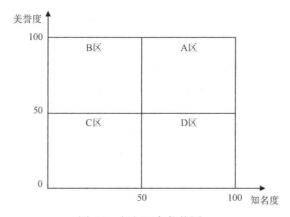

图 6-2 组织形象位势图

（1）A 区表示高知名度、高美誉度，处于这种形象地位，说明社会组织的公共关系处于较好状态，公共关系工作的重点是维持已有较好公共关系状态，并设法促进公共关系状态更上一层楼。

（2）B 区表示高美誉度、低知名度。处于这种形象地位，说明公共关系有良好的发展基础，公共关系工作的重点是在维持美誉度的基础上提高知名度。

（3）C 区表示低知名度、低美誉度。处于这种形象地位，表明社会组织公共关系的状态不佳。公共关系工作甚至要从零开始，首先应该系统地完善自身及其形象，并寻找争取较高的美誉度出彩机会，在宣传与传播方面应暂时保持低调，待享有较高的美誉度后，再大力开展提高知名度的相关公共关系工作与活动。

（4）D 区表示低美誉度、高知名度。处于这种形象地位，说明社会组织的公共关系处于臭名远扬的糟糕境况。其公共关系工作，应该重新审视自身形象打造事宜，首先要设法扭转已经形成的坏名声，默默地有计划、有步骤地设计，努力改善社会组织自身，并努力寻找机会逐步挽回组织自身信誉。

第三节　公共关系调查的方法

公共关系常用的调查方法有量表测量法、访谈法、抽样调查法、问卷调查法、文献法、大数据分析法等。不同的调查方法有不同的优点和局限性，对公共关系调查适用条件以及公共关系人员也会提出不同的要求，需要说明的是在公共关系调查中常常是多种调查方式互相交叉使用，开展公共关系调查工作应根据调查的内容和条件等方面需求选择最合适的方法。

一、量表测量法

量表测量法是指公共关系调查者根据一定的调查目的和调查任务的要求，借由测量表对调查对象的主观态度和潜在特征进行测量以收集公共关系信息资料的公共关系调查方法。

人的态度、观念和潜在特征都具有隐匿性与模糊性，有时连自己也难以发现或进行精确的描述。因而，调查人们的态度、观念和潜在特征并非易事，尤其以直接的方式很难达到目的，因此常采取量表测量法这种间接的方式。

量表是适用于较精确地调查人们主观态度和潜在特征的调查工具，它由一组精心设计的能反映人们心理和深层次意识问题构成，人们对这些问题的回答可折射出其心理和意愿，通过专业的心理分析可以间接测量人们对某一事物的态度、观念和人的某方一面的潜在特征。常用的量表有态度量表、能力量表、智力量表、人格量表、意愿量表、人际关系量表等。

二、访谈法

访谈法是公共关系调查中一种常用的收集信息资料的方法，是指根据一定调查目的和任务的要求，调查者与被调查者通过人际沟通、询问交谈等形式收集调查资料的一种方法。访谈法能及时进行双向沟通，调查者可随机应变并做到控制进度与过程，但是对调查者的素质要求较高。同时，访谈法调查的数量不宜太多，耗费时间长，成本较高，并且有一些隐私的问题不适合用访谈法。

（一）访谈法的类型

访谈法常有以下分类。

（1）根据与访谈对象的接触方式划分为直接访谈和间接访谈。

（2）根据访谈内容的展开程度或访谈是否随机划分为结构性访谈和非结构性访谈。

（3）根据访谈对象的数量划分为个别访谈和群体访谈。

（4）根据访谈的媒介划分为当面访谈、书面访谈、电话访谈、电子邮件访谈以及召开公众代表座谈会等形式。

各种访谈调查法各有利弊，各有其适用的范围，也各有操作过程的要求。究竟采取哪种方法，应视具体情况而定。例如，收集一些简单的、时间性较强的信息资料，以电话访谈为佳；如访谈内容不便面谈，应以书面访谈为佳。又如，立法机关就某项社会问题是否需要立法解决，或者在立法过程中就草案内容是否合理、可行，会采用听证会制度以会议形式公开、直接地听取公众意见，保证立法工作的公开、透明、公正、客观和程序性，以及立法的合理、科学性。

（二）访谈法的准备工作

为使访谈调查能顺利进行，并收到预期效果，调查者事先必须做好充分的准备工作。

（1）了解调查对象的身份、生活背景以及与调查问题有关的情况，事先和调查对象及其相关人员进行沟通，听取调查对象关于所希望的访谈时间、地点和其他建议，达成初步的了解。

（2）准备访谈计划，确定访谈话题主题、访谈的提纲或问卷、沟通的方式及氛围。

（3）熟悉调查课题和访谈内容，按访谈计划做相应访谈演练和思考，对新参加调查的工作人员进行培训和指导。

（4）按访谈计划准备访谈工作的用品，访谈者的服饰着装准备要符合访谈话题和相关礼仪要求，并按访谈要求进行现场环境布置。

（三）访谈法实施过程注意事项及技巧运用

1. 访谈开始阶段应注意事项

（1）按约定的时间提前到达约会地点等候调查对象。

（2）见面后，首先介绍自己的单位，并出示有关证明。

（3）做好访谈寒暄热身工作，展现双方共同愿望，与调查对象建立良好的谈话氛围。

2. 访谈进行阶段应注意事项

（1）可以采用由浅入深的方式展开，也可以采用直奔主题的方式。

（2）尽量保持谈话的真诚性和轻松、活跃气氛，注意访谈中的非语言交流，如注意面部表情与情境的一致性，注意语言的中肯性及诙谐幽默等技巧。

（3）尽量排除周围无关人员的干扰。

（4）调查人员对所调查的问题要保持一种中立的态度。

（5）做好倾听，在整个过程中，要全神贯注地听对方谈话。

（6）当所提问题不能及时理解或不好记时，要放慢语速。

（7）做好记录，并在访谈结束之后及时整理补充访谈记录，以免有所遗漏。

3. 访谈对公共关系人员的沟通技能要求

进行访谈调查，是公共关系人员直接与公众接触和交流的好机会，但公共关系人员的访谈专业素养和沟通经验对调查效果有很大的影响。因此，访谈对调查者自身的心理素质、形象维护、知识修为深厚程度、心理理论知识掌握程度以及人际交往技巧与能力等方面提出了较高的要求。具体而言，在访谈过程中公共关系人员要根据调查对象的具体情况，如文化程度、性格、年龄、情绪来设置访谈的地点以及访谈时的气氛，随时调整访谈的方式、内容，需要具有较强的灵活处理协调与应变能力，同时又需要能主动控制话题，紧紧围绕调查的问题激发交谈和巧妙引导，主动引导话题方向并把握访谈的节奏；并且参与调查的公共关系人员应始终抱着认真谦和的态度，具备锲而不舍的精神和较强的沟通交往能力，能尽快消除彼此的隔膜及对方的戒备心理，创造亲切融洽的谈话气氛，取得调查对象的接纳和认同；最后应恰到好处地结束访谈，友好礼貌地致谢并向对方告别，做到善始善终。

三、抽样调查法

抽样调查，就是从全体调查对象中抽取一部分代表作为调查样本，以便从样本状况特征推论到全体调查对象状况特征的调查方法。抽样调查是民意调查中一项关键技术，在公共关系调查中被较为广泛地使用，是公共关系调查的基本方式。

抽样调查方法可以通过部分来说明整体的方式相对容易地获得丰富的、可信的可靠资料，不仅调查结果相对准确，还可节省大量时间、人力、经费。抽样调查有效性的关键在于根据需要选择正确的抽样方法，并在相关抽样框中科学地按一定样本规模抽取具有代表性的样本。

（一）抽样框、样本规模与样本代表性

1. 抽样框

抽样框指反映全体调查对象自然状况特征的基本材料，如相关地图、通讯录、名册等。抽样调查的抽取样本常依据抽样框来获取。

2. 样本规模

样本规模，即根据总体规模的大小、调查的精确度要求和调查经费、人力与时间限制，确定从总体中抽取样本的比例；确定样本规模须考虑调查本身的规模、深度和精确度要求，考虑调查对象类型及其构成的复杂程度。

3. 样本代表性

样本代表性是指样本能否比较全面地代表各种类型调查对象的程度。要保证样本具有足够的代表性，应先对被确定为调查对象的各类调查对象的分布、数量、特点、比例等有一定的认识和估计，并确认所选择、抽取的样本分布合理，能比较全面地代表各种类型调查对象的情况。以此为基础，再有针对性、有选择地采取适合的抽样方法抽取样本。

表面看样本规模越大，抽样的误差就越小，但当样本达到一定规模后，如 1500 人以上，再增加样本人数意义不大，而且受时间、人力和财力限制，样本规模选择也受到一定限制。实质上样本的规模远不如样本的代表性重要，因此，控制样本的质量在于科学设计和组织抽样，使样本更具备代表性[①]。

（二）抽样调查分类

抽样方式主要有随机抽样和非随机抽样两类，一般来说，抽样调查多指随机抽样。

随机抽样是指调查对象总体内所有单位具有相同的被抽作样本的概率的抽样方法，主要有整群随机抽样、简单随机抽样、等距间隔随机抽样、分层随机抽样、多段随机抽样等形式。非随机抽样则是指调查对象总体内所有单位不具有相同的被抽作样本的概率的抽样方法，具体方法有偶遇抽样、主观抽样、配额抽样、滚雪球抽样等。

对几种抽样调查方法的说明如下。

1. 普遍调查（整群随机抽样）

普遍调查即全面调查或整群调查，又称普查。社会组织为了对某一公共关系现象的一般情况做出全面的描述，常采用普查这一调查方法，即对全部调查相关对象进行全面的调查，以收集有关调查对象普遍全面信息，从而对某一公共关系现象的总体情况得出一个具有普遍意义的结论。普查有多种调查类型，按照普遍调查的范围，可分为大范围普查

---

① 李道平. 公共关系学[M]. 北京：经济科学出版社，2002.（有整理）

和小范围普查；按照普遍调查的时间要求，可分为常规普查和快速普查；按照普遍调查的方式，可分为发送调查问卷的普查和填写统计报表的普查等。

普遍调查的优点在于通过普遍调查所获得的信息资料是全面的，并可得出具有高度概括和普遍适用的调查结论。它的不足之处在于对每一个调查对象都进行深入细致的调查很难，对人力、物力、财力的需求相对较多，耗时长。在社会组织的公共关系调查中，对于调查对象总体规模较大的情况，社会组织往往不具备进行普遍调查的能力。

2. 简单随机抽样

简单随机抽样是一种遵循同等概率原则全凭偶然的机会（概率）抽取样本的最基本的随机抽样方法，其步骤是：第一，取得抽样框，即取得所有被研究对象（总体单位）的名单；第二，对总体单位中的个体随机进行编号；第三，利用抽签法或随机号码法随机抽取编号样本进行调查。简单随机抽样较适用于总体单位之间差异较小的情况。

3. 等距间隔随机抽样

等距间隔随机抽样这种抽样方式要求先将总体单位排列起来，然后等间隔地依次抽取样本单位。抽样间隔等于整体单位数除以样本数所得的商。等距抽样的步骤是：第一，获得抽样框；第二，将总体单位排队；第三，计算抽样间隔；第四，在第一个抽样间隔数目的个体中，用随机方法抽取一个个体；第五，按间隔依次抽出所需规模的样本数量。

4. 分层随机抽样

分层随机抽样是指将调查研究对象按照某一特征，如性别、年龄、职业、居住地或受教育程度等进行分层（分类），然后在每层（每类）中随机抽样，可按同一比例（分层同比随机抽样）进行，也可在不同层次按不同比例（分层异比随机抽样）进行。分层异比随机抽样往往按照特征分层（分类）后有特性需要而在不同的层次按不同的比例进行抽样，如想对调查对象的某一分层（分类）中的某一相关特征有更准确的了解可加大其样本规模。

5. 多段随机抽样

多段随机抽样又称多级随机抽样或聚类随机抽样，即把抽取样本按聚类分级的过程分为几个阶段来进行。如对某一集团类社会组织的内部公众进行抽样调查，可严格按照随机原则，第一阶段，先从该集团中抽取若干个企业；第二阶段，从已抽出的企业中再抽取若干个车间；第三阶段，从已抽出的车间中再抽取若干位职工作为调查样本。

6. 配额抽样

配额抽样又称定额抽样，即先根据抽样框选定两项或两项以上特征（可以是互相独立的，也可以是相互交叉的）将调查对象分类，按各项特征规定相关对应的样本规模，然后调查者严格根据总体预设的样本规模来抽选调查对象作为调查样本。如根据抽样框选定两项或两项以上特征为性别和受教育程度，规定300人的样本中男女性别比例各占50%，而受教育程度中大学生占70%，高中生占30%，也可以对男、女各自分别预设受教育程度特征的比例。样本中各种特征的人数比例应尽量与总体对应。

（三）抽样实施步骤

抽样实施步骤具体如下。

（1）根据抽样框确定调查对象的总体范围。

（2）根据调查对象的总体范围编制总体名单，即把总体范围内的每一个抽样单位都开列出来，并编上相应的号码。

（3）确定样本规模，即确定从总体中抽取样本的比例。

（4）抽取样本，即选择并运用适合的抽样方法，按比例抽取调查的样本。

（5）评估样本，对样本规模和代表性进行检查、评估，看其有无大的差距和出入。

（6）确定按所抽取样本进行调查的可行性。

值得注意的是，抽样方法的不同和所抽取样本的容量大小对结论都具有重大的影响，因此，抽样必须遵守随机性原则。也就是说，在抽选对象时，必须保证总体中的每一个被抽选的对象有均等的抽中机会。

四、问卷调查法

（一）问卷调查法的概念

问卷调查法是根据调查目的将所需要调查的问题具体化，通过某种问卷方式由调查对象做出回答后，再统计问卷结果并加以分析得出结论的一种调查法。

问卷调查法的优越性在于所花费的时间、人力、经费较少，具有匿名性，有利于收集真实的信息，获得的信息有利于量化处理，调查面积较广，可以比较客观地了解公众对相关方面的意见与看法。

（二）问卷设计

1. 问卷设计步骤

（1）了解调查对象的基本特征。

（2）确定问卷目的和设计的主要原则。

（3）写出问卷的标题或提纲，设计问卷问题。

（4）问卷成文排版。

（5）检查修改，避免错误，有错的问卷和调查对象接触会影响社会组织形象与调查效果。

2. 问卷设计原则

（1）目的明确原则。

（2）较大权重地使用限定性提问法原则。

（3）激发信任和合作而使问卷可接受原则。（题目不能给被调查者以不良的心理刺激，问题不能让被调查者有侵犯隐私的感觉。）

（4）简约性、匹配性原则。（注意细微程度区别，避免模棱两可、模糊不清的问题及问题的不完整性。）

3. 问卷的结构设计

问卷一般由标题、说明、问卷的具体内容组成。具体如下。

（1）标题。标题设计本身要与调查目的相符，并能激发调查对象的信任和合作。

（2）说明。说明一般有尊敬称谓、调查的出发点和目的等，尤其要强调这次调查与被调查者自身利益的关系。行文语气要诚挚、热情、诚恳，用语简练，表达明确。

（3）问卷的具体内容。问卷的具体内容设计保证能完整表达与反映事物的基本情况，而不存在遗漏和偏废。问卷的语句设计要围绕主题，词语要确切，避免使用比较笼统的、含糊的词语和句子。

（三）问卷调查实施

问卷调查实施是问卷调查工作程序全方位展开的过程。具体过程和应考虑的环节如下。

（1）做好问卷调查计划，明确目标、组织设计及做好预算。

（2）做好问卷调查人员的激励、培训和监管考核工作。

（3）确保调查问卷信息获得的真实性，并做好问卷调查中与调查对象的沟通和激励工作，如人际礼仪合理应用和准备对参与调查人员的回馈小礼品等。

（4）保证有效问卷的分量（如低于50%，本次问卷调查的有效性需要斟酌），对问卷进行甄别、整理后根据问卷信息进行科学分析。

（5）根据问卷分析结果写出调查报告。

五、文献法

（一）文献法的概念

文献法是根据调查目的和调查内容利用现存的相关文献资料来收集、考察、分析和研究公共关系现象与状态的一种公共关系调查方法。文献是指以文字、图像、符号、声频、视频等为主要记录手段的一切知识载体。根据文献的加工程度可把文献分为原始资料、二次资料、三次资料等；文献还可分为图书、期刊、报纸、政府出版物、会议文献、科研报告、学位论文、专刊文献、档案、内部资料等。文献法获得的资料权威性比较高，有些资料本身有论述，有助于调查者的分析判断，省时省力。但现今社会，大众媒体、互联网的海量信息使我们迎来"信息爆炸"的时代，如何在巨大的信息流里快速找到需要的信息而不至于掉入"信息陷阱"，是公共关系调查的一项重要任务和经常性工作。

（二）文献法主要步骤

（1）根据公共关系调查计划，确定文献资料的范围、来源、类别，以及信息的取舍和评价标准，大量收集与调查有关的各类文献资料。

（2）对获取的各类资料进行鉴定和筛选。

（3）摘录资料。

（4）考证、分析资料。

（5）对资料进行归纳、总结。

（三）文献法对公共关系人员的要求

公共关系人员要通过文献法做好调查和信息收集工作，必须具备以下素质，能满足以下要求。

（1）经常阅读和注意有关报刊、文件、报表，定时收听广播、收看电视新闻，并随手记录。

（2）在查阅文献资料时，让自己经常处于补充知识和信息、善于观察思考、开阔眼界和思路、激发灵感的状态，保持对信息的敏感性，具有专业素养和经验，对文献具有甄别和分析的能力。

（3）日积月累、聚少成多，为公共关系工作建立内容丰富、井井有条、方便使用的专门性文献资料库，以避免临时进行文献调查时那种大海捞针般的无奈而节省时间和精力，提高文献调查的速度、准确度和效率。

（4）定期对所积累的文献资料进行归类、编目、检索和分析，对那些与社会组织有直接关系和特殊价值的信息及时进行整理、利用，作为公共关系工作的参考，或提供给社会组织的决策部门。

六、大数据分析法

（一）大数据分析的概念

大数据分析是指在现代 IT 环境和平台下对规模巨大的数据进行分析来寻找事物相关性与规律的相关方法、模型和过程。大数据具有 5V 特征，即数据量大（volume）、速度快（velocity）、类型多（variety）、价值（value）、真实性（veracity）。

如何通过数据挖掘、数据安全、数据分析、数据存储来追求大数据商业价值从而为社会组织决策和公共关系工作服务，这是大数据分析技术和过程需要考虑的问题。在大数据环境下上升到道德层面考虑科学正确地运用大数据分析而规避一些伤害公众和用户的做法，这是大数据时代公共关系面临的新课题。例如，如何规避利用大数据平台与技术误导、诱导用户和公众的现象。

（二）大数据分析方法实施过程

大数据分析方法运用的前提是严格的数学公式和准确的数据提取，其过程如下。

（1）通过先前的完善采集过程使大数据具备一定的价值。

（2）对各种大数据按项目进行清晰设置分类，而不是胡乱搁置在一起。

（3）找出大数据的规律。

（4）根据变量和常量建立一个数据模型。

（5）根据数据模型和数据规律进行数据预测，其结果可以用于各种战略布局、对应策略使用或公共关系工作开展的指导。

（三）大数据分析模型

大数据分析方法运用正是通过严格的数学公式和准确的数据提取并根据变量与常量建立数据模型来实现大数据分析功能的，如行为事件分析模型、留存分析模型和分布分析模型等。

（1）行为事件分析模型，指通过关注行为事件指标，如用户注册、浏览产品详情页、提现等来研究与事件发生关联的所有因素（如用户注册渠道），从而挖掘用户事件背后的缘由、交付影响等。

（2）留存分析模型是一种用来分析用户参与活跃程度情况的分析模型，如漏斗分析模型，能够科学反映用户行为状态以及起点到终点各阶段用户转化率情况，通过对完整的流程和路径各阶段的转化率的展现与相关数据的比较，能够直观地发现和说明问题所在，从而找到工作和服务的优化方向。漏斗分析模型已经广泛应用于流量监控、产品目标转化监控等。

（3）分布分析模型可以展现用户在各项指标下的状态分布情况，支持按时间、次数、事件指标进行用户条件筛选及数据统计。

第四节　公共关系调查实施

公共关系调查是一项程序性、技巧性很强的工作。公共关系调查实施过程一般分为三个阶段：调查计划准备阶段，资料收集与整理分析阶段，总结评估并撰写调查报告阶段。

一、调查计划准备阶段

调查计划准备阶段是公共关系调查的基础阶段和首要环节，它在调查工作中起主导作用，决定着公共关系调查的目标、方向，调查的对象、范围，调查的方式、方法和预期的结果，是使公共关系调查真正做到有的放矢的保证。

公共关系调查的内容非常庞杂，况且无论是为社会组织的决策咨询服务还是为公共关系活动服务，所需信息涉及的范围都十分广泛，问题及相关因素十分复杂，投入公共关系调查的资源往往又非常有限，因此，调查能否达到满足公共关系所需信息的要求在很大程度上取决于调查准备阶段的工作内容与工作质量。在开展公共关系调查工作之初要找出需要解决的最关键、最迫切的问题，确定调查的主题，选择、确定调查的任务、主题与假设，即弄清楚通过调查要获得哪些方面的情况和信息，以回答和证实哪些问题。

调查计划准备阶段的工作内容主要包括以下三项。

（一）选择、确定调查的任务、主题与假设

根据对公共关系信息的实际需要，确立具体公共关系调查任务，提出公共关系调查研究工作所要达到的目标。在选择、确定调查的任务、主题与假设时应注意以下几个问题。

（1）社会组织或公共关系工作目标及其显现出的问题。

（2）社会组织与公众在各自的需要、兴趣上的差异。

（3）调查的直接目的、工作与公共关系的连续性、系统性之间的联系。

（4）公共关系工作本身所需信息与社会组织管理决策和其他方面工作所需信息之间的区别及联系。

（5）社会组织环境和公众相关信息之间的联系。

（二）策划、设计公共关系调查的方案、计划

是否合理、周密地设计、策划公共关系调查的方案和计划是决定调查活动成败的关键因素。策划、设计公共关系调查的方案、计划具体涉及以下工作。

1. 确定公共关系调查的目标和选题

目标是计划的核心，设计公共关系调查的方案、计划首先要根据社会组织决策咨询的需要或公共关系工作的决策需要，提出公共关系调查的方向和目标，如了解公众对社会组织的认知度；通过公共关系调查目标进而确定公共关系调查选题并明确公共关系调查选题的基本概念与内涵，即确定为什么要进行调查、调查需要了解什么具体问题、了解这些问题有什么用，并评估调查选题的实用性、创新性、可行性和科学性。

2. 设计公共关系调查指标

公共关系调查目标与选题需要指标化才具有操作性，设计公共关系调查指标即是确定公共关系调查的基本要求和内容体系。公共关系调查指标设计通常采用逐级分解法，即围绕公共关系调查选题假设命题的中心概念，从不同的角度利用简单项目枚举的手段，列出若干个调查项目并将这些项目逐级分解，如从一级分化出二级、三级乃至四级概念，这些项目的集合构成了中心概念的总体。例如，要做一个有关社会组织整体形象的调查，就需要把社会组织形象这个抽象的概念从不同的角度通过具体的项目分级体现出来，如一级指标可分为经营方针、办事效率、组织规范、创新能力、人员素质等，并对这些一级指标分别分化出二级、三级乃至四级指标。逐级分解法运用的关键在于调查者要善于从中心概念的内涵和外延两个方面，用简单列举方法把中心内容呈现出来，形成一系列的调查项目，这些调查项目就是要调查的问题。

公共关系调查指标的设计要综合考虑多重因素的相关性。在具体操作过程中应注意以下三方面的要求。

1）注意公共关系调查指标的系统性和分解的科学性

力求在全面考虑相关要素与正确把握和遵循客观事物本身内在所固有的联系的基础上运用相关学科的理论和方法对公共关系调查指标进行科学分析，同时有必要对各指标之间做一定的交叉和权重分析，从而使项目分解过程具有较强的科学性。

2）简明、准确地定义公共关系调查指标

在充分了解调查选题中心概念外延的基础上，根据调查选题中心概念推演、设计出调查指标的具体层次直至调查指标明确，以便调查对象领会调查指标的精神实质、信息内容

和主要意图来保证调查指标明确的操作性。调查指标的整合应当与调查选题中心概念的外延完全复合、重叠一致。公共关系调查指标外延上的不周全性会造成调查问卷设计上的不合理，进而影响资料收集工作的全面性而遗漏一些重要的调查内容，造成判断上的失误。

3）保持公共关系调查指标之间的相对独立性

调查的指标与指标之间在内容上应相对相互独立，已经有所体现的内容不应重复出现，但也不排除所设计各项指标之间在分解过程中存在一定内涵的交叉性，这也就要求在设计指标时尽量避免不必要和不应该存在的重复性。

3. 确定调查对象

准确判断确定以哪些地区、哪类性质的公众作为公共关系调查对象，调查对象定位是否准确对于调查的成败具有决定性意义，如果调查对象定位失误，收集到的资料必定是无用的，整个调查活动注定以失败告终。

4. 确定调查方法与路径

在公共关系调查中，收集资料的方法和形式是多种多样的，如直接收集和间接收集，正式途径收集和非正式途径收集，公开收集和秘密收集，等等；又如常用的调查基本方法：观察法、抽样调查法、访谈调查法、问卷调查法、量表测量法、文献法等；公共关系调查者必须根据调查的需要熟悉且灵活选择和应用对等相关的公共关系调查方法与路径。

5. 做好调查工作的相关预算

公共关系调查是一个相对烦琐、复杂和经常遇到各种困难与阻力的过程，因此在做调查方案时无论在调查方法的科学性方面，还是调查程序设计及调查过程的沟通处理方面，都需要独具匠心地策划和周密考虑，而这些都离不开一定资金来保证。因此，调查计划中做好必要的相关预算并确保预算资金能准时到位尤其重要。

（三）准备调查条件，筹措调查经费及所需物品

公共关系调查在考虑到社会组织公共关系的实际需要的同时，还必须有一系列的条件做保证。因此，准备调查条件也是公共关系调查计划准备阶段的一项重要工作。调查条件主要涉及三个方面。

1. 调查人员条件保障

调查是一项非常辛苦、专业性极强，且要求严肃认真进行的工作，不允许任何虚假和投机取巧。调查过程中不仅要求公共关系调查人员保持高度严谨的相关专业的科学性开展相应工作，一丝不苟和不辞辛劳按时保质地完成任务，而且需要调查者发挥极强的主观能动性和沟通能力，代表社会组织与不同类型的公众打交道。所有这些对公共关系调查人员不仅提出数量要求，而且提出相关专业知识、能力、素质等方面的质量要求。

在规模较大的公共关系调查活动中，调查工作仅凭社会组织自身的调查人员难以进行，常常会选择委托专业的公共关系咨询公司来进行，或者面向社会招聘、选拔一部分调查者，根据本次公共关系调查的需要有针对性地对这些调查人员进行培训并在本组织公共

关系人员的组织下来进行调查工作。

在招聘、选拔和系统地培训调查者时，需要考察调查者：是否全面了解和掌握调查的计划、任务；是否具备本次调查必要的相关科学文化知识、专业知识及进行调查的基本技能；是否熟悉和掌握调查中使用的调查方法、各种工具与手段；是否明确对其在调查过程中的具体要求及其所承担的责任；是否具有恪尽职守、认真负责的敬业精神和坚忍不拔、吃苦耐劳的品格；是否有从事调查的浓厚兴趣和工作热情；是否在人际交往、礼仪风度、言谈举止上保持训练有素。并与每位调查者签订相关内容明确、规定具体的责任协议书以确保他们在调查中尽职尽责地做好自己的工作。

2. 调查相关技术与物质条件

调查往往需要一些物质与技术手段的支持，除调查工作中必备的常用工作工具如纸、笔、公文包、礼品（用于馈赠调查对象）等，还包括相关技术条件，如录音机、录像机、摄像机、计算机等，同时需要一定相关专业软件技术，如调查提纲、调查问卷设计，相关资料收集、分类与整理技术，物品的设计和制作等。

3. 经费条件

调查需要一定的经费支持，含培训费、购置工作工具及设施费用、礼品费用、出差费用、人工费用、咨询费等，根据调查计划做好相关预算、筹备相关资金是调查工作得以顺利进行的重要保证。

二、资料收集与整理分析阶段

资料收集与整理分析阶段的工作主要有调查资料收集和调查资料整理分析两项任务。资料收集是整个公共关系调查过程中最为重要的环节，公共关系调查能否按照调查计划准备阶段所确立的调查任务和所设计的调查方案有效地进行，关键是看资料收集阶段的实施情况，主要涉及两项任务：一是实际收集资料；二是协调关系，争取内外部各方的支持。整理分析阶段是根据每次调查的不同任务和具体要求，分别采取不同的科学方法、手段、程序和技术，对收集得来的公众调查资料进行整理、分析和研究的信息处理过程，是一个将收集得来的调查资料由数据向信息转化的过程。

（一）资料收集与关系协调，争取内外部各方的支持

资料收集阶段是公共关系调查唯一的现场实施阶段，是根据调查方案的要求，采用各种调查方法，在调查中严格遵守操作程序与工作纪律，收集各种资料的过程。公共关系调查的实质是监测组织环境出现的各种变化、掌握公众的态度、意见及其形成的原因、变化的过程与趋势信息的过程。公共关系调查中所要收集的资料不管是原始资料还是现成的二手资料都应以保障资料的真实、准确、全面、丰富为原则。

资料收集阶段是公共关系调查者在一定的社会环境中与被调查者正式接触的阶段，也是公共关系调查者接受种种外部因素制约而无法完全控制自己的工作进程的阶段。这是一个不易控制，会发生各种变化，同时又对调查结果、信息质量影响极大的重要环节，一旦

出现大的失误，必定使调查前功尽弃，而且无法补救，因而必须引起高度重视。为了确保真正收集到真实、准确、全面、丰富的资料，公共关系调查者必须加强组织领导和协调工作，有效地协调各种关系，争取多方支持。首先要协调好与被调查者的关系，努力争取他们的支持与合作。在公共关系调查中，每一个被调查者在接受调查中，常常也在对调查者进行"调查"，并根据自己的"调查"结论来决定对调查者的态度和与调查者的合作程度，因此，调查者必须特别重视协调好与被调查者的关系，获得被调查者的大力支持与通力合作。同时要妥善协调与被调查者有关的组织及人士的关系，这是公共关系调查实施过程中一支不可忽视的力量，他们有可能影响和阻碍被调查者向调查者提供有关信息，因此，调查者很有必要协调好与他们的关系，争取他们的积极支持与具体帮助，具体应把握住以下较为关键的几点。

（1）加强并保持与调查者的经常联系，通过自查、互查、抽查等方式，对其工作进行有效监督和必要的控制，了解并敦促他们注意调查的进度和质量。

（2）了解调查中出现的问题，帮助调查者及时解决他们自身难以克服的困难。

（3）设置调查咨询电话，主动与一些被调查者联系，征求他们对调查活动的看法，从多种渠道和角度了解调查者的工作情况。

（4）要求调查者对每一次具体调查如实做现场记录，提供各种相应的证明。

（5）在调查中及时抽取部分结果进行评估、奖惩。对认真负责、卓有成效的调查者进行表彰；对工作马虎、不负责任的调查者进行批评，并明确要求他们立即采取补救措施，以减少失误。

（二）整理调查资料

资料整理的工作内容主要是对调查收集所得良莠不齐、凌乱无序、粗糙冗余、真伪不分的原始状态的资料做以下处理：审核调查收集所得资料的真实性、准确性、完整性、标准化程度；按照科学性、实用性、渐进性、相斥性的原则对调查收集所得资料进行分类；按照条理化、系统化、精练化、规范化的要求对调查收集所得资料进行加工。

调查资料的整理工作要求非常严谨，不能出现对调查资料的遗漏与混淆，并通过整理使调查资料变得井井有条而在一定程度和背景下反映事物的内在规律性，以便能最大限度地对资料及其统计数据等进行多种形式、多种角度的比较和全方位的分析，以使调查结果能更充分地说明要证实和研究的问题。

（三）分析调查资料

公共关系调查能否真正出结果，以及调查的研究具有多大的作用，在很大程度上取决于调查资料分析这一过程工作的有效性。

公共关系调查资料的分析是指调查者运用一定的科学分析法，对公共关系调查所得资料的内容用定量分析方法和定性分析方法进行由此及彼、由表及里的分析。因此，发现隐匿于大量的调查资料之中的某些重要信息，揭示隐藏在大量的资料调查背后的某些关键问题和相关因素以探究事物内在规律，是调查工作的深化和提高的过程。调查资料分析的具体工作如下。

（1）对调查中收集的资料进行细致的整理、归类、统计和多种分析。

（2）根据需要深入浅出地对调查中收集的资料进行测算、比较、推理、判断等多种分析。

（3）根据本次调查所确定的主题与各项目标要求，参照以往的调查结果，参考与本次调查有关的其他各种资料、数据，进行综合研究。

（4）从维度和深度两个方面全面认识调查所获资料、信息的意义、价值及内在关系，由具体、局部的感性认识升华为深刻、全面的理性认识。

（5）通过表面现象去深入地探寻原因、发现规律、观测趋势，找出更具有本质性的东西，较为充分、透彻地揭示社会组织存在的关键问题，力求提出具有较强说服力和一定理论深度的观点、结论。

（6）提出社会组织及其公共关系工作的若干对策措施，形成公共关系调查的科学认识成果，对调查结果进行综合研究并撰写调查报告。

三、总结评估并撰写调查报告阶段

（一）撰写调查报告的具体工作内容

公共关系调查报告是指以公共关系调查所获得的信息为依据，通过对这些信息的分析和提炼，将调查过程中获得的信息成果和认识成果集中体现出来而形成的一种书面报告。撰写调查报告具体工作如下。

（1）综合分析经过审核和加工处理的信息资料，确定调查报告的主题。

（2）全面汇集有关信息的资料，提炼出有关的观点。

（3）选择有关信息资料，具体地说明社会组织或公共关系中应注意的有关问题，等等。

公共关系调查报告能对社会组织及其公共关系科学运作起到一定的决策咨询作用，社会组织或公共关系部门的决策者通过参考利用公共关系调查报告而将公共关系调查成果尽快地应用于社会组织及其公共关系科学运作过程中，使得社会组织及其公共关系运作有良好改善并取得良好成效。

特别值得说明的是这个"良好成效"体现在：基于公共关系调查报告的公共关系决策咨询往往会立足事物本身的科学规律性及公共关系思维逻辑来保证社会组织及其公共关系工作的科学性，如建议社会组织以尊重公众需求为基础来运作社会组织及其公共关系工作，从公众心理、社会性和文化性来考究公众需求、心理、态度和行为并加以科学应对，等等。

（二）撰写调查报告的要求

调查报告是公共关系调查成果的科学结晶和系统总结，调查报告撰写是公共关系调查相当重要的最后一个环节，是公共关系人员必须掌握的一项专业写作技能。撰写调查报告的要求如下。

1. 数据准确，真实客观

在调查报告中，避免主观臆造，即不能夸大和缩小事实，要以调查所获客观和真实信息资料为依据说明问题，确保调查报告内容的客观性和真实性，这是撰写调查报告最起码的要求。

2. 主题鲜明突出，调查报告体例系统且完整

调查报告的内容系统且全面，能合乎逻辑地表述，形式结构完备，一般包括标题、目录、概要、正文、结论、建议和附件等要件。标题要简洁明了，准确鲜明地突出主题。

3. 调查报告具有时代性实用价值

调查报告要能为解决问题提供一定依据甚至提出相关解决问题的建议。好的调查报告应具有一定的时效性，较强的系统性、深刻度、针对性和实用价值，并具有新颖性和时代价值，能透过现象看清事物的本质，能深刻地发现有关问题，如更全面、系统、长远地战略性看问题，更能从心理、社会、文化和人性层面看问题等；并以新视野抓住事物的新动向，围绕主题提炼出相关的新观点，确保调查报告具有时代性价值新意，从而实现达到科学指导社会组织运作的目的。

4. 调查报告具有便读性

撰写调查报告时要求力求行文用词准确，文字简洁流畅，把握分寸，坚持以尊重事实为原则，避免过分装饰美化而偏离事实，要求条理清晰、层次分明、结构合理、逻辑严谨，做到通俗易懂便读。

（三）公共关系调查报告种类

公共关系调查报告依据调查对象范围和内容的不同，依据调查客体的性质不同及依据调查表达的方式不同可以分为不同类型的公共关系调查报告。如依据调查对象范围和内容的不同分为综合型公共关系调查报告和专题型公共关系调查报告；依据调查客体的性质不同分为叙述型调查报告和分析型调查报告；依据调查表达的方式不同，分为文字型报告和口头报告。

1. 综合型公共关系调查报告

综合型公共关系调查报告要展示调查内容的全貌，涉及面比较广泛，引用的材料也比较多，而且报告内在的层次性和系统性要求比较高，报告的整体分量比较重。既要把握纵向的发生、发展的线索，又要梳理横向各部分之间的关系，注意到内外之间的联系和互相影响，从而使社会组织的决策者对调查对象的历史、现状、趋势有一个全面和立体的认识。例如，为进行社会组织发展战略的策划服务的综合型公共关系调查报告，不仅要进行知名度、美誉度的调查，还要进行社会组织内部基本实态调查分析，并要对社会组织的产品、广告宣传、营销方式等各个方面进行一系列的调查，同时还要对竞争对手的情况、本行业发展趋势进行调查分析，才能满足形成综合型公共关系调查报告的实际需要。

2. 专题型公共关系调查报告

专题型公共关系调查报告是围绕某一个具体的公共关系问题进行调查以后所形成的调查报告，它涉及的问题较为单一，针对性强。每个报告所涉及的内容范围相对集中，报告具有显著的实用性。专题型公共关系调查报告按内容划分，主要有概述基本情况的专题报告、透视热点情况的专题报告、经验总结性的专题报告、查找教训原因的专题报告、建议性的专题报告。

（四）公共关系调查总结评估

总结评估是公共关系调查的最后工作，是公共关系调查一个必不可少的重要步骤。对公共关系调查进行客观评价可以了解到本项公共关系调查的经验教训何在，可以帮助有关方面加强对公共关系调查工作的正确认识而促进社会组织对公共关系调查工作的重视。同时，完成公共关系调查报告后，公共关系人员应尽快将调查报告及调查中获得的资料、信息送交社会组织高层或组织各有关部门，并促使社会组织高层或相关部门重视调查的结果，迅速做出反应，制定对策并付诸实际行动来改进社会组织的有关工作。

 课后思考 》》

1. 公共关系调查需要遵循哪些原则？
2. 简述公共关系调查过程及其具体工作和要求。
3. 常见的公共关系调查方法有哪些？
4. 撰写公共关系调查报告需要满足哪些要求？对公共关系调查报告如何为社会组织决策咨询服务提出自己的观点。

案例分析

推荐阅读《菊与刀》，并基于《菊与刀》及其相关资料回答以下问题。

1. 描述《菊与刀》这本书产生的背景、作者所形成的对日本人的调查分析报告结论是怎样的？这对美国做出第二次世界大战后对日本的对策有何意义？作者怎样看美国做出的战后对日本的对策？
2. 作者身份对《菊与刀》有何意义？作者是怎样完成这份调查报告的？
3. 《菊与刀》对我们认知公共关系的公众分析工作和决策咨询职能有何意义？

第七章

公共关系计划

导入语

营销和广告是促销一种产品或服务，而公共关系则能提升整个机构[①]；营销和广告活动能够创造并保持市场，公共关系则为社会组织创造并保持良好的运营环境。公共关系计划工作正是甄别一定背景下的重要与关键公众，立足提升社会组织整体性及创造和保持良好的运营环境来对其公共关系进行全面审视与战略性规划，并在此科学指导下做出具体的公共关系工作策划。

学习目标

1. 正确认知公共关系计划和策划工作的区别与联系。
2. 了解公共关系计划的编制原则。
3. 了解公共关系工作内涵。
4. 了解公共关系策划实质内涵和过程，并掌握相关策划创意及方法。
5. 掌握撰写公共关系策划书的相关知识以便能专业地撰写公共关系策划书。

导入案例

阿斯利康企业并购之内部公关案例之一

项目背景

20 世纪 90 年代末期以来，跨国大企业间的并购似乎成了一股不可逆转的潮流，这些昔日的敌家对手为了占尽技术、资金、市场等方面的先机，或娶或嫁，以各种形式实施强强联合。1998 年 12 月 9 日，世界两大制药公司阿斯特拉和捷利康宣布合并，成立阿斯利康公司，合并后的公司将成为世界上第三大制药公司。这两大药业巨子之间的合并步伐异常迅速，仅仅用了 80 个工作日新公司便宣告诞生，打破了船大难掉头的说法。

项目调查

合并后的企业并非总是皆大欢喜，据统计，75%的企业在合并后的 4~8 个月生产全

---

① 西泰尔 FP. 公共关系实务[M]. 潘艳丽，等译. 北京：清华大学出版社，2008.

面下滑。那么出现这种问题的症结在哪儿呢？对财富 500 强中 45 家进行过并购的公司 CEO 的调查表明，"人的问题"是致使企业陷入困境的最关键因素。企业的分分合合给员工带来的冲击是可想而知的，这些有着不同背景的人带着疑惑和忧虑走到了一起，如果不能让他们同心同德、齐心协力，企业发展势必受到影响。由此可见，如何在企业合并的关键时期建立员工之间的信任感，使他们尽快了解新企业、熟悉新环境、投入新工作成为企业传播部门的当务之急。

合并期间存在诸多不确定因素，上自总经理下至普通员工所关注的是与自己切身利益息息相关的"涉我事宜"（me issues），如我是否会失业、我的薪金是否会受影响、我的新老板是谁等，这些问题天天萦绕他们的脑际，容易动摇军心，从而影响整个公司的生产效率。另外，他们还急切地想了解新公司生产、营销、管理、财务等方面的策略和信息。这类信息的匮乏会使员工感到组织缺乏管理和方向，影响员工对新公司未来的信心。

为减少合并对两家公司日常业务的干扰，合并速度是另外一个挑战，这就要求内部公关的工作不仅要准确详尽，还要速度及有效率。虽然两家公司产品非常互补，公司文化也有很多相似之处，但作为两家在国际制药行业颇有建树的巨子又分别有自己独特的工作方式和文化。基于以上调查和分析，阿斯利康公司制订了严密的内部传播计划以保证公司合并的顺利进行。

项目策划

1. 公关目标

• 确保合并期间内部沟通的一致性和连续性。
• 争取沟通工作对合并进程的最大贡献。
• 在员工心目中建立起新公司的公司形象。
• 为新公司的内部沟通工作打下坚实基础。

2. 公关策略

• 迅速成立传播工作组（communications taskforce），小组成员由两家公司的相关员工共同组成，确保正式沟通渠道的建立。
• 确立各合并阶段（前期、中期、后期）的沟通主要信息，并依据员工反馈及时做出调整。
• 争取管理层对内部沟通的最大支持，明确传播小组和其他行动小组间的协作关系。
• 根据各阶段不同的沟通需求，确定最有效、迅速的沟通渠道和工具，如 E-mail 、致员工信、录像、快递、员工活动及《阿斯利康通讯》等。
• 评估两家公司之间文化的相似及差异，传播新公司文化。
• 举行新公司内部"上市"活动——阿斯利康生日活动。

附件

阿斯利康生日活动方案

活动名称：新公司内部"上市"活动——阿斯利康生日活动

活动主题：蓬勃、朝气、活力、融合和光明

活动内容：

1. 生日活动将选择在 6 月 1 日举行（"六一"象征蓬勃、朝气、活力和光明的前途）。
2. 生日活动将在公司三大主要业务城市：无锡、北京、上海举行。

3. 活动将邀请公司亚洲地区合并办公室负责人参加，以表明中国市场在亚洲的强有力地位。

4. 生日活动会上，两家公司的员工将穿上印有新公司标识的 T 恤首次坐到一起，并且安排两家公司员工交叉入座，以便大家有机会与新同事交流。

5. 为两位总经理定做特别的 T 恤衫，在他们 T 恤的胸前绣上了中国国旗和 1999 年 6 月 1 日的字样，以表彰他们为公司发展创下的辉煌业绩。

6. 生日活动会上，员工们将聚集一起观看全球总裁讲话的录像。

7. 活动现场，全体员工将在中国区合并办公室负责人悠扬的小提琴伴奏下齐声高唱"生日快乐"歌，两位总经理一起切开印有阿斯利康新标识的硕大生日蛋糕，两家公司全体员工一起举杯庆祝这一具有里程碑意义的生日。此时生日活动将达到高潮，全体成员将通过这一严肃又活泼的庆典深刻地感觉到新公司的企业文化。

8. 生日活动后，现场录像带将寄到全国各办事处，以便那些因工作无法到现场的员工也感受到生日活动的气氛。

9. 在阿斯利康生日活动会上，宣布新公司中文名称征集竞赛活动，员工们通过参与竞赛活动增强对新公司文化的理解，传播小组负责人还要将此项活动推广到亚太区所有用中文名称的国家，使这一活动在广度和深度上都得以加强。

10. 为了鼓励反馈，给每位参与者一份具有情趣的鼓励奖，并设置两名特别奖的抽奖环节，他们将获得特别有象征意义和纪念意义的奖品，使活动更具有感情色彩。

资料来源：根据百度文库整理

第一节　公共关系计划的编制

随着时代的发展，人们对公共关系理论与实务的认知越来越趋向成熟，并且能理性地按战略和战术相结合的系统思维统筹安排公共关系工作。公共关系战略性计划将指导社会组织长远、系统及科学地开展公共关系工作与活动，以保证持续性地、系统全面地打造组织整体形象和履行公共关系管理职能，更有针对性地开展和实施相关公共关系工作与专题活动，使公共关系具体工作更具正确性，而规避其零星化和盲目性。

一、公共关系计划概述

公共关系计划是指应对社会组织发展需要，根据公共关系调查发现存在的问题以及存在的公共关系工作机会，而有针对性地确定公共关系目标与制订相应的公共关系战略规划，并策划和制作出相对应的具体公共关系工作或活动实施方案的过程。公共关系计划有广义和狭义之分，广义的公共关系计划会上升到对具体公共关系工作安排具有战略指导意义的高度，对公共关系工作做系统的规划和统筹安排，是基于对公共关系环境、公共关系工作的整体性、公众的分析与选择等进行系统思考和研究，立足长远为社会组织服务，以及偏重系统、周密、长远地对公共关系工作进行战略性的整体规划和安排。狭义的公共关系计划是指在一定的公共关系战略计划下，对相应要开展的公共关系工作及专题活动的目的、具体工作与活动任务的内容、程序、方法、手段及其策略性进行策划，偏重创意性策划出一个周密的、操作性强的工作方案。这些方案不仅要求突出所策划的公共关系任务与公共关系活动的内容和方式的创造性及与众不同，还要求能达到引起关注、扩大影响力、改变公众态度、树立社会组织良好形象等传播效果和目的。

二、编制公共关系计划应遵循的原则

（一）以客观事实为根据的原则

公共关系计划与策划过程中要始终坚持以客观事实、尊重公众的真实想法及尊重公共关系的基本客观状态为原则，特别是社会组织处于不利的情况下，尊重客观事实、排除干扰、据实策划尤为重要。

（二）公众利益优先、生态双赢的原则

立足为社会做贡献、坚持公众利益至上、创造更大和良性的生态双赢空间是做好社会组织公共关系工作计划与策划的先决条件。在面对社会组织自身利益、公众利益与社会利益的关系时，只有始终坚持把公众的利益放在首位，处处为公众利益着想，使公众利益、组织利益和社会利益三者均衡发展，才能使社会组织及其相应的公共关系工作得到公众的好评，使社会组织具有良好的发展环境和发展机会，从而实现长久的利益最大化。

（三）战略性、系统性、策略性与灵活性相统一的原则

公共关系计划的战略性、系统性、策略性与灵活性相统一是指长远、全面、系统及战略性审视公共关系工作，并在战略规划的指导下策划相应的具体公共关系实施方案，因此公共关系战略计划、公共关系年度工作计划及公共关系项目活动策划方案三者要求一体化，共同列入社会组织的整体计划之中，构成社会组织的整体运行计划体系，与社会组织各方面工作的人、财、物的配备具有系统协调性。而公共关系项目活动策划方案不仅要考虑具有策略性，同时还要留有余地而具有一定弹性，使得方案实施能针对可能发生的变化做到灵活补救。

（四）独创性、科学性与连续性相统一的原则

在现代信息社会里，无论是对信息内涵及表现形式的感知或接受方面，还是在接收信息的渠道方面，人们选择的范围越来越丰富而复杂。公共关系项目活动策划方案必须根据社会组织自身条件、媒介环境及公众环境的不断变化与发展而不断创新，如果方案没有新意就不能引起公众的注意和获得公众的认同。更重要的是，社会组织的公共关系工作有责任立足于社会良性发展的高度，通过科学的创新创意正确引导公众舆论。另外，在进行公共关系策划时，不仅要考虑计划实施过程的可行与否，还要考虑公共关系工作及项目活动实施效果及其与社会组织经济效益和社会效益之间的相关关系等，不仅要考虑一次活动的独创性，还要考虑本次活动与前后公共关系工作的连续性，做到公共关系策划承上启下来获得社会公众的持续认可和赞同，从而保证做到系统、科学、持续性制订、策划和实施公

共关系计划。

（五）控制成本、预算经费原则

做好公共关系活动经费预算不仅可以使公共关系计划获得社会组织高层和财务部门的全力支持，还可以通过了解社会组织所承担的具体公共关系工作的经费来论证公共关系目标切合实际与可行的程度。此外，是否符合经费预算开展相应公共关系工作，还可以作为公共关系工作效果评估及公共关系人员业绩考评的一个重要指标。公共关系活动经费的开支既要贯彻节约成本、量力而行的原则，又要注重公共关系工作的持续性，全面系统地规划安排；注重社会效益、社会组织效益和公共关系活动效果的统一协调[1]。

三、完整的公共关系计划体系

公共关系战略计划、公共关系年度工作计划及公共关系项目活动策划方案构成一套完整的公共关系计划体系，三者具有相辅相成且高度的系统性与统一性，如图7-1所示。

```
社会组织所处大环境
    └→社会组织整体目标
        └→公共关系战略计划
            └→公共关系年度工作计划
                └→公共关系项目活动策划方案
```

图7-1　完整的公共关系计划体系

（一）公共关系战略计划

公共关系战略计划是指对公共关系未来 3~5 年甚至更长期的工作进行战略规划。公共关系战略将立足于公共关系如何促进社会组织良性发展和系统打造社会组织形象与整体提升社会组织来构建良好公共关系，对需要匹配开展的公共关系工作进行系统的、周全的考究和规划。判断是否是一个好的公共关系战略性项目，主要看它与社会组织赖以生存的主要关系所达成的效果。

常见的公共关系战略目标、工作方向与重点如下。

（1）为使社会组织的战略及其相关具体工作（含公共关系工作）更科学，审视社会组织战略目标及其运行中出现的问题；顺应社会发展和通过调查分析公众的心理与需求，立足公众满意度及公共关系意识为社会组织的战略及其具体工作做决策咨询，并提出对应需要开展社会组织相关工作和相关的公共关系工作。例如，向社会组织提出质量管理的重要性并建议社会组织将其作为基础战略的工作方向，且通过相应的公共关系工作来维护和促进质量管理与良性生产；向社会组织提出供应链管理相关性高度一致的重要性，并建议开展相对应工作以及公共关系工作为维护、促进供应链相关性高度一致提供服务（如促进供应链信息畅通、供应链上各组织实现组织理念高度一致等）。

---

[1] 董原，陆凤英. 公共关系理论与应用[M]. 北京：中国铁道出版社，2015：83.

（2）为维护和促进社会组织战略实施，全面审视公众环境并甄别首要的关键公众，并由此而把握公共关系工作的方向和重点，立足长远规划、建立和维护其关系的目标及开展相关公共关系工作。例如，以信誉为核心全面提升社会组织服务人员的整体形象与服务意识；开展对应的公共关系工作为社会组织的人力资源管理和文化建设服务；通过对应的公共关系工作为市场营销及品牌服务，为当前社会组织战略实施推广摇旗呐喊，等等。

（3）系统策划打造组织形象和品牌建设相关工作，促进公众对社会组织的良性认知，提升社会组织的知名度、美誉度以及促进社会组织和公众的和谐度，如 CIS 策划与推广。

（4）危机预防和危机管理相关工作。例如，通过决策咨询工作、品牌建设、组织文化建设与传播、各种服务咨询等公共关系相关传播工作来获得公众更多更好的了解、理解和认同，减少公众异议，消除危机隐患，从而实现危机预防。同时做好危机处理理念、机制与政策的建立，危机处理预案的规划与策划，危机管理相关工作，等等。

（二）公共关系年度工作计划

公共关系年度工作计划是社会组织在一个计划年度内关于公共关系活动内容、措施制订及目标实现的计划。它是组织计划的重要内容，是公共关系具体活动的依据。年度公共关系计划主要包括以下方面。

1. 设定公共关系年度计划目标

设定公共关系年度计划目标是指在公共关系工作长远战略规划分解下来的一系列系统的年度公共关系目标，包括公众利益目标、促进组织利益的公共关系目标、组织形象目标及具体公共关系活动年度目标等。

2. 确定年度计划内公共关系工作内容

确定年度计划内公共关系工作内容是一个把握对社会组织开展公共关系工作有利机会的过程，是对年度内常规的公共关系工作及可能开展的维护社会组织利益和组织形象的相关公共关系工作与公共关系专题活动等的系统性安排。这些工作对内与社会组织各个职能部门相关，对外与社会组织所处运营环境和公众环境相关，具体公共关系工作内容要根据公共关系调查结果、公共关系战略规划及对等的公众环境而定。

3. 年度公共关系工作预算

年度公共关系工作预算指对社会组织年度内所需开展的公共关系工作内容和专题性公共关系活动所需相关经费进行预算。在公共关系活动前必须考虑公共关系的目标、计划和策略来做预算，并对其合理性加以研究和评估，以确保年度公共关系工作的科学性及其正常运作。

（三）公共关系项目活动策划方案

公共关系项目活动策划方案，就是指基于一种进行战略思维和系统计划的能力，在公共关系工作的长远战略规划和公共关系年度计划指导下，对能帮助人们改变态度、明确观点、促进完成社会组织目标所需而开展的具体的专门性公共关系工作及活动进行策划而编制的具体计划。策划方案通常是结合专题活动形式对公共关系某具体实务性工作、项目活动或仪式过程的策划与具体安排，如一次内部公共关系建设拓展活动、某次塑造形象的公益活动、某次危机的公关处理等。方案的好坏常体现为通过执行该方案能否让社会组织一切恢复正常或能对社会组织有更良好的促进，即达到明确观点、改变公众态度及树立正面形象等功效。一份好的公共关系策划方案应能体现以下原则。

（1）明确的目的与主题鲜明。

（2）气氛热烈轰动。

（3）任务饱满并具有针对性，方法对等、程序缜密的过程和仪式。

（4）系统周全地考虑，具有整体性。

（5）形式规范、科学，考虑缜密，具有操作性和可行性。

（6）控制成本。

（7）创新、灵活，具有超前性创意。

（8）具有良好的预期传播和舆论导向效果。

第二节　公共关系工作

公共关系工作系统规划与策划的科学性，是基于对公共关系工作的深刻认知与了解。现代管理中，从管理决策咨询到全员公关，从内部公共关系管理到外部公共关系管理，从强化信誉管理到利用现代沟通传播平台和技术促进社会构建生态经营模式，公共关系可以说无处不在，且正在以更多的形式和内涵开展工作及履行公共关系职能；并且公共关系工作与职能的内涵，公共关系工作方式与技巧一直处在不断丰富、发展和完善的过程中，而人们对公共关系职能与工作职责内涵的理解和认知也在不断提升，并趋向丰富化和成熟化。

一、公共关系工作内容

（一）公共关系从业者工作内容部分列表

· 写作：这是最根本的公共关系技巧，写作的载体很多，从新闻报道到演讲，从宣传手册与整个领域的广告。

· 媒体关系：处理与媒体的关系是公共关系的另一个前沿职能。

· 策划：策划特别活动、媒体活动、管理职能以及类似事件。

· 咨询：处理管理以及与关键公众人群的沟通。

· 宣传：这是与营销相关的职能，经常被错误理解为公共关系的"唯一"职能，它能向客户或雇主积极宣传本组织。

· 营销传播：与营销相关的另一个职能，如制作宣传手册、销售文件、会议展示以及促销活动。

· 社区关系：向社区传递组织积极的信息和形象。

- 顾客关系：通过书面和口头的方式与顾客沟通。
- 雇员关系：与非常重要的内部人群、管理者以及公司雇员进行沟通。
- 政府事务：处理与立法者、监管者、各级政府官员，以及所有涉及政府事务接触的人士的关系。
- 投资者关系：对上市公司来说，就是要与股东以及给他们建议的人进行沟通。
- 特别公众群关系：处理与那些对特定组织有独特意见的人的关系，如从美国黑人到妇女到老年人。
- 公共事务的事件管理：处理公共政策、政策对组织的影响以及找到并处理对公司产生影响的事件。
- 网站发展和网络接口：制作一种通常意义上的组织与公众主要的结合点——组织的网站。同样重要的工作是监督网站并在适当的时候对组织面临的挑战做出回复[①]。

以上只是公共关系从业者工作内容的部分列表。事实上，现代公共关系管理工作已经形成一套完整的管理系统来促进社会组织更好地发展。这套管理系统既要求用发展的眼光立足长远，又要求兼顾当下来审视、规划和管理公共关系，找准方向和重点，采用科学的方法和技巧系统地开展对等的公共关系工作。不仅要考虑做好具体传播和沟通，还要求做好公共关系调查和立足于决策咨询、组织诚信和员工态度等方面来更深刻地审视公共关系工作；不仅要求社会组织能科学正确地快速反应和应对公共关系危机，还要求有更强的意识，从提升社会组织整体做起，做好组织文化建设和传播、品牌导向与管理、全员公关等工作来实现公共关系危机预防与回避等。当今环境下，立足社会组织及其公众利益双赢的各种信息沟通与咨询工作越来越重要，并需要用现代"互联网＋"技术不断扩大它的渗透范畴，以便更好地了解公众和影响公众，使得社会组织得以顺利进行。

许多社会组织常常因缺乏专业的公共关系意识和公共关系决策咨询能力存在官僚角色幻觉而迷恋威权效应，不能真正考虑公众利益，无视公众的反响并且不评估公众的反应，致使传播与沟通严重缺位或错位。相反，做得好的社会组织把沟通与传播作为组织运行的基础平台加以科学管理，常常通过有效和系统性的组织文化建设与导向工作，通过敏感训练和深度会谈等渗透性沟通方法，引导员工自我沟通及团队参与和学习，从而促进内部团队成员成长，提升社会组织核心竞争力及其员工应对现代竞争与环境变化的综合素质与能力。建立社会组织公共关系角色人和发言人制度，提升社会组织整体沟通的意愿、诚意和能力（如合格的演讲和发言人），在与人交往沟通时不是被卷入沟通泥潭中，而是能诚信和换位思考，以比较理性、柔和的，能更好被公众接受并能实现与公众良好沟通的技能和工作方式来推动沟通，如根据布吉尼3A原则的指导，在沟通中努力做到接受对方、重视对方、善于赞美对方等。

① 西泰尔 FP. 公共关系实务[M]. 潘艳丽，等译. 北京：清华大学出版社，2008：9.

（二）公共关系决策咨询工作①

公共关系的职能之一就是向高级管理层汇报，负责公共关系的主管有必要向 CEO 汇报，从而使公共关系成为社会组织的良心，影响管理层立足公众需求和满意及社会组织长远良性发展的双向考虑做出决策。传播学教授詹姆斯·格伦宁和托德·亨特提出，公共关系经理人扮演的是一种边缘角色，他们处在社会组织的边缘，成为社会组织整个管理体系的解释者，联系社会组织外部与内部的沟通。公共关系工作帮助公众了解管理层，也帮助管理层了解公众，影响改变公众态度，促进社会组织与它所面对的公众互相适应。这不仅指公共关系人员要具备沟通能力，还得掌握社会组织业务具体情况，掌握管理职能方面的知识以及高层管理者是如何思考运作的。因此，社会组织的公共关系人员应享有和管理层公开诚实交流的权利，帮助社会组织内外人员进行沟通，有见识、有能力地处理各种复杂的关系，对社会组织整个管理体系独立、可靠、客观及长期地与社会环境保持互惠互利的生态发展关系产生重要作用。如当产品质量出现问题时，社会组织总体方针有错误时，或社会组织有重大战略调整而大家一时难以接受时，公共关系人员应该立足公众的需求和满意度的考虑对社会组织给出比较专业的、具有说服力的、正确科学的建议改变局面，有义务让观点明确而说服众人改变态度，使得一切恢复正常。但很多社会组织没有这种汇报和沟通制度，这意味着公共关系没有上升到推广整个社会组织的战略高度开展相应的公共关系工作。这类社会组织其公共关系常常还只是停留在从属行政管理部门、市场营销部或者人力资源部等而只对这些部门的主管汇报，其公共关系的工作被错误定位为片面地为推广某项具体的产品或服务，或者只为内部人力资源部服务，又或者只为善后处理危机服务，甚至仅限于停留在日常的迎来送往等基础性公共关系工作，等等，只是局部性开展公共关系工作，而不是立足于为整个社会组织良性运行服务，或对整个社会组织进行推广等来开展相应的公共关系工作。

总而言之，当公共关系总监直接向高层报告时，各项工作的程序才能达到最佳的运作状态，而公共关系从业人员的本质是承担经理、管理层、各职能部门及形形色色的员工之间的一个沟通顾问的角色。

（三）信誉管理与良好舆论导向

信誉管理就是以诚信、尊重事实为基础将沟通与传播和社会组织的品格与行动联系在一起进行宣传、维护、保卫和提高社会组织信誉的过程。在现代背景下重视信誉管理从而赢得良好舆论，不是一种需要与不需要的选择，而是一种社会组织获得长期持续成功必不可少的重要因素，是公共关系的首要职能，是贯穿公共关系从业人员甚至社会组织全体员工职业生涯的基本工作职责。但舆论往往是一把代表集体意见的双刃剑，它捉摸不定又非常脆弱，具有一种强大力量。良好的信誉、正面形象和有影响力的领导则可以获得更多人的支持，并将大家团结在一起共同行动。负面的舆论会对社会组织的信誉与形象产生不良影响，使得社会组织难以正常运行或使其收益下滑。而建立可信性和培育赢得舆论青睐的

① 西泰尔 F P. 公共关系实务[M]. 潘艳丽，等译. 北京：清华大学出版社，2008：80.（有整理）

信赖可能需要社会组织及个人多年的努力，要毁掉这一切也许只需要几分钟的时间。可见，提高社会组织的信誉，以及加强舆论管理和影响舆论在现代社会组织的公共关系工作中有着非常重要的地位，是专业公共关系工作的核心。

从本质上看，社会组织的信誉由两个部分组成：一是通过"理性的"优质产品和业绩获得公众高认同度；二是通过"情感上的"行为因素，如优质顾客服务或 CEO 的任职表现等获得公众的高认同度。信誉对一个现代组织来说至关重要。好的品牌公司如阿里巴巴、肯德基等都宣称它们对信誉管理的重视，它们也都有其自身独特的良好信誉。事实上，信誉管理是将信誉和商业目标联系起来的能力，做好信誉管理将在竞争中给社会组织带来很多实际利益。建立和维护信誉可以提高支持率，可以更好地影响并说服别人。例如，能劝说消费者购买和推荐它们的产品，能更有机会获得投资人的投资，能吸引有能力的求职者加入该机构，能争取其他实力雄厚的大公司与它们合资。拥有良好信誉可以给其产品定高价，能获得口碑效益，在进入新的市场和引进新的产品时更有优势，能拥有独一无二的行业地位，等等。因此，正如伯克希尔-哈撒韦公司（Berkshire Hathaway Inc.）CEO 沃伦·巴菲特所说："我们可以赔钱，甚至是赔很多的钱，但是我们不能失去信誉，哪怕一点点也不能。"[①]有利于帮助社会组织对其大众信誉进行管理而必须做的工作包括以下几方面。

（1）倡导以诚信、尊重事实为基础的社会组织品格与行动。

（2）建立品牌、行业地位、亲和力和良好机构的形象。

（3）在关键的成员之间创建认同感、可靠性和信任感。

（4）直接面对公众，坦诚沟通，争取公众的内在信任。

（5）注重员工的一举一动，实施与全员公关的内部公共关系建设相关的活动，实现全员公关。

（6）更广阔地承担社会需求和责任。

（7）在社会组织面临攻击的情况下，做出努力以争取获取公众的支持。

此外，舆论源自人们对某一存在争议的事件所持有的态度，是受特定事件影响的人群中的众多个体意见集合，代表一种集体意见产生的影响力。而态度是意见和行为产生的前提，是人们对某一特定问题或议题表现支持、反对或无所谓（中立）的评价表现。公共关系咨询专家菲利普·莱斯利（Philip Lesly）曾经指出："企业如今面临的真正问题是外界的不可捉摸的公众的态度。"[①]由此可见，影响沉默的大多数的潜在态度以形成自己所希望看到的舆论非常重要。而在面对捉摸不定的事态、公众的态度以及舆论的风口浪尖上该何去何从时，管理层越来越倚重公共关系职业人员的专业性指导与操作。

通常情况下，绝大多数人的态度是漠不关心和冷淡，所以无论一个人在某个问题上的既有观点是什么，都需要一个考虑周全，能获得明确态度、坚定信仰、改变舆论效果的公共关系方案来影响公众态度，以便能够促成做好信誉管理和实现良好舆论导向，从而使公众形成社会组织希望的意见和行为（图7-2）。影响和推动态度，将潜在的态度转化成积极的态度是一个需要通过沟通获得公众支持的过程。

① 西泰尔 F P. 公共关系实务[M]. 潘艳丽，等译. 北京：清华大学出版社，2008.

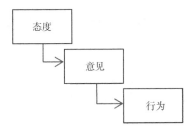

图 7-2　态度、意见和行为的关系

使用与公众需求和动机驱使相关要素进行清晰、体贴、具有说服力的沟通有助于促使公众态度变化而实现良好舆论导向。具体来说，可以考虑以下努力方向。

（1）对于感兴趣、愿意关注者可通过策划使用与其个人相关的、强烈而富有逻辑的语言来游说，对其起到很好的驱动作用。

（2）对于漠不关心的冷漠者应先考虑改变其情绪，如使用幽默或笑话引起其关注，用着装、语言或态度向他们证明你非常喜欢他们，而善用"你"这个词更有助于让听众接纳观点。

（3）可以考虑通过列举符合沟通对象（公众）自己的价值观、信仰、情感和预期的证据来说服他们。

（4）事实、情感、个人亲身经历都是能促进产生共鸣的元素。

（5）参与是一种很好实现强化认知的路径。

同时，我们还应了解，影响舆论的过程包括预测社会发展趋势，确定需要改变和修正的舆论方向，明确目标公众并聚焦主导舆论。

二、基于 CIS 系统设计的组织形象管理

组织形象是社会组织相关信息在社会扩散的结果，是社会组织的社会角色和身份在公众心目中的综合表现。组织形象本是社会组织自身各要素的综合构成，但却体现为社会组织留给公众的印象，是公众对社会组织的主观看法和评价的综合，常常反映社会组织和公众（含内部和社会公众）之间的一种心理关系。

（一）组织形象的战略化管理

在现代社会中，随着社会组织与公众的社会交往的增加，组织形象的作用在不断地扩散。一方面组织之间的相互识别越来越重要，另一方面这种相互识别也越来越难。公众的行为很大程度上受其心理因素和心理状态所制约，常常致使公众对社会组织的评价和印象并不完全反映社会组织的实在。虽然这种印象并不一定客观，但它反映的两者之间的心理关系却是一种客观状态。由此，社会组织需要上升到战略高度而全面、系统及发展性地对组织形象进行战略性管理，以便帮助和促进公众对社会组织的评价和印象与社会组织的实在保持一致。CIS 系统组织形象战略管理模式正是在此背景下提出的，其主要涉及组织形象整体性建设、整体性推广以及组织形象维护、调整、变迁和发展等。

（二）从"独特销售主张"、 整合营销传播到 CIS 的演变

20 世纪 50 年代，罗瑟·瑞夫斯提出了"独特销售主张"（unique selling proposition，USP），即通过挖掘产品功效中一个明确的具有独特性与差异化的特质主张向消费者提供"我与他人有何不同"的卖点来实现广告诉求。20 世纪 70 年代，由于产品同质化日益严重，卖点已经穷途末路，由此，"独特销售主张"理论发生由产品特质导向向走进"未来顾客的心中"转向，即追求占领消费者心智缝隙的市场细分和产品定位。20 世纪 90 年代，整合营销传播（integrated marketing communication，IMC）盛行起来，整合营销传播是指为了推广组织、产品和服务进行的公共关系与宣传、广告、促销和营销的集合体，名人代言、嵌入产品软广告、赞助运动会等都是常见的整合营销传播例子。整合营销传播的特征有：以由内而外的战略思想为指导，以利益相关者为中心，以整合、协调一切可能的营销传播手段为重点，传播统一的品牌形象、一致的产品信息、建立品牌与利益相关者长期密切的关系。整合营销传播强调将品牌的核心产品、核心技术、核心业务、核心运营能力以及传播的各种手段"捆绑"一体，促使社会组织产生一种整合力量，从其内部持续发出独有、一致的声音。

世界仍在悄然发生改变，品牌不再是强制制造出来的，而是逐步孕育而生的，社会组织被要求进一步更深层次整合品牌元素，即将组织的经营理念、行为规范和视觉识别进行三位一体的系统性整合来追求内在的高度统一，而不仅只关心产品是否符合客户需要。尽管现在消费者仍看重产品和服务，但公众的需求在不断地被唤醒，他们已经开始全方位地考察和评价社会组织的经营理念，并关心社会组织是否带来污染、是否存在歧视、是否可持续发展等。消费者从对产品本身的具体观察和体验，走向对社会组织品牌形象的整体感知和判断；从个体差异元素的辨识走向综合、长久归属感的形成；从对基本需求的实际利益走向追求精神满足的价值认同。因此建构全面系统表达社会组织识别的 CIS 理论实际上是给品牌注入组织文化的个性和灵魂，使得社会组织追求品牌的差异化不再是在复制竞争对手的核心主张后面加上一个"更"字，如更卓越甚至更正宗等，而是倡导理念与精神差异之下的和谐、复调。

（三）组织形象及其要素整合

如图 7-3 所示，组织整体形象整合和 CIS 策划设计是一个将社会组织各要素系统转化为传播要素的过程，即结合社会组织经营管理过程中各要素整合提炼社会组织的 MI 及 BI，并将其系统策划设计转化成可识别的 VI 的过程。这其中，MIS 处于主宰和支配的地位，是整个形象识别的关键，而 BI 和 VI 则是 MI 的延展与推广。

在 CIS 策划设计过程中将对各个系统的要素进行系统而又深层次的分析、提炼与设计，并分别进行一级指标、二级指标甚至三级指标的界定与分解。CIS 设计具体策划：建立 MIS、建立 BIS、建立 VIS，并构成 CIS 中具有多层含义的复合函数：

$$CIS = f(MI, BI, VI)$$

或

$$CIS = aMI + bBI + cVI$$

式中：a、b、c 分别为 MI、BI、VI 各自的系数。

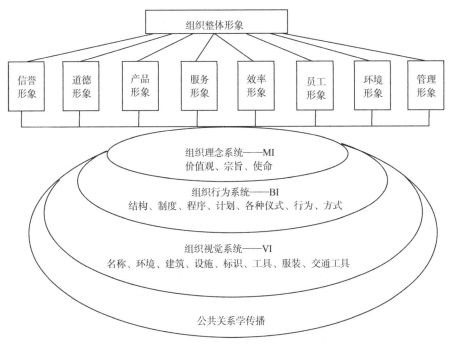

图 7-3　组织形象各要素相关性示意图

社会组织通过 CIS 设计与传播，期望能使良好社会组织理念真正渗透到社会组织运行具体过程与结果中，使社会组织的组织形象和文化日趋规范化、丰富化、系统化与完善化，使社会组织的内涵、形象和风格得以完整、全面与深刻地在组织内部与社会公众面前展示。

1. MIS

MIS 由社会组织理念系统要素的各项内容构成自身的函数关系：

$$MIS=f（事业领域，价值观…）$$

社会组织 MIS 要素的各项内容包含事业领域、价值观、企业精神、企业使命、经营宗旨、企业风格、行为准则、座右铭等，MIS 的策划既是对其内涵的提炼过程，也是将其理念系统要素转化成易于沟通与传播的表达形式的过程，可分为初级阶段策划、中级阶段策划和高级阶段策划。

（1）初级阶段策划，表现为提炼具有传播意义的理念口号。这种理念口号表达的是社会组织的价值观或经营宗旨中最核心的思想。例如：

IBM——"IBM 就是服务。"

美国电报电话公司——"普及的服务。"

百事可乐——"第一永远是最重要的。"

（2）中级阶段策划——拟定理念菜单，即从多个方面、多个角度创意和策划将社会组织的意愿与思想表达出来形成理念菜单以彰显社会组织更丰富的内涵。

例如，阿里巴巴网络技术有限公司（简称"阿里巴巴集团"）的理念菜单[①]：

mission（使命）

• To make doing business easy.让天下没有难做的生意。

vision（愿景）

• 通过小企业的 IT 化，解决小企业采购、销售、管理和融资的难题。

values（价值观）

• 客户第一，客户是衣食父母。

• 尊重他人，随时随地维护阿里巴巴集团形象。

• 微笑面对投诉和受到的委屈，积极主动地在工作中为客户解决问题。

• 与客户交流过程中，即使不是自己的责任，也不推诿。

• 站在客户的立场思考问题，在坚持原则的基础上，最终达到客户和公司都满意。

• 具有超前服务意识，防患于未然。

• 团队合作——共享共担，平凡人做非凡事。

• 积极融入团队，乐于接受同事的帮助，配合团队完成工作。

• 决策前积极发表建设性意见，充分参与团队讨论；决策后，无论个人是否有异议，必须从言行上完全予以支持。

• 积极主动分享业务知识和经验；主动给予同事必要的帮助；善于利用团队的力量解决问题和困难。

• 善于和不同类型的同事合作，不把个人喜好带入工作，充分体现"对事不对人"的原则。

• 有主人翁意识，积极正面地影响团队，改善团队士气和氛围。

• 拥抱变化——迎接变化，勇于创新。

• 适应公司的日常变化，不抱怨。

• 面对变化，理性对待，充分沟通，诚意配合。

• 对变化产生的困难和挫折，能自我调整，并正面影响和带动同事。

• 在工作中有前瞻意识，建立新方法、新思路。

• 创造变化，并带来绩效突破性地提高。

• 诚信——诚实正直，言行坦荡。

• 诚实正直，表里如一。

• 通过正确的渠道和流程，准确表达自己的观点；表达批评意见的同时能提出相应建议，直言有讳。

• 不传播未经证实的消息，不背后不负责任地议论事和人，并能正面引导，对于任何意见和反馈"有则改之，无则加勉"。

• 勇于承认错误，敢于承担责任，并及时改正。

• 对损害公司利益的不诚信行为正确有效地制止。

———————————

① 源于道客巴巴.

- 激情——乐观向上，永不放弃。
- 喜欢自己的工作，认同阿里巴巴集团文化。
- 热爱阿里巴巴集团，顾全大局，不计较个人得失。
- 以积极乐观的心态面对日常工作，碰到困难和挫折的时候永不放弃，不断自我激励，努力提升业绩。
- 始终以乐观主义的精神和必胜的信念，影响并带动同事和团队。
- 不断设定更高的目标，今天的最好表现是明天的最低要求。
- 敬业——专业执着，精益求精。
- 今天的事不推到明天，上班时间只做与工作有关的事情。
- 遵循必要的工作流程，没有因工作失职而造成的重复错误。
- 持续学习，自我完善，做事情充分体现以结果为导向。
- 能根据轻重缓急来正确安排工作优先级，做正确的事。
- 遵循但不拘泥于工作流程，化繁为简，用较小的投入获得较大的工作成果。

（3）高级阶段策划——形成理念手册。理念手册是通过对理念要素进行深层解释和理论剖析，从理念系统的各要素提炼和形成指导社会组织行为的准则与思想，是能唤起人们对理念的理解和认同的系统表达。理念手册更能系统而准确地告诉社会组织员工考虑问题的高度、角度与方法，以及为员工提供行为的依据与方式。

2. BIS

良好的 BIS 能起到正确指导和规范社会组织内部的管理、教育以及对外的一切经营、传播活动的作用，也是让社会公众掌握社会组织信息，识别、了解、认同社会组织，并能在社会公众心目中树立社会组织良好形象的重要途径。BIS 依据社会组织现实经营管理过程与 MIS 有机整合提炼构成自身的复合函数关系：

$$BIS = f（内部活动，外部活动）$$

常见的社会组织活动分为内部活动和外部活动。其中，内部活动包括：组织运行过程的整体建设，各项方针、政策、制度的制定与管理实施，生产运作，员工教育与培训，技术创新与改造，产品开发，内部关系协调与沟通工作，艺术与仪式，文化建设，团队建设及组织氛围营造等；外部活动包括：市场调查、广告宣传、产品销售、促销活动及营销政策实施、品牌推广及公共关系等各项对外协调与传播性工作、社会公益性活动、文化性活动等。对社会组织 BIS 进行设计，要求活动具有独特性、统一性及权变动态。社会组织的各项行为与活动表现与社会组织的理念系统相吻合，由质到量，从理念、目的、行为、语言到传播，既具体、独特又高度统一，一切活动过程的上传下达、对内对外均表现出既精准可操作，又以理念系统为核心而权变动态的过程，从而保证社会组织的各项活动及其具体内容互相衔接，形成一个完整的有机整体，以在公众面前塑造出统一而良好的社会组织形象。

现代社会组织 BIS 具有以下特征。

（1）系统决策，注重促进社会良性发展、社会组织持续性成长和长远发展的战略决策。

（2）管理更人性化。

（3）注重调查和理性科学分析公众需求。

（4）全员公关、满足公众需求并提供增值服务。

（5）以规范标准化仪式为行为基础。

（6）组织流程与分权有机整合。

（7）注重信息化管理、传播和沟通工作。

（8）处理问题既规范又权变弹性。

（9）强调清晰分工与合作紧密。

（10）学习与创新越来越重要。

（11）注重构建战略联盟与虚拟组织合作关系。

（12）重视全面树立优质形象和开展公共关系。

（13）注重打造核心竞争力、文化建设和团队工作。

3. VIS

有效的 VIS 可以将社会组织的精神、个性与风格充分地表达出来，让社会公众一目了然地掌握其中所传达信息的内涵，并因其生动、感人的设计而最具有冲击力和感染力。好的 VI 策划能实现不断强化的视觉冲击，例如，第一次视觉冲击，可以使人们产生印象；第二次视觉冲击，可以使人们感觉似曾相识；第三次视觉冲击，可以使人们永记在心，并产生友好的感情，最终使公众由识别、认知到接纳。VIS 由社会组织要素构成了自身的复合函数关系：

$$VIS = f（核心内容，基本要素，应用要素）$$

1）VIS 的核心内容

VIS 主要包括以下四个核心内容。

（1）商标——产品的标识。

（2）品名——品牌的名称。

（3）徽记——企业的标志。

（4）代表色。

2）VIS 的基本要素

VIS 的基本要素是指建立社会组织 BIS 的基本元素组合，是社会组织对外传达信息、诉求公众形象的核心部分。基本要素的规则性很强，要求社会组织的标志、标准字、标准色、标准符号、标准图形及对外进行传达、宣传的标语、口号等文字都必须按照要求进行统一。

（1）企业标志要求（mark）。

（2）标准字要求（standard words）。

（3）标准色要求（standard color）。

（4）基本组合要求（basic combination）。

（5）指定印刷字体要求（printing script）。

3）VIS 的应用要素

VIS 的应用要素可以是在社会组织对外传播系统中所有的可感知及可视的物品元素，

依据 VIS 的各项要求，在社会组织对外传播系统中对所有的应用要素实现统一表现规则。应用要素部分包括名片、信封、信袋、信纸、文稿纸、传真纸、留言单等。

4）形象要素视觉化策划与设计的管理

形象要素视觉化设计、开发、拓展和管理过程是结合社会组织的 MI、BI、相关社会文化、公众的心理与需求等对社会组织基本要素和应用要素进行开发、拓展、创意设计、整合与提升转化而构成 VI 体系的过程。其设计高端效果是让人对 VI 的设计传播记忆深刻而乐于接纳社会组织，低端要求是规避风险，防范 VI 的设计产生传播歧义而对社会组织造成不良形象影响。如星巴克的经典音乐，又如 2010 年网络上流传的《中国石油天然气集团公司新闻报道公文稿件慎用词汇表》规定：报道业绩时，不使用"垄断""暴利""豪门"，报道薪酬时不使用"高薪""涨工资""高福利"，报道资本市场时不使用"圈钱""市值蒸发""亚洲最赚钱公司"，且慎用"护盘""荣登股榜"等。同时，形象要素视觉化设计应结合受众选择 3S 论来考虑应对受众接收信息的效果。受众选择 3S 论即受众心理选择过程存在：①选择性注意。②选择性理解。③选择性记忆。

三、社会组织内部公共关系管理

在快速变化的信息化与知识经济及多方位关系参与的平台运作的现代环境下，倡导良好理念、提升员工综合素质及其应变能力（含沟通与合作能力），并通过打造社会组织的整体性为核心工作的内部公共关系管理来提升社会组织核心竞争力越来越重要。社会组织内部公共关系建设与管理包括如下内容：与社会组织战略、任务、各项政策以及劳动契约和心理契约相结合等为基础的员工关系管理，与非常重要的内部人群、管理者以及社会组织内部员工进行沟通，团队建设、组织文化建设、团队精神与组织文化传播，全员公关管理及组织形象整体设计整合相关工作的开展等。值得注意的是与传统的宣传、辐射性传播方式相比较而言，现代内部公共关系建立与管理过程中，学习、拓展、参与性、咨询、敏感训练、团队建设与文化管理等这样深层次渗透性沟通的工作方式越来越被重视而加以应用。

（一）倡导优秀组织文化

1. 组织文化[①]

"文化"一词来源于古拉丁文"culture"，本意是"耕作""培养""教习""开化"。中国最早把"文"和"化"两个字联系起来的是《易经》，"观乎天文，以察时变；观乎人文，以化天下"。意思是指圣人在考察人类社会文明时，用诗书礼乐来教化天下，以构成修身齐家治国平天下的理论体系和制度，使社会变得文明而有序。"文化"一词的本意中含有生活本身的行为、习惯和经验，以及对其的传播、教化和学习的过程，最后实现人认知事物的科学性与成熟，从而形成和获得一个文明而有序的社会关系状态。

当由单一的"顾客第一"服务口号转向"员工第一、顾客第二"的管理口号时，这意

---

① 周三多. 管理学[M]. 4 版. 北京：高等教育出版社，2014.（有整理）

味着一个源自社会组织内部管理提升社会组织核心竞争力——社会组织自身内部以组织文化为平台的综合素质发力的竞争时代的到来。社会组织是按照一定的目的和形式而构建起来的集合体，为了满足自身运作的需要，必须有共同的目标、理想、追求和行为准则，以及与此相适应的机构和制度，否则组织就会是一盘散沙。组织文化正是社会组织长期发展过程中积累形成的、具有相对稳定性并能对组织成员产生一定影响的一种社会组织的经营理念、精神宗旨等深层思想哲学，以及对其全员能自觉遵循与之匹配的行为表现的有机整合；是社会组织已经形成的、被大多数成员认同的价值观、思维方式、团体意识、工作作风、行为规范、行为方式与习惯的综合；是社会组织精神与物质的综合体现。

社会组织的组织文化有强、弱之分，组织文化的强、弱之分代表社会组织的员工关系的整体性程度及其社会组织是否真正具有自己鲜明人格化个性特征的独特性，即社会组织及其 MI、BI、VI 各具体相关要素间的相关性程度代表社会组织有机整合度的员工关系客观状态，表明社会组织价值观与员工整体性行为的一致性以及员工对组织文化的认同强度处在怎样的状态。

社会组织要在激烈的竞争中建立一个有利的立足点，保障社会组织战略得以成功实施，打造优秀的组织强文化和塑造良好组织形象是非常重要的基础性工作之一。良好的组织强文化在社会组织的内部能对员工起到良性导向、整合与激励的作用；对外则能树立良好组织形象并具有非常强的辐射作用，能产生一定的品牌影响力和品牌效应。一方面，具有自己独特的成熟价值观体系的优秀组织文化使其内部管理科学化、人性化，能帮助社会组织的员工不断成长和创新，能导向员工价值观与行为的高度整体一致性，能强化员工对社会组织的忠诚度和激发他们对社会组织的自豪感，形成一种强合力的员工关系，从而使社会组织具有持续性核心竞争力。另一方面，以良好组织文化为基础的组织形象这个品牌资本的重要性远大于任何简单的捐款等公益行为，良好的组织文化形象管理要求社会组织在做任何议题推动或与其他机构合作时都应爱惜羽毛，言行格外谨慎而一致，只有注重以组织文化建设为核心的自身良好形象，才能使良好组织强文化产生好的形象辐射效果，才能使社会组织很好地与其公众及环境的发展相适应，才能实现社会组织持续性发展。

2. 组织文化建设与倡导的过程

社会组织的组织文化建设与倡导过程既是一个环境分析、解冻、建设与再冻结的过程，也是一个以沟通传播为基本工作方式的过程。

1）环境分析

社会组织要做环境及竞争分析，了解社会组织当前需要做怎样的组织文化匹配来更好地实现组织战略。一般需要回答以下问题。

（1）社会发展趋势将对社会组织提出怎样的要求？

（2）社会组织战略将是怎样的？是否需要进行组织文化变革？如需要，那么需要怎样的文化体系？

（3）社会组织自身组织文化状况如何？存在哪些组织文化管理问题需要解决？如何解决？等等。

2）解冻

解冻过程是社会组织通过沟通和传播积极引导与激励强化员工形成对不合时代发展的、旧的固有组织文化中的价值观和行为习惯等加以摒弃与改革的意识，愿意摒弃滞后时代的固有思维，改变原有观念和态度，接受新观念和文化变革并愿意参与变革。组织文化是一把双刃剑，与社会组织发展战略匹配的组织文化可以帮助管理者拓展管理空间，可以指导社会组织把握正确的战略方向和促进员工良性行为而使组织战略顺利有效实施。但当时代的变化导致社会组织需要进行战略调整时，社会组织经过长期积累形成的原有组织文化将会成为和新战略不匹配的旧文化，从而成为新战略实施的障碍。因此，人们将改变旧观念，促使障碍化解的过程称为"解冻"[①]。

3）建设

组织文化建设工作含以下几个方面。

（1）提炼价值观体系，这是一个在公共关系调查和环境分析、精准定位社会组织战略的基础上，提出社会组织发展愿景和提炼与实施组织战略各领域相关的价值观、宗旨、方针及原则的过程，常常涉及社会效益、社会组织发展及竞争地位、创新、为顾客提供优质产品和增值服务、诚信与真诚、人性化管理、员工工作精神及学习成长等要素。

（2）结合价值观体系审视和咨询社会组织的组织设计、各种制度及政策、员工行为规范标准等是否与价值观体系匹配以及匹配程度。

（3）全面归纳、建立组织文化相关指标体系（如愿景、规范化程度、同一性、计划、团体学习、服务、效率、系统性等）。

（4）通过公共关系的渗透、沟通与传播和反馈等工作向员工导入与强化对价值观及行为规范的认知，直至改变员工态度和行为，以整合形成员工认同度较高的组织强文化。

4）再冻结

再冻结是指不断地通过公共关系管理渗透、沟通与传播等强化性工作维护新的组织文化在一定的战略时期内的重新稳定，是对员工的心理状态、行为规范和行为方式等进行不断巩固与强化的过程。

3. 组织文化建设与传播的路径

组织文化建设与传播的路径有以下几种。

（1）基于愿景管理、目标管理等的目标传播与导向。

（2）通过决策咨询和传播沟通推动社会组织科学制定和执行与其 MI 相吻合的制度、绩效考核、薪酬与激励等相关策略、政策来巩固落实组织文化的导向。需要说明的是，制度、绩效考核、薪酬与激励及其日常管理执行本身会传递出信息，因此，它们自身传递的信息科学良性与否本身就很重要。同时，还需通过科学的传播沟通推动来强化这些相关信息对员工行为规范导向作用，以巩固落实效果。

（3）加强和促进日常管理工作中人际沟通的柔性化及领导的科学性与艺术性的有机整

---

① 周三多. 管理学[M]. 4 版. 北京：高等教育出版社，2014.（有整理）

合等。

（4）系统开展相关宣传、沟通与传播工作，如树立标杆人物的榜样作用、讲故事、议题发起、制造新闻、开好年会等。

（5）做好员工参与（含正式组织性和非正式组织性）、团体学习、培训与拓展等管理工作。

（二）愿景倡导与高效团队打造①

1. 倡导全员共同愿景

共同愿景指来源于个人的愿景而又高于个人的、能激励人奋发向上的建立在组织及其所属员工价值取向一致基础上的愿望或理想，共同愿景能使所有员工自然而然地激发出自己的潜能，从而使组织发展产生不竭的动力。社会组织需要搭建一个学习型组织平台，鼓励和引导员工把工作与学习结合在一起而终身学习、全员学习、全过程学习。

美国麻省理工学院斯隆管理学院的教授彼得·圣吉于 1990 年在其著作《第五项修炼——学习型组织的艺术实践》中提出 "自我超越、改善心智模式、建立共同愿景、团体学习和系统思考"五大修炼。在这个全员共同学习过程中将引导员工实现以下内容。

（1）以厘清对我们真心向往的事为起点，设定最高愿望，并不断加深与我们的个人愿景相关的需要自我超越的部分，经过系统、深层次考究列出需要自我超越的清单。

（2）客观看待现实，集中力量和耐性，坚持，坚持，再坚持，通过激发保持"创造性张力"和克服"情绪性压力"来平衡愿景与现实间的差距。

（3）改善心理素质和思维方式，改变那些陈旧的、不合时宜的心智模式和对待事物的态度来适应世界的变化。

（4）通过发展团体成员的整体搭配能力与提高实现共同目标能力的团体学习过程来发挥团体智慧，做到真正的一起思考，交流共享，使组织产生远比个人深入的见解，使团体智商大于个人智商，使学习力迅速转化为现实生产力。

（5）团体学习与思考系统。团体学习与思考、交流过程中运用系统的观点看待组织的发展，将组织看成一个具有时间性、空间性并且不断变化的系统，思考问题时既要从看局部到综观全局，从看事物的表面到洞察其背后的发展变化，又要从静态的分析到认识各种因素的相互影响，进而寻找一种动态的平衡。

以上系统思考程度反映了社会组织内部管理中公共关系管理的渗透性、成熟性与科学性，而员工的自我超越、改善心智模式是基于团队学习的一种员工自我沟通和突破的过程。

2. 高效团队打造

高效团队打造是指以愿景和使命的导向为核心，以明确角色（专业）分工和团队规范为基本建设，以倡导和传播优秀团队文化，通过团队学习、深度会谈、敏感训练与拓展训练等参与式沟通为沟通传播平台进行有效团队开发和建设的过程。经过开发的团队能改善

---

① 何筼，陈洪玮. 人力资源管理理论、方法与案例分析[M]. 北京：科学出版社，2014：219.

和增强团队个体成员的沟通能力和对他人的敏感性与合作性，有效团队构建的过程不仅能鼓舞士气、留住人才，而且能提升员工满意度，增强沟通、合作和解决问题的意识与能力，能改善员工工作态度、提高社会组织业绩等。

3. 敏感性训练与拓展训练

敏感性训练法，一种讨论他人情感，提高对行为的洞察力，了解自身形象，感受相互关系和学习沟通的方式。敏感性训练的具体方式有集体住宿训练、小组讨论、个别交流等。拓展训练和冒险学习是通过绳索课程、攀岩、从悬崖壁滑下、野外搜索等培训项目来训练团队的项目。训练为受训者搭建一个许多参与者一起解决一系列问题和共同完成任务的工作过程中的实际表现平台，这个过程要求学员有互相了解、协商、沟通及互相学习和鼓励的意识，并要建立个体或团队的行动计划以及通过加强团队管理才能获得好的实施效果。这些行动计划能激励团队成员培养洞察力以及实施新行为，以完善团队在工作环境中的表现。

敏感性训练法和拓展训练都能帮助团队队员打开自己心扉且了解他人，增进团队成员之间的感情、熟悉程度和分享意愿，提升他们沟通和处理问题的能力，改变他们的工作态度和强化他们的主动性与合作性，使得团队队员置身一个积极快乐的集体之中。

4. 深度会谈[①]

深度会谈本身是一种开放性交流复杂难题的团队讨论和学习形式，是一个要求每个深度会谈参与者就所需探讨的重大与复杂的议题全部摊出心中的所有设想而以多样的观点进行探讨的过程。它能帮助消除团队成员个体差异带来的感觉不安和障碍而建立一种成员之间的良好关系与氛围。

深度会谈的具体步骤是：首先，每个人亮出自己的观点；其次，摊出自己的假设，将自己的假设"悬挂"在团队成员前面，让自己和其他人都能看到这个假设，以便不断地接受探询，并分析观点后面的假设，也就是支撑观点的原因或者论据；最后，互相分析这些论据是否正确与合理。

敢于"悬挂"假设需要一定自信心与勇气去面对别人的探询，参与深度会谈的基本要求如下。

（1）表达真实感受。

（2）在内心创造沉静的聆听环境。

（3）以自己和他人都能理解的方式表达意见。

（4）尊重他人——给予不同的人发表意见的空间。

（5）接受队员的意见并重新考虑自己的假设。

有效开展深度会谈，需要一个好的"辅导者"做好以下各项基本工作。

（1）了解和熟悉深度会谈技巧及其过程，成为会谈的提醒者或技巧的示范者。

（2）帮助参与者明白他们必须对深度会谈的结果负责。

---

① 源于百度文库（有整理）。

（3）营造平等开放的团队交流氛围，把握好会谈的方向。

（4）准确地把握会谈时机并有技巧性地给予启发或直接协助。

（5）切忌以专家的姿态出现，使成员分散注意力或忽略自己的想法及责任。

需要特别强调的是，深度会谈不是简单获得大家的一致同意，也不是为了驳倒对方的观点，它要求每个团队成员是一个善于参与深度会谈的学习型讨论者。这不仅体现在赞同者之间，还包括面对不同意见者甚至是反对者，尤其在意见出现重大的不一致需要为自己的看法辩护时，他们持有立场却不被自己的固有立场所"牵制"，他们不会冲动和固执己见地注重输赢，他们能自我控制地温和主张自己的看法而使更广泛的见解逐次出现，人们真正做到一起思考而彼此觉察思维中不一致的地方，充分发挥集体思维的威力使得每个参与者都可以弥补个人思维的局限性而获得自己无法获得的见解。

深度会谈不仅使人们变成自己和他人思维的观察者而发挥人的智力潜能，还在于团体成员之间愿意和敢于打开心扉坦诚相见地分享而感受彼此之间的真诚与发展出一种深深的相互信任和包容。充分分享和有深度的讨论与沟通促使大家互相之间都能深层次了解和获得更多理解，对事物的认知也更加清晰，有利于大家取得一致的观点而共同做出决定，心悦意诚地达成一致性并相互配合共同去执行，最终逐渐形成一种彼此视对方为工作伙伴的独特关系而成为共同合作的伙伴。

（三）基于公共关系理念的现代员工关系管理[①]

现代社会组织的员工关系在逐步由传统的劳资对立型转向互惠互利型及平等协商型，其实质体现的是一种以公共关系为基本理念的劳动契约管理与心理契约管理并重的管理模式，其工作方式也在单一地制定和执行工作制度、标准和政策，处理劳资关系的不良基础上转向通过加大政策咨询、文化建设和传播及学习型组织打造的力度来强化员工关系的心理契约管理。

1. 平等互利的现代员工关系

传统的劳资对立型的员工关系将组织与劳动者以利益为基础对立起来，强调组织与劳动者两大主体彼此的利益不同，双方都只会顾及自身的利益，这种员工关系因制约社会组织正常运转及其发展正逐步被时代所淘汰。而基于公共关系理念的互惠互利型和平等协商型员工关系主张对劳动者实行激励的办法，要求管理方和员工之间建立一种相互合作、相互信任、相互理解的工作局面，避免产生不必要的摩擦和冲突；强调社会组织与劳动者作为员工关系的主体和法律关系的主体，双方在人格和法律上是平等的，双方相互享有权利与义务，在处理双方利益关系的时候，遵循平等协商的原则，在组织运营过程中，主张劳动者应当与管理方或雇主一样，成为参与决策的重要力量，而且这种参与应该贯穿组织运营的全过程。基于公共关系理念的现代员工关系管理在强调劳动契约的基础上提出心理契约的重要性。

---

① 何筼，陈洪玮. 人力资源管理理论、方法与案例分析[M]. 北京：科学出版社，2014.（有整理）

2. 心理契约与现代员工关系管理

心理契约（psychological contract）是对劳动者应该为社会组织贡献什么和社会组织作为回报应当提供给劳动者什么的描述，由员工需求、组织激励方式、员工自我定位以及相应的工作行为四个方面的循环构建而成。相对社会组织与劳动者双方签订雇佣契约而产生的法律上的权利义务的劳动契约（劳动合同）关系而言，心理契约关系更强调立足社会层面上的社会组织与劳动者双方彼此间的人际、情感和道义。基于社会的进步和发展，心理契约在现代社会组织的员工关系中越来越重要。现代社会组织主要是以互惠互利型及平等协商型的员工关系为基础的现代员工关系管理。

3. 劳动契约管理与心理契约管理并重的现代员工关系管理模式

劳动契约管理与心理契约管理并重的管理模式基于人们充分意识到：当劳动者与组织及其代理人在诸如对工作的预期和理解、工作保障、晋升机会等问题上出现分歧，这种对于心理契约的违背和对劳动契约的违反一样，都会导致员工关系出现"冲突"的局面。只有当劳动契约与心理契约都得到满足时，员工关系才会呈现"合作"的形式。

劳动契约管理是指社会组织及其代理人与其劳动者在共同合作进行生产和服务，遵守既定的制度和规则，社会组织对劳动者通过提供劳动获取一定的报酬和福利等方面以相关法律为依据进行劳动契约管理。劳动契约管理界定清楚社会组织及其劳动者在就业、劳动权利保护、工作时间和休息时间、劳动报酬、劳动安全卫生与劳动环境、劳动纪律与奖惩、劳动保险和社会保险、职业培训、辞退和辞职、劳动争议等方面产生的法律上的权利义务，涉及员工关系管理的基础工作内容。而心理契约管理对劳动者在获取经济利益的同时还希望从工作中获得作为"社会人"所拥有的尊严、归属感、成就感和满足感的心理契约进行管理，即对员工关系的两个主体——社会组织与劳动者在双方合作过程中双方应承担的责任和义务进行科学的引导、协调与管理的过程。心理契约管理不是停留在简单执行劳动契约管理，而是在人性化完善社会组织的激励机制和约束机制的基础上，通过开展组织文化相关的传播及沟通引导等工作来强化对社会组织和员工双方的相互责任与义务的对等认知，以及强化员工关系中的社会层面上的双方彼此间的人际、情感和道义关系来实施员工关系管理。基于心理契约管理的现代员工关系管理充分体现公共关系管理理念，其主要目标是通过心理契约和相关沟通传播减少与避免冲突，提高员工满意度，改善员工凝聚力和归属感，降低员工流失率；核心是建立完善的心理契约让员工认同社会组织的愿景和价值观；关键在基于人性化完善社会组织的激励机制和约束机制，同时还将充分借助公共关系工作促进员工关系管理工作。

4. 基于公共关系理念的员工关系管理内容

1）劳动关系管理

劳动关系管理立足公共关系理念和借助公共关系工作促进劳动关系，包括员工入、离职面谈及手续办理，员工申诉、纠纷和意外事件处理等内容的管理，如基于规范和人性化实施相关管理及引导科学谈判等。

2）员工关系诊断与员工满意度调查

员工关系诊断与员工满意度调查包括关注员工的心态与需求，进行员工满意度调查、管理员工情绪等内容。

3）纪律管理

纪律管理包括科学、人性化制定工作行为规范的体系、准则和程序，制定激励员工努力工作的制度和机制并合理执行（这些本身就是信息源），完善社会组织和管理者对待员工的方式以及对员工的期望。同时通过展开相应的公共关系工作以引导员工遵守组织的各项规章制度和劳动纪律，增强员工的组织纪律性意识和规范员工的行为等内容。

4）员工沟通与咨询服务

员工沟通与咨询服务包括保证沟通渠道的畅通，引导组织与员工、各级别管理者与员工之间进行及时双向的正式和非正式的沟通，完善员工建议制度，为员工提供有关国家法律、社会组织战略、任务、政策与个人身心等方面的咨询服务，创建员工建立良好的人际关系的有利环境，引导员工建立良好的工作关系，协助员工平衡工作与生活的关系，实施员工援助计划，解决员工关系的问题等内容。

5）员工参与管理

员工参与管理包括制定员工参与政策，引导员工树立正确的价值观，明确员工的知情权，鼓励员工参与组织的管理和决策工作，建立员工俱乐部并组织开展对员工身心有益的员工俱乐部活动等。

6）组织形象传播和组织文化建设

组织形象传播和组织文化建设包括系统进行社会组织CIS形象与组织文化体系设计并加以传播。

7）冲突化解与谈判

冲突化解与谈判包括制定组织的正式和非正式的雇佣政策，完善集体谈判制度，建立融洽的组织与工会之间的关系、预防和处理谣言与怠工、危机处理、争端解决等内容。

5. 公共关系管理在现代员工关系管理中的应用

公共关系管理在现代员工关系管理中的应用具体路径有以下几种。

（1）将公共关系理念渗透到社会组织的日常管理与运行中。

（2）信息公开透明化与咨询。

（3）强化全员公关和搭建组织文化平台。

公共关系管理在现代员工关系管理中可采用以下具体策略。

（1）面对面沟通和咨询。

（2）意见箱。

（3）网络沟通。

（4）印刷出版物。

（5）内部视频。

（6）宣传栏与公告牌。

（7）成立专门的沟通传播工作小组，系统开展内部相关沟通传播和沟通审计工作。

（8）员工俱乐部活动。

（9）年会及给员工的年度报告等。

需要强调的是，即使是基于劳动契约（劳动合同）的基础管理工作，也离不开充分开展相关信息沟通、传播和导向工作，而结合公共关系管理运用的心理契约管理则能帮助促进员工关系中双方对彼此责任和义务的认知与理解，并站在更高的视野用发展的眼光来达成彼此的认同性。

第三节　公共关系活动策划

现代社会组织公共关系管理是一个融为社会组织做好决策咨询、利用现代沟通传播平台和技术与社会构建生态经营模式、通过强化信誉管理和内部公共关系管理等来提升社会组织的良好形象、核心竞争力及其对环境的适应能力为一体的系统化管理。公共关系策划是这个系统化管理过程中的重要环节，指公共关系策划人员在公共关系战略管理计划的指导下，寻找和把握实施公共关系具体工作或项目活动的机会，并根据社会组织发展、社会组织形象、社会组织公共关系工作的现状及现有的条件，提出公共关系具体工作或项目活动要求要达到的目标，设计具体的公共关系工作或项目活动行动方案的过程。这是一个需要创意设计公共关系工作或活动主题及相关内容，通过对策划的多个计划方案进行比较、择优，最后确定出能够达到目标要求的合适的、有效的及可行的行动方案的过程。

一、公共关系策划过程

公共关系策划大体分为境况与公众分析、确定活动主题、进行创意设计、形成策划方案四个阶段。

（一）境况与公众分析

公共关系策划的第一步就是对社会组织面临的社会境况进行全面认真的分析，对将要面对的公众进行分析和甄别，确定当前需要通过公共关系工作解决的问题，找出问题的核心、剖析问题的实质、提炼出产生问题的根本原因等，在抓住问题的关键后确定策划的目标并围绕此目标开展公共关系策划。公共关系策划的工作及解决的问题主要有：为社会组织提供决策咨询；加强社会组织内部公共关系管理和提升社会组织信誉形象；改善服务对象对社会组织产生的信任危机状况；与合作伙伴及相关外部公众（如媒介公众）增进了解，与外部公众之间的关系建立、协调、促进；加强和改善内部员工的关系建设；等等。

在这个过程中，公共关系策划人员必须不断地提出如下问题。

（1）我们所处的环境特点是什么？

（2）我们要面临和解决的问题是什么？我们要达成的目标是什么？为达成这个目标要做哪些努力？

（3）为达成这个目标，要采取哪些具体行动及到什么程度？

（4）我们有哪些机会可以为达成这个目标而努力？

（5）在这个过程中，我们必须说服和影响哪些人群？这些特定人群有什么特征和需求？

（6）怎样通过这些行动来说服和影响这些特定人群？

（二）确定活动主题

在确定公共关系工作或项目活动策划的目标后，用简洁、精练、明了、传神、具有亮点的主题性语言概括表达活动要达到的目标是什么，即设计出活动主题，所设计的主题必须能够充分体现活动的宗旨及活动的社会价值。主题的亮点是后续策划的依据和主线，是公共关系活动亮"眼"的创意和实现好的传播效果的重要保证，只有提炼一个鲜明、精彩、具有传神效应的亮点，才能起到感召公众、激发公众行为的作用。

（三）进行创意设计

创意设计就是要能够设计出以最精彩的方式高效果地表达出公共关系活动主旨。创意是公共关系活动策划的核心与重头戏，它是决定活动成败的关键；而能否设计出达到出彩效果的创意，需要设计策划人员既要有一定的实践经验，又要具备足够的政治、文化、心理、语言、礼仪、沟通传播及美学等方面的相关专业知识，同时还得深入调查，深层次地了解相关公众情况并能在设计策划时做对接。

（四）形成策划方案

公共关系项目活动创意策划结果将按照一定的格式写成书面的公共关系项目活动策划方案书。完美的策划方案书是说服管理层支持该活动的重要依据，也将成为公共关系工作活动开展的指南和依据。

完整的策划书书面表达格式应该包括以下六个方面。

（1）封面，包括题目、策划人、完成日期。

（2）序言，说明公关目的、要求、内容等。

（3）目录，是策划书的内容有序概括性表达。

（4）正文，包括确定问题和活动主题，环境分析、活动目标公众分析、需要开展的活动项目及其具体过程或仪式，方案实施策略及执行安排、经费预算及方案预测性评估等。

（5）附件，包括活动进程表及人员任务分配书、活动开支经费明细表、活动所需用品管理说明、场地使用安排表、相关资料、活动中及活动后注意事项说明等。

（6）署名，方案的最后部分，注明策划者和策划书写作时间[①]。

二、创意设计

公共关系策划中的创意设计是一个创意团队运用创意策划方法与技巧进行创意分

---

① 董原，陆凤英. 公共关系理论与应用[M]. 北京：中国铁道出版社，2015.

享、分析，以便开发创意元素和设计创意方案，并对创意方案择优审核以保证创意可行性的过程。

（一）创意设计的过程

创意设计的过程大致如下。

1. 组建创意团队

面对不同的公共关系策划目标，需要组建不同的创意团队来保证策划的专业性和科学性。公共关系策划是一场智力竞争，讲究谋略和技巧，组建一个好的创意团队是创意得以进行的人力保证。创意团队应具备以下特点。

一是规模适中，精干高效。从数量上来说，公共关系创意团队以 6～10 人为宜；从工作状态来说，创意人员应该积极热情、忘我投入、团队学习、系统思考，拓展固有思维模式，勇于自我超越。

二是结构合理。应由不同年龄、性格特征、思维结构、知识结构、专业特长和经验的人参加；同时需要强有效的团队领导在目标导向和士气激励方面起到一定的推动与促进作用。

三是气氛民主、平等。宽松的氛围，能使每个人都充分发挥自己的才智和创造力。

2. 创意分享与分析

创意团队组建后就开始进行创意分享与分析，首先明确创意主题并对创意主题进行分解阐释，使团队成员明晰创意的中心问题，并通过充分的创意表达和分享，不断地提出新颖、新奇的解决问题的点子。这常常是一个参与者高度自由联想并互相之间不断发生思想碰撞和相互启发来激发创意思维的过程。因此，要鼓励创意人员展开遐想，使大脑处于高度兴奋状态，并提出尽可能多的新奇点子。

3. 创意设计与择优

经过创意团队的创意思想碰撞和激荡，一些新奇的点子会从众多的点子中涌现，这时可选择优质创意并进行创意设计。一方面进行创意点子的筛选，另一方面将创意与策划的整体思路、活动内容、方式、手段等有机整合。

在进行创意点子的筛选时，需要注意的是对那些一开始就被众人一致看好的点子谨慎甄别。要避免大多数人看法淹没个别人的优秀的创意火花，善于从一些看似荒诞不被众人看好的点子中识别其价值并很好地加以利用，避免掉入人的思维容易遵从习惯而缺少创新的惯性陷阱中。策划最重要的特点就在于创新性、与众不同，成功的策划要具有创造性、超前性。

将创意与策划的整体思路、活动内容、方式、手段等有机整合，这既体现在大的系统与专业思考方面，也体现在细节处理方面。如通过色彩对比造成视觉刺激，但这色彩的选择应该能体现和社会组织的理念文化或一定的社会文化及公众偏好有机相关的考虑。

4. 审核创意可行性

策划的核心在于方案的可行性和实施的效果，没有可行性的方案，即使是再精彩的创意设计，也不会有丝毫的意义。可行性的审核从以下三个方面着手。

1）技术的可行性

优质的创意往往对技术有着较高的要求，一个独特的创意首先要考虑技术的可行性能否满足，如果技术上无法支持创意，再好的创意也只能望洋兴叹，需要对创意进行修改。

2）经费的可行性

是否符合节约成本的预算原则？是否属于公共关系工作预算范畴，被组织的财力允许？这些都是策划方案必须考虑的，而且应该立足活动效果及其活动效果对组织目标及社会效果的实现来科学地衡量活动成本。但不管怎样，因经费紧张而不能进入实施阶段的策划只能止于文案，哪怕策划很精彩。

3）其他条件的可行性

再好的创意也必须充分考虑相关约束条件，只有能实现的策划才是有用处的策划。过于理想化、脱离实际的方案，是没有价值的。在考虑经费和技术的可能性的基础上，还应具体考虑以下几个因素。

（1）足够相关的人员、时间、指导培训的保障。

（2）物质条件如服装、道具、场地等的匹配。

（3）文化背景条件，诸如观念、风俗、素质、行为方式的相融性与冲突等。

需要说明的是，创意各方面的实现条件保障不能限制在现有条件对等性的考虑，不排除通过努力争取各方的支持。但是否有争取各方支持的必要性是首先要考虑的问题，这主要从活动效果与成本、对应实现的组织目标及社会效果等角度衡量。一旦决定有必要争取相关支持，那么接下来如何争取相关支持恐怕是此公共关系策划方案自己将面临的另一场公关了，如游说高层给予更多相关政策，事前加大宣传获得各方公众对活动的更多认知、理解和支持等工作。

（二）公共关系策划中的创意元素

创意策划不仅体现为好的思路，还会从创意元素开发、设计着手有所追求，尤其应关注相应的关键因素。

对创意因素理解和分析常有的思路如下。

1. 环境背景因素

环境背景因素包括：社会、政治、经济形势、文化时尚与历史性以及民俗，潮流、事件、节日等时机；某些地理、气候、季节因素和在社会产生广泛影响的现象，如自然灾害。

2. 公众特征相关因素

与公众特征相关因素包括公众特定需求、心理定式个性、思维特点、即时心理状态等相关因素，如具有文化特征的色彩的使用。

3. 公众间的某种特定关系相关因素

公众间的某种特定关系相关因素包括生存和利益依存制约关系、权力领属级层关系、观念或情感关系、乡土亲缘关系、兴趣爱好关系、物质交往关系、同事同学师生关系等，以及这些关系的紧密疏松和连锁制约程度等。

4. 社会组织自身相关因素

社会组织自身相关因素包括发展历史、重大事件、组织文化、理念、人物、员工与团队、产品与服务、环境、管理等。

5. 关键性因素与因素关键化

关键性因素与因素关键化包括：标志性因素，如建筑物等物化因素、人物因素（如专家、榜样）、理念的提炼等；文化相关因素，如仪式、色彩、音乐及歌曲等方面的设计与追求；沟通因素，如演讲、表演、各种气氛烘托等。

判断哪些是关键性因素，或对因素进行关键化设计时，必须使这些因素具备两个基本特征：第一，能对公众产生最大效能、决定性制动作用；第二，敏锐感悟和发掘利用具有巨大潜在价值作用，但却被公众忽略而未引起公众重视或者未被公众理解。

6. 各种要素间的巧妙组合

各种要素间的巧妙组合指策划过程中不仅要充分考虑设计所需要素的发现、获得、开发和利用，还要研究各种要素间的巧妙组合使用，尤其是关键要素与其他要素的科学组合问题，如系统考虑、避重就轻、突出重点、妙造与巧借——寻找东"风"等技巧运用。

（三）创意策划方法及其技巧[①]

公共关系策划是一项智慧活动，掌握基本的创意方法与技巧并加以灵活运用有利于提高创意效果。公共关系策划常用的创意方法有如下几种。

1. 创意思维拓展方法

在公共关系策划中创意思维拓展方法有许多，以下介绍五种常用的方法。

1）经验法

经验法指按老思路和观念及过去成功的经验思维进行创意设计追求。这种方法的优点是能利用过去的丰富资源（如文化背景及相关元素）及吸收前人的经验与教训，充分利用公众思维惯性和定式；缺点是可能导致思维狭窄和缺乏新意。

2）扩散思维法

扩散思维法指离开原来固定的思维方向，突破原有的框架，朝着不同的方向和更大的范围多维度拓展思考与设计的方法，这种方法能使设计人员创意设计时思路大开、视

---

① 何修猛，熊茜. 公共关系实务[M]. 上海：华东师范大学出版社，2015.（有整理）

野开阔。

经验法与扩散思维法结合使用有可能实现经典元素与新创意元素的有机整合而吸引公众。

3）逆向思维法

逆向思维法指对一般正常习惯思维提出质疑而按反方向进行的思维活动，常常通过突破循规蹈矩、人云亦云和大家公认的定理常识而获得独创新颖的特色性创造思维。

4）联想法

联想法是一种由此及彼的大胆联系进行创意思考的方法。这种方法有时虽有点牵强附会，但往往能获得大胆的创新创意。

5）要素排列法

要素排列法是按一定要素进行排列比较选择的方法，常见的要素排列法包括三种：案例排列法、缺点排列法和亮点排列法。

2. 组织激发创意策划方法

1）德尔菲法

德尔菲法又称专家背靠背法，德尔菲法的基本特点是采取多轮反馈调整，参与策划的专家互相之间不相识地虚拟组合，发表自己的观点、意见和主张。参与策划的专家互相之间虚拟组合主要减少人际关系和社会心理等方面的干扰、压力与影响，使参与策划的人能无干扰地畅快提出自己的观点，经过观点多轮反馈，调整意见会越来越集中，使结论的科学性、可靠性越来越大。

德尔菲法的具体操作有四个步骤：第一步，把问题发给专家，专家单独、自由地提出看法；第二步，把问题统计、归纳综合，再发给专家由其评价并阐明理由；第三步，再归纳整理，重复第二步，反复征询与反馈；第四步，得出结论。

2）头脑风暴法

头脑风暴法又称自由思考法或奥斯本"畅谈会"，具体方法是召集 5～12 人由会议主持人就某一方面的议题或关键问题主持召开征询意见畅谈会，并实行四条原则。

（1）畅所欲言。禁止批评，即使别人的想法有时是幼稚的、错误的、荒诞的，也不得批评和下结论。如果有人不遵守这一条原则，会议主持人将提出最严厉的警告。这一原则又被称为保留判断原则。

（2）自由畅想。鼓励每个人拓展思路，构思越新奇越好。

（3）多多益善。创意构想越多越好，见解或建议提得越多越受欢迎。

（4）借题发挥。在别人想法的基础上拓展思路，巧妙地利用他人的想法提出更新更奇的设想。

在以上四条原则中最重要的是保留判断原则（畅所欲言）。头脑风暴法创始人 A.F.奥斯本认为，只有当会议成员严格遵守保留判断原则，会议才能称得上是名副其实的头脑风暴会议。为保证会议取得最佳效果，畅谈会时间一般不超过 1 小时，主持人在会议开始时简要说明会议的目的和要解决的问题或目标以及宣布会议应遵守的原则和注意事项，并一直鼓励和激发人人发言提出一切新奇构想，维护、保持会议的主题方向和会议的活跃气氛。

会议还应匹配一名专业记录员不遗漏地记录下与会者提出的所有想法，包括平庸、荒唐、古怪的设想。

3）冲突委员会法

和头脑风暴法畅所欲言提出一切新奇构想的做法相反，冲突委员会法指通过冲突委员会参与者对已形成的方案"吹毛求疵"来保证对方案相关思考更周密，从而使方案更加完善。这种方法可以使一些潜在的问题和隐患被发现与揭露，但需要参与者具有较高的专业水准，有良好的人格和健康的心态，有对事不对人的客观与中肯的态度，主持人应该把握好大方向和控制好局面，注意不要导致议论偏激并避免不必要的矛盾（尤其是人际关系矛盾）激化，以免会议违背和脱离"完善方案"的宗旨。

3. 公共关系策划常用的创意技巧

公共关系策划的技巧更具有操作性，常见公共关系策划技巧有以下几种。

1）名人效应法

名人效应法是指通过请社会名人或社会组织自身内部相关代表性人物担任社会组织或产品的形象代言人，为社会组织或产品做广告或参与社会组织各种相关专题活动等，这是一种较为普遍使用的公共关系策划基本的技巧方法，目的是借助名人的知名度来实现扩大社会组织或产品的知名度、美誉度和良好的影响力。通常选择作为代言的名人有演艺界人士、体育界人士、媒介人士、专家、典型顾客、卡通或电脑合成的某个形象、社会组织内部相关代表人物（如首席执行人、榜样式人物）等。

应用名人效应法应注意以下几点。

（1）综合分析名人、社会组织或产品、社会组织的目标公众，名人的类别、形象、气质与修养等和社会组织或产品特性及其相关公众应有相近性，选择的形象代言人要易于被公众青睐和接受。

（2）注意保持名人稳定性和一致性及其道德品质和生活作风的正面效应。形象代言人不宜频繁更换，否则会有损社会组织或产品形象的稳定性和一致性，而一旦作为代言人的名人的道德品质和生活作风遭受公众指责，社会组织或产品的形象必定受到损害。

（3）集公关与广告于一身策划和使用名人效应法，赋亲情、幽默、欢快及理性的理念和感性形式于策划中，而不是简单的说教和灌输型的单纯商业明星广告。

（4）防止名人形象对社会组织或产品形象产生干扰的现象，即公众记住了名人而忽略了社会组织或产品本身。

2）制造新闻法

制造新闻通常是策划者为达到提高社会组织或产品知名度和美誉度的目的，联合媒体对一些公众可能关注的事件或消息大肆渲染，制造出事件或消息的新闻价值，引起公众和媒体注意的公共关系策划技巧。制造新闻要求策划者具有敏锐的嗅觉，能及时发现社会组织日常工作中具有新闻价值的事件或消息，并能进行专业策划和运作。制造新闻是一把双刃剑，使用得当可在公共关系中大有建树，使用不当则会反受其害。

3）植入广告法

植入广告指将组织或产品的品牌、标准或实体呈现于文艺节目或其他形式的表演中，激发目标公众的好奇心和新鲜感，吸引和强化目标公众关注度的技巧。植入广告要求策划者具有对"度"的把握的良好能力，只有恰到好处地植入宣传才能博得公众对品牌的认可，过分夸张只能引起公众的反感。植入广告又称设置陷阱，早期的植入广告更带有隐藏性，但植入广告有由过去静态物化隐藏植入转向大张旗鼓动态情境化的趋势。

4）议题发起法

议题发起即借助突发事件和热门话题进行相关议题发起策划，并引导公众参与其中，以达到借势引起公众关注、提升社会组织或产品形象、促进产品销售或改善与公众之间关系的目的。议题发起要求策划者能快速及时和敏锐意识到热门、突发事件中所蕴含公众感兴趣的话题机会，并很好地把握机会将发起相关议题和热门、突发事件有机捆绑，借势实现社会组织或产品形象的舆论影响。议题发起法对策划者的素质要求很高并具有很强大的公共关系效果，常采用巧借妙造法，即采用地毯式轰炸或集中式轰炸，借对公众心理产生冲击力和驱动作用之事物与势力，让公众不由自主参与其中。

三、公共关系专题活动的策划书文案

公共关系专题活动的策划书文案包含标题、正文及署名等。

（一）标题

项目标题一般采用公文式标题，如"某某公司某某活动策划书"，涵盖了事由单位、事由和文体三个公文标题的基本要素。

（二）正文

正文是策划书的主体，内容比较庞杂，主要包括以下几方面。

1. 前言

前言也称背景介绍，即简略介绍策划这份文案的必要性背景。社会组织的任何一项公共关系专题活动的策划、组织和实施都不是无缘无故的，均有其特定的背景和需要。只有阐明了背景和需要，才能引出后面的具体方案，并使其具有一定的合理性，才能说明举办这一活动的迫切性和意义。

2. 调查分析

满足目标公众的要求是公共关系活动方案设计的基础，公共关系策划书中的调查分析是将与本策划相关的前期开展的公共关系调研情况做一个全面、概括性的阐述。其主要是分析社会组织的目标公众的情况和社会组织面临的公共关系现状，同社会组织的信念和发展利益相同、相近或利益关系特别紧密的公众常常作为工作的主要对象。目标公众的情况，尤其是主要公众的各种需求及权利要求，可以通过列表法列出并进行概括和分析。社会组织常见的公共关系现状及其相关活动有以下三种类型。

（1）为克服影响社会组织的负面问题或现状必须进行的相关修复活动，如消费者对社会组织评价不佳而导致市场衰退和销售锐减等。

（2）社会组织需要进行的一个特别专题活动，如新产品上市等。

（3）社会组织为维护声誉和获得公众支持需要进行的持续性活动，如以某个成功品牌来吸引新顾客等。

3. 目标体系设置

公共关系策划目标需要与社会组织的整体目标相一致，并结合整体长期目标设计短期可达成目标。一般设定的目标有四种类型：一是强化组织的正面形象；二是消除组织或产品的负面形象；三是所开展专题活动的效果；四是维持有利于组织运行的环境。在设定目标体系时要注意：目标不要偏高求全，目标之间不应有矛盾，存在矛盾时要合理均衡，等等。

4. 主题与创意说明

主题与创意说明指结合活动背景对活动主题及创意设计的缘由加以说明。

5. 项目活动和媒体计划

项目活动程序安排和有计划地安排新闻稿、专题节目以及专访活动，媒体计划尤其要对版面、时段、频道、重复率等做出细致的计划。

6. 组织机构设置和人员分工

根据策划活动的性质、规模及实际需要，建立相应的临时性组织机构，全面负责、承担活动前的筹备和人员的培训，活动中的协调管理及各项工作，活动后的效果评估和信息反馈。根据活动性质和需要，除活动总负责人及各项工作负责人外，还可设置宣传秘书组、技术制作组、对外联络组等小组。总之，各项工作任务应落实到每个成员，各成员有着明确的责任分工，各司其职。

7. 活动的评估计划

评估计划包括在活动进行中、结束后对公众反馈信息及活动进展情况和效果的收集、汇总、整理与分析。活动评估直接与公共关系活动目标有关，有效性、可信赖性、一致性与标准化是评估结果常用的指标。评估常用的方法有事后问卷调查、电话访问、一对一的面对面访谈、团体访谈和媒体曝光率等。

8. 活动的经费预算

控制好预算是公共关系人员的职责，体现在既要了解组织所承担的经费，又要论证公共关系目标切合实际的程度以及控制活动成本，同时还要保证公共关系活动项目必须建立在充足预算的基础上。编制预算方法有销售百分比法和目标作业法等，在明确目标和战略之后，公共关系人员必须列出实现目标的具体行动方案，并以此为依据做出切实可行的预算，以免随意挥霍。一般来说，组织的公共关系活动所需经费开支要包括以下几项：劳动报酬、行政管理费、传播媒介费、器材费、实际活动费、其他应急或机动的费用。如果公共关系活动由组织外部的公共关系代理公司来做，预算准则是确保客户清楚自己的花销是如何计算出来的，从而避免客户在接到账单后感到不满。

9. 时间表

在规划时间表时，可细分为三个方面：一是活动时机，需要考虑环境因素，如捐赠活动安排在春节前后；二是活动顺序和重头戏，如典型的模式策划活动开始要足以吸引目标公众的注意；三是活动细目安排，如新闻资料、小册子或电视座谈等都需要事先花时间制作和准备。

（三）署名

署名是方案的最后部分，需写明如下内容：策划者——公共关系公司或公共关系部名称、策划书写作时间——某年某月某日。

最后必须强调的是：清楚且完整的公共关系专题活动的策划书文案对实现各方面的有效沟通和获得支持有一定现实意义。

课后思考 >>>

1. 公共关系工作有哪些？内部公共关系管理的内容和路径有哪些？
2. 如何看公共关系 CIS 策划？
3. 简述公共关系创意策划方法。
4. 公共关系策划方案包含哪些内容？一份好的公共关系策划方案应体现哪些原则？

小米公关策划分析

美国市场调查机构 SA（Strategy Analytics）公布的一份数据显示，2014 年第四季度三星电子智能手机在中国的销量为 1210 万部，市场份额居第三（9.8%）。同期，中国企业小米销量为 1570 万部，市场份额达 12.8%，稳居冠军宝座。而苹果销量为 1340 万部，市场份额达 10.9%，排名第二。

小米仅用 5 年时间便从无人知晓变得家喻户晓，2014 年小米智能手机销量位居榜首，并在近 3 年的世界销量排行榜中跃居第四名。小米发展之所以如此迅速，无疑离不开其成功的公关。以下从公关角度分析小米手机热销的原因。

一、打口碑营销战，性价比高

在用户越来越关心智能手机性价比的背景下，小米手机以其优良的配置和低廉的价格不断地制造话题，吸引人们的注意力，同时从"发烧友"的小众出发，由点及面地逐渐扩大其在人们心中的影响力。

二、制造事件，为新机上市预热

利用网络和新机上市契机，制造、炒作各种话题引起轰动，为新机上市预热，提升知名度。

三、名人效应

利用雷军在 IT 业以及投资领域的光环塑造小米科技创始人雷军的个人形象并成功移接到小米上，将雷军的影响力成功嫁接到小米系列产品上，雷军也被称为"雷布斯"。

四、借助新媒体——微博

小米以微博这种新的信息传播工具作为载体，拉近和用户的距离，增加了用户对产品和小米品牌的黏性。

资料来源：根据百度百科整理

问题：对小米成功公关策划给出自己的评价与观点。

第八章

公共关系实施

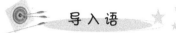 **导入语**

制订公共关系计划是研究如何形成好的解决问题方案，而任何一项计划只有经过实施成功后才能变得真正具有现实的价值和意义。能否在公众心目中树立良好的社会组织形象，最终要通过实施公共关系计划来实现，只有落实实施并实现其有效性的公共关系计划才是推动社会组织良好公共关系的最后驱动力。

 学习目标

1. 认识公共关系实施的特点及其重要性。
2. 掌握公共关系实施的原则、方法和技巧。
3. 加强对公共关系实施的管理过程的认知。

导入案例

阿斯利康企业并购之内部公关案例之二

续第七章的公共关系计划导入案例"阿斯利康企业并购之内部公关案例之一"之后，本章"阿斯利康企业并购之内部公关案例之二"主要介绍阿斯利康企业并购之内部公共关系计划后续具体工作的落实实施：项目实施、项目评估，并附上附件——阿斯利康生日活动实施过程概况，具体介绍如下。

项目实施

（1）迅速成立传播工作组，任命传播小组负责人，在两家公司中任命了5名工作组成员。传播工作组组长和其他小组，如销售、市场、人力资源等小组一同向中国区各合并办公室负责人汇报。因工作组成员来自两家公司不同的业务部门，首先要确保工作组成员内部的良好沟通和合作精神。

（2）传播工作组制定了合并期间的对内、对外沟通计划书。内部传播计划书中包括：沟通使命，小组成员结构，对内对外沟通主信息及工具，"最终产品"（final product）和期限，对每个"产品"是否成功的定义，以及可能出现的主要问题与挑战。

（3）为充分取得管理层对沟通工作的支持，传播小组组长争取到中国区第一次合并会议上第一个发言的机会。在会上，组长将沟通计划书发送到其他小组组长手中，征求他们的反馈意见。

（4）合并会议后，根据各小组反馈意见设计了"沟通责权表"（communications interdependency chart），明确每个小组在沟通方面的职责和相互依赖关系，使沟通成为每个经理人的重要职责。

（5）除了配合其他沟通工具，如 E-mail、定期沟通公告外，传播小组编制《快递》，每两周一期，用这一透明的传播手段遏制了不确定消息的产生。随着合并的深入，传播小组更加丰富了《快递》的内容，出版了《阿斯利康通讯》。

（6）建立内部沟通日志（internal communication diary）。为确保公司合并在中国的顺利进行，阿斯利康采取了与世界其他地方不同的做法，即建立双重领导机制（dual leadership mechanism），分别保留了双方公司总经理的职务。两位总经理的背景和阅历对公司的成功运作都是很有价值的，但也提出了一个挑战：两位总经理间的有效沟通，以确保他们的意图得到贯彻。建立内部沟通日志的目的即是明确两位总经理在内部沟通中的角色和主要任务。

（7）积极进行员工反馈活动。途径之一：随各期《阿斯利康通讯》附上反馈条，并针对员工的反馈，设立"问与答"专栏；途径之二：鼓励传播小组成员和不同部门员工接近，面对面地了解他们合并期间的切身感受；途径之三：调动各小组的积极性，让他们收集和反馈本部门员工的意见，预见本部门传播方面遇到的问题；途径之四：组织对员工的采访，将采访结果发表在《阿斯利康通讯》上。

（8）策划并组织实施新公司内部"上市"活动——阿斯利康生日活动。组织两家公司员工第一次面对面交流，并利用这次机会有效地传播新公司的企业文化（具体活动实施见附件）。

（9）在阿斯利康生日活动会上，宣布新公司中文名称征集竞赛活动，使员工们通过参与竞赛活动增强对新公司文化的理解。

（10）高层管理层任命后，传播小组立即组织了对他们的采访。新管理层针对员工反馈和提出的问题做出了相应回答，并展望了上任后本部门的发展策略等。

项目评估

沟通工作只是整个合并进程的一部分，但是却发挥了至关重要的作用。没有良好的沟通，员工就像是生活在黑暗中；没有有效的沟通，员工士气势必会受挫；没有充分的沟通，员工会始终被"涉我事宜"所困扰。通过沟通小组严密的计划和迅速有效的实施，这一艰巨的内部沟通任务取得了良好的效果。

合并后新上任的中国总裁艾瑞森说："我们的员工有着很高的素质，对合并及新公司的未来充满了信心。虽然阿斯利康是一家刚融合的新公司，但员工们的合作精神给我留下了深刻印象。这一切都使我个人对阿斯利康在中国的发展信心十足。"

亚洲地区合并办公室负责人评价说："中国的沟通计划是所有阿斯利康亚洲国家中最严密、实施最有效的一个！"各个反馈渠道收集的反馈信息表明：员工对有幸经历世界制药史上最大合并案之一，并成为世界著名制药公司中的一员感到骄傲。中国合并办公室负责人说："有效的内部沟通是加快两家公司融合最好的催化剂，我们很幸运在中国做到了这一点。"合并期间的沟通工作为新公司的内部沟通系统建立打下了良好的基础，保证了沟通工作在合并前后的一致性。由于沟通小组的出色表现，新公司成立后又被赋予了更重要的工作职责如电子商务等。

附件

阿斯利康生日活动实施过程概况

新公司内部"上市"活动——阿斯利康生日活动于6月1日如期在公司三大主要业务城市无锡、北京、上海举行，并邀请到公司亚洲地区合并办公室负责人参加。生日活动会上，两公司的员工首次坐到了一起，穿着印有新公司标识的T恤交叉入座，新同事之间有了第一次近距离面对面地轻松交流的机会。两位总经理穿着为他们定做的胸前绣着中国国旗和1999年6月1日字样的特别T恤出场。两位总经理非常感动，表示非常珍惜这件T恤，将留作永久纪念。生日活动会上，员工们聚集一起观看了全球总裁讲话的录像；在中国区合并办公室负责人悠扬的小提琴伴奏下（因工作繁忙已有25年没有拉小提琴），在现场全体员工齐声高唱的"生日快乐"歌声中，两位总经理共同切开了印有阿斯利康新标识的硕大生日蛋糕，将生日活动推向高潮；两家公司员工一起举杯庆祝这一具有里程碑意义的生日，并通过这一严肃又活泼的庆典深刻地感觉到新公司的企业文化。生日活动后，现场录像带寄到全国各办事处，那些因工作而无法到现场的员工也通过现场录像带感受到了生日活动的气氛。在阿斯利康生日活动会上，宣布新公司中文名称征集竞赛活动，以便使员工们通过参与竞赛活动增强对新公司文化的理解。传播小组负责人还将此项活动推广到亚太区所有用中文名称的国家，使这一活动在广度和深度上都得以加强。每个参与者都得到一份鼓励奖奖品，这份奖品是将他们的生活照印在公司的杯子上，每次倒入热水时照片便会显现出来，这将给大家的工作增添乐趣。两位员工最终获得了特别奖品——形如公司标识的纯金链坠及胸针。这一非常具有感情色彩的活动使大家感受到新公司如大家庭般的温暖。

资料来源：根据百度百科整理

第一节　公共关系实施概述

现代公共关系工作的开展是立足于按照公共关系战略计划、公共关系年度工作计划及公共关系项目活动策划方案构成一套完整的公共关系计划体系来进行的。本章重点涉及公共关系计划实施过程及其相关的管理。

一、公共关系实施及公共关系活动的类型

现代公共关系工作的开展不再仅仅是下意识地零星开展公共关系专题活动或对突发事故进行不利影响控制而采取应对措施那么简单。而是一个将公共关系理念、原则与公共关系从业者的工作内容〔调查、策划、写作、与各类公众（如媒体）关系处理、咨询、宣传、营销传播、网站管理、公共事务的事件管理、公共关系专题活动及公共关系危机处理等系统〕统一整合性执行的过程。它是公共关系工作四步骤法中最为复杂、多变的一个环节，同时它又应该涵盖公共关系调查、做出公共关系计划和策划公共关系具体活动并将其

落实于实施中，并对其进行评估的过程。要圆满地完成公共关系计划中所确定的任务必须很好地组织、协调、控制公共关系计划的实施过程；很好地对实施人员进行组织、协调、激励；在公共关系计划实施过程中切实运用最有效的方式、手段和技巧，并能灵活处理问题，这是一个艺术性和创造性的过程。

由于要开展的公共关系工作内涵和形式不同，且情境多种多样，公共关系工作人员所面对的公共关系工作任务、义务和责任也各不同，人们常把公共关系工作归纳为以下几种类型[①]。

（一）宣传性公共关系活动

宣传性公共关系活动是指综合利用各种传播媒介、宣传工具，向公众传播社会组织信息以引起公众关注，形成宣传攻势和力争在短时间内达成社会组织与公众的沟通，形成有利于社会组织的舆论环境的公共关系活动。其优点是信息覆盖面大，易形成广泛的沟通面，有较强的渲染性，有利于知名度的迅速扩大。具体的宣传传播形式有新闻报道（报纸、电台、电视），各种广告形式（报纸、电视、网络、路牌等），新闻发布会，宣传小册子，制造网红与抖音，等等。

（二）交际性公共关系活动

交际性公共关系活动是指以人际交往为主，以人与人之间的直接交往为特征的工作模式。交际性公共关系活动通过直接的人际交往，使社会组织与公众的沟通既直接又能进入情感层次，建立起比一般工作关系更牢固可靠的人际关系，具有灵活性、人情味、促进双方感情交流、增加公众（如员工）对社会组织的赞誉和忠诚度等特点。交际性公共关系活动方式包括访问、走访、座谈会、宴会、舞会、慰问、接待、个人书信来往等。

（三）服务性公共关系活动

服务性公共关系活动是指以向公众提供优质、实惠性服务为主要手段，让公众从获得实实在在的利益中感知、了解和评价社会组织的公共关系工作模式。这种服务一般含政府规定社会组织应尽的服务义务和社会组织为公众提供的超出法定义务之外的增值服务策略，如商店围绕产品的全方位的配套服务、各种信息咨询和良好的服务态度等。这是社会组织运用服务理念来争取公众更多支持的竞争手段和主动行为。

（四）社会性公共关系活动

社会性公共关系活动是指以举办各种社会性、公益性、赞助性活动提高社会组织形象的活动模式。其主要有两种类型：一是以社会组织本身的各种重大节日或活动为由头而展开，如开业庆典、周年纪念、文体活动等，借机邀请社会各界要人、名流等公众做嘉宾，增进与各方面的交往。二是以社区为中心开展公益活动，如赞助福利事业、文化事业，

---

① 董原，陆凤英. 公共关系理论与应用[M]. 北京：中国铁道出版社，2015.（有整理）

出钱出力参加社区重大活动，给社区以乐善好施、关心公众的印象，亦显示社会组织经济实力，从而起到传播社会组织形象的作用。这种模式通过积极参与社会事务的姿态宣传自己，可以避免硬性广告的赤裸裸商业目的而引起公众的排斥甚至反感。

（五）征询性公共关系活动

征询性公共关系活动是指以征询和了解公众意见为主要形式的公共关系活动，意在掌握公众心理需求并及时反馈给社会组织决策层，以帮助社会组织及时调整政策和行为到科学与正常的轨道上，并给公众留下社会组织的良好印象，同时也吸引和促使公众关注、了解社会组织，积极参与到公共关系征询性活动中。征询性公共关系活动形式有社会调查、接待投诉、有奖征集意见或广告词等、公布监督电话、走访用户等。

（六）建设性公共关系活动

建设性公共关系活动是指社会组织处于初创时期、推销新产品或开创新局面时期，迅速及时地利用各种传播渠道主动向公众做自我介绍，广交朋友，其目的是引起公众对社会组织的兴趣和建立知名度与美誉度。其具体活动形式有举办开业酬宾、公司有奖知识竞赛、征集企业口号、赠送产品免费试用等，或利用具有强影响力的传播媒介，迅速建立起自己在市场的名声。

（七）维系性公共关系活动

维系性公共关系活动是指社会组织已处于与公众建立良好关系的环境，为继续稳定发展而通过一定的活动持续不断地传递信息、稳定和巩固现有的良好关系。社会组织应与公众保持不时交往和不断相处的状态才能促进彼此关系的稳固发展。维系性公共关系工作常常以细水长流、潜移默化的形式进行，如折扣、生日礼品馈赠、积分有奖销售、会员制与VIP政策等。实践证明，树立形象是拓荒性的基础工作，润物细无声地开展维系性公共关系，不仅可以增进公众对社会组织的忠诚度而持续性维持与公众的良好关系，还能减少和节约大量公共关系费用，避免浪费。

（八）防御性公共关系活动

防御性公共关系活动是指社会组织为预防自身行为与环境发生矛盾而主动采取措施的公共关系活动。为保证社会组织与公众的良性互动，社会组织应当观察环境，了解公众，尽可能预计工作中出现的矛盾和危机而事先把工作做好，事先采取行动来尽量消除公众产生异议的机会。这种活动模式不仅体现了公共关系监测环境的预警功能，还要求社会组织把工作做得扎实与具体，如一方面对内加强对内部员工的公共关系意识教育与培养，服务精神的养成，并将服务内容、精神制度化，科学制定具体工作的规章制度、科学的任务标准、考核制度和各种政策并加强沟通，让员工对其充分理解和认同，约束员工不规范的行为并强化公共关系工作对基础管理工作的服务和促进作用，如加强愿景管理、价值观导向和文化管理，加强团队建设和品牌建设等工作；另一方面对外强化社会组织品牌形象推广和拓展各种与公众沟通的渠道，如为客户或公众拓展和提供各种相关便利路径、安排专人负责接待公众投诉等。

（九）进攻性公共关系活动

进攻性公共关系活动是指社会组织与环境发生严重冲突难以协调时为开创新局面或为更上一层楼获得更好发展平台时而积极主动开展公共关系活动工作的方式和模式。进攻性公共关系活动主要思路是减少对原有环境的依赖，积极主动寻找机会和开展相应工作。如为促进战略转移、产品转向、开辟新市场等展开公共关系工作和活动，寻找新的合作伙伴并加强与其的关系建设等。

（十）矫正性公共关系活动

矫正性公共关系活动即危机公关，是指当社会组织与环境及公众关系严重失调，组织形象严重受损时开展的修补形象、挽回声誉等相关的公共关系活动。社会组织面临危机的可能性永远存在，而且随时存在。因此，危机公关是非常重要的工作，也是公共关系工作的重点，社会组织的危机公关水平直接检验社会组织公共关系人员的公共关系专业素养、水平和能力，也直接反映社会组织的形象。

二、公共关系实施的特点

（一）公共关系实施的目的性、效果性和实施过程程序规范化

正如费雷泽·P. 西泰尔（Fraser P. Seitel）所说，如今的公共关系是一项有计划地说服大众的社会管理科学，专业的公共关系管理程序和其他类型管理程序一样，有清晰的战略方针和最低目标限定，由此制定具体的策略，每项策略包括预算、进度和资源分配。公共关系实施既要考虑工作是否是朝既定的战略方向努力，又要将工作中的具体任务、程序及仪式和各项执行指标执行到位，是追求公共关系实施的目的性、效果性和实施过程程序规范化的高度统一。

（二）公共关系实施过程的复杂性、动态性及应变性

公共关系实施是一个需要协调社会组织各相关部门、人员及政府、媒介、社区等有关公众，通过有效地对各个方面、各个环节和各种因素进行协调控制，规避实施过程中出现混乱和失控来获得公众理解、支持、参与、配合，实现对众多的目标公众产生预期影响效果的过程。同时，计划赶不上变化，公共关系计划和策划是对公共关系工作与活动的预期设想和安排，无法百分之百地对公共关系工作与活动做好全面系统的安排，并且在实施过程中涉及众多方面的各种因素往往随着公共关系工作与活动的全面展开发生一定的变化，所以公共关系实施是一个动态协调的过程。这也要求社会组织的公共关系决策者及公共关系人员面对环境变化和突发事件有较强的创新、应变和协调能力，对组织各个部门的全局意识和协同能力提出了相当高的要求，只有这样才能确保公共关系工作与活动实施实现最佳的效果。如在公共关系活动实施过程中，不仅要按照公共关系活动策划方案对一定的人力、物力和财力协调控制，还需要富有经验的公共关系人员在整个活动过程中随时关注可

能发生的某些始料不及的变化，甚至出现不良的场面和状况，能够根据活动进行中公众的态度、反应和具体情况的变化，及时制定对策来调整原来确定的活动，对各种复杂情况做出积极的反应，以确保公共关系活动顺利进行。相反，如果公共关系人员在公共关系活动实施过程中不能灵活应变、见机行事，而是一味按部就班、生搬硬套，则会脱离现实，使公共关系活动处于混乱之中而无法达到预期的效果。

（三）公共关系实施的形象传播性及影响的广泛性

公共关系实施过程的实质是一个将各种要素转化成传播要素实现信息传播及公众与组织双向信息交流互相了解和认识的过程；是有效宣传社会组织自身品牌，扩大社会组织在众多方面的影响力的过程；是能够改变突发的不利局面，改善社会组织与公众关系的过程。而要实现以上的有效性，必须有对等的足够任务的饱和度，能正确展示社会组织形象和符合公众心理需求的创意性工作方式与内涵，以及对此工作过程的执行力度和执行正确性与科学性来保证。

对于社会组织来说，持续性开展成功的公共关系工作与活动，对内可以赢得内部公众对社会组织的充分认识和理解，获得内部公众的更多支持和参与，能促进形成员工统一认识，增强凝聚力和进一步改进自身工作，是对社会组织的组织文化的一次很好的宣传和充实过程，为社会组织注入新的活力，从而为社会组织对外树立长远良好的统一形象打好基础，为实现社会组织自身的利益提供保障；对外可以大大增强外部公众对该组织的了解，使它们在一定程度上转变自己的态度与看法，从而实现对社会组织的认同，有助于提高组织的社会知名度、美誉度，提升社会组织的品牌认知度，这些将成为社会组织宝贵的无形资产。对于整个社会来说，新颖别致和倡导文明之风的成功公共关系活动对净化整个社会环境、提倡科学文明的社会时尚等都会形成潜移默化的积极作用。

与此同时，我们也要认识到失败的公共关系工作与活动会导致公众对社会组织的误解，会造成突发的不利局面，从而有损社会组织形象和给社会组织带来利益损害，甚至会向社会传递不良信息，对社会造成不良影响。

（四）公共关系实施的艺术性、文化性和创造性

公共关系实施的艺术性体现在公共关系活动策划中的唯美、新颖、别具一格、创意非凡、文化性追求能通过公共关系活动实施贯彻体现出来，并在实施过程中常常能做到情感先行、以奇制胜、诙谐幽默、灵活机智地处理问题等。

公共关系实施的文化性既反映为将以一定的相关对等的社会文化色彩为背景的各种策划通过实施过程呈现出来以符合对应的公众心理，甚至达到一定的传播艺术性境界，用文化的力量来感染公众；也体现为将社会组织形象上升到社会文化的高度及以社会组织自身文化高度来系统打造，以便公众能更全面、系统及深刻地认知、了解社会组织，从而更好地理解、接受、认同社会组织。

（五）公共关系实施的人情性和关系性

公共关系实施的人情性和关系性体现在以感情交流为基础的传播与交流以及以建立

和谐的关系为导向的传播沟通方法的使用和实施。只有符合公众情感倾向和情感心理的传播与交流才能获得公众认同和支持，从而和公众建立和谐关系。这就要求公共关系人员必须树立人性化意识和和谐关系意识，能通晓社会学和心理学，了解相关地域社会文化、风俗习惯，掌握一定礼仪和沟通技巧等来开展公共关系工作。

三、公共关系实施的原则

（一）目标与计划导向原则

目标导向是指公共关系计划实施过程中，要经常审视所进行的公共关系工作和开展公共关系的活动，与社会组织的战略目标、社会组织的公共关系战略目标和公共关系活动策划预期设置的活动项目目标及活动的主题是否保持一致性。

计划导向首先是要求具体的公共关系工作与活动始终是在公共关系战略计划下的对公共关系工作与活动策划的具体化，如对公共关系活动实施的控制不仅要审视其是否充分体现活动主题、活动是否符合公共关系活动策划方案及是否实现活动本身所希望实现的目标，还要审视其是否符合公共关系战略规划和服务于社会组织的战略目标实现。

（二）选择时机原则

正确选择时机是提高公共关系计划成功率而规避计划实施失败的必要条件因素，遵循正确选择公共关系活动实施的时机原则有以下选择思维逻辑。

（1）按符合公共关系战略目标和规划要求正确选择时机；如按战略规划循序渐进地开展社会组织形象建设和公众关系维护工作。

（2）在符合公共关系战略目标和规划要求的基础上，根据社会组织内外环境和契机寻找甚至创造时机，如避开或利用传统重大节日，避开或利用国内外重大事件，利用与社会组织发展相关的重要或重大时机点等。

（3）按事物发展规律正确选择时机，如人们不习惯接受任何突如其来的事情和变化，所以应该选择循序渐进地向沟通对象进行信息的传播与灌输；如选择一个符合公众心理，公众能接受，他们认为是正常的发展过程作为活动的时机；如事件发生后，新闻报道应考虑及时性和时效性；如不应在同一时间内同时进行不同的公共关系活动，以免其效果相互抵消。

（三）信誉管理原则

信誉对社会组织而言无疑是非常重要的，它能提高支持率从而促使社会组织获得很多的实际好处，如更多的投资、更好的口碑和实现更好的市场份额与行业地位等。所以公共关系工作与公共关系活动实施的过程中要坚持信誉管理原则，以建立和维护社会组织的信誉为基本，以品牌建设、提升社会组织的组织形象、亲和力，以及其在所处行业中地位为导向，坚持所做传播必须以事实为基础，力求做到讲真话、讲诚信，真诚做事做人和真诚考虑公众的心理与需求等。

（四）准备充分原则

为保证公共关系活动实施阶段顺利进行，实施前充分做好相关的准备工作非常重要，准备越充分，公共关系活动实施顺利进行就越有保障，失误就越小，绝对不能打无准备之仗。

首先要尽可能留有充足时间事无巨细地去做好活动的各项准备工作，如准备活动实施所需的物品和材料，做好有关人员的培训和团队精神激励，甚至仔细考虑到应与气象部门联系，提前了解项目活动日期的天气状况等；同时按活动进行需要做好组织分工并建立相应的工作纪律、考核标准和奖罚办法，建立准备工作责任制和检查制，严格检查公共关系活动实施需要做好的每项工作，并分配到专人去负责执行。

（五）控制进度及反馈调整原则

公共关系计划包含各阶段目标及一定的工作和活动的程序甚至仪式，就实施公共关系活动而言，活动实施过程中要求保证按活动程序和仪式的节奏开展工作，并将活动推向高潮环节以获得活动的有效传播效果。实施控制既要对实施过程中相对应的程序、仪式和节奏出现的差异或背离进行控制，做好各项工作和活动的协调与调度，也不排除围绕可变性因素来克服一定难度而创造性地开展工作，这是一个随机应变地克服活动可能存在的障碍的过程，要求妥善、及时地处理好各种突发事件来保证活动的正常进行，从而使公共关系活动的进程与客观条件和具体情况的变化保持动态的适应与平衡。"反馈调整"是根据公共关系计划实施情况是否达到了预期的目标和阶段性要求，而从目标本身是否可行、环境条件有无变化、有关人员的工作是否需要调整等方面进行分析，查明原因并进行必要的相应调整的过程。

在履行控制进度及反馈调整这个过程中，明确的控制目标和目的以及重视反馈信息非常重要。

（六）整体协调的原则

公共关系计划实施整体协调的原则强调在公共关系工作与公共关系活动的各个实施过程中，各环节之间、部门之间，以及实施主体及相关人员和公众之间和谐化、合理化，或尽量规避矛盾发生和减少发生矛盾的机会；而即使矛盾发生，也能及时加以调节解决。具体到公共关系活动实施则体现在各个实施过程中的如下要求。

（1）按活动进程的纵向协调和按活动展开各方面的横向协调。

（2）确保全体实施人员在思想观念上的认识和具体行为落实保持共同一致性，以保证实施活动的和谐与同步；做到统一意志、统一指挥、统一行动来提高工作效率；防止人为内耗以减少和杜绝人力、物力和财力的浪费；从而保证计划实施过程中所涉及的方方面面达到和谐、合理、配合、互补的统一状态。

（3）从活动一开始，每一个公关人员都应该密切关注公众的反应，有意识地主动收集公众反馈的各种信息并及时提供给活动的组织者，以便他们能够对活动的进度、节奏、内容等做相应的调整和有效的控制。强化信息沟通，保证信息的全面系统性、明晰性、一致性、完整性对接在公共关系计划实施过程中实现整体协调的工作很重要[①]。

（七）信、达、雅的传播效果原则

要在公共关系传播工作或活动的实施过程中达到信、达、雅的传播效果，必须在传播策划和实施中做到针对公众对传播信息有选择性注意、理解和记忆的规律有很好的把握与控制，力求传播中的信息真实、客观且具有雅致美，并确保相关信息的有效送达，即整个传播过程中不仅要做到引起公众注意，还要使其能理解和记忆深刻并有所触动，只有这样才能使传播产生良好的效果。

第二节　公共关系活动实施的环节及内容

公共关系活动实施与落实既需要遵循一定的办事规律，履行公共关系计划和公共关系活动程序，又需要极强的随机应变和灵活反应能力，协调好各种因素之间的关系，把握好各个环节的诸多细节而弹性处理。完整的公共关系活动实施需要把握好以下三个环节的工作：公共关系活动实施前的准备工作、公共关系活动过程的管理工作及公共关系活动结束时的收尾工作。

一、公共关系活动实施前的准备工作

在通常情况下，公共关系活动实施前的准备工作主要有以下几项。

（一）组织、协调社会组织各有关部门的关系

公共关系活动实施常常需要社会组织内部各相关部门方面的高度配合，统一认识、统一协调、行动步调一致才可能把事情办好，如公共关系活动策划方案需要得到组织决策部门的批准和支持，有些具有一定规模和重大的公共关系活动还需要社会组织最高领导亲自挂帅督促实施才能获得足够的支持度与资源协调性等，所以，公共关系活动实施前要按公共关系活动策划方案要求做好任务的组织分工，协调组织各有关部门的关系，使各部门及每个人明了自身在公共关系活动中应担负的工作和承担的责任，以及需要掌握的技能和技术等，并要明确相关的相互协调性，以获得齐心协力的支持和配合。

（二）进行相关人员培训和指导

为了保证公共关系活动实施高度协调一致性地有效进行，无论是专门的公共关系实施人员还是其他参加活动实施的相关人员，都有可能要参加公共关系活动前的人员培训，其目的和内容包括以下几方面。

（1）使每一个工作人员都能明确此次公共关系活动的目标、主题、作用和意义，在思

---

① 董原，陆凤英. 公共关系理论与应用[M]. 北京：中国铁道出版社，2015.（有整理）

想意识深处引起高度的重视。

（2）使每一个工作人员熟悉和了解活动过程与程序，对每个人所要担负的工作和应承担的责任，相互之间需要的相关协调性，需要掌握的技能、技术或相关仪式与礼仪要求，如与目标公众交往的专门技能和各种器材的使用方法等加以指导与培训。

（3）熟知和颁布相应的工作纪律、考核标准和奖罚办法，并加强活动过程和程序及相应管理相关的指导。

通过对相关人员进行公共关系活动前的培训和指导，力求每个人能在思想上达到高度一致的认同，在心理上的自信、热情服务、服从协调和提升责任感等方面的准备均能到位，以保证在公共关系活动实施过程中做到态度端正、任务明确、技能娴熟。

（三）准备所需的物品和材料

公共关系活动实施所需的物品和材料会根据具体公共关系活动内容要求不同而不同，常见所需有：租借或添置各种扩音、录音、照相、摄像设备等；准备运输车辆及其他各类物品，展台搭建所需及各种仪式履行（如剪彩等）所需等，如服装、标语、标识、横幅、展板、模型、礼品等，还须印制各类请柬、广告、宣传材料等。对所需物品和材料应做好筹备与保管的分工，并责任到人，实施清单管理，以免出现纰漏而对活动的正常进行和活动进行效果造成不良影响。

（四）与新闻界等外部公众进行联系和沟通

公共关系活动实施前需要周全考虑诸多相关事宜，并事先和各相关方面或相关公众取得沟通联系，预先确认和安排好必要的相关事宜。如预先确定要邀请的作为活动嘉宾的相关人员，像政府、新闻界及其他的外部公众的代表等，要提前与他们取得联系并派人呈送或邮寄请柬；将活动安排及广告宣传计划告知各新闻单位，求得它们的支持与合作，并提前联系刊登、播放广告和邀请记者在活动中采访、报道等相关事宜；如果是大型的露天活动，还须提前与交通管理、市容监察等有关部门进行联系，取得它们的批准并提供一定的方便，等等。

（五）活动现场布置及活动前准备

公共关系活动开始前须有专人按照策划方案的要求对活动现场进行装饰、布置，以营造活动所特有的气氛和环境，有时这项工作会委托非常专业的相关公司来执行，如花卉设计等专门的会场设计公司等。准备工作的具体要求可有以下体现。

（1）现场布置应凸显活动主题并和特定的社会组织形象及对应的文化要求相符。

（2）体现隆重、别致、新颖且整洁，但不铺张、不呆板，注意色彩等各种传播资源的使用及合理搭配，保持视觉上和摄影、摄像的良好艺术效果，能使在场的公众受到一定的感染并留下深刻的印象。

（3）活动现场在格局上应具有和谐、平等、融洽、便于交往、轻松舒适和不感到拘束、压抑、沉闷等特点。

（4）各种相应的设备要件也要提前到位，对相应的设备进行仔细的安装、调试，确保正常使用，万无一失。

（5）认真考虑相关的公共关系礼仪要求，如必需的座次安排；并对安全、交通和人员进出过程中的先后次序等问题进行安排布置，防止活动现场出现拥挤、混乱场面。

（6）活动开始之前，工作人员也应全部到场各就各位，以训练有素的专业形象和饱满的精神进入工作状态，彬彬有礼、热情真诚地迎接前来参加活动的每一位公众，并严格执行工作程序，有及时和他人配合协调地参与整个活动的意识。

二、公共关系活动实施过程的管理工作

随着公共关系活动的开始，策划方案的实施才真正进入实质性阶段。活动进行过程中应尽力做好以下五个方面的管理工作以保证整个活动收到预期效果。

（一）对人员的管理

做好对公共关系活动人员的管理是确保活动成功最为关键的因素，具体涉及以下几方面。

（1）强化公共关系人员的职业道德与敬业精神，自觉地用热情服务、重视公众等公共关系的意识和准则要求自己。

（2）使各级负责人认真做好组织工作，随时关注公共关系人员在活动的各项任务中各尽其责、相互配合的情况，并对出现的意外或突发情况及时进行人员工作和情绪协调与安抚以保证公共关系工作和活动的正常顺利进行。

（3）加强对各小组、个人的责任和纪律约束，建立合理的工作考核指标，对每个人在活动中的工作表现和绩效做出公正、客观的衡量与评价。采取奖优罚劣的措施，激发公共关系人员的竞争意识和荣誉感，形成激励机制，促使他们充分发挥主观能动性、创造性，积极主动地做好本职工作，提高效率，争创先进。

（4）使各级负责人认真做好领导和沟通工作，发挥身先士卒的模范作用。关心、爱护每一位公共关系人员，及时帮助他们解决实际困难和具体问题，重视并积极采纳每个人的合理化建议和意见，努力创造一种和谐、民主、平等相待的工作气氛，注意体谅他们工作的辛劳，使大家都能心情舒畅、全身心地投入公共关系活动实施过程中。

（二）对活动过程中任务和进程的管理

（1）明确公共关系活动总体目标、各项分目标及相应的指标，对这些相关目标和指标做好目标导向与控制，并根据这些相关目标和指标做好组织分工与现场协调工作。

（2）原则上可按既定的计划进度、程序规范和仪式贯彻实施策划的公共关系活动方案，规范地、有节奏地执行公共关系活动策划方案中的公共关系活动和任务。但出现实际情况与原来的计划不一致而有变化时，则要求能做到以变制变、快速调整，创造性地开展工作，甚至按事先已策划和熟知的备选方案来开展工作。这其中需要根据一些突发事件和失误而随机应变，灵活处理。

（3）注意控制活动进程中的节奏，对每天、每项工作的实际进度进行及时的检查和控

制。根据整体情况做好各环节协调，保持相对统一的步调。

（4）重点关注沟通与活动高潮推进工作以确保活动能带动现场气氛和公众情绪，并做好活动结束收尾工作，以保持活动善始善终。

（三）对信息传播的管理

公共关系活动中从头至尾存在信息的双向流动。有效、及时、迅速、准确地传播社会组织信息及活动内涵体现的信息并接收公众信息，是每一个公共关系人员义不容辞的责任和工作。因此，在活动中对公共关系人员工作的管理，在一定程度上就是对信息的管理，主要体现如下。

（1）凸显活动主题和目标。

（2）凸显社会组织形象和文化要素。

（3）在规范工作的基础上，公共关系人员应有意识和能力通过自身努力来消除与目标公众之间可能存在和出现的各种沟通障碍，如能及时反映和处理双方在语言、习俗、观念上的差异，态度、情感等心理因素产生的不良影响，以及传播渠道、方法技术上的不对等方面引起的沟通障碍，以保证信息交流的畅通无阻。

（4）做好发言人管理，把控好讲话或演讲的主题、内涵以及管理好发言人的情绪和精神气，确保做到主题鲜明、思维逻辑严谨、立场鲜明、客观公正，表达的感情、情绪及方法对等，能起到正向舆论导向的效果和影响力。

（5）针对目标公众在认知、态度和心理承受能力方面的不同，公共关系人员在活动的不同阶段，应逐步、有区别、分层次地进行传播，并结合现场变化适当有机地调整、改变所传递信息的内容、数量、形式，确保传递的信息既不脱离主题，又有适当的变化和差异，避免片面性、雷同重复及引起失误、误会。

（6）收集公众信息与传播组织信息，为活动结束后的评估工作及后续的公共关系活动和公共关系活动的宣传工作提供直接的依据与生动的新素材。

（四）对活动现场的管理

首先应做好各种接待工作，使每一位参加活动的公众都受到热情周到的礼遇，并感受到亲切、温馨和尊重；其次要维持好现场的秩序，使整个活动始终井然有序地进行而避免出现混乱、失控和造成不良影响的局面；最后要有效地控制现场的气氛，防止出现太大的起伏和波动而妨碍活动的正常进行。

（五）对各种物品的管理

本着能满足需要、便于使用和尽量节约的原则，加强对活动中各种物品的管理以免延误工作，尽量避免损坏、遗失或过快地消耗而造成不应有的浪费加大活动的成本。对于那些可重复使用的物品，应尽量回收，多次利用。对于贵重器材的保管、发放、使用和回收等，都应有专人负责，登记在册，有账可查。

三、公共关系活动结束时的收尾工作

公共关系活动应善始善终，使结尾也像开头那样完美无缺。这样才能给公众留下一个圆满而美好的整体印象。所以，公共关系活动结束时的收尾工作亦应引起高度的重视。

（一）做好撤离现场的协调和维护工作

在活动临结束时，组织的最高领导应亲自出面，真诚地感谢出席、参与和关心本次活动的所有公众。公共关系人员应热情地欢送每位在场的公众，并维护好撤离现场的秩序，必要时提供交通工具，对于年老体弱、行动不便的公众还须由专人护送到家，真正使人们满意而归。

（二）仔细回收、清点、归还各种物品，清扫活动现场

在活动结束后，要仔细地回收、清点、归还各种物品；清扫活动现场，使之恢复干净、整洁的原貌，使公共关系工作保持善始善终的良好效果。

（三）召开活动总结会议

尽快召开全体工作人员会议，肯定每个人的努力及付出，感谢每个人的辛勤工作，表扬活动中贡献突出的人员，总结本次活动的成功经验与明显不足，并及时慰劳大家。

（四）安排后续工作

为活动结束后的评估工作做充分准备，撰写总结报告并向高层管理汇报；安排人撰写本次活动的新闻稿或跟踪媒体报道，做好后续与媒体沟通工作；登门感谢对活动提供方便的有关单位或个人。

第三节　公共关系实施障碍及排除

公共关系计划实施是实际解决问题和反映公共关系工作效率与效益的重要环节，公共关系计划的实施结果体现公共关系计划实现的程度和范围，以及公共关系计划实现程度的可能性。而最后实施效果和公共关系实施障碍及其排除具有一定的相关性。公共关系实施障碍主要来自三个方面，即公共关系计划及其活动策划方案本身的障碍、实施过程中的沟通障碍，以及突发事件的障碍。

一、源自公共关系方案的障碍及其排除

公共关系工作开展的一大障碍源自公共关系计划的不成熟，如所做策划和实施的某一具体公共关系活动方案未能与社会组织的战略目标保持一致性，表现为无视甚至不做公共关系战略规划而随机零星开展公共关系工作与活动，其结果是导致公共关系工作的短视行为而使得公共关系工作变得零星化和片面性，从而缺乏长远性的社会组织形象与良性公共

关系的建设。源自公共关系方案的障碍主要体现在以下几方面。

（1）公共关系战略规划与服务于社会组织的战略目标实现不符。

（2）公共关系活动方案策划与公共关系战略规划及服务于社会组织的战略目标实现不符。

（3）公共关系活动主题与公共关系活动方案策划不符。

（4）公共关系目标不正确、不明确、不具体。

（5）公共关系活动主题不正确、不鲜明。

（6）公共关系活动方案策划中任务不足、不对等，任务、仪式程序不规范，执行操作标准不明确等导致无法保证实现公共关系目标。

（7）公共关系活动方案策划中任务偏离公共关系活动主题。

（8）公共关系活动方案策划中任务实施条件不成熟或无法保障。

在公共关系计划实施的过程中，基本上要根据计划方案所规定的内容进行，如公共关系计划出现以上不符现象，从一开始就会导致公共关系计划实施结果出现偏差而得不到好的公共关系效果。因此，要想有效地开展实施公共关系工作与活动，实施人员就必须在开展工作之前从以下几个方面检查排除各种公共关系计划障碍。

（1）认真审视社会组织的战略目标，确保公共关系战略规划符合服务于社会组织的战略目标实现。

（2）检查公共关系活动方案策划和公共关系战略规划的一致性，方案的目标是否正确代表所期望的结果，如是否符合公众心理、需求和利益。

（3）检查计划的目标是否明确、具体及可否进行比较和衡量。

（4）检查计划的目标是否是计划实施者在职权范围内所能完成的。

（5）检查计划的目标是否规定了完成的期限。

（6）检查公共关系活动主题的对等性与鲜明度。

（7）检查方案策划中任务与目标及主题的对等性、任务的程序与仪式的合理性、任务饱满度和节奏性，如是否有将现场气氛推向高潮的环节和情景。

（8）检查方案策划中任务实施条件匹配情况，含相关人员配置。

如果以上相关方面有疏漏，实施人员需主动与计划制订者和管理层取得联系并促使其重新修订。

二、源自沟通的障碍及其排除

公共关系活动实施过程中的传播沟通并不是一帆风顺的，它常常会因为信息内涵不对等、不清晰、不明确，传播沟通工具运用不当、方式方法不妥，渠道不畅，公众无法理解等沟通障碍而使传播沟通的实施工作不能如愿以偿，具体有如下几种常见的沟通障碍[①]。

---

① 董原，陆凤英. 公共关系理论与应用[M]. 北京：中国铁道出版社，2015.（有整理）

（1）语言障碍。语言是人类最重要的沟通工具，却又是一种极复杂的工具，运用不当会引起沟通误会、麻烦甚至纠葛。常见语言沟通障碍涉及语言的地域性、语意、语气、语言表达和使用技巧、肢体语言及情感等方面的原因。

（2）习俗障碍。习俗是人们在一定文化历史背景下经过长期积累形成的约定俗成观念和习惯行为方式，涉及道德规范、礼仪、审美、传统风俗习惯等，是调整人际关系的社会因素。不符合一定环境背景下的习俗实施的公共关系活动注定会失败，虽然习俗不具有法律的强制力，但通常会受到社会的舆论与监督而迫使人们入乡随俗；而无法因地制宜、入乡随俗，则有可能导致误解、反感甚至产生仇视。因此，在实施公共关系活动的过程中应重视善用习俗的问题。

（3）心理障碍。心理障碍是指人的认知、情感、态度等心理因素对沟通造成的障碍。如日常生活中的意见冲突往往是由于沟通双方对事物认知假设不同而导致意见难以统一；而情感的失控、感情冲动时往往听不进不同意见也会导致沟通受阻；又如先入为主的态度和迷信权威都可能产生沟通或判断的错误，等等。因此，沟通和传播过程中，关注和加强心理障碍方面的疏导与处理有一定现实意义。

（4）组织障碍。合理的组织结构能够有效地进行内外沟通；相反，不合理的组织结构则会成为束缚沟通的绳索。沟通过程中的组织障碍主要表现在以下四个方面：传递层次过多、机构臃肿、条块分割严重过度、沟通渠道单一。传递层次过多导致信息失真，机构臃肿造成沟通缓慢，条块分割造成沟通"断路"，沟通渠道单一造成信息不足，如单向沟通就难以做到信息上情下达的畅通无阻。

公共关系传播沟通时，公众时常抱有漫不经心甚至敌对、不信任的态度，要想改变这种局面，需要深入了解公众心理，研究沟通的障碍并排除它，在传播和沟通内容与呈现方式上尽可能适应公众的心理、需求，消除其抵御心理，通过掌握和运用一定的动员、说服公众的有关方法和技巧，以产生对等的有利舆论导向而激发公众对社会组织的认同与做出社会组织希望的行动，或服务于处理好突发事件使一切恢复正常。沟通障碍的排除应注意以下几方面。

（1）对公众保持充分、客观、理性认识，并牢记以下基本事实。

①公众有其偏好的传播媒介。

②公众是由许多受到各方面影响的个体构成的。

③公众乐于接受与他们切身利益密切相关的信息和与他们原有认识、态度相一致的信息。

（2）注意缩小与公众之间的距离和差异，具体可运用以下方法。

①尽量保证利用公众偏好的传播媒介。

②尽量减少与公众在态度方面的冲突。

③规避习俗冲突元素，善于利用能增强受众的亲切感及对活动和沟通产生高认同度的对等习俗元素。

④用公众乐意接受的语言或事例来组织表达和说明要传播的信息。

⑤确定大多数公众的立场和利益，表明与这些人的立场一致和充分考虑公众利益。

⑥基于尊重为本、布吉尼 3A 原则和一定的礼仪规范，为公共关系实施创造沟通交流氛围，通过真诚待人、郑重其事的做事风格来赢得公众的认同。以诚意换人心，在宽松、融洽的气氛中，促进双方感情交流。布吉尼 3A 原则即要求在人际过程中力争做到接受对方、重视对方、善于赞美对方。

⑦做好一场演讲、会谈或谈判。在双赢和寻找更大利益的空间，以及建立生态发展关系的基础上争取双方更长远的战略性合作，明示对方利益所在，增强说服效果，使公众对未来的前景有一种豁然开朗的感受而增强合作的信心。

⑧发挥公众细分和意见领袖的作用，将会帮助沟通者得到积极的反应。

（3）做好沟通传播的组织保障工作是保证沟通准确无误的有效措施。

①设计科学工作和活动流程。

②成立公共关系活动实施领导小组和核心执行团队，以便更好地实现实施活动时的组织沟通。

③组织结构上减少层次，减少信息传递环节。

④随时根据形势需要来调整所传播的信息。

（4）通过制造情境和行为示范来感染及强化引导公众。

①通过语言、动作、表情等方式制造情境以感染公众引起相同的情绪反应。

②通过主题发言分享，形成某种情境、情绪，使在场的公众互相之间受到群体情感和情绪渲染，产生情绪认同。

③积极为目标公众设计和示范能引起模仿的行为来获得公众的青睐，让公众随之跟进自觉产生对等的行为追求，如创造时尚激发公众的模仿动机。

值得说明的是，公众受感染并进而实现模仿和行为跟进的心理机制是人类的自然现象，感染的最基本表现是相似的情绪在群体成员中传播，最终成为这个群体的集体情绪，大多数成员的情绪感情都被同化。利用这种心理动员公众的方法技巧来强化传播效果，本身不具备伦理意义的好坏。但要防止利用这种技巧来蛊惑人心，达到非法目的。因此运用这些技巧，一定要保证目的的正义性、合理性，不可以以此来操纵公众。而行为示范强化引导的关键是抓住人的学习和模仿心理，当认同、羡慕他人的某种行为时，人自己会发自内心地、有意无意模仿他人的行为，因此事先须研究公众的需求，通过适应公众的心理需求的示范行为来刺激模仿行为。

三、源自突发事件的障碍及其排除

突发事件包括人为的纠纷危机以及不以人的意志为转移的灾变危机，诸如公众投诉、踩踏等不利舆论的冲击事件，火灾、地震等。不善于处理不良突发事件不仅会使社会组织的整个公共关系计划难以实施，而且会由此产生对社会组织不利的不良舆论，甚至会影响到社会组织的生死存亡。

对于传播沟通中重大突发事件的管理，应注意以下几个问题。

（1）面临突发事件时，首先应当保持头脑冷静，防止感情用事，尽快弄清楚引发问题的原因并加以认真剖析，正确选择对策，对能及时挽救的不良突发事件要灵敏反应并及时处理。

（2）实事求是地发表消息，不清楚的情况要坦率地告诉对方，不要把主观臆测混在其中。敏感意识事件的危机所在，正确把握发表消息的时机而不能因过于慎重贻误时机，以致流言、谣言产生，引起恐慌和混乱。发表消息时尽量统一形成文字，以规避口头讲话被误传。为防止外界误传，宣传中要统一口径，不能随便发表言论，并注意全员公关效用。对于社会影响大的问题，发表消息越早越好，而这和社会组织是否有反应灵敏和健全的危机预防机制及危机预防预案有关。

（3）一旦事故出现，应有专人处理问题和联络新闻界，做好组织协调工作，并把情报工作抓起来，尽快平息混乱。

第四节 公共关系实施的管理方法

公共关系工作实施和开展过程中常常需要一定的管理方法的运用来保证公共关系实施顺利进行。

一、目标管理和结果管理法的应用

在公共关系工作管理过程中，可通过目标管理（management by objective，MBO）和结果管理（market beat research，MBR）方法将公共关系目标与社会组织的目标结合起来以帮助对社会组织中公共关系的价值进行量化。目标管理也称成果管理或责任制，是以目标为导向、以人为中心、以成果为标准来取得最佳业绩的现代管理方法。通过员工积极参与，自上而下和自下而上相结合地确定工作目标，并在工作中实行"自我控制"和及时跟踪、反馈、沟通与调整，保证目标实现。结果管理涉及先进的量化品牌、广告效果研究或消费者相关研究，具体有营销表现、品牌跟踪、广告有效性、消费者洞察、客户感受、市场测试、销售重点和购买行为等方面的研究。如通过了解目标客户对某品牌的喜好、品牌的选择以及消费行为来研究该品牌的价值，而品牌溢价代表消费者在市场上选择产品时对该品牌的认同度及该品牌相对于同类别竞争产品所体现的额外价值[1]。专注于先进的量化品牌与广告效果研究的澳大利亚专业权威的市场研究公司使用结果管理服务了众多国际知名品牌，如保洁、强生、金伯利、欧莱雅、诺基亚、可口可乐等。需要说明的是，结果管理还常结合很多高科技手段和方法来进行工作，如大数据分析及 EAM（一种利用红外摄像技术在广告投放点对途经受众与广告内容的目光接触进行全天候观察的全新高科技研究方式）。总经理最常问公共关系人员的两个问题是："我们怎样才能衡量公共关系的结果？"和"我们如何知道公共关系项目是否取得了进展？" 目标管理和结果管理可以为公共关系人员提供有力的反馈信息。目标管理和结果管理项目的步骤各不相同，但大多数时候，这两个项目都有以下四个共同点。

---

① 源于百度百科.

（1）社会组织及公共关系目标的详细说明，包括衡量绩效的客观标准。

（2）领导和下属达成具体目标的会议。

（3）领导和下属认同的与组织目标一致的目标。

（4）领导和下属定期对目标实施进度的回顾。

目标管理可分为以下七个决定性的具体步骤。

（1）定义公共关系工作的性质和使命。

（2）根据时间、精力和人力确定关键的效果领域。

（3）明确可设定目标的重要因素。

（4）设定目标或确定要实现的结果。

（5）制订实现具体公共关系工作目标的行动方案，包括：

①行动应遵循的次序；

②完成每个步骤所需要的时间；

③分配实现每个目标所需要资源的预算；

④各部门在实现目标中的职责；

⑤通过测试程序追踪过程的回顾和协调。

（6）制定要遵循的规章制度。

（7）建立高效的工作程序。

二、甘特图和 PERT 图的应用

1917 年，查尔斯·甘特（Charles Gantt）发明强调任务按顺序排列完成必要性的甘特图。甘特图上的每期任务都由一根横条代表，横条的长度是完成这项任务需要的时间，箭头将各个独立的任务连接起来反映任务之间的关系。

PERT（program evaluation and review technique，计划评审技术）图是 20 世纪 50 年代由海军发明的，用于管理很多复杂的项目，用"关键路径"高度地反映项目之间的联系和每一个活动之间的关系。图 8-1 和表 8-1 所示的是阿斯利康企业生日活动的 PERT 网络图和"关键路径"表。在项目进行过程中，"关键路径"是一系列具有相关关系且必须在一定时间内完成的任务，以确保项目的按时完成。

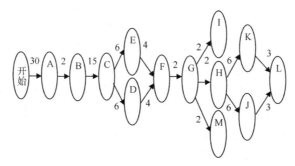

图 8-1　阿斯利康生日活动的 PERT 网络图

表 8-1　阿斯利康生日活动的 PERT "关键路径"表

事件描述	期望时间/分钟	紧前事件
A. 穿上印有新公司标识 T 恤的两家公司员工按两家公司员工交叉入座安排入场	30	—
B. 主持人宣布生日活动开始，并且主持人主持工作穿插贯穿活动始终	2	A
C. 员工们聚集一起观看全球总裁讲话的录像	15	B
D. 中国区合并办公室负责人演奏小提琴	6	C（B）
E. 全体员工在中国区合并办公室负责人悠扬的小提琴伴奏下齐声高唱"生日快乐"歌	6	C（B）
F. 两位总经理——穿着为他们定做的胸前绣着中国国旗和 1999 年 6 月 1 日字样 T 恤，一起切开印有阿斯利康新标识的硕大生日蛋糕	4	D.E（B）
G. 两家公司全体员工一起举杯欢庆将生日活动推向高潮	2	F（B）
H. 宣布新公司中文名称征集竞赛活动	2	G（B）
I. 宣布：传播小组负责人将新公司中文名称征集竞赛活动推广到亚太区所有用中文名称的国家	2	G（B）
J. 设置两名特别奖的抽奖环节	6	H.I.M（B）
K. 为了鼓励反馈，给每位参与者一份具有乐趣的鼓励奖	6	H.I.M（B）
L. 主持人宣布生日活动结束	3	J.K（B）
M. 宣布：生日活动后，现场录像带将寄到全国各办事处，以便那些因工作而无法到现场的员工也感受到生日活动的气氛	2	G（B）

三、发言人制[①]

发言人制中的新闻发言人不是指人，而是一种制度，是社会组织面对公众的一种沟通交流方式，体现的是社会组织在必要时能否有相应的发言人对等地代表社会组织的立场专业、实事求是、坦诚、真诚、善解人意且随机应变地向公众做好新闻发布和信息发布工作。

当今，社会组织处于一个越来越开放的环境，危机管理越来越需要专业化处理，社会组织对外信息发布不仅越来越频繁和备受关注，而且对其信息发布质量和相关发言人的专业要求也越来越高。在此背景下，社会组织建立发言人制有其必要性。新闻发言人制在西方十分普遍，发言人制是推动社会组织信息公开和透明，增进社会组织与公众之间了解和联系的重要手段。合格的新闻发言人有必要经过专门培训，除了穿着打扮、言谈举止等基于礼仪的基本素质要求之外，至少要遵循以下五项守则。

（1）站稳立场，拥有明确而稳定的立场。

（2）信息发布有分寸，做好社会组织保密工作。

（3）了解熟悉相关事情原委到倒背如流状态，设想记者可能的各种提问，了解和熟谙社会组织立场或高层意图，以做到对等地正确表达口径和从容应对记者各种提问。

（4）说话滴水不漏以免落下把柄。

（5）永远保持微笑。

① 宋念申，梁燕. 新闻发言人制全球普及　中国新闻发言人应运而生[N]. 环球时报，2003-11-10.（有整理）

四、全员公关制

全员公关制是指基于"内求团结、外求发展"的公共关系基本原则，要求强烈的公共关系意识渗透到社会组织每位员工的思想之中，从而使全体成员共同认识到在日常工作中必须以公众利益为基准点，立足塑造社会组织良好形象及公共关系理念来开展自身相应的日常工作，并能积极配合和参与到社会组织的公共关系工作中去。

全员公关要求每个员工不仅要对社会组织负责，还要有对公众负责甚至对社会负责的神圣职责感；社会组织公共关系工作的开展，不能只依靠公共关系职能部门和相关专门的公共关系机构，以及专职的公共关系从业人员的努力，它和社会组织各职能部门及全体员工是否具有公共关系观念息息相关。社会组织的整体良好形象需要通过社会组织全体人员的集体表现体现出来，是社会组织中每个员工形象在日常工作过程中良好表现的综合，而不能认为社会组织公共关系状态如何只是公共关系从业人员的事。全员公关制是社会组织开展公共关系工作取得成功的重要保证。贯彻实施全员公关制，具体有以下要求。

（一）来自社会组织最高领导层对公共关系的支持和榜样作用

全员公关制首先是社会组织最高领导层对公共关系支持和榜样作用的结果，公共关系领域中流传着一句话："公共关系的动力来自上层。"公共关系工作要获得真正动力和效果，必须得到最高领导层的支持。作为社会组织最高领导层，首先应该有公共关系意识和在其日常行为中注重公共关系效果的榜样力量，以及必须采取有力措施和行动支持公共关系工作，甚至由最高领导层成员亲自指挥公共关系工作，经常督促、检查公共关系机构和人员的工作情况，在制定社会组织政策、方针、计划及其贯彻实施等方面能做到充分考虑公共关系因素，把社会组织目标与公共关系工作联系起来。因为公共关系活动作为一种渗透于社会组织工作的各个环节的管理活动，必须从全局和战略角度加以协调管理。如果没有领导层的关心和支持，公共关系活动就难以成功。因此，站在一定意义层面上来说，对公共关系职能部门和其管理层而言，首先要做好的就是对社会组织最高领导层的公共关系工作和公共关系决策咨询工作，以获得高层领导对公共关系工作的认同与支持。

（二）依靠全体社会组织成员的配合

社会组织的公共关系和良好形象，必须依靠全体员工的工作和努力。如果社会组织中每个成员始终时时在对外与公众交往时都能注重自己的形象而增加公众对社会组织的好感，对内社会组织全体成员中的每个成员，上自领导，下至普通员工，在日常工作沟通中能在遵循基本规则和标准的同时，立足公共关系理念做到相互之间能相互理解、信任、尊重地去相处与合作，将"内求团结、外求发展"落到对内对外的工作实处，如自觉代表社会组织向外界传播宣传社会组织形象，并注意收集有关本社会组织的信息提供给公共关系部门，在实际行动中用公共关系理念来面对公众，并时时积极关心、支持和配合公共关系工作等，那么，社会组织的好形象就能全面树立和长久维持，社会组织就能真正保持和谐发展的格局。实践证明，公共关系工作得到广大员工的支持就获得了最可靠的保证，失去广大员工的支持就失去了生命力，没有社会组织各位员工的共同努力，公共关系工作的开展只能是空中楼阁而没有稳固的根基。甚至会因唐松定律产生"一颗老鼠屎，坏了一锅汤"的结果，即如果 100 个员工为组织形象而努力，但其中只要有一人做出损害组织形象的行为，那么大家的这些努力都可能会付诸东流。用公式表示为

$$100-1=0$$

（三）具有整体协调性的公共关系工作机制

要使社会组织全体成员形成合力推动公共关系工作，必须具有整体协调性的公共关系工作机制，把公共关系有机融合到整个社会组织系统中去。即基于公共关系机构内部人、财、物的最佳组合，公共关系机构与其他职能部门及人员严密配合的理念建设，来制定社会组织的科学分工与组合的机制及相关的制度和政策；尽可能地改善整个公共关系系统的结构和发挥公共关系系统的功能，用系统的观点来整合社会组织中其他职能部门与公共关系职能部门的工作，安排公共关系活动，以产生社会组织的整体效应。

（四）创建全员公关文化

创建全员公关文化，建立全员公关相关价值观体系，通过管理、沟通、传播、培训与拓展等相关工作在全体员工中倡导、培植和树立公共关系理念，促进全体员工履行与之匹配的工作行为准则，在社会组织内部形成浓厚的公共关系氛围，从而形成全员公共关系的基础。全员公共关系意识需要公共关系人员去努力贯彻，这需对员工进行公共关系相关培训，通过在社会组织内部培植学习型组织文化和科学的公共关系观念，使社会组织的全体成员懂得社会组织形象是社会组织的无形资产，良好的社会组织形象能使社会组织的资产增值，恶劣的社会组织形象会导致社会组织有形资产的贬值。在这个过程中，员工不仅要进行业务能力学习，还要注重公共关系相关学习，如道德与诚信意识、形象塑造、相关礼仪、合格的发言人和演讲等，让每个员工懂得个人形象是社会组织形象的缩影，个人的工作能力、态度和行为结果直接代表社会组织的竞争力与形象，个人的行为会直接影响社会组织在公众中的印象，让每个员工时刻牢记自己是作为社会组织的代表在与公众接触和沟通及提供服务的。

课后思考 》》

1. 常见的公共关系工作分类有哪些？
2. 公共关系实施的特点有哪些？
3. 公共关系实施的原则有哪些？
4. 公共关系活动实施的环节有哪些？
5. 为什么要建立发言人制？如何当好一个合格的发言人？
6. 贯彻实施全员公关制有哪些具体要求？

案例分析

董事长的电子邮件

发件人：董事长杜德伟

收件人：某公司总部所有经理

主题：工作要求

我已经忍无可忍了。这大半年来，我一直在对你们强调这件事情，我不能再忍受了。我们有相当一部分总部员工中工作时间一周不到 40 小时。

我早上 8 点到公司，停车场里空荡荡的，晚上 7 点我离开时，停车场里已经没几辆车了。每天下午 4：30 停车场就开始空了。

我认为作为管理者，你们要么不知道自己在做什么，要么根本就是不关心。你们认可这种工作态度，导致公司内部出现了这种状况，形成了极不健康的工作氛围。

不管是哪种情况，你们都存在问题。你们必须改正，否则就将被替换。

在我的职业生涯中，我从不允许我的工作团队觉得他们每周只需要工作 40 小时。我本人一天工作 12 小时，天天如此。我不期望你们和我一样努力，但我也绝不能再纵容你们的这种行为了。

下周，我将实行以下几条措施。

（1）每天上午 9 点到 12 点，下午 2 点到 5 点之间，关闭员工餐厅。

（2）总部所有的职位都暂停招聘，特殊情况必须征得一个人的同意，那个人就是我。

（3）严格作息时间，要求所有员工上下班都必须打卡。无故缺勤者将取消相应时间假期。

（4）总部将削减 5% 的员工。

（5）最近拟订的晋升一律推迟，直到我确信这些拟订被提拔的人没有问题。（如果你有问题你就给我卷铺盖走人！）

相信我，我很讨厌这种家长式的做法。一般情况下，我是个和蔼可亲的老板。但是，作为公司的管理者，你们的所作所为让我厌恶，让我不得不列出这些条例。

我们有光明的前景，这需要付出巨大的努力，但总部相当一部分人却没有付出任何的努力。

我强烈建议你们召集手下员工开几次朝七晚六及周六上午的团队会议，讨论一下这个严重的问题。如果他们拒绝或抱怨，不要犹豫，辞掉他们。我建议今晚就召开第一次会议。我强烈建议。

我会给你们两个星期解决这个问题。我的检验标准是上午 7：30 到下午 6：30 要保证停车场基本满员。送快餐的人晚上 7：30 以后才能来为加班未进餐的员工送餐。周六上午要保证一半的车位是满的。

你们是管理层，这值得我为你们感到庆幸。然而你们工作不够努力。你们要对我们的员工负责。我要你们对此负责。是你们导致现在这种状况。给你们两周时间。

抓紧时间！

"我们对你们不薄!"

资料来源:根据豆丁网整理

问题:

1. 你如何评价这封信在雇员沟通方面的表现?
2. 你如何评价这位董事长的语言、语法和标点符号?
3. 在你看来,那些收到这封邮件的人会有何反应?
4. 你会对这封邮件做出哪些"改进"?

第九章

公共关系评估

导入语

评估与控制构成管理的闭环系统，有人形象地称其为刹车系统，由此可见管理中评估与控制工作环节的重要性。现代公共关系管理中评估强调追求其全面、系统和过程性，并注重全面系统地建立其评估标准体系及其运用科学的方法开展相关工作。

学习目标

1. 学习和掌握公共关系评估相关知识，树立公共关系工作中的评估意识。
2. 了解公共关系评估过程。
3. 了解和掌握如何建立公共关系评估标准体系。
4. 学习和掌握公共关系评估方法。

"quick pick" 新游戏宣传效果跟踪

美国一家彩票发行机构刚刚进行了两次全州范围内的公关战役，并委托某公关公司为这次公关战役的公关效果进行评估，尤其是关于一个叫"quick pick"的新游戏，希望公关公司能计算出其公关战役后的媒体报道量，因为为了推广"quick pick"，彩票机构特地邀请了当地某一级明星进行了一次州际巡演，所以它很期待知道这次巡演能带来多少媒体报道量和会引起怎样的公关效果。

这家公关公司通过一些特殊的计量程序来进行此次宣传效果的跟踪与评估服务，以下是这次评估服务的具体步骤。

（1）业务人员与客户会谈，定下可量化考核的公关战役目标。这些目标的内容包括对目标公众的具体描述、传播战略、目标媒体以及想得到的媒体报道的要点。

（2）为统计媒体报道量，需要做以下计算。

①计算分发给媒体的新闻稿及其他材料的数量。

②计算被发表的新闻稿的数量、由其他公关努力带来的文章数量以及每家媒体的发行量（受众规模）。

③通过分析信息发表的位置、各媒体对目标公众的渗透能力以及关键信息点的数量和

位置，计算出每次媒体报道的质量。

④通过加总每家媒体覆盖的目标受众（21 岁以上的成人）数，计算出总媒体印象（general media impression）。

（3）除了运用以上数据分析媒体内容，公关人员还亲自阅读了每篇报道。然后判断哪些报道有利于达到目标，哪些报道会造成误解，哪些报道是负面的。

（4）撰写报告，报告包括对公关活动的小结和一系列媒体报道量图表、报道的内容、目标受众印象、报道的质量等，最后根据报告分析对将来的活动提出建议。

评估结果显示，相对之前州彩票机构的宣传攻势，州际巡演确实给"quick pick"带来了大量的报道。这一报道量会在以后再推出新彩票游戏时作为再做公关推广的公关效果的基线值。

第一节　公共关系评估概述

公共关系评估是对公共关系工作和活动的规划、执行及其效果的总结与调整，是公共关系管理完整四步骤工作法——调查、计划、实施、评估中的最后一步。对公共关系工作的评估可以让我们清楚地知道我们所处状态，并及时调整我们的工作，以保证公共关系工作始终保持良好的进行状态[①]。

一、公共关系评估的概念

公共关系评估是指依据科学的标准和方法，对公共关系的整体规划与策划、准备过程、实施过程以及实施效果进行测量、检查、评估、判断及其调整的过程，它是一个集环境分析，建立评估标准体系，收集公共关系工作和活动的规划与策划、公共关系工作和活动开展情况及其效果等相关信息，并将之与公共关系目标和建立的公共关系评估标准体系进行比较分析，找出偏差与形成偏差原因，再进行反馈和纠偏的完整过程。

现代公共关系管理中的评估强调追求其全面系统、权变和过程性，既注重系统建立评估标准体系及其科学方法的合理运用，又同时表现针对公共关系工作与活动可能遇到的某种突发和变化，公共关系评估系统应具有灵活性，弹性地发挥作用来使一切恢复正常。

二、公共关系评估的原则

（一）全面评估与重点评估相结合原则

随着公共关系工作的全面系统和深入性的发展，公共关系评估工作也应全系统、全过程地展开，即从公共关系战略规划到具体公共关系策划与实施；从公共关系日常工作的运行到组织形象要素的系统整合及传播；从具体公众的态度改变到反映公共关系工作状态的各项具体指标，如知名度、美誉度、和谐度等；从是否做到前馈评估、同期评估与反馈评

---

① 张克非. 公共关系学[M]. 2 版. 北京：高等教育出版社，2009.（有整理）

估相结合到公共关系工作是否是一个完整的调查、计划、实施与评估四步骤法过程；从公共关系评估本身是否能保证是一个环境分析，建立完整的评估标准体系，全面收集公共关系工作和活动的规划与策划、公共关系工作和活动开展情况及其效果信息的过程，到是否有将公共关系实施情况与公共关系目标及评估标准体系进行比较分析找出偏差并反馈纠偏。公共关系评估工作将是一个展开全面关注与评估，并及时对相应的不良做法做出调整的过程。而在评估工作具体实施过程中，则又要体现把握重点、关键和弹性相结合的原则，这主要是因为：第一，社会组织一时无力对所有成员的所有工作和活动进行监控关注；第二，也没有必要对所有成员的所有工作和活动进行监控关注，否则违背管理的弹性规律。

（二）以事实为依据、客观科学原则

公共关系评估以事实为依据、客观科学原则，体现为调查收集现实客观信息，采用科学有效的公共关系评估方法，建立具有一定标准化、信度与效度保证的评估指标体系，并能立足相关专业分析、人性规律分析及事物规律分析，深刻地对事物的本质做出必要的定性与定量相结合的分析，并给出科学的评价。

（三）适时与适度相结合原则

公共关系适时评估体现在公共关系评估的前馈、同期与反馈相结合性，并及时评估及时反馈纠偏调整。值得注意的是，现代社会组织越来越重视前馈与同期评估，通过调查充分了解公众，科学决策和科学规范工作，做好文化导向和品牌传播，将不良消除在萌芽状态。同时公共关系评估要适度控制适宜的衡量频度，避免评估工作过多或过少，处理好全面评估与重点评估的关系。

三、公共关系评估的作用与意义

美国公共关系先驱者埃瓦茨·罗特扎恩早在 1920 年就说过，当最后一次会议已经召开、最后一批宣传品已经散发、最后一项活动已经成为历史记录时，就是你头脑中将自己和自己所采用的方法重新过滤一遍的时刻，这样你就会清理出经验和教训，供下一次借鉴。公共关系评估工作不仅能衡量公共关系活动的效益，帮助社会组织重新审视公共关系目标并改进公共关系工作，为科学开展后续公共关系工作提供依据，还能帮助强化社会组织及其员工的公共关系意识，为社会组织经营管理中的科学决策咨询工作提供依据。

（一）衡量公共关系活动的效益，为科学开展后续公共关系工作提供依据

公共关系评估的过程就是收集公共关系实施情况并将其与目标和评估标准体系进行比较分析与找出偏差纠偏的过程。在这个环节中将对公共关系工作与活动实施成败的各种因素进行分析，帮助社会组织重新审视公共关系目标，并通过反馈纠偏来调整公共关系计划及其实施，及时改进公共关系工作以保持公共关系实务活动的科学性、协调性与连续性，也为后续公共关系工作提供一定指导依据。

（二）强化社会组织及其员工的公共关系意识

评估能将公共关系带来的效能鲜明凸显出来。正如公共关系学者切斯特·K. 拉塞尔所说，很多时候致命弱点就是没有使最高决策者看到公共关系工作和活动的明显效果[①]。只有进行实事求是的分析和客观的评估，才能使决策者真正了解公共关系工作的作用，从而支持公共关系工作，同时使员工看到自己立足公共关系开展工作所带来的工作效率的提高，从而增强社会组织及其员工、公共关系从业人员对公共关系工作的信心，使内部员工团结一致，共同奋斗。

因此，公共关系评估能使社会组织及其领导层和全体职工清晰认识到树立良好的社会组织形象是社会组织利益实现的重要途径，从而体会到公共关系工作的重要性及其作用与意义。公共关系评估能起到强化社会组织及其全员的公共关系意识、激励本组织员工自觉地立足公共关系来开展自己的本职工作的促进作用。

（三）为社会组织经营管理中的科学决策咨询工作提供依据

公共关系评估能为社会组织经营管理决策咨询工作提供依据。公共关系评估将评估出社会组织形象形成过程与结果的状况及其形象各因素（如员工素质、产品质量、服务方针等）与其相关期望值的差距，使社会组织决策层更科学认识社会组织运行的各个要素之间的相关性及其与公共关系工作之间的联系，并更加自觉地重视公共关系工作，从而为社会组织更系统地进行科学决策提供决策咨询的依据。

总之，在进行公共关系工作与活动之后，有必要对于是否达到目标、实现目标的程度、开展传播的有效性、公共关系工作投入与收效等进行认真评估。这是公共关系实务不可忽视的一个重要步骤[②]。

第二节　公共关系评估工作内容

一、公共关系评估基本程序

完整的公共关系评估基本程序包括：做好调查和环境分析、明确评估的目标、选择和建立科学评估的标准体系，收集需要评估的相关对象、内容的资料与信息，比较、分析与衡量公共关系工作并开展评估工作，评估结果的汇报及撰写评估报告，评估结果的利用。

（一）做好调查和环境分析、明确评估的目标、选择和建立科学评估的标准体系

确定与选择评估的标准涉及社会组织环境特点及其发展趋势的假设，资源的投入、公共关系目标及其具体工作与活动等方面内容，如公共关系目标或目标体系的确立，是建立

---

① 刘建廷. 公共关系学[M]. 北京：中国传媒大学出版社，2014.（有整理）

② 李道平. 公共关系学[M]. 北京：经济科学出版社，2002.（有整理）

在为社会组织总目标服务的基础之上的。公共关系具体工作与活动必须将其本身的有效性与其对社会组织的效益贡献相结合做一综合性考虑。公共关系行业并没有制定出适合所有公共关系活动、项目和事件的评估标准，但进行公共关系评估工作，首先要做好调查和环境分析，明确评估的目标，确定评估的对象、内容、重点、收集资料的方式方法以及应该注意的问题，以便为合理选择和确定评估指标体系提供依据。

（二）收集需要评估的相关对象、内容的资料与信息

为保证评估结果尽量客观、公正和准确，不能单凭公共关系部门和人员的自我感觉及认识进行评价，应采用科学的方法调查、收集统计公共关系工作的现实信息，并通过定性分析和定量分析相结合计量相关信息。这些信息的收集应具体到公共关系目标实现及完整的公共关系四步骤法工作中，既体现前馈、同期与反馈的过程，又具体涉及社会组织（形象）、传播过程及公众的态度及舆论等。为使评估及其结果更加可行，在收集评估资料的过程中，应根据评估的目的和所需资料的内容与范围来适当选择调查的途径和方法。

（三）比较、分析与衡量公共关系工作并开展评估工作

通过各种途径和方法收集的资料，往往数量很多，其中有些资料可能杂乱无章，有些资料可能是片面和不真实的。对这些资料要根据评估的目的和内容进行系统的整理分析，以获得公共关系工作与活动结果的准确资料、数据与信息，从而为评估提供材料和依据。在此基础上，一是对公共关系工作与活动的情况结果和公共关系计划与目标及其公共关系评估指标进行对比分析；二是加以竞争分析，如同行业形象地位对比等，以确定公共关系计划、目标完成和实现的程度，并查找出现问题的原因，从而对整个公共关系工作与活动过程及其结果进行全面准确的评估与调控。

（四）评估结果的汇报及撰写评估报告

对公共关系工作进行评估后，必须将各种评估意见进行系统整理、分析和总结，接着还需要把公共关系的评估结果以书面报告的形式向组织的管理层和决策层进行汇报。评估报告的基本内容应包括：工作过程，目标完成情况，预算的执行情况，取得的成绩、仍存在的问题和差距以及准备采取的相应对策，下一阶段工作的任务、重点和评估的程序与方法，等等。通过评估结果的汇报，既可以充分说明公共关系工作的重要性，同时又有助于保证领导及时掌握情况，以便对组织进行有效的管理和控制。

公共关系评估报告是评估工作的最终成果。它应当准确地描述整个公共关系活动过程，简洁地概括活动所取得的主要成果及其存在的不足，科学地预测尚未解决的一些问题在今后的发展趋势，并提出相应的解决方法，为决策者将评估报告用于组织战略的制定提供充分的信息依据。公共关系评估报告的内容主要是陈述公共关系活动及成果、将实际活动与预期目标进行比较分析并预测今后工作。报告常分为正式报告和非正式报告，正式报告是公共关系工作采用定期报告、会议记录、简报、年终总结等形式反映公共关系状态；非正式报告是公共关系人员通过电话、会见或简短书面报告的形式向组织负责人汇报公共关系活动的进展和效果，这种方式节省时间，信息传递快。

（五）评估结果的利用

公共关系评估在公共关系活动过程中应是连续不断地进行的，并贯穿整个过程的始终，只有这样才能及时全面地在公共关系工作中发现问题和解决问题。因此，社会组织的决策层和公共关系各级相关人员必须对公共关系评估的结果给予高度的重视并加以妥善的利用。公共关系评估除了利用总结性评估说明公共关系工作的作用、影响和效果，以及及时帮助调整和修订公共关系工作与活动，使制定的目标和计划更加完善，并减少实施过程中的偏差外，更主要的是要使公共关系的评估结果起到一定的决策咨询作用，即促进社会组织科学决策。另外，评估的结果又能为下一阶段公共关系活动提供背景性材料，使社会环境分析及问题确定更加准确，公共关系计划和目标的确定更加符合社会组织实际与发展的需要。

二、公共关系评估对象与内容

具体的公共关系评估对象与内容，可以从三方面进行分类：一是公共关系工作过程评估，二是公共关系工作成效评估，三是公共关系人员及其工作绩效的评估。

（一）公共关系工作过程评估

公共关系工作过程评估主要涉及以下内容。

（1）对完整的、系统性的公共关系工作四步骤法进行评估，即开展公共关系工作的过程是否是一个调查、计划、实施和评估的完整过程。

（2）公共关系计划是否是一个战略部署、规划再到具体公共关系活动科学策划的过程；公共关系目标是否是一个从战略目标与具体活动目标的完整性目标体系，是否充分整合了社会组织传播资源和组织形象要素。

（3）公共关系活动实施是否是按经过科学策划的公共关系活动程序来执行的；是否是采用对等的公共关系传播手段［如新闻发布会、展览（销）会或演讲等］并是一个科学实施的过程，如时机、地点的选择是否对组织有利，内容及范围是否合适，日常各种迎来送往工作是否做好，等等。

（4）公共关系评估控制工作过程本身是否是一个完整的分析环境，建立评估标准体系，收集相关信息，并将其与公共关系目标及所建立的评估标准体系进行比较分析，找出偏差并进行反馈纠偏的过程；是否是科学的公共关系评估方法使用和实施过程；等等。

（二）公共关系工作成效评估

公共关系工作成效评估是对公共关系工作阶段性成果和最终成果做出价值判断并对后续工作方案加以调整改进的过程。这是一种总结性评估，具体包括日常公共关系活动效果评估、年度公共关系活动效果评估、专项公共关系活动效果评估、对社会组织形象效果评估、公共关系状态效果评估等。对以上评估还得分析其产生原因，并能找到解决问题的办法进行相关调控和改进。

1. 日常公共关系活动效果评估

日常公共关系活动寓于社会组织对内与对外日常工作的各个方面、各个环节之中，需要组织内部全体员工的共同努力。社会组织日常公共关系活动效果评估应该包括以下内容。

（1）社会组织内部管理是否科学、细致，管理人员的管理水平如何；社会组织内部各部门之间是否能做到必要、及时、准确地横向信息交流；是否能使全体员工对决策部门产生信任感，并通过各种途径听取全体内部员工的意见和建议；信息传播是否能促进社会组织产生良好的凝聚力和向心力，能促进形成良好的组织文化和员工关系状态，是否能改善员工的责任心和工作积极性；在日常公共关系活动中是否能做到上情下达和下情上传，使上下协调一致，共同为社会组织自身发展服务；等等。

（2）与资本运作方如银行或投资方的日常接洽是否保持良好，是否能通过良好的公共关系工作保证社会组织的资金来源。

（3）与运作平台及供应链上的社会组织相关者（公众）如供应者或媒介的关系是否互相信任、长期友好，社会组织是否经常通过各种途径听取公众的意见与建议，对公众的意见和建议的重视程度如何，是否有效传播社会组织的目标、使命、责任、合作标准及相关政策，对社会组织的知名度、美誉度与信誉度管理怎样，等等。

（4）社会组织的商品是否受到用户或消费者的欢迎，商品的社会形象如何，社会组织的服务水平与服务质量是否达到一定的高度，服务态度怎样，是否经常与老主顾保持联系，是否有新主顾不断加入顾客行列并信任社会组织，等等。

（5）社会组织是否经常发生重大的公共关系危机，对重大的危机是否积极地进行调查研究，制订计划，并能采取各种对等的良好方式解决问题。

2. 年度公共关系活动效果评估

年度公共关系活动效果评估是指对计划年度内所有活动公共关系进行总体评估，以便能检查年度公共关系计划是否科学，以及年度公共关系计划实施情况与计划是否相符合，并总结经验、吸取教训，找出存在的问题，为下一年度的公共关系计划制订提供依据。对年度公共关系活动效果进行评估要针对以下问题确定评估内容。

（1）是否很好把握年度内各种公共关系机会；年度内出现了哪些重大的公共关系事件，年度内是否有超出公共关系计划的活动，对此采取的措施是否得当，其效果如何；内、外部公众对社会组织的各项公共关系活动反响如何。

（2）年度公共关系计划目标是否实现；年度内开展了哪些重大的公共关系活动，活动开展得是否顺利，效果如何，有哪些经验、教训；年度内公共关系活动有无预料之外的影响，其影响多大、效果如何；等等。

（3）年度公共关系计划预算是否满足了需求，有无超支现象，以及其超支原因是什么等。

3. 专项公共关系活动效果评估

对专项公共关系活动如新闻发布会效果进行评估常常针对下列内容与问题。

（1）公共关系活动项目的计划是否合适，项目所有的支出是否在预算之内，是否超支，超支原因是什么；活动项目的目标与公共关系总目标是否一致，活动项目的目标是否已经实现；本次活动对社会组织总体发展目标起到了什么作用；通过这项活动社会组织的公共关系形象会发生哪些变化，其知名度与信誉度是否有所提高；等等。

（2）公共关系项目所要求的传播、沟通与交往是否达到目标公众范围，公众由此产生的理解、支持和影响的程度怎样，如公共关系广告阅读率怎样，广告给社会组织带来了多大的社会效益和经济效益，大众传播影响社会公众对社会组织的全部看法改变程度及辐射社会组织形象怎样，等等。

（3）对公共关系信息呈现效果评估，评估的重点是信息表现形式的有效性如何。主要评价经常用于客观评估公共关系信息表现的印刷材料内容、格式，文字、图片与图表等的组织表达和写作风格等因素是否有明显的局限性；或者考究信息传递资料及宣传品设计是否合理、新颖，是否能引人注目，给人以深刻的印象。

（4）对公共关系活动项目效果进行评估，如项目活动出现了哪些意想不到的问题、哪些工作做得不妥；这次活动为下次同类活动公共关系目标的设计提供了哪些有价值的资料和可供参考的依据；对于存在的问题和发生的不利于组织的事件，是否采取了措施给予补救，并如何预防下次出现同类问题；在项目活动过程中是否产生了预料之外的影响，其影响方向如何、影响范围有多大等。

4. 对社会组织形象效果评估

对社会组织形象效果评估主要包含社会组织总体形象效果评估、商品或服务形象效果评估、员工形象效果评估、环境形象效果评估等，具体如下。

（1）社会组织总体形象效果评估，一是指将公共关系方案中所设计的在一定时期内的主要形象目标与通过公共关系工作后所达到的实际形象目标，分别从实现的程度、范围及其整体性等方面进行比较，并找出产生差距的原因；二是结合社会组织 CIS 形象整合模型评估是否系统整合社会组织形象要素和整合设计整体形象中存在的问题。

（2）商品或服务形象目标是社会组织总体形象目标中一个具体的分目标。对商品或服务形象效果进行评估，主要是根据社会公众对社会组织的商品或服务评价的结果，以及结合公众心理、需求和社会组织所处竞争环境来分析与评价社会组织通过公共关系实现的商品或服务的社会形象效果。

（3）员工形象目标作为社会组织总体形象目标中的又一分目标，主要表现在员工的社会责任、道德、诚信、对社会组织的归属感、精神风貌、工作作风及工作态度等方面。对员工形象效果进行评估，主要依据员工的自身表现、劳动态度、完成商品购销额、服务质量、积极参与社会组织的各项活动以及社会公众反应等给予的评价。

（4）环境形象效果评估既体现社会组织相关物质环境如工作环境，又涉及社会组织相关人文环境如员工关系、领导风格及组织文化等的实现或改善结果，既关注内部环境状况，又关注外部环境状况。主要依据其对目标值的实现程度、完成率的影响率给予评估。此外，还应该对公共关系其他项目目标、公共关系协作情况、公共关系活动的措施等进行评价来维护环境形象目标效果评估。

5. 公共关系状态效果评估

公共关系状态效果评估是对经过公共关系工作促进后，社会组织的各类公众对社会组织的政策、行政、产品、服务、整体形象等的态度状态和改变程度的评估。具体有公众行为效果检测、市场影响效果检测的方法，社会心理效果测定等，如公众接收信息行为的检测主要对公众阅读、收听、收看社会组织发出的有关信息及其注意、认知、熟知的程度进行分析评估；公众态度变化情况的检测主要对公众在某一问题上事前与事后的态度改变情况进行分析评估，一般会在一次公共关系活动的前后，分别进行一次舆论调查，比较前后调查的结果，分析出公众态度变化的基本情况和趋势并判断评估公共关系活动的效果。

（三）公共关系人员及其工作绩效的评估

对公共关系人员及其工作绩效的评估主要结合公共关系人员所在部门、岗位及其工作性质与任务要求，对公共关系人员进行以下几方面评估：①社会责任、道德，思想意识与价值观理念。②自身的素质、能力、潜力、应变力、团队合作性及其学习和创新性。③公共关系专业素养，沟通和管理协调能力。④开展公共关系工作过程中的具体表现及其在公共关系工作中取得的工作结果成效等。

三、建立公共关系评估标准体系

公共关系评估标准体系建立需遵循一定的确定标准的思维逻辑，既要定性和定量分析，又要全面系统思考；既要根据不同评估内容与对象体现不同指标要求及其评估重点，又要体现标准化、信度和效度、弹性相结合的原则。

（一）评估标准的定性和定量设计

通常从定性和定量两大方面来确定公共关系评估的基本标准。定性标准是对评估对象进行性质描述，如"社会组织的整体形象良好""知道我们产品的人非常多""这次公共关系活动的影响很大"等；定量标准是对评估标准给予特定的数量化。数量的表示有绝对数和相对数两种，如"要一个月内让 15 万人称赞我们的产品"属于绝对数标准；在这个地区，"我们产品的知名度提高了 8%"属于相对数的标准化。值得注意的是，一方面，首先需要在定性上确定评估范围，以保证考核工作的全面性和具有一定的战略高度；另一方面，定性指标常常要分解成具体的定量指标才能保证评估与控制的指导落到实处。

（二）常用的重点评估标准

最好的公共关系项目是通过与社会组织赖以生存的主要关系所达成的结果来衡量的，管理者向来看重结果，最高决策层衡量公共关系的标准很大程度上看其对社会组织管理程序所做的贡献。尽管不同社会组织在特定情境下制定公共关系活动评估控制标准追求有所不同，对公共关系工作所关注的重点也将有所不同，但无论开展什么样的公共关系活动，都有一些共同的评估标准，主要是通过总体效果、受众覆盖面、受众反应，信息传播效果、活动效益等来选择评估与控制的重点标准。常用的现代公共关系管理重点评估标准有以下几个。

（1）社会组织整体形象改造效果指标，如知名度、美誉度、和谐度，关键事例（危机或 10 年庆典）使社会组织恢复原状或促进组织发展，全员公关状态。

（2）基于平衡计分卡的综合评估与预算及其各相关指标权重构架。

（3）公共关系科学决策咨询效益。

（4）公共关系系统管理中各项重要指标及其权变性，如一定背景下公共关系战略目标的科学性、关键公众态度转变等。

（5）促进市场份额提高的公共关系工作及其结果。

（三）标准化、信度和效度、弹性相结合原则

（1）标准化是指设立评估标准或方法时使用相对稳定的标准化统一指标来实施公共关系评估与控制工作，其首先是通过公共关系评估与控制标准化设计来保证评估工作的信度，即可靠性，但此时的前提是，设计的指标既是标准化的又具有有效性。

（2）信度也称可靠性，公共关系评估与控制的信度指设计的评估标准或方法能实现评价测试结果的稳定性和一致性。

（3）效度也称有效性或正确性，公共关系评估与控制的效度指设计的评估标准或方法能实现评价测试结果的相关性和有效性。

（4）评估工作的弹性追求体现在：一方面，社会组织在特定情境下对公共关系活动评估控制的标准追求有所不同，所关注的重点也将有所不同；另一方面，公共关系工作与活动可能遇到某种突发情况和变化，这些变化会使社会组织现实情况和计划预测严重背离甚至出现危机，此时，有效公共关系评估控制系统仍旧具有灵活性或弹性地发挥调剂作用，来使一切恢复正常。

因此，真正科学的公共关系评估与控制工作的开展必须遵循标准化、信度和效度、弹性相结合原则。

（四）公共关系评估指标体系的建立

在进行公共关系评估指标体系建立时，最重要的是必须考虑如何使我们的评估标准与促进社会组织良性发展的公共关系工作与活动的目标相一致。公共关系评估标准体系的定性指标可以分别从公共关系工作对社会组织目标的贡献、公共关系工作对公共关系目标的贡献、公共关系工作过程、公共关系职能责任及公共关系工作效益等方面来确定。例如，公共关系工作资源投入及预算，公共关系效果，公共责任，组织形象，质量与服务效果，员工被尊重，诚信及归属感程度，公共意识，公共关系工作创新设计，公众舆论与改变，等等。以上指标还需将其继续分解量化成可科学度量的考核指标，以下是从公共关系工作与活动准备过程的评估标准、公共关系工作与活动实施过程的评估标准、公共关系工作与活动实施效果的评估标准、对公共关系人员及其工作绩效的评估标准方面进一步分解具体指标的描述。

1. 公共关系工作与活动准备过程的评估标准

准备过程是否充分对公共关系工作与活动完成效果有着非常重要的影响，公共关系工作与活动准备过程的评估标准主要有以下几种：背景材料是否充分并准备到位，现场布置是否妥当，人员分工是否能保证各就各位。信息内容是否准确充实，准备的信息资料是否符合活动主题要求，信息的表现形式是否恰当，是否存在信息和活动的对抗性。目标及媒体的要求、沟通活动设计是否在时间、地点、方式上符合目标公众的要求。是否设计制造事件或其他行动实现较好的传播沟通。

2. 公共关系工作与活动实施过程的评估标准

评估不仅仅是对公共关系工作效果的评估，更主要的是它在公共关系活动的实施过程中发挥其监控、反馈的作用。实施过程的评估标准有以下几种。

（1）主题是否在相关仪式、工作与活动程序实施过程中体现。

（2）相关仪式、工作与活动程序实施过程是否完整。

（3）现场分工、协作及突发的应变能力情况。

（4）工作与活动实施过程中传播媒介及公众参与情况。

（5）现场转播如演讲的效果情况，发送信息的内容、数量、质量与效果及其及时调整情况。

3. 公共关系工作与活动实施效果的评估标准

（1）活动主题与目标呈现效果。

（2）围绕活动产生传播媒介新闻稿数量、质量及其效果情况。

（3）关注、了解及接收信息的目标公众的数量。

（4）改变观点、态度的公众数量。

（5）发生期望行为和重复期望行为的公众数量。

（6）达到的公共关系目标和解决的问题，包含对社会组织运行及目标实现的影响和公共关系本身相关的目标实现与问题的解决等。

（7）对社会和文化发展产生的影响。

4. 对公共关系人员及其工作绩效的评估标准

对公共关系人员及其工作绩效的评估应首先区分公共关系人员的职责和分工。职责和分工不同，评估的指标和内容也应该有所不同。评估指标一般结合对公共关系人员岗位职责要求、任职资格、相关素质与能力要求，以及相对应的业绩要求等方面设立，包括计划、管理、态度、责任、形象、专业、执行力、沟通合作、应变反应能力、学习成长与创新，以及工作业绩的贡献度，等等。

第三节　公共关系评估的方法

公共关系评估过程是收集、分析各种相关信息与资料，运用多种评估方法的综合。公共关系评估的目标、对象和内容不同，公共关系评估的方法也有所不同且形式多样。常见的具体方法分类与描述如下。

一、按参与评估的主体分类的评估方法

按参与评估的主体，公共关系评估可以是组织自我评估、专家评估和公众评估三种形式的科学结合。

（1）组织自我评估是社会组织的公共关系人员对公共关系活动进行的自我评估。一般是由组织的主要负责人（可以是一个，也可以是多个）自始至终参加公共关系活动，亲临观察，体验公共关系活动进行的情况，并对其做出效果的评价，然后把这一评价拿来和公共关系部对此活动的报告或评估进行比较，作为进一步检验评定公共关系活动效果的参考。这种评估容易进行，但是主观性大。

（2）专家评估是组织聘请外部公共关系方面的专家对组织开展的公共关系活动通过调查、访问和分析而进行的评估。由于评估者是知识丰富的专家，因此能对公共关系活动及效果做出较为客观的衡量和评价，评估的权威性较强，并能对未来的活动提出建议和咨询。

有条件的组织，内部、外部的监察可同时进行。与此同时，社会组织公共关系部也应自己做出总结报告。这样，综合分析各方所提出的研究评价报告就可对公共关系工作与活动做出更为客观、准确的评价。

（3）公众评估是由公共关系活动的对象通过亲身感受而对公共关系活动给予的评估。由于公众比较广泛，因此他们可能会从不同角度、不同程度对公共关系活动的总体情况进行评估。公众受到自身因素的影响，其评估结果主观性较强。但是因为公共关系工作本身以公众的心理与需求为根本基础，所以公众评估体现了其代表公众的话语权和知情权。

需要说明的是，评估主持人可以是组织内部的公共关系人员、领导者或外聘的公共关系顾问和专家，但不管由谁来主持，作为公共关系评估的主持人只有做到客观中立、认真负责、遵从规范、讲究道德，才能保证评估工作的科学效果。

二、定量评估与定性评估相结合的评估方法

公共关系评估不仅要做定性评估，还常常要做定量评估，而且常常是以定量评估与定性评估相结合的方式呈现。

（1）定性评估是指运用文字的形式，从总体上对公共关系活动价值做出判断，进行定性描述性的评估。定性评估比定量评估简单易行，但要求具有较强逻辑分析性以保证得出的结论具有一定深度。

（2）定量评估是指运用具体数据形式，对公共关系活动做出定量结论的评估。这种方法通常以数据说明问题，从而避免或减少人为的主观随意性，现代大数据时代常常要建立相关模型。

（3）评估常常是定量评估与定性评估相结合地进行，定性评估需要定量方法提供更充足的依据而增强说服力，定量评估常需要定性方法提炼和归纳鲜明的观点加以说明。

三、公共关系策划方案评估方法[①]

在公共关系策划阶段，往往会同时提交多个公共关系策划书以便选择好的策划方案。公共关系策划方案评估方法有多种类别和形式，根据测评要求不同，对公共关系策划方案评估方法使用也有所不同。

（一）"策略综合评估检核表"法

"策略综合评估检核表"是一种测评判断公共关系策划方案合理程度的评价方法。常见的"策略综合评估检核表"的主要条目包括以下内容。

（1）针对性——目标公众，尤其是，关键公众确定是否清晰准确？所策划的策略是否符合公共关系活动目标要求或有利于促进公共关系活动目标的实现？

（2）区隔化——该策略是否把市场细化？

（3）可行性——策略成功实施的资源与条件保证及实现目标赢得竞争的可能。

（4）定位状况——定位是否清晰？是否具有优势？

（5）竞争优势——是否存在持续性的竞争优势？差异化卖点是否可以赢得特殊地位？

（6）引导策略——对公众心理、需求、行为过程及特征分析是否清晰，是否采用多步引导策略？

（7）采用工具——打算采用的各类传播工具种类和范围及其合理性。

（8）时间计划——选择实施的时机的合理科学性及具体实施时间表。

（9）整合水平——是否很好整合所有的信息、传播工具和各种资源？

（10）环境分析——政治、经济、文化等因素属全球因素还是地方性因素？是否充分利用有利环境因素等。

以上"策略综合评估检核表"中的条目可以根据社会组织自身具体项目的实际需要进行修订、删减或增加。根据每个策略方案在每一项内容上的表现为其打分或排序（如果是几个方案进行比较评估就必须排序），通过打分选择最佳策略方案。需要强调说明的是，可以事先对各条目设置指标权重以使评估更加科学。此方法可用于选择方案时的评估，也可用于对方案实施结果的评价，后者需要在对实施结果进行调查的基础上来进行对比分析。

（二）文案测评方法

文案测评方法是一种将文稿、广告作品，提示给被测验者（对象公众代表、诉求阶层代表），以探测其反应来测验文案效果的方法。文案测评方法主要有实验室测验（laboratory test）和实地访问调查（field survey）两种形式。纯粹针对文稿、广告表现因素的影响情况测验，多数采用实验室测验方法进行。实验室测验比较容易对一些影响因素加以控制，但它并非在自然情况下进行，所以不易反映出实际情形，再者样本也不能太大，有成本过高等缺陷。实地访问调查一般能较真实地反映现实的情况，但用于事前测试，其"实地"并非原

---

① 源于道客巴巴.

样的现实，不易控制。以下是对常见的几种文案测评方法的描述。

（1）实验市场法，也称"销售地区实验法"。先选出实验市场与控制市场，测定广告活动开始前的特定期间的销售实绩，接着把计划好的广告发布于实验市场，而控制市场则无任何广告。当该广告活动结束时，同时稽核这两个市场的销售额，便可以探知广告活动达到某种程度的影响效果。

（2）分割刊载法（split-run），指为某商品策划出 A、B 两种广告文案，随机印制在同一份报纸或杂志上。广告内容通常是相同的，只不过在表现上略加变化。同时在个别文案里的 coupon 分别加上不同的符号"键"，用来比较寄回来的反应数，以判断不同广告表现的优势。该文案的优点如何，却无法直接获知。

（3）意见法，指通过征询公众意见来对某公共关系作品、广告作品进行测验评估的方法。如向专家个别询问某一文稿或广告的意见，或采用小组讨论法（group discussion），请专家开会讨论，提出评价意见。又如采用比较排序法，请专家、一定公众对象对同一商品所设计的几种广告进行评价，请评审者按其设计的优劣进行排列。而公众审查法则通过对公众代表提问："在文稿中，哪一项最吸引您注意？""哪一种广告最具完整性？""哪一种广告最令您确信是最受欢迎的商品？""哪一种广告能使您想去购买该商品？"等来获取由公众代表所组成的小团体的意见，作为评判公共关系作品或广告好坏的依据。此种测评方法也可采用个人访问和邮件访问等间接方式来进行。

（4）认知度测验法，主要测验当一个受众在看一则广告时，能否意识到自己曾经见过这则广告，能在多大程度上正确回忆文稿、广告作品的内容。如回忆率测验法指的就是测试受众中能够回忆起一个公共关系文稿或广告的人数占总人数的百分比的一种测试方法。回忆率测验法可分为辅助回忆和无辅助回忆两种回忆法，在辅助回忆中，用版面或画面提醒受众，但画面上抹掉了广告名称和品牌名；在无辅助回忆中，只给出产品或服务名称，请测试受众讲出广告名称和品牌。如电视广告中的滞后一日回忆法，即电视广告播出 24 小时至 30 小时后再去采访观众，问这些观众是否记得之前播放的某种产品的广告。如果他们不能正确地说出品牌的名字，那就给他们适当的提示，如告诉他们产品类型和品牌名称，然后问他们是否能够想起与此广告有关的一些事情，如广告词、广告展示了什么主题等。

（5）说服力测试媒介监测法，指通过被迫暴露品牌偏好与品牌偏好的变化两方面来反映文案对说服力的影响。例如，企业专题片或广告在电视台的黄金时间段播出，测试开始前，用电话召集 200 名观众，用现金奖励邀请他们参加测评活动，受测试者在没有辅助的情况下要说出品牌名称，并讲述品牌偏好。在看完专题片或电视广告的第二天，受测试者将继续回答品牌偏好的问题及其他问题，以对比分析公共关系文案的说服力的影响力因素及其影响程度。

（三）公众行为影响效果检测法

对公众行为进行测定，并通过公众行为变化来分析公共关系活动的效果，是常用的效果评估方法。通常把这种测定的结果拿来与公共关系事前的公众行为调查资料相比较，就能更清楚地分析、判断出公共关系活动的效果。公众行为的检测一般包括以下几种。

1. 公众接收信息行为的检测

对公众阅读、收听、收看组织发出的有关信息的调研，可调查公众对信息的注意、认知、熟知的程度。

2. 公众态度变化情况的检测

这是最重要的一种舆论调查检测方法，指对公众在某一问题上事前事后的态度进行分析评估，调查出公共关系的效果。此法可分为比较调查法和公众态度调查法两种类型。比较调查法就是在一次公共关系活动的前后，分别进行一次舆论调查，比较前后调查的结果，进而判断评估公共关系活动的效果。公众态度调查法就是在一系列公共关系活动之后，对主要公众对象进行调查，了解他们对社会组织的评价和态度的变化及其社会心理转变效果，从而分析出公众态度变化的基本情况和趋势，以此分析公共关系活动的效果。态度变化检测一般采用自我报告法。

3. 公众发生期望行为情况的检测

根据事先设定的目标公众和公共关系活动后目标公众被期望发生行为，及其相关行为变化指标，如购买力的改变市场效果指标等，通过直接观察法、间接观察法（借助先进设备和仪器）、个人观察法、内部观察法、外部观察法（常借助专家、公众自我报告法）等方法来了解和检测公共关系活动后公众被期望发生行为的情况，以此评价公共关系活动对公众的行为产生的影响。

以上各种方面的效果调查研究工作，既可分开进行，又可合起来做。合起来可综合地评价整个公共关系活动最终的结果。分开分别进行，可用来测定公共关系各发展阶段各方面的效果。

四、信息发布评估法及宣传效果跟踪法

（一）交流审计法

交流审计法，指通过在大众传播媒介上所公开发布的有关社会组织的信息资料进行统计分析来精确地了解本组织与社会环境间的信息交流状况，它是了解社会组织的所处社会舆论状况的一种方法。运用这类方法的评估基本内容有对报道进行量的分析评价，对报道进行质的分析评价，对各公众反应的分析评价及对报道时机的分析评价等。

1. 对报道量的分析评价

（1）对报道篇幅进行分析评价，作为评判新闻媒介对这一问题重视程度的重要依据。报纸、杂志可用字数，电视、广播可用分钟或秒为单位来统计。

（2）对报道次数进行统计、分析、评价，作为评价社会舆论对这一问题重视程度的依据。

（3）对进行过报道的媒介的种类和数量进行统计、分析和评价，作为推测对受众影响的一个依据。

（4）通过对报道的范围及其覆盖状况进行统计、分析和评价，可得出最大传播范围和重复传播的基本情况。

2. 对报道质的分析评价

（1）对报道信息的媒介进行层次、性质、重要性等方面的分析评价。例如，是全国性的、省级的还是地市级的媒介？是相关专业性质媒介、普及性质媒介、党报还是晚报？是权威的还是普通的媒介等？

（2）对报道内容的质量的分析评价。例如，所报道的内容属正面报道还是反面报道？

（3）对报道内容的重要性的分析评价。例如，是全面报道还是摘要报道？是作为重点报道还是一般性报道？所采用的版位（或时间）的重要性如何等？

3. 对各公众反应的分析评价

（1）对各公众反应进行量的统计、分析、评价，包含对反应公众类型、数量、报道覆盖的范围等的统计、分析、评价。

（2）对各公众反应进行质的分析、评价。除对各反应的媒介的层次、性质、重要性，报道内容是肯定还是否定，是全面报道还是摘报，是重点报道还是一般性报道，以及版位的重要性等问题进行分析、评价外，还包括对其他公众反应的分析评估，含公众支持与否，公众态度是否因传播对社会组织更知晓、了解而朝更理解社会组织等好的方面的转变程度，首要公众反应情况如何，次要公众反应情况如何，等等。

4. 对报道时机的分析评价

（1）对报道的及时性进行分析评价，包含：分析评价报道是否适时，与本组织公共关系活动时间的配合是否理想，是否有助于公共关系活动计划的推行。

（2）对社会组织的报道与当前社会舆论主流及其主题的关系进行分析评价。例如，分析评价这些报道与当前舆论主流主题的相关性，是一致还是相背，或是处于独立的游离状态。

（3）分析评价社会组织的报道得到社会多大程度的关注度，是否有机会成为社会舆论的主流以及社会舆论的主流的时机所在，等等。

（二）宣传效果跟踪和评估服务法

宣传效果跟踪和评估服务法首先要求确定可量化的评估目标及相关指标。这些目标及相关指标的内容包括对宣传目标的期望值、具体目标公众、公共关系活动传播战略、媒体报道要点及媒体报道的覆盖范围与影响力等，这些相关情况会通过具体统计和计算数据进行描述。如统计媒体报道量需要做以下计算：统计分发给媒体的新闻稿及其他材料的数量，计算被媒体发表的新闻稿的数量，统计由其他公共关系努力带来的文章数量以及每家媒体的发行量和产生影响的受众规模，确定信息发表的位置、各媒体对目标公众的渗透能力以及关键信息点的数量和位置；并加总每家媒体覆盖的目标受众（21岁以上的成人）数，计算出总媒体印象。公共关系人员还将结合对每篇报道的了解与判断，如哪些报道有利于实现宣传目标、哪些报道引起公众误解、哪些报道是负面的等，运用统计数据对比分析媒体内容，计算出每次媒体报道的质量，并撰写成评估分析报告。评估分析报告可以通过一系列关于媒体报道量、报道的内容、目标受众印象、报道质量的图表等来对公共关系活动效果进行小结或对将来的活动提出建议，以对将来更好地开展公共关系活动提供依据或提供参照评估的标准值。

（三）内容分析研究方法

内容分析研究方法主要在公共关系传播效果测定中，通过对媒介中所传递的与本组织有关的信息内容及其要素进行定量分析，来评价引起的社会舆论变化效果的公共关系活动相关要素之间的相关性。它是通过统计分析对具体的传播内容及其要素，如传播内容中的各种语言特性等，做客观而又系统化的量化研究并得出产生传播效果的规律加以阐述评价的一种调查研究方法。传播内容指的是任何形态的可以记录、保存并具有一定传播价值的传播内容。

1. 内容分析研究方法操作程序

（1）选取样本。选样大小由具体项目及偏向定性或定量分析的特点而定。选择方法可随机抽样，也可按一定程序抽样。

（2）确定分析单位，如以文章、段落、句子、词为单位。

（3）建立分析范畴，即确定需要分析的方面、层次或问题。

（4）分析样本内容。

（5）为分析单位编码，即把分析对象归入选择范畴。

（6）通过计算机或人工统计分析其结果。

2. 内容分析研究方法的特点

（1）内容分析方法注重系统考察客观传播内容要素的相关性，并对传播要素量化到具体的特点。

（2）内容分析研究方法不仅分析传播信息内容及其传播各种要素，而且也分析整个传播过程与传播效果。在研究分析价值方面，不仅对传播内容做描述性解说，而且对传播内容及其各种传播要素与整个传播过程所发生的影响进行推论分析。

（3）内容分析研究方法在公共关系管理中，对于判断舆论状况及其影响其发展趋势的因素研究有很高的价值。

3. 内容分析研究方法的样本选择与效果测定

运用内容分析研究方法进行效果测定过程中，首先应注意的是信息评估相关样本选择，如我们可考虑信息可读性包括哪些阅读难度要素，以及可用冈宁公式中涉及的可读性的模糊指数和阅读困难的"危险界限"等来帮助我们评价与确认各种信息样本要素对传播效果的影响。

冈宁公式指的是罗伯特·冈宁为可读性提供的模糊指数的一种分析评价方法，它是基于平均句子长度和三个或三个以上音节的单词的百分比来判断阅读难度的方法。例如，从需要评估的文本中，随机抽取两份 100 个单词的样本。计算出句子的数目，计算出三音节或多音节单词的数目（但不计大写单词、不计以 es、er 或 ed 结尾的单词，不计由简单词汇组成的单词）。将统计结果代入以下公式：

$$模糊指数＝0.04 ×（每句中平均单词数量＋每 100 个单词中长单词的数量）$$

可读性模糊指数为 17，代表大学研究生水平；可读性模糊指数为 16，代表大四学生水平；可读性模糊指数为 13，代表大一学生水平，也代表阅读困难的"危险界限"；可读性模糊指数为 10，代表高二学生水平；从 10 往下，则进入容易阅读范围。

五、公共关系管理平衡计分卡综合评估法

如图 9-1 所示，公共关系管理平衡计分卡综合评估法主要结合公共关系战略管理对社会组织战略的贡献，对公共关系管理以下四方面进行评估。

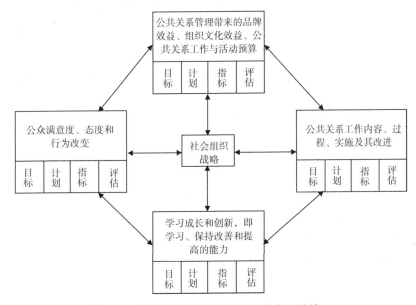

图 9-1 公共关系管理平衡计分卡综合评估法

（1）公共关系工作内容、过程、实施及其改进情况。

（2）公共关系管理带来的品牌效益、组织文化效益、公共关系工作与活动预算情况。

（3）公众满意度、态度和行为改变情况。

（4）学习成长和创新，即学习、保持改善和提高的能力情况。

使用公共关系管理平衡计分卡综合评估法对公共关系管理进行评价，一是能实现相关方面的全面系统的评估；二是能立足长远和发展性来做相关评价，并兼顾公共关系工作对社会组织贡献度的评价。但这种方法对公共关系管理工作实施评估，需要科学建立各维度评估对象，并具有可操作性的评估指标体系，还要成立评估小组（以高层支持为促进、以专家为核心力量）系统开展评估工作，并做好评估沟通与反馈。

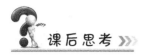

课后思考 》》》

1. 简述公共关系评估的重要性及其作用和意义。
2. 简述公共关系评估标准体系建立的基本思维逻辑。
3. 公共关系评估的内容与对象有哪些?
4. 公共关系评估的方法有哪些?

案例分析

塞勒菲尔德事件的教训

1986 年 2 月 5 日,塞勒菲尔德核反应厂发生了一次非常严重的事故,液态钚储藏的压缩空气受到重压,一些雾状钚从罐中泄漏出来。工厂多年以来第一次亮起了琥珀色的警报,30 多名非必要人员撤离了危险区,只留下 40 人处理泄漏事故以维护工厂其他部分的安全。尽管事故并没有对工厂的工人和周围的公众造成放射性危害,从人员伤害的意义上讲,事故的损失很小,但事故引起了社会的广泛关注。英国核燃料公司在宣布泄漏事故时,暴露了公司危机状态下的困境,英国核燃料公司所做的糟糕的传播工作加剧了人们的恐惧,导致社会公众对核安全的担忧。英国塞勒菲尔德核反应厂发生的泄漏事故对该工厂经营者——英国核燃料公司的声誉造成了很大的破坏。

泄漏事故发生在 10:45—11:45。毫无疑问,媒介很快就报道了所发生的事故,因为从工厂蜂拥出来的工人和琥珀色的警报,人们一眼就能看出工厂出了问题,发生事故的消息随后就传开了。但工厂没有足够的新闻发布人员来应付外界打来的询问电话,英国广播公司的记者詹姆斯·威尔金森介绍说,当他中午给工厂打电话时,工厂的新闻办公室还没有人做好发布事故消息的准备,我们所得到的回答只是些站不住脚的许愿。一方面他们向公众表示,要最大可能地让公众了解事实真相;另一方面又每天像挤牙膏一样一点一点地给出消息,媒介的记者们发现他们要一直提心吊胆地排队等候消息,每一条消息都使记者有借口得以进行连续报道。于是不确定的因素引发了人们的不安情绪,甚至英伦三岛为此也十分焦虑。而英国核燃料公司的新闻办公室居然在此期间的正常工作时间外停止办公。詹姆斯·威尔金森说,当探听消息的人在晚间给公司打去电话时,电话总机告之,请留下电话号码,等新闻发布人上班后再回电。

······

虽然事情过去 30 多年,但此案例仍旧对社会组织加强公共关系危机管理和提升公共关系实施能力具有一定的现实借鉴意义。英国核燃料公司在危机到来之时,其指导思想不正确是导致犯错误的根本原因,总结其具体不当表现主要有以下几点。

其一,没有充分估计到事故的发生对企业会造成巨大影响,对事件重要性的认识不够。

其二,没有全力以赴投入危机事件的处理中,使之声明发表滞后,晚间电话无人接听,让人觉得公司什么事情都没有发生。

其三,想掩盖事实真相,信息透明度极低,对事件处理不当,使之向公众所表示的态度与自己的行为相背离，对事件消息传播的不足让公众不满意。

事实上，最后英国核燃料公司不得不开始收集有关信息。他们花费 200 万英镑进行广告宣传活动，邀请公众参观塞勒菲尔德展览中心。这种开放政策是通过一年来对公众看待核工业态度的调查研究所产生的结果。调查表明：对外封闭的核工业，不但会失去公众支持，而且容易引起公众争论。

资料来源：刘建廷. 公共关系学[M]. 北京：中国传媒大学出版社，2014（有整理）

问题：

1. 英国核燃料公司在危机到来之时为什么会犯错误？

2. 塞勒菲尔德核反应厂发生泄漏事故后，英国核燃料公司应该怎样开展相关公共关系工作？请给出具体方案。

3. 谈谈英国核燃料公司核泄漏事件及其处理过程对我们做公共关系管理的借鉴和启示。

第十章

公共关系专题活动

 **导入语**

现代社会组织开展公共关系专题活动，是在调查及公共关系总体战略规划基础上的具体工作内容形式的一种呈现方式。这个过程既追求专题活动本身的目的明确和主题鲜明，也突出策划的创意和讲求实效，并量力而行及精心准备与实施来实现一定的传播目的，以帮助树立良好组织形象，促进社会组织整体社会地位的提升及改善公共关系[①]。

学习目标

1. 学习和掌握公共关系专题活动的类型、特点及其管理方法。
2. 了解新闻发布会基本知识和掌握开好新闻发布会的技巧。
3. 了解和掌握做好慈善赞助专题活动的相关知识与技巧。
4. 学习和掌握策划及举办大型公共公关专题活动的相关知识和技巧。

 导入案例

中国环球公关公司的"奥妙降价"媒介公关

1999 年，联合利华在华资产重组顺利完成后实现了资源共享，由此决定推出两种新款奥妙洗衣粉，并对价格进行大幅下调，中国环球公共关系公司（以下简称"环球公关公司"）受联合利华委托处理围绕"奥妙降价"产生的媒介关系相关事宜。环球公关公司进行了充分的调查研究，认为大幅度降价对"奥妙"品牌来说是一把双刃剑，"奥妙降价"的举动在产品、企业和外部环境三个层面上都同时面临机遇与挑战。在处理"奥妙降价"事件的媒介关系过程中，一方面要利用新闻媒介形成有利于"奥妙"的社会舆论；另一方面必须采取有针对性的措施，消除新闻媒介易产生的误解，防患于未然。为了有效传播"新奥妙"的产品优势（价格、性能），形成对"奥妙"有利的舆论环境，避免有可能发生的不利报道，维护"奥妙"已有的良好形象，环球公关公司制订了详尽的相关公共关系措施来进行媒介公关。

---

① 张克非. 公共关系学[M]. 2 版. 北京：高等教育出版社，2009.（有整理）

一、主动出击、强度宣传、有的放矢

（1）1999 年 10 月第一时间分别在上海、广州、北京召开新闻发布会公布"降价"消息，邀请全国主要的新闻媒介参加，形成一定宣传规模和强度。

（2）在发布会前后，尽可能充分地与媒介沟通，增加媒介记者对"奥妙"举措的认同感。

（3）用心遴选各个地区有影响的媒介及适合的版面、栏目，做到有的放矢。

（4）从不同角度撰写新闻稿，引导记者形成有利于"奥妙"的报道思路。

（5）尽可能回答记者感兴趣的问题，针对不可回避的敏感问题给出合理的答案，以防止负面报道的产生。

二、制订防范措施，与媒介保持良好的协调

（1）指定新闻发言人，保证对外发布统一的信息。

（2）基于事实来处理敏感问题。

为消除媒介和公众有可能产生的主观臆断与猜想，环球公关公司归纳并准备了将近 40 个针对处理"奥妙降价"媒介关系方面不可回避的问题，立足事实来处理相关敏感问题。例如，"奥妙降价"如何保证质量，重组之后如何解决"下岗"问题，冲击中资品牌问题，环保问题等，并都确定了相应的回答要点，以确保发言人在答记者问时做到心中有数，可以从容不迫地回答记者的提问。

（3）从不同角度编写新闻稿。为了引导记者形成有利于"奥妙"的报道思路，从以下四个方面撰写了不同的新闻稿。

①"奥妙"闪亮登场。

②"奥妙"降价不降质。

③"奥妙"降价给国有企业的启示。

④国内洗衣粉市场的发展与潜力。

三、"奥妙"降价媒介公关评估

以新闻发布会为主体的媒介关系协调工作完成得十分顺利，达到了预定的公关目标，媒介反响强烈。发布会结束后的一个月内，媒体发稿量大，报道中没有出现有损"奥妙"品牌形象的情况，而且报道篇幅大，短时间内形成新闻热点。"奥妙"销量大幅度上升。环球公关公司的"奥妙降价"媒介公关最终取得圆满成功。

资料来源：根据百度百科整理

第一节　公共关系专题活动类型

公共关系工作常以公共关系活动形式体现，而公共关系活动又常以公共关系专题活动形式呈现。常见的公共关系活动有会议组织、各项专题活动开展以及对突发事件的应急处理等。

一、常见的公共关系专题活动类型

在日常公共关系工作中，常需要进行各种公共关系专题活动，比较常见的公共关系专题活动包括各种庆典活动、展览会、新闻发布会、公益活动、赞助活动、开放参观、宴会与公共联谊等。

1. 庆典活动

庆典活动是社会组织利用自身重大活动时机所开展的庆祝典礼仪式、纪念活动等，其形式多种多样，如剪彩仪式、颁奖仪式等。社会组织要善于利用和把握机会开展各种庆典仪式活动来强化公共关系，体现社会组织的公共关系策略能力。一般社会组织会在组织建立的周年纪念日、工程开工奠基、工厂落成、商店开业、给员工颁奖等时机举行相关的庆典与仪式型专题活动。庆典活动是一个要求主题鲜明突出，典礼过程、内涵与形式策划具有程序化及一定的仪式规范和创意性设计的过程，并保证执行实施时要遵循对等的相关礼仪规范，注重细节处理和系统协调管理，追求善始善终，同时要达到一定的热烈、轰动的典礼氛围，起到一定的宣传和传播效果。

2. 展览会

展览会是一种以实物、文字说明、图片、模型、幻灯片、现场示范等形式综合运用各种媒体进行传播的常见性公共关系专题活动。展览会的特点主要有信息传递直接及形象直观、具有双向沟通和综合传播性、具有一定的新闻价值等。承办展览会者需考虑的工作内容有：明确展览主题，明确参展单位和参展项目，选择好时间和地点，预计参观者范围及其类型和数量，准备各种相关资料，成立新闻发布机构和接待机构，做好预算工作，筹备开幕式，培训工作人员及做好管理协调与服务工作，最后还需对展览会效果进行评价。社会组织应树立把握机会积极参与相关展览会的意识，并做好参展相关策划与预算工作，做好工作人员培训与分工，做好现场管理、协调和服务工作，以产生良好的促进公众认同的效果，提高本组织知名度与美誉度等。

3. 新闻发布会

新闻发布会又称记者招待会，是一种社会组织主动召集各新闻机构的记者宣布有关本组织的重要信息，并回答记者就此进行的提问来向媒体传播有关社会组织信息的新闻传播性公共关系专题活动。借助新闻发布会所发布的社会组织有关信息，能够以相对更准确、更统一的声音经大众传媒迅速地向社会扩散，并最大限度地减少信息的失真。但值得注意的是，社会组织一般不轻易采用新闻发布会的形式来发布信息，在决定召开新闻发布会之前，必须对所要发布的消息是否重要、是否具有广泛传播的新闻价值，以及这个消息有没有其他途径或方法可以发布进行分析和研究；除非社会组织真的有非常重大的消息要发布，否则召开新闻发布会的效果会很难让人满意，因为记者不会为了一个微不足道的新闻而奔波来参加记者招待会。

4. 公益活动

公益活动是社会组织不计眼前利益，出人力、物力或资源赞助和支持某项社会公益事业的公共关系实务性。现代社会组织经常立足于人道主义精神或者构建和谐社会的理念来关注、策划和开展解决社会问题与稳定社会秩序的各种社会公益活动。正确合理策划和实施社会公益活动在现今社会背景下，既是公共关系实务对促进社会和谐稳定发展的现实意义的落脚点，也是社会组织承担社会责任、塑造自身良好形象的一种有效途径，并反映了公共关系人在从事公共关系活动中不可或缺的一种重要能力。公益活动强化了社会组织的道德人格形象，通过造福民众的活动引起广大公众的关注和参与意愿来改善社会组织与媒体、公众之间的关系及其在公众心目中的形象，不仅可以提高社会组织的知名度、美誉度和权威性，还有利于社会的健康和谐发展，这也同时为社会组织自身的生存与发展创造良好的外部条件。常见的社会公益活动有社区服务、社会援助、专业服务、绿色公益等。绿色公益指通过一系列公共关系公益活动呼吁人类重视环境问题，是在公众环境意识不断增强、环保运动不断增多的背景下催生的一种公共关系形式。随着越来越多社会公众环境意识的觉醒，越来越多社会组织参与到环境保护的运动中来，支持和积极参与环境保护已形成世界性的活动浪潮[①]。

5. 赞助活动

赞助活动是指社会组织无偿地向社会事业或社会活动提供资金或物质支持等，以获得良好形象传播效益的一种公共关系专题活动。常见的赞助活动的类型有教育事业类赞助活动、体育类赞助活动、文化类赞助活动、公益事业类赞助活动。社会组织发起或参与赞助活动的目的主要有：扩大组织的知名度，通过承担一定的社会责任来树立良好的社会组织形象。社会组织不仅要有利用和把握赞助机会的意识，还必须有科学和艺术性地选择、策划和管理赞助活动的能力来凸显本组织形象特征。

6. 开放参观

开放参观是指社会组织通过向社会公众开放并组织公众参观本组织以增加本组织的透明度，由此加深社会组织与公众之间的联系和相互了解及争取公众的理解与支持，扩大本组织在社会上的知名度、美誉度及和谐度的公共关系专题活动。社会组织通过对外开放参观不仅有助于公众认识社会组织，而且有助于相互交流思想和情感，有助于消除人们对本组织的某些不解和疑虑。

组织对外开放参观活动要提前策划相关宣传材料和简单易懂的说明书，并可投放到网络平台帮助参观者在参观之前了解社会组织的主要概况。事先拟定好参观路线，制作向导图及标志，标明办公室、餐厅、休息室、医务室、厕所等有关方位。如有保密和安全需要，应注意防止参观者越过所限范围，以免发生意外的伤亡事故和影响正常的工作秩序。为了使参观活动顺利进行并收到应有的效果，应做好参观预约工作，参观时由向导陪参观者沿参观路线参观并做相应解释和回答问题，解说要求专业且简明扼要。最好将参观者分成10人以内一个小组，这样既便于组织，又能让参观者听清讲解。最后需说明的是，对外开放参观活动不仅是公共关系部门的责任，也是社会组织内全体员工的责任。因此，要让全体员工都能了解开放参观的意义和自身对此的责任，积极配合开放参观工作，以保证参观者对社会组织留下整体美好印象。参观活动结束后，还需要进行一系列的公共关系善后工作，

---

① 何修猛，熊茜. 公共关系实务[M]. 上海：华东师范大学出版社，2015.（有整理）

如致函向来宾道谢，登报向各界鸣谢，召开参观者代表座谈会，听取意见和建议以改进管理，等等。

7. 宴会

宴会指为了表示欢迎、答谢、祝贺和联络感情等而设宴招待客人的一种公共关系专题活动。宴会常可分为正式宴会、一般宴会和便宴。正式宴会是贵客来访或者有重大的庆典活动时举办的宴会，其规格和规范都有比较严格的高要求；一般宴会形式比正式宴会较为随便些，其规格、人数、桌数都不一定要严格要求；便宴形式简单、随便、亲切，可以不排座次，不做正式讲话，菜谱及点菜数量也可酌情而定。宴会组织工作包含：明确宴会目的、对象与范围、宴请规格和形式，选好餐厅或酒店；明确宴请时间、地点并发送请柬等告知对方所选择餐厅；确定菜谱或点好餐选好菜，选择好的餐厅与酒店及确定对等菜谱或点好餐是门艺术，应遵循符合规格，投公众所好，照顾好主宾，追求情调、特色、文化及有利沟通等原则；宴会过程中应遵循一定礼仪安排席位并做好用餐管理；同时做好相关迎来送往工作，如接送客人应遵循相关的礼仪、做好礼品赠送工作等。整个宴会过程中，所有参与人员应始终保持热情的态度、饱满的精神，使宴会保持活跃气氛。

8. 公共联谊

公共联谊是一种直接表达感情的交往活动，指为加深社会组织与公众之间的联系和友谊而筹办的一种联欢交往的公共关系专题活动，如社交晚会、联欢会、舞会以及其他各种联谊活动等。社交联谊活动上特有的友好、欢乐气氛最容易使社会组织与公众之间产生密切的、融洽的关系，对协调社会组织与公众之间的关系具有明显的效果。组织好联谊活动应注意策划和管理好对等的气氛所需的各种要素，如创意主题的设计，专业的主持人，现场的合理布置，音乐、酒水及果品置备，相关工作人员与服务的配置与协调，等等。

二、公共关系专题活动策略及目标的特征

公共关系专题活动能实现的目标可分为宣传及传播信息、联络感情、改变态度及引起行为、危机矫正等不同层次目标，这些不同层次目标常常结合各种公共关系专题活动采用的具体策略，互相渗透性地体现在公共关系专题活动实施过程中。公共关系专题活动策略主要可以概括为宣传型策略、进攻型策略、防御型策略以及矫正型策略。宣传型策略即借助宣传的方式来促进相关公共关系专题活动实施效果；进攻型策略即社会组织采取主动出击的方式来树立和维护其良好形象，特别是当社会组织的既定目标与环境发生冲突时，社会组织要及时抓住时机，调整决策和行为，积极主动地去改造环境，逐渐减少和消除冲突的因素；防御型策略是社会组织为防止自身的生态环境失调而采取如绿色公共关系及品牌建设等能起到预防作用的活动方式；矫正型策略是社会组织遇到问题与危机、良好形象受到伤害时，利用公共关系手段消除媒体和公众对社会组织的负效应关注、挽回负面影响而开展的公共关系活动。

（一）公共关系专题活动的宣传及传播信息性

公共关系专题活动的宣传及传播信息性是指通过公共关系专题活动实现信息传播，把希望公众知道或公众想知道的信息告诉公众让公众知晓。公众知晓是公共关系专题活动目标体系中最基本的目标，主要在公共关系专题活动中将组织发展的新动态、新成果、新举措告诉公众。社会组织尤其在初创时期为扩大知名度宜围绕此目标开展工作。

（二）公共关系专题活动的联络感情性

公共关系专题活动的联络感情性比公共关系专题活动的传播信息性进一步，追求与公众建立感情、联络感情、发展感情等目标。通过双方建立感情来获得公众的谅解、合作、支持和与公众建立更牢固的关系。如访问、走访、座谈会、宴会、舞会、慰问、接待等公共关系专题活动中的人际交往通常具有灵活性、人情味，对此很好地把握能使社会组织与公众的沟通既直接又能进入情感层次，可由此建立起更牢固可靠的人缘关系，从而促进公共关系的建立和相关工作的开展。

（三）公共关系专题活动的改变态度性

改变公众态度是公共关系专题活动的主要目标。如通过举办各种社会性、公益性、赞助性活动等提升组织形象的公共关系专题活动营造有利于社会组织发展的良好环境，促使公众从对社会组织的不了解、偏见、冷漠乃至敌意，转变为了解和熟悉、感兴趣、同情、理解和认可等。

（四）公共关系专题活动的引起行为性

引起公众行为性是公共关系专题活动目标体系中的最高层次目标，即让公众接受本次公共关系专题活动或由此促进其他合作行为等。需说明的是，公共关系专题活动的前三个特征性目标的实现最终也是为引起公众做出有利于组织发展的行为做铺垫的。

（五）公共关系专题活动的危机矫正性

公共关系专题活动的危机矫正性是指当社会组织与环境和公众之间出现严重失调、形象严重受损时，通过开展挽回声誉、修补形象相关的公共关系专题活动实现社会组织形象矫正，这个过程又叫危机公关。危机公关是非常重要的公共关系工作，它可检验社会组织及其公共关系人员的公共关系水平与能力，也可直接反映社会组织的形象。值得注意的是，危机公关过程中可以运用多种公共关系专题活动策略来实现高于危机矫正的公共关系目标，中国古话"不打不相识"就是对此最好的诠释。

三、公共关系专题活动有效实施的基本评判标准

公共关系专题活动实施成功与否不仅和公共关系专题活动策划方案是否优良有关，还和公共关系专题活动方案实施的过程与结果的表现相关。公共关系专题活动成功与否，其基本评判标准有如下几点。

（1）能否体现出公共关系专题活动方案中明确与鲜明的主题？

（2）现场是否达到一定的气氛效果？如现场气氛热烈、引起轰动等？

（3）专题活动过程的程序化、仪式化及任务饱满度是否已通过有针对性地运用对等的方法来合理呈现了？现场管理与协调是否充分体现管理过程的科学性与艺术性？

（4）成本控制和预算及专题活动效果预期三者之间是否均衡体现？

（5）创新、灵活、具有超前性创意体现得如何？是否和公众偏好相匹配并受到公众欢迎与青睐？

（6）专题活动的传播和舆论导向效果是否与预期一样良好？

（7）通过传播与沟通，是否增强了公众对社会组织的了解、理解和认同，形成新的认识甚至促进了公众行为改变，是否取得改变现状的效果？

（8）是否有助于增强社会组织内部员工的责任感、自豪感和内部凝聚力？

（9）是否提高了社会组织的知名度和美誉度，增加了社会组织品牌这个无形资产的存量？

（10）是否彰显和强化了社会组织的内在文化与精神？[①]

第二节　慈善赞助专题活动

一、慈善赞助

慈善赞助是常见且重要的公共关系专题活动形式之一，是指社会组织通过针对医疗、文化、艺术、体育、教育或需要帮助的特殊群体等能产生深远影响的领域，向社会各种需要得到帮助的人和事提供物质帮助与开展义务服务而进行社会资助的各项活动。慈善活动一般宜选择富有道德色彩和社会正义感的资助对象，如孤寡老人、失去家庭温暖的少年儿童、丧失劳动能力的成年人、贫困学生、见义勇为致残者、环保人士等。社会组织参与慈善赞助的形式有两种：一种是社会组织自己发起慈善赞助，即社会组织为实现某项公共关系目的而主动发起的慈善赞助活动，具有主动性和创意性；另一种是对其他社会组织的慈善赞助邀请响应参与的形式。

实施慈善赞助要求强调实效性而能切实帮助困难者解决实际问题，可选择的方式主要有以下几种。

（1）策划专题性的慈善活动以便一次性募集捐助钱款或物资给偶遇生活困境的困难者，以帮助他们迅速摆脱困境。

（2）建立慈善工程给予短期内无法摆脱困境的人以帮助，如少年儿童、贫困老人，社会组织可组织员工与困难者结成帮困对子，长期持续性地帮助困难者。

（3）对于具有普遍意义的某一类需要资助的人群，社会组织应该积极参与甚至发起主题性的慈善基金会，以专项慈善资金的形式，定期开展慈善性捐资帮困活动。

---

① 张克非. 公共关系学[M]. 2 版. 北京：高等教育出版社，2009.（有整理）

二、慈善赞助的作用

慈善赞助往往与社会组织的营销目标无明显联系，而是一个基于将商业目的渗透在无偿的公益之中通过利他来利己的过程。社会组织之所以对公益事业积极慷慨相助是因为慈善赞助是最能体现 "春风化雨而润物细无声"功效的一种公共关系专题活动和手段，它能超越国界、语言、种族、环境、政治等的不同实现真正有效的公众传播，能促进人们的相互理解而深层次地强化社会组织的社会影响力，能塑造社会组织的良好公益形象而为社会组织的不断发展创造和谐的社会环境。具体而言，慈善赞助有以下特殊作用。

（1）通过慈善赞助参与社会公益事业，表明社会组织作为社会成员愿意为社会的发展做出相应的贡献和乐于承担一定的社会责任，同时证明社会组织具有强大的经济实力从事一定的慈善赞助，从而大大提高社会组织的知名度、美誉度及提升社会组织的整体社会地位，能够帮助社会组织塑造良好的组织形象。

（2）慈善赞助是一种巧妙的产品传播和投资方式，通过慈善赞助可以向社会迅速推广与慈善赞助相关产品，在做好事的同时取得比较好的产品推介效果。

（3）通过慈善赞助活动，可以表明社会组织的诚意和实力，并向公众传播有利于社会组织的信息，这种信息传播让公众更愿意接受且有更高的认同度，是一种很好地获得公众支持和消除公众敌意的手段。

（4）慈善赞助使社会组织内部员工为自己所处的组织感到自豪，可以用来提高士气，强化社会组织的向心力和凝聚力，是社会组织与其内部员工实现高度认同感的重要沟通渠道，对内对外都能起到很好的彰显和强化社会组织的内在文化与精神的作用。

三、开展慈善赞助的程序

社会组织的慈善赞助工作应纳入一个科学管理体系，即社会组织良性开展慈善赞助工作是一个按一定的程序步骤对慈善工程进行相关调查、对慈善活动进行策划实施及对整个慈善工程与慈善基金进行系统科学管理的过程。开展慈善赞助工作具体的程序如下。

（一）制定慈善赞助政策

根据社会组织的目标、经济能力、政策和公众关系现状，确定年度公益活动慈善赞助金额，制定切实可行的慈善赞助政策。

（二）传播慈善赞助信息

将社会组织的慈善赞助政策通过适当的传播渠道和传播方式，传递给可能向本社会组织提出慈善赞助要求的单位，并让更多人和机构来关注与支持此项慈善工程。

（三）确定慈善赞助对象

首先，社会组织应该掌握慈善赞助对象的情况，包括慈善赞助对象面临的问题及其业务内容、社会信誉、公众关系等，以便有选择地进行慈善赞助或对慈善赞助具体工作做好规划有所帮助。

其次，社会组织应该了解慈善赞助项目情况，包括项目提出的背景，对公众的影响力，项目所需花费的财力、人力与物力情况，以及操作实施过程中可能出现的困难和问题；慈善赞助额是否合理、适当，本社会组织能否承担而避免做力不从心的事情，并仔细分析慈善赞助的整个预算费用；所赞助的项目是否适合本社会组织的特点和需要，是否具有良好的社会声誉，是否有积极、广泛的社会影响而有利于扩大本社会组织的社会影响，或有利于扩大本社会组织的业务领域。

再次，进行成本效益分析，即对慈善赞助成本（社会组织付出的全部财力、人力、物力）与综合效益（慈善赞助活动可能获得的经济效益与社会效益）进行分析比较。

最后，确定慈善赞助对象，即以本社会组织的公共关系目标、本社会组织面对的社会环境为出发点，按照有利于社会组织综合效益提高的原则，充分考虑多方面利益来确定慈善赞助对象。应防止缺乏了解具体情况、缺乏科学分析或因个人主观感情色彩等因素导致慈善赞助的盲目性。

（四）积极与慈善赞助对象进行沟通

已经批准确定的慈善赞助对象，要及时通知对方，并就具体方案做充分沟通。对不能满足或者不能全部满足慈善赞助要求的对象，应该坦率相告，诚恳解释原因，争取互相理解。

（五）策划和实施慈善赞助计划

在策划和实施慈善赞助计划过程中，应选择别具一格的慈善赞助方式，对整个慈善赞助活动中的各个项目或环节应给予充分的创意和系统化思考，并严格按计划执行有关项目预算，分派具体人员负责落实，各负其责，密切配合。同时，充分运用各种公共关系技巧与方法和尽量利用多种传播方式、途径，以促进主要活动的开展获得最佳的传播效果和扩大社会组织的影响，保证慈善赞助活动取得良好的社会效益。

（六）慈善赞助活动总结

慈善赞助活动完成后，应进行效果评估，以总结经验，吸取教训，并完成后续相关工作。在这个环节，主要工作有以下四项。

（1）对慈善赞助计划的完成情况及公众评价与反响进行评估。

（2）撰写慈善赞助活动的总结报告。

（3）制作慈善赞助活动的声像传播资料。

（4）做好新闻报道剪报资料的存档工作。

四、慈善赞助的注意事项

（一）保持良好的社会组织形象

在举办慈善赞助活动时，社会组织无论是作为慈善赞助活动的发起者（或倡议者）、主办者还是协办者，都应保持良好的社会组织形象，使公众感到社会组织确实是在参与社会公共事务。同时，慈善赞助活动的具体负责人也应该有良好的个人形象，以期在与慈善赞助人开展具体的游说、解释、沟通和宣传工作时能更好地被公众接受，并能在最大程度上获得公众的支持。

（二）具有周密和吸引力的计划

形成一整套完整的计划是成功举办慈善赞助的重要保障，无论是对慈善赞助的目的、慈善赞助的性质和方式、活动方案的创意设计，还是对慈善赞助活动程序与时间的安排，以及慈善赞助活动的单位的名称处理等都必须进行具有吸引力策划和周密考虑。

（三）争取得到媒介及各种权威性公众的支持

媒介及各种权威性公众通常会成为很好的意见领袖而引导舆论，因此媒介和权威性公众的支持是慈善赞助活动获得有效性的重要保障因素。

（四）关注慈善赞助活动的社会影响

对慈善赞助活动社会影响的关注包括：活动与本社会组织能否很和谐自然地使公众联想在一起，能否对本社会组织产生有利的影响，媒介报道的可能性、报道频率和报道的广泛性，受益人是谁，活动本身能否引起人们的注意，能否产生"轰动效应"，与公众见面和直接沟通的机会及受影响的公众的分布情况，影响效果的持久程度等。

（五）慈善赞助的监督与评估

首先必须有慈善赞助的监督与评估环节，并要关注以下相关问题：慈善赞助活动是否合法？慈善赞助发起单位的社会信誉如何？慈善赞助费用如何落实到受益人？通过何种方式对慈善赞助活动予以控制？在具体落实慈善赞助时应有专人负责，落实过程中要主动了解活动的筹备与进展情况，慈善赞助活动结束后应及时评估所参加的慈善赞助的效果，等等[①]。

第三节　新闻发布会

公共关系新闻传播活动是公共关系传播活动的重要组成部分，主要包括撰写新闻稿、策划新闻事件、策划和召开新闻发布会、新闻专访等。本节主要系统介绍新闻发布会。

一、新闻发布会概述

社会组织在运行过程中常常需要通过新闻发布会而借助新闻机构对外传播有关社会组织信息，新闻发布会是社会组织向外界广泛传播各类信息的一种重要活动方式，成功的新闻发布会是本组织与公众进行沟通的一种有效形式。

---

① 何修猛，熊茜. 公共关系实务[M]. 上海：华东师范大学出版社，2015.（有整理）

（一）新闻发布会的特点

社会组织在新闻发布会上发布信息本身就是社会组织与各新闻媒介沟通，并想通过各新闻媒介的进一步传播来向外界广泛传播相关信息，以增加公众对社会组织的了解和产生一定的舆论效果。新闻发布会具有以下特点。

（1）在形式上比较正规、隆重，而且规格较高；新闻发布会所发布的信息一定是社会组织确认的，具有正式性。

（2）新闻发布会常设有媒体提问环节，记者可根据自己感兴趣的方面或角度进行提问，从而更深入地挖掘新闻素材，而这种"双向沟通"使沟通变得更加有效。

（3）在深度和广度上都比其他新闻发布方式更具有优越性。但与一般公共关系活动相比，所需耗费的成本较高。

（4）新闻发布会对社会组织的发言人和主持人的要求很高，必须较高水平地表现出专业修养、机智、敏感、反应迅速、态度从容等。

（5）信息的真实有效性和沟通传播性较强，能产生很好的澄清和矫正视听的效果。

（二）新闻发布会工作程序

与任何公共关系传播活动一样，开好新闻发布会必须充分做好事先准备和应变措施，并具备一定的工作程序。

1. 会前准备

在召开新闻发布会前有大量的会前准备工作，新闻发布会的准备工作非常重要，它关系到新闻发布会能否成功举行、能否取得预期效果等。

2. 会议程序

新闻发布会应包括以下程序：签到、发资料、介绍会议内容、发言、回答记者提问、参观及其他工作。

3. 会议效果检测

新闻发布会结束后，可通过整理材料、及时收集新闻单位的反应、认真倾听部分与会者的反馈等检测新闻发布会是否达到了预期效果。

（三）举办新闻发布会应注意的事项

要举办一次成功的新闻发布会，应注意如下事项。

（1）不要根据自己的好恶选择媒体，而应尽量广泛邀请各大新闻媒体代表，不要忘记电视媒体和网络媒体。

（2）选择恰当的地点并提前告知时间安排，具体时间安排应在上午的后半段时间。

（3）提前通知媒体并持续跟踪其是否出席，并说明发布会主旨、涉及的事项、日期、时间和地点。

（4）发布会前应将记者与发言人隔离开，并准备好对发言人简报的补充材料。

（5）新闻发布会在进行过程中，会议发言人和主持人应相互配合一致、相互呼应，做到始终围绕着会议主题进行。当记者的提问离开主题太远时，主持人要能巧妙地将话题引向主题，发言人通过回答问题将话题引到会议的主题上来。

（6）对于不愿发表和透露的内容，应委婉地向记者做出解释，以获得记者的理解和尊重，不可以用"我不清楚" 或"这是保密的问题"来简单处理。

（7）遇到回答不了的问题时，应坦诚告诉记者获得圆满答案的途径，而不可不计后果地随意说"无可奉告"或"这没什么好解释的"，以免引起记者与公众的不满和反感。

（8）说话应有涵养，即使遇到记者带有很强的偏见或挑衅发问也不要失态，不可拍案而起或针锋相对地反驳，不要随便打断或阻止记者的发言和提问。

（9）接近尾声时提醒记者："下个问题将是本次发布会的最后一个问题。"

（10）及时求援，遇所到记者寥寥无几时应及时召集人来捧场，以挽救尴尬局面。

二、新闻发布会具体工作

（一）新闻发布会的准备

新闻发布会的操作时间很短，但其准备工作却相当复杂，主要涉及以下八项工作。

1. 确定举行新闻发布会的必要性

社会组织只有在确定召开的必要性和可能性后，才可决定召开新闻发布会，举行新闻发布会是否必要，主要根据对所要发布的消息是否重要、是否具有广泛传播的新闻价值及新闻发布的紧迫性与最佳时机而决定，记者不愿意与竞争对手获得同样的新闻，尤其不会追踪没有价值的新闻。一般地说，社会组织举行新闻发布会的原因有以下几方面：出现紧急情况，如发生爆炸、火灾等重大事件；社会组织开张、周年纪念等重大庆典；企业新技术、新产品的开发和投产；企业的转产、重大战略联盟合并及关闭等；对社会产生重大影响的新政策的提出及推出影响社会的新措施或对社会做出重大贡献和善事等。

2. 确定应邀者的范围和发布媒体邀请公告

应邀者的范围应视问题涉及的范围或事件发生的地点而定，一般就请当地的新闻记者到会。邀请的记者既要有报纸、杂志方面的记者，也要有广播、电视、网络方面的记者；既要有文字方面的记者，也要有摄影方面的记者。媒体邀请公告是用来邀请有关媒体参加新闻发布会的文件，一般在新闻发布会召开前的 2~3 天发给媒体。其中应该阐明本次新闻发布会的主题、性质、时间、地点，出席的嘉宾和领导，联系人等。

3. 准备新闻发布会所需资料

新闻发布会需用的资料主要有两个方面：一是会上发言人的发言提纲和报道提纲；二是有关的辅助材料。前者应在会前根据会议主题，由社会组织熟悉情况的人成立的专门小组负责起草。其内容要求全面、准确、简明扼要、主题突出。发言人的发言提纲和报道提纲的内容需要在社会组织内部予以通报而统一口径，以免出现不同声音引起记者猜疑。辅助材料的准备应围绕会议主题，尽量做到全面、详细、具体和形象。它包括发给与会者的文字资料，布置于会场内外的图片、实物、模型，也包括将在会议进行中播放的音像资料等。背景材料属于较为正式的材料范围一般以社会组织的名义发布，常涉及事物的性质、由来、历史发展过程中的标志性事件、相关人物的简历和事迹等。背景资料除可在平时的工作中多方收集，新的事实性信息只能在事件发展过程中逐步体现出来，并随时更新加以发布。为了便于记者的采访，社会组织有关部门应该在有条件的前提下准备相应的视听材料和影像资料，如资料照片、录像带、素材录像、表格等。视频资料可以通过卫星系统传送到媒体，或者刻录成光碟或录像带发给媒体，也可制作成视频发送到网站上共享。

4. 选择新闻发布会的地点和时间

在地点选择上主要考虑要给记者创造各种方便采访的条件，做到经济与实用及方便与保障。例如，交通是否便利；会场是否安全舒适，不受干扰；会场内的桌椅设置是否方便记者们提问和记录，等等。新闻发布会的时机除把握及时性原则外，也需考虑竞争和时机成熟等方面，日期应尽量避开节假日和有重大社会活动的日子，以免记者不能参加会议，影响新闻发布会的效果。

5. 确定主持人和发言人，做好发言准备工作

新闻发布会对主持人和发言人要求很高，主持人必须思维敏捷、反应机敏、口齿伶俐，有较高的文化修养、公共关系专业能力和专业水平，才能自如应对记者提出的一些尖锐深刻甚至很棘手的问题。会议的发言人应由组织的高级领导或相关部门负责人和专业人士来担任，要求有相当的话语权和权威性。而高级领导清楚组织的整体情况，掌握组织的方针、政策和计划，回答问题具有权威性。但即使是高级领导担任发言人，也要求其必须具备较高的公共关系专业素养、对事情了解和熟知及敏捷的应对能力。若高级领导不能胜任，需要在会前进行必要的训练和准备，以达到在会上应付自如的能力和要求。

由于新闻发布会的提问环节对整个发布过程起着推动、引导甚至决定性的作用，所以为了使新闻发言人应对时做到心中有数和从容自如，需要提前收集在发布会上极可能会被问到的问题，并确定相应的回答要点。

6. 组织记者参观的准备

在新闻发布会的前后，可以组织记者进行会议主题相关的参观活动，给记者创造实地采访、拍摄、录像等机会，以增加记者对事情的深入了解和对会议主题的感性认识，并在将要参观的地方派专人接待，介绍情况等。

7. 小型宴请的安排

为了使新闻发布会收到最大的实效，在组织财力允许的情况下，可以安排工作餐或小型宴会来增加与新闻界相互沟通的机会，利用这种场合可以进一步联络与新闻界的感情，以融洽与新闻界的关系并能及时收集反馈信息等。

8. 会议规模和预算

应确定会议的规模和规格，并根据会议的规模和规格做出费用预算。费用项目一般有

场租、会场布置、印刷品、茶点、礼品、文书用具、音响器材、邮费、电话费、交通费、宴请费等。

（二）新闻发布会的实施

在新闻发布会的实施阶段，主要涉及以下五项工作。

1. 新闻发布会的会场布置

新闻发布会会场的布置要因"会"制宜。应综合考虑发布会相对应的品位与风格，并充分考虑每一个细节，以防因为疏漏给新闻发布会的举办带来不便甚至造成不必要的损失。例如，会场是否具备录像、拍摄的辅助灯光，视听辅助工具、幻灯片、电影的播放设备等；会场的对外通信联络条件如何；等等。

2. 新闻发布会的接待工作

新闻发布会的接待工作贯穿发布会会议筹备到结束的始终，如前期准备确定应邀请参会记者人员并发出参会邀请，注意确定会议的召开时间与地点，并做好迎来送往工作。现场接待主要依靠接待组工作人员完成，主要有负责迎宾、引导等礼仪迎送人员及负责调度、保安、食宿、交通等的后勤服务人员。这些现场服务人员必须选择有经验者担任，能注意语言、声音、仪表、姿态等是否礼貌得体，是否分工明确且应对自如。工作中应戴上工作身份牌。

3. 新闻发布会的现场调控

新闻发布会的现场调控是指在新闻发布会中新闻发言人运用语言调控、非语言调控等恰当的调控手段，对新闻发布会的议题、气氛、运行的方向和速度（时间）等方面进行调控（纠偏和调适），以便新闻发言人的交际目标或新闻发布会的预期目标得以实现的过程。

4. 信息发布与民意调查

发布新闻既是对新闻事件的完整展示，又要借此机会表达社会组织的相关观点、态度及意愿。因此新闻发布会信息发布势必考虑新闻的要素，把事件发生的过程讲清楚。新闻的要素包括主体要素即"人"或"物"；时空要素即"何时""何地"；结局要素即"怎么样"以及因果要素即"为什么"。这要求发言人正确安排和陈述要素，使它们按照事实的原貌和社会组织的意愿要求建立具有一定说服力的逻辑联系。不能丢失合理使用要素的具体内容及每个事件要素的细小部分。同时，为把握舆论的趋势和寻求解决问题的答案，在发布信息前要选择正确的民意调查的形式来做好民意调查以获得重要且可靠的信息。

5. 提问与回答

新闻发布人在回答记者的提问时要尽量做出简洁明确的回答并坦诚面对，即使针对记者的提问有些问题还不能公开说，也要坦诚地告诉记者。诚实、守信、直率和公正是新闻发言人在回答记者的问题时应有的基本态度。同时，新闻发言人需要了解记者提问的动机和从记者的反复追问中权衡自己的发布效果，在回答问题时要善于及时调整自己的思路，并随时认识自己表达的立场和观点是否周到及是否有说服力等。

（三）新闻发布会的后续工作

作为一项活动的完整过程，新闻发布会结束之后，要及时检验会议是否达到了预期的效果。会后还应跟踪完成以下工作。

（1）收集到会记者在报刊、电台上的报道，并进行归类分析，检查是否达到了举办新闻发布会的预定目标，是否由于工作失误造成消极影响。对检查出的问题，应分析原因，设法弥补损失。

（2）对照会议签到簿，看与会记者是否都发了稿件，并对稿件的内容及倾向做出分析，以此作为以后举行新闻发布会时选定与会者的参考依据。

（3）收集与会记者及其他代表对会议的反应，检查发布会在接待、安排、提供方便等方面的工作是否有欠妥之处，以利于改进今后工作。

（4）整理出会议的记录材料，对发布会的组织、布置、主持和回答问题等方面的工作做一总结，从中认真汲取教训，并将总结材料归档备查。

三、新闻发布会的类型

根据内容，新闻发布会分为突发事件新闻发布会、重大活动新闻发布会和宣告性新闻发布会。

（一）突发事件新闻发布会

突发事件新闻发布会是一种常见的新闻发布会形式。突发事件给社会和公众带来灾难性的影响，因此，突发事件新闻发布首先应该在第一时间发布已经确定的那些信息。如果事件正在紧张地调查和处理，即便没有事件结果，新闻发布会中也可以告诉媒体社会组织的工作进展情况，同时提醒媒体和受众对事件的发展保持持续的关注。第一时间告知和工作进展情况告知可以帮助社会组织形成引导舆论的优势，避免出现小道消息满天飞的被动局面。

做好突发事件的新闻发布工作，不仅有利于突发事件自身问题的解决，对于促进社会稳定、重树公众对社会组织的信任也起着重要的作用。同时它也体现了社会组织的即时反应能力、准确判断能力、创新整合能力、组织协调能力等各方面的综合实力。召开突发性事件新闻发布会应做好以下工作：准备通稿、发布媒体邀请公告、发表社会组织声明、准备背景材料和影像资料、预先收集问题、准备答问内容。新闻通稿一般可以分为标准型和专题型。标准型通稿在突发事件发生初期较为常用，它通常包括事件基本要素和目前事件处理的最新进展与预测。专题型通稿主要提供事件处理和应对过程中的细节及对事件发展起决定作用的核心人物和转折性时刻的具体情况。这是随着突发事件的发展和处理过程的逐步深入而出现的，可以满足媒体和公众对事件起因、演变、影响等全方位的了解和把握。正式声明通常是社会组织用于反驳负面信息和谣言而提出社会组织对这一问题的看法，表明态度，维护社会组织的声誉。使用声明这种形式应当把握好度，过度使用会对社会组织声誉造成不良影响。声明开头就应该提出社会组织的观点，虽然声明往往只有几句简短的话，篇幅短小，但却是最为正式和严肃的一类文字材料。突发事件新闻发布会对发言人的现场表现提出了很高的要求，问题的准备通常要更加谨慎严密。因此发布会进行之前往往需要发言人了解整个新闻发布会的进程和安排，甚至进行适度的排练。答问准备应该重点在于事件发生过程、有关部门首次介入、处理进展、伤亡人员情况、事故原因、有关情况的统计数据等。如果现场记者提出比较棘手的问题，新闻发言人在准备过程中没有及时了解或者目前情况还不明了，应向记者做出解释，并在会后给出相应的答复。

（二）重大活动新闻发布会

重大活动新闻发布会是指在重大社会活动之前、之中或结束后举行的新闻发布会。重大活动新闻发布会目的性强，带有专题宣传的性质，必须有明确的主题，并始终围绕活动主题进行准备和发布。重大活动新闻发布会可由常任新闻发言人主持，也可由能代表活动的特点、展示活动风貌的临时新闻发言人主持。重大活动往往希望有最多的人了解，虽然各方新闻机构都应照顾，但一定要邀请重大活动影响范围内最有权威性的媒体。同时要兼顾考虑不同的媒体有不同的受众群，进行媒体选择时要根据活动的重要程度和影响范围选择邀请目标媒体的记者前来参加。在新闻发言人的选择上，应根据活动主题选配不同发言人，不仅要有重量级的、能够充分显示活动重要性的人物，也要有重大活动涉及的各方面的专业人员或代表性人物，以便圆满地回答记者的问题。在地点的安排上要有助于重大活动目标的表达。如教育主题的发布会可以选取一个学校图书馆作为发布地点以在视觉上吸引人等。在制订方案时，因为活动的重大性及参加新闻发布会的人员和记者很多，应更多注意相关细节，并对计划和细节进行反复核查。如果需要，还可以举行模拟新闻发布会，以便及时发现纰漏而进行补救。

（三）宣告性新闻发布会

宣告性新闻发布会是指社会组织做出重大决定、重大人事变动，以及举行重要会议、制订重要计划或即将发生的其他重大事变，临时举行新闻发布会向外界公布，具有向外界庄严声明、昭告天下的性质。宣告性新闻发布会内容集中，时间较短。新闻发言人可以由常任者担任，也可临时指定某人担任[①]。

第四节 大型公共关系专题活动

现今，社会组织日趋青睐通过开展大型公共关系专题活动来实现社会组织与公众的沟通与交流和增进相互之间的了解。

---

① 何修猛，熊茜. 公共关系实务[M]. 上海：华东师范大学出版社，2015.（有整理）

一、大型公共关系专题活动概述

（一）大型公共关系专题活动的定义

大型公共关系专题活动的主题和内涵往往能够成为社会热点新闻，或和社会热点保持相关一致而吸引媒体与公众关注。社会组织可有计划地策划、组织、举办参与人数众多、场面大、规模较大、声势比较浩荡和影响面比较广的公共关系专题活动，如国际博览会等。大型公共关系专题活动以提高社会组织的知名度与美誉度、提升社会组织良好形象、推介社会组织整体及加强社会组织与公众的沟通和交流为目的，其举办者可以是政府组织，也可以是企业组织。如果是企业组织为主体举办大型公共关系专题活动，因其终极目的是促进销售，所以也常被称为"事件营销"，但事实上企业组织如能成功举办大型公共关系专题活动，对推介和提升社会组织整体、增强社会组织品牌效用有极好的作用。

大型公共关系专题活动与小型公共关系专题活动的区别不仅在于人数的多少，还在于其传播的社会效应和公众的接受与参与程度。但大型公共关系专题活动的策划与实施程序比小型公共关系专题活动更加复杂而更加难以驾驭和把握，所以要办好大型公共关系专题活动需要极高的公共关系策划水平及对活动实施的极强的组织、协调管理水平。

（二）大型公共关系专题活动的特点

一般而言，大型公共关系专题活动主要有以下特点[①]。

1. 具有鲜明的目的性与主题

大型公共关系专题活动都有很强的传播目的性，传播什么样的信息是举办大型公共关系专题活动前必须清晰的目标。

2. 具备精心的计划性

大型公共关系专题活动因其对目标和主题要求较高，加之参与人数众多、场面大、影响面广，所以更需要精心计划。

3. 具有广泛的社会传播性

大型公共关系专题活动常常规模庞大且具有炫耀的文化主题，因此其有着小型公共关系专题活动不可替代的造势和轰动效应，能够较好地吸引社会的注意力而越来越为社会组织所青睐和偏好。一个有影响的大型公共关系专题活动会产生强烈的社会震撼和轰动效应，吸引各类大众传播媒介介入其中，并对大型公共关系专题活动和社会组织加以传播与宣传，使社会组织的知名度与美誉度都迅速提升。

4. 具有高投资性

大型公共关系专题活动的费用开支动辄以百万计算，如健力宝当年赞助亚运会的火炬

---

① 谭昆智. 公共关系原理与案例剖析[M]. 北京：清华大学出版社，2008.（有整理）

接力活动花费 300 万元，中国银行赞助庆香港回归的费用上千万。这种高投资性也正是大型公共关系专题活动备受关注的原因之一。

（三）开展大型公共关系专题活动的原则

开展大型公共关系专题活动应遵循的主要原则有以下几个。

1. 以创新带动传播性原则

没有创新的活动不可能吸引媒体与公众的高度关注，只有有个性、有特色的活动才能被人们津津乐道。大型公共关系专题活动的一个目标就是足以引起强大新闻传播效果，新闻的关键在于一个"新"字，不新就不能称其为新闻。所以任何大型公共关系专题活动在策划之初就应该以此为出发点，在策划时要多问：这个活动"新"在哪里？是否足以引起新闻媒体的兴趣？会吸引多少媒体的报道呢？媒体会从什么样的角度进行报道呢？

2. 控制成本原则

做活动，如不精心策划和精打细算就会变成一个砸钱而吃力不讨好的过程，大型公共关系专题活动因其对效果的高要求和需协调的因素繁多且复杂，尤其容易掉入砸钱的陷阱。因此，做大型公共关系专题活动要学会借台唱戏、借力使力、借势造势来巧妙节省成本，如让媒体为社会组织做免费的借势宣传等。

3. 社会责任性原则

社会组织在大型公共关系专题活动举办过程中，在实现自我宣传的同时应能体现出一种社会责任而获得社会价值的功效，这也是使活动获得公众认同和支持的重要因素，如果不能达到社会组织目的与社会目的的双赢，就会使公众反感。

4. 可操作性原则

大型公共关系专题活动必须具有可操作性，且在社会价值上具有操作意义，如果策划活动本身缺乏操作的条件或违背社会基本规范和道德准则，只是为了猎奇而开展相应的大型公共关系专题活动，会起到事与愿违的效果，甚至导致策划方案无法执行。

5. 科学性原则

大型公共关系专题活动往往是一项集知识、技术、人才于一身的多学科知识、思维与方法组合的活动，策划人员必须时刻关注、研究社会，从而策划出适应社会潮流的多姿多彩的活动内涵，同时在策划中还应该借助当前最先进的传播手段和工具。

6. 不冲突性原则

举办大型公共关系专题活动需要科学掌握活动的时机，善于避开国内、国际重大事件，如果活动本身不具有与这些事件的相关性，就应该尽量地避免与其撞车，否则会减弱大型公共关系专题活动自身的传播效果。

7. 系统、缜密、周全性原则

大型公共关系专题活动是一个现场性极强的活动过程，给我们的成功或失败的机会都只有一次，一旦出现失误，将无法弥补，因此举办大型公共关系专题活动从策划到执行都必须按系统、缜密、周全性原则行事，绝不能掉以轻心。

8. 借势造势原则

关注社会发展动态，借公益事业、热点事件、体育赛事等造势是大型公共关系专题活动策划的一大特征。

二、大型公共关系专题活动基本内容及其策划技巧

（一）大型公共关系专题活动的工作程序

一般而言，开展大型公共关系专题活动主要包括以下工作程序。

（1）立项。

（2）确定活动对象。

（3）确定活动主题。

（4）制订大型公共关系专题活动方案。

（5）实施大型公共关系专题活动方案。

（6）评估大型公共关系专题活动方案及其实施情况。

（二）大型公共关系专题活动策划方案的内容

在制订大型公共关系专题活动策划方案时要考虑多方面因素，既要关注活动主题的实现，又要兼顾活动细节的具体化来保障公共关系专题活动的成功实施。大型公共关系专题活动策划方案主要包括以下具体内容。

（1）人员分工计划表。

（2）工作进度表。

（3）财务开支计划。

（4）应急计划。

（5）活动之间的执行与衔接。

（6）活动的传播计划。

（7）活动方案的预演与培训。

（8）活动评估。

（三）大型公共关系专题活动的策划技巧

1. 力求新颖、极具卖点和集中传播的活动主题

为了使得大型公共关系专题活动更有效，成为展示社会组织品牌形象的平台，必须提炼活动主题，形成一个能牢牢抓住公众眼球的新颖卖点，并以这个卖点（主题）作为策划的依据和主线来加以传播。这里的卖点是大型公共关系专题活动的活动环节设计中最能引

起公众共鸣的传神与精彩地方，另外还需策划创造一个非常精彩的高潮来重点突出活动主题，这个高潮环节设计要具有特色性、唯一性、相关性和易于传播性，能够把活动目标和目标公众期望两项因素有机整合起来，从而提高活动传播的有效性。

2. 活动策划要周全、目标要量化、操作要严密

大型公共关系专题活动更要求策划周全，有更加明确性与清晰化的活动目标，没有清晰的目标而耗费巨资做活动是不可取和不值得的，只有周全策划和目标量化，才能够真正明确方向而少走弯路。清晰的目标设定不仅停留在主题鲜明及提高知名度、美誉度，促进销售等，而且必须将其量化到具体数字，如提高知名度、美誉度的百分比，促进销售的货币额度等，而不能处于方向模糊，错把目的当目标的状况；同时目标还必须分解到具体活动和行为，活动策划才不存在偏废，活动实施才具有可操作性。

3. 全面系统地整合传播资源和社会组织形象

公共关系活动推介整个社会组织甚至代表社会组织所处地域和国家，这和促销与营销有着本质的不同。公共关系活动的目标是提高美誉度，提升整个社会组织的亲和力，促销活动的目标是提高销售额、市场占有率；公共关系活动的重心是包括媒体、政府等在内的大众公众，促销活动的重心是消费者；公共关系是一种社会行为，促销与营销为经济行为服务。大型公共关系专题活动正是立足于充分认知公共关系推介整个社会组织的功能的基础上，更全面系统地整合传播资源和全面推介整个社会组织及其形象，甚至为推进社会发展服务。

三、大型公共关系专题活动相关管理

大型公共关系专题活动往往是耗费大量人力、物力、财力的活动，这就使得做好与活动周密策划和实施的相关管理工作尤其重要，并对社会组织公共关系人员提出更高要求。具体可关注以下内容。

（一）做好充分调查

无论是从大型公共关系专题活动的强大影响力还是其过程的复杂性出发而言，要办好大型公共关系专题活动都要求社会组织具有较高的公众研究水平和充分做好公众调查与研究，省略公众调查这一重要工作环节将是使活动简单停留在一个好的点子而成为司空见惯的败笔的重要原因，缺乏公众调查而想当然地开展公共关系工作和活动的意识尤其不能出现在开展大型公共关系专题活动中。要想"百战不殆"地赢得大型公共关系专题活动的成功，只有通过充分调查做到"知己知彼"，摸清自己的优劣势，充分洞悉公众心理与需求，掌握竞争对手的市场动态，对活动的可行性、经费预算、公众分布、场地交通情况、相关政策法规等进行详细调查，并在此基础上进行全面系统的综合比较分析与预测，做到扬长避短地客观决策和及时调整自身公共关系策略。

（二）加强大型公共关系专题活动市身具有媒体作用的认知意识

随着网络、移动手机等自媒体新工具、新技术的不断涌现，传播日益便捷，公共关系专题活动本身就是一个能被快速传播的媒体，它不仅在现场就能吸引公众与媒体的参与而聚集大量公众，而且在现场以活动为平台通过公众的自媒体和大众传媒传播辐射产生出乘数传播的效应，具有广泛的社会传播性。这就需要承办方更加重视大型公共关系专题活动本身，在策划与实施活动时，不仅要做好传统的、基础性的工作，配备好相应的会刊、通讯录、内刊、宣传资料等来实现传播资源整合，而且要十分注重社会组织利益与社会和公众利益并重的特点，从而提升本次大型公共关系专题活动的价值与效果。

（三）防患于未然，化危机为机遇

大型公共关系专题活动因其活动所要协调和控制的因素比较多，更具有一定的不可确定性，为了杜绝意外危机事件发生，公共关系人员在策划与实施活动的过程中要抱有强烈的危机意识，充分预测有可能发生的各种风险，并制定出相应的对策和加强相关培训，以保障大型公共关系专题活动策划方案顺利实施。当发生紧急危机事件时，不要慌张而手忙脚乱，不要互相抱怨，应保持头脑清醒、冷静应对，迅速查明原因和确认事实的真相，并做到随机应变。对于已造成的负面影响，只有一种正确处理方式，那就是及时向公众真诚致歉并善后补偿，同时防止不良事件再发生，做到不与媒体建立对立关系而避免负面报道，并借助舆论传播处理突发事件的诚意，化危机为机遇，扩大传播范围，争取公众的支持，化被动为主动。

（四）全方位评估

大型公共关系专题活动因其活动的复杂性，全面系统的评估更具意义，如能在评估时除实施效果外，还对活动目标是否正确、卖点是否鲜明、经费投入是否合理、投入与产出是否成正比、公众资料收集是否全面、媒体组合是否科学、公众与媒体关系是否更加巩固、社会资源是否增加、各方满意度是否量化等进行评估，则大型公共关系专题活动的整体价值效果就能更充分地体现出来。而且这种全方位评估有利于活动绩效考核，责任到人，更能增加经验借鉴而为下一次大型公共关系专题活动的策划与实施打好基础。

课后思考 »»

1. 常见的公共关系专题活动有哪些？公共关系专题活动有效实施的基本评判标准有哪些？
2. 新闻发布会的会前准备工作有哪些？
3. 举办一次成功的新闻发布会，应注意哪些事项？
4. 大型公关活动与其他公关活动相比有哪些特点？
5. 大型公共关系专题活动的策划技巧有哪些？

案例分析

2019 世界 VR 产业大会 19 日在江西南昌开幕
签约项目达 104 个总金额逾 650 亿元

光明网讯（记者　杨亚楠）千年豫章，胜友如云；十月滕阁，高朋满座。10 月 19 日上午，以"VR 让世界更精彩——VR＋5G 开启感知新时代"为主题的 2019 世界 VR 产业大会隆重开幕。本届大会由工业和信息化部、江西省人民政府共同主办，旨在聚焦前沿技术、探讨发展之道，展示最新成果、推动应用普及，搭建交流平台、汇聚要素资源。来自 30 多个国家和地区的近 2000 家企业参会参展。

一场世界级 VR 产业嘉宾高端对话

本次大会共邀请国内外 VR/AR 领域专家学者和企业家等代表 7000 余人，是 VR 领域的一次顶级盛会。

在 300 多位演讲嘉宾中，超 110 位是外籍嘉宾，包括来自美国、法国、德国、日本、澳大利亚、巴西、瑞士、乌克兰、英国、赞比亚、意大利、印度等 30 多个国家和地区的企业家和专家学者。

10 月 19 日至 10 月 21 日大会期间，还将举办 23 个平行论坛。来自美国、法国、德国、日本、澳大利亚、巴西、瑞士、乌克兰、英国、赞比亚、意大利、印度等 30 多个国家和地区的近 300 位嘉宾将围绕 5G+云、标准、产业生态、人工智能、大数据、制造、教育培训、文化旅游、新闻出版、游戏电竞、影视、动漫、投资、安防、人才等虚拟现实热点话题进行交流探讨。

同时，本次大会还邀请了 IEEE、VR 国际标准化组织科纳斯、美国消费电子技术协会、德国柏林-勃兰登堡虚拟现实协会等 10 余家虚拟现实领域相关行业协会代表，为全球 VR 产业的健康发展献计献策。　参会代表中，来自芯片、元器件、整机、系统平台、软件开发、行业应用以及投融资等虚拟现实产业链各个环节的国内外 VR 龙头企业以及 VR 领域专家学者将围绕虚拟现实发展的核心技术、创新应用、未来趋势等议题进行讨论。

一批 VR 最新技术、产品和应用集中亮相

与大会同期举办的 VR/AR 产品和应用展览会暨中国国际通信电子产业博览会集中展现了 VR 领域的最新技术与最新产品。

华为带来了最新发布的超轻薄可折叠 HuaweiVRGlass，可体验 IMAX 观影和各种 VR 游戏等；中国电信带来了基于千兆光纤、5G、云计算等技术的多人 VR 游戏、8K+VR 直播和一站式智慧家庭解决方案。

除了上述知名企业，还有百度、科大讯飞、惠普、故宫博物院等近 200 家单位参加 VR/AR 产品和应用展览会。通信电子展区方面，小米有品、OPPO、vivo、罗马仕、台电、航天广电、中国电子技术标准化研究院、北建大等 187 家企业确定参展。

展商几乎覆盖了 VR/AR 全产业链，包括整机、器件、软件以及重点领域的应用，在 2019 世界 VR 产业大会期间，不少企业的产品、技术、解决方案都是首次展出。

展览会还有不少外国"面孔"亮相。日本、韩国、德国、西班牙、波兰、奥地利等国家组团参与，将展出全球虚拟现实最新成果。与去年相比，展览会还新增了美国、德国、西班牙、奥地利、波兰、印度等行业协会或组织。

一次虚拟现实产业创新风采全面展现

由工业和信息化部电子信息司指导，南昌市人民政府、虚拟现实产业联盟主办的虚拟现实产业创新大赛将在大会期间举行。相关企业和团队将以现场路演的形式，按照技术创新或者商务模式创新、市场前景、财务风险分析、核心团队四个方面进行现场比拼。

大会期间，大会组委会还将发布"世界 VR 产业大会 VR/AR 创新金奖"和"世界 VR 产业大会 VR/AR 创新奖"获奖名单。此前，大会组委会已经收到百余项最新产品和技术项目申报，并组织专家按照程序进行了评审。

签约项目达 104 个总金额逾 650 亿元

据了解，本次大会共签约项目 104 个，其中战略合作框架协议 8 个、投资合作项目 96 个，投资合作项目签约总金额 652.56 亿元。其中：江西省政府与教育部、华为技术有限公司、浪潮集团有限公司战略合作协议在 10 月 19 日大会开幕式上签约；31 个项目在 10 月 20 日上午举行的 VR 产业对接会上进行了现场签约。 另外，产业对接会主席台见证签约的项目是：江西省工业和信息化厅与奥地利 VRVis 虚拟现实可视计算技术研究中心、江西维尔科宝虚拟现实科技有限公司，南昌市政府与北京理工大学、高通公司、网龙网络有限公司、大唐网络有限公司等 5 个战略合作框架协议，以及吉安市井冈山经开区与烟台米田电子科技有限公司，宜春市宜阳新区与深圳市椰子互娱网络技术有限公司 2 个投资合作项目。 平安医保科技 VR 检验实验室项目、中国再生医学研发及产业转化总部基地项目、蓝科 LED 及半导体封装项目等 24 个投资合作项目在会场集中签约。

资料来源：http://www.gmw.cn/

问题：

1. 结合在江西南昌开幕的"2019 世界 VR 产业大会"谈谈你对开展大型公共关系专题活动的认识。其亮点体现在哪里？

2. 说说这篇报道来自光明网的意义所在。

第十一章

公共关系危机管理

导入语

虽然所有社会组织都认为，做好事前预防是最重要的保险措施，但无论如何，各种各样的社会组织早晚都会遇到危机。不管是那些棘手的社会问题，还是运行中面临的主客观问题，都可能对社会组织形象造成极大的伤害，使社会组织陷入危机之中。因此，能够利用有效的危机沟通将危险转化为机会的危机管理是公共关系最富挑战性的任务，具有非常重要的作用和意义。

学习目标

1. 了解危机的含义、特征和类型。
2. 了解公共关系危机管理的含义及其重要性。
3. 掌握公共关系危机管理的原则和实际操作过程。
4. 掌握公共关系危机管理中应对各类公众的基本沟通策略。

导入案例

丰田霸道广告风波

一汽丰田销售公司在《汽车之友》2003年第12期刊登由盛世长城广告公司制作的两则广告：一辆霸道汽车停在两只石狮子之前，一只石狮子抬起右爪做敬礼状，另一只石狮子向下俯首，背景为高楼大厦，配图广告语为"霸道，你不得不尊敬"；同时，"丰田陆地巡洋舰"在雪山高原上以钢索拖拉一辆绿色国产大卡车，拍摄地址在可可西里。

读者纷纷来信来电话质询这两则广告，表达了强烈的不满，《汽车之友》表示，将停发这两则广告，由于发行原因，将于2004年1月在下一期杂志上正式刊登道歉函。

2004年2月4日，这两则广告的制作公司——盛世长城国际广告公司也公开致歉，表示，"一些读者对陆地巡洋舰和霸道平面广告的理解与广告创意的初衷有所差异，我们对这两则广告在读者中引起的不安情绪高度重视，并深感歉意。我们广告的本意只在汽车的宣传和销售，没有任何其他的意图。"同时，还表示，"对出现问题的两则广告已停止投放。由于12月的杂志均已印刷完成并发布，这两则广告将在1月份被替换。"

全国各地的主力媒体纷纷把目光聚焦于此。12月3日，丰田中国事务所公共关系部的电话几乎被打爆。部分媒体在京的记者聚集到丰田中国事务所所在地——北京京广中心，要求采访。对丰田公司而言，事情已经非常清楚，如果当天 7 点之前，不给予一个清楚的答复，第二天，各大媒体的头条将是"丰田拒绝对'霸道广告'做出回答"。这必将引起事端进一步扩大，形势危急。

当天下午，危机公共关系程序启动，紧急会议在京广中心召开。会上，丰田能够到场的主要领导丰田汽车中国事务所代表杉之原克之、一汽丰田汽车销售有限公司总经理古谷俊男、副总经理王法长、董海洋、藤原启税等全部到场。气氛异常紧张。当时在会的高层，有三种态度：一种是部分日方代表的主张："拖"，认为这样的事情纯属媒体的炒作，最终会不了了之，而广告本身是中国人制作，根本没有什么问题，不用出面道歉，必要时由中国政府出面解决；一种是主张道歉，但由于整个广告是一汽丰田销售公司运作，所以应由合资公司出面，而不是日本方面负责。彼时，丰田汽车中国事务所理事、总代表服部悦雄正在外地出差，他在电话里表示："一汽丰田销售公司不负责任，我们再来负责任。"

这些声音很快被第三种意见否定。"广告本身有没有问题已经不重要，重要的是民族情绪已经被激发出来，没有什么能抵挡民族情绪，政府是不可能管制民族情绪的"，"民族情绪是针对日本人，那么必须由日本人出面承担责任。"所以，"不管一汽丰田销售公司是不是承担责任，丰田都要承担责任。"

晚上 6 点半，丰田又紧急召集记者到京广中心，由一汽丰田汽车销售有限公司总经理古谷俊男正式宣读了道歉信。在丰田汽车公司的致歉信中，没有为这次事件寻找任何开脱的理由，而是对此致以诚挚的歉意。古谷俊男回答："出现这样的事情完全是我们的责任，应该由我们自己来承担。"同时，古谷俊男在座谈会上也婉转地说明两则广告的创意其实都是中国人设计的，陆地巡洋舰广告上的绿色卡车也不是真的图片，而是手绘上去的。"但我们是广告主，我们要负责任。"

无论丰田公司本身，还是发表该广告的媒体，抑或是创作该广告的盛世长城，都一致对外"表示诚恳的歉意"，而丰田公司则仅由一汽丰田汽车销售有限公司总经理古谷俊男对外发言，其他人如果被问及，则连连道歉，不发表其他讲话。

丰田的诚恳态度得到了公众的谅解，12 月 5 日后，整个事件戛然而止。

资料来源：根据百度百科整理

第一节　危机与公共关系危机

人们一直在试图全面而确切地对危机下定义，但是实际上危机事件的发生有着千变万化的现实场景，很难一言以蔽之。有人认为，只有中国的汉字能圆满地表达出危机的内涵，即"危险与机遇"，是社会组织命运"恶化与转机的分水岭"。

一、危机

（一）危机的概念

危机是指突然发生的可能严重地影响或危及组织机构生存和发展的事件。如严重的交通事故，毒气泄漏污染环境、火灾爆炸等安全事故，食物、药物中毒事故，罢工骚乱，大量产品召回，消费者抵制，具有敌意的兼并或股市上大股东的购买，组织内人员的贪污腐化，社会舆论的谴责，新闻媒介的批评，等等。

危机一般包括以下几层含义：第一是指决定事物走向灾难的因素，第二是指事物处在失败之际的紧要关头，第三是指事物陷入极其困苦、危险的境地。事实上危机的这三层含义是事物陷于困境的三个阶段，第一阶段可以扭转，第二阶段可以挽救，第三阶段则须面对现实，从头再来。

（二）危机的特点

1. 必然性

《危机公关》的作者史蒂芬克在对财富 500 强大公司的 CEO 进行调查后发现 80% 的被调查者认为，现代企业面对危机是必然的事情。57% 的被调查者表明，在被调查者所经历的危机中，有 72% 受到大众传媒的密切注意，有 32% 受到政府关注，有 55% 影响了公司的正常运转，有 52% 的公司的利益和利润受到损失。可见，面对客观存在的种种可能或正在发生的危机，社会组织必须有相应的一套科学的管理方法。

2. 意外性

几乎所有的危机都是在人们无法预料的情况下突然发生的，往往会令社会组织措手不及，对社会组织造成很大冲击，给人以如同火山爆发一样特别强烈的震惊感觉。由于社会组织毫无准备，因此往往会陷于混乱与惊恐之中。危机何时发生、怎样发生、在什么地方发生等都带有极大的偶然性，经常出乎人们的意料之外。但是，一个社会组织突然爆发了危机，事实上不会没有任何潜在的因素，无论是来自主观还是来自客观，都需要公共关系人员密切关注。

3. 聚焦性

进入信息时代后，危机的信息传播比危机本身发展要快得多。媒体对危机来说，就像大火借了东风一样。信息传播渠道的多样化、时效的高速化、范围的全球化，使社会组织危机情境迅速公开化，成为公众聚集的中心，成为各种媒体热炒的素材。作为危机的利益相关者，他们不仅仅关注危机本身的发展，更加关注社会组织对危机的处理态度和所采取的行动。社会公众有关危机信息来源于各种形式的媒体，而媒体对危机报道的内容和态度影响着公众对危机的看法与态度。有些社会组织在危机爆发后，由于不善于与媒体沟通，导致危机不断升级。

4. 破坏性

由于危机常具有"出其不意，攻其不备"的特点，不论什么性质和规模的危机都必然不同程度地对社会组织造成混乱、恐慌和破坏，而且决策的时间以及信息不足，有时会导致决策失误，从而带来无可估量的损失。另外，危机往往具有连带效应，引发一系列的冲击，从而扩大事态。对于社会组织来说，危机一旦爆发，其破坏性的能量就会被迅速释放，不仅会破坏正常的经营秩序，而且呈快速蔓延之势，如果不能及时控制，危机会急剧恶化，使社会组织遭受更大损失，更严重的是会破坏社会组织持续发展的基础，威胁社会组织的未来发展。

如果将社会组织比作一个人，那么社会组织的危机就是围在脖子上的围巾：有的社会组织被这个围巾勒伤，甚至勒死，但是也有社会组织将此比作服饰的点缀或者用来取暖。凡事福中有祸、祸中有福。只要能够正确地面对危机，就可以将危机带来的负面影响降到最低点，或者将社会组织的劣势变为优势。公共关系的最高境界是：行云流水，任意所至。但是如此的挥洒自如背后是公共关系危机管理的基本功：双向传播沟通。

（三）危机的主要类型

准确认识和判断危机的类型，是成功地进行公共关系危机管理的一个必不可少的重要前提。"横看成岭侧成峰"，从不同的角度划分，危机存在不同的类型。

1. 按危机产生的原因分类

按危机产生的原因，危机可分为外部因素引发的危机和内部因素引发的危机。

1）外部因素引发的危机

（1）自然灾害。自然灾害是由于自然的不可抗力所引起的灾难，如地震、山体滑坡、洪灾、台风、道路塌方、海啸等。自然灾害具有突发性、无法回避性、易造成重大损害等特点，常常使社会组织面临灭顶之灾。这些灾害的爆发通常与社会组织的管理无直接联系，事态及其后果也是社会组织无法控制的，这就加大了危机管理的难度。在大家都受灾的情况下，社会组织很难从同一地区的其他社会组织获得援助。虽然这些危机对社会组织的形象也不会产生很大的损害，但是，其处理危机的方法可能会给社会组织形象带来有利或不利的影响。

（2）政治、法律因素。政治、法律因素对社会组织有很大的影响，现有的政治、法律因素是社会组织运作的前提。政治的变化（如战争、政治局不稳定）所导致的暴乱、政府更迭、恐怖活动、国与国之间的摩擦和贸易冲突等都可能引起社会组织的危机。法律法规的变化（如对污染性生产的限制、贸易规则的改变、加强管制、改变税制等）也可能给社会组织带来危机。

（3）技术的发展。在当今技术飞速发展的时代，技术的变化导致社会组织面临危机的情况也不少。尤其对于企业社会组织来说，技术进步可导致消费者偏好的改变，降低企业的成本，提高企业的生产效率和产品与服务的质量，使企业在竞争中取得有利的地位；而技术落后的企业就处于弱势，可能面临一系列危机。因此，企业社会组织要时刻关注所在行业的技术水平的变化，并预测技术变化的趋势。同时，还要进行宏观环境扫描，了解其他领域科学技术的变化对本企业可能造成的影响，判断技术变化可能给企业带来的危机，及早采取预防措施，防止危机的发生。

（4）公众的误解。公众对社会组织的了解并不是全面的，有些公众会因信息的缺乏或听信一面之词而对社会组织造成误解。例如，企业社会组织在产品质量、生产工艺、营销方式、竞争策略等方面有了新的进步、新的发展、新的探索时，如果公众一时还不能适应或认识跟不上，用老观念、老眼光主观判断，草率下结论，就容易引发一些危机事件。特别是传播媒介和权威性机构的误解，更有可能使误解的范围扩大、程度加深，形成对社会组织极为不利的舆论环境。

2）内部因素引发的危机

社会组织由内部因素引发的危机，从最终导致的结果来看，可以分为形象危机和效益危机。

（1）形象危机。形象危机也称信誉危机，是指社会组织由于在管理理念、管理手段、服务态度、组织宗旨、传播方式等方面出现失误造成的公众对社会组织的不信任，甚至怨愤的情绪，进而损害社会组织形象的危机。例如，企业社会组织管理混乱，导致重大工伤、责任事故；废水排放、废气泄漏；劳资纠纷；股东丧失信心；内部人员贪污腐败等。

（2）效益危机。效益危机是指社会组织在直接的经济收益方面所面临的困境，在企业社会组织中表现尤其突出。如出现同行业的竞争导致产品过剩或产品价格的下调；管理决策失误造成产品结构不合理、产品性能落后；原材料价格上涨导致产品成本增加；投资出现了偏差；资金周转困难，经营陷入危机状态，甚至破产等。

2. 危机的其他分类

（1）按显露程度，危机可分为现实危机和潜在危机。现实危机是指已经爆发或爆发的势头已成必然的危机。这种危机往往已达到能为社会组织认识和把握的显露程度，可以为社会组织感知和觉察。潜在危机是指尚未表露的仍处于隐藏或潜伏状态的危机。潜在危机因其隐蔽较深，一般难被社会组织知晓，社会组织对其往往不好把握。与现实危机相比，它更能迷惑人、麻痹人，因而也更具有危害性。

（2）按严重程度，危机可分为一般危机和严重危机。一般危机对社会组织和公众产生局部影响或轻度危害，因其危害程度小，往往容易被人忽视。其实，一般危机也是不容忽视的。俗话说，"千里之堤，溃于蚁穴"，弄不好危机就会加剧，危害程度就会加深，最后可能会到一发不可收拾的地步。这是值得社会组织注意的。严重危机则对社会组织和公众产生全面影响，使社会组织形象和利益受到严重损害，是一种可能对社会组织造成致命打击的危机，一般应该而且也容易引起社会组织的特别重视。

区分危机的类型，掌握不同危机的特征，有助于我们进一步认识和理解公共关系危机处理的意义，把握好公共关系危机处理的基本原则。

（四）危机的发展阶段

危机是一段不稳定的时间、不稳定的状态，其全过程可以分为四个不同的阶段。仔细审视每一个阶段的特征，有助于我们找出问题的症结并采取相应的方法与对策。

（1）危机潜伏期。在这个阶段，某些导致日后危机爆发的因素已经悄悄形成。如果这些因素不能及时被发现并引起足够的重视和快速地补救，"病源"将不断扩展，直至引发危机，潜伏期是危机可以挽回或减轻的时期。

（2）危机爆发期。危机突破预警防线，危机产生了。事件突然发生，是向人们发出警告，很可能直接影响到社会组织的生存状态与发展前景。这时如果对危机的前兆仍熟视无睹，那么，人们在危机扩散阶段只能使任何控制危机的努力变成对损失程度的控制。

（3）危机扩散期。危机发生后，对其他领域产生连带影响与冲击。危机一旦到来，就不会自行消失。如果不能将其控制、消灭在萌芽状态，问题一经披露、批评投诉、媒体追踪、舆论传播，其负面影响将逐渐扩散开来，形成不可收拾之态势。

（4）危机衰退期。这是社会关注急剧下降或转移、危机影响力逐渐衰落的阶段。这个时期危机的高峰和持续现象已经过去，但仍然要做许多的工作。

二、公共关系危机

公共关系危机是危机中的一种特殊类型，它是由社会组织内外的某种因素引发的公共关系非常事态和失常事态，也是一种特殊的公共关系状态。从一般意义上说，公共关系危机，是由于社会组织内部或外部的种种因素，严重损害社会组织的声誉和形象，使社会组织陷入强大的社会舆论包围，并处于发展危机之下的一种公共关系状态。这种状态如果不迅速改变，就会影响到社会组织的生存。公共关系危机有时也称公关危机。

公共关系危机可导致社会组织与公众关系迅速恶化，社会组织的正常业务受到影响，社会组织的形象遭到损害，甚至生存和发展受到威胁，使社会组织处于高知名度、低美誉度的状态。

第二节 公共关系危机管理及原则

20 世纪 70 年代末，"危机管理"日趋成为公共关系学界研究的重要课题。在对大量社会组织所遭遇危机的剖析中，我们可以深切地感受到危机管理是一个系统工程，如果在社会组织出现危机之后才想起"危机管理"，那可能只剩"危机"而谈不上危机管理了。因此，居安思危，除了正确认识危机，更要懂得如何防范危机和驾驭危机。

一、公共关系危机管理的概念

公共关系危机管理，是指社会组织面对危机状态的公共关系处理过程，也可以理解为处理危机事件过程中的公共关系。其具体的内涵就是指社会组织为了解决其自身陷入的危机，挽回不良事件给公众造成的不良影响和带来的损失，而采取的一系列具有预防、扭转、挽救作用的策略和措施，目的在于恢复公众信任，重塑社会组织形象。公共关系危机管理是个系统工程，它需要调动社会组织各个方面的力量，以及社会组织日常公关工作逐步积累的社会关系网络，为危机的尽快消除奠定基础。

当然，公共关系只是处理危机问题的一个关键因素，处理危机事件还需要其他的一系列手段，诸如财务、技术等，但是公共关系却是危机管理中一个非常重要的组成部分。公共关系危机管理有时也称危机公关。

二、公共关系危机管理的意义

危机的常态性，决定了非常状态下科学有效的公共关系危机管理的重要意义。

1. 降低社会组织的成本

社会组织成本分显性成本和隐性成本。显性成本是会计成本，就是常说的料、工、费等，而隐性成本主要指管理成本。社会组织在运营管理上所发生的危机，不管是表现为内部的危机，还是表现为外部的危机，都直接导致社会组织的成本尤其是隐性成本上升，从而使社会组织的形象受损，严重的甚至使社会组织处于极端困难的状态，直至解散破产。

2. 创造解决危机的舆论氛围

不论社会组织面临何种危机，在其发生发展的过程中都容易夹带大量的失真信息和多种误解，如果社会组织保持沉默姿态，侥幸希望事态自然平息，一方面会延误缓解事态的最佳时机；另一方面还会引起谣言，使事实扭曲变形，使公众陷入恐慌、社会组织陷入被动、危机不断升级，加大社会组织的损失及后期解决的难度。相反，如果社会组织采取积极态度，运用公共关系手段，进行双向的信息沟通，严格信息的取得、分析和发布制度，及时传递真实信息，反馈公众意见，有针对性地开展宣传，就可以引导舆论，为危机的平息创造有利的舆论氛围。

3. 融洽社会组织与公众的关系

当危机发生时，社会组织漠视公众知情权只能让公众更为愤怒，并使其成为事实上的对立面。相反，让公众获知事实真相，则可以显示社会组织的亲和力、社会组织对公众的重视，进而拉近与公众的距离。特别是当社会组织的高层领导通过某种渠道与公众积极沟通交流时，更可以利用高层领导的权威身份和地位给公众提供稳固的心理支撑，向公众展示社会组织处理危机的决心和力度，以及对事件的重视程度，展示社会组织的诚意和积极姿态，为危机的缓减和解决提供有力的保证，也能进一步融洽社会组织与公众的关系。

4. 维护和重塑社会组织形象

在现代社会中，影响人们选择的更重要的因素是社会组织的形象、品牌及声誉。社会组织遭遇危机，经济利润的下滑是表面损失，受危害最大的就是社会组织的形象、品牌及声誉。在危机处理中，强调"以公众利益为本"的原则，真正维护公众的利益，显示社会责任心，实事求是地向公众说明实际情况，获得公众的谅解，有助于社会组织形象、声誉的维护和重塑，有利于保证社会组织的长远利益和发展。

5. 强化社会组织的危机意识

危机发生时，如果没有一定的防范意识和应对机制，危机就会很快蔓延发展并可能造成致命打击。社会组织可以通过公共关系危机管理，增强社会组织的危机意识，使社会组织居安思危，将危机的预防作为日常工作的组成部分，教育员工认识公共关系危机管理对社会组织的意义，使它们在危机来临时能迅速反应，以积极的姿态投入紧张的危机处理之中，赢得主动和理解，最大限度地减少损失。

三、公共关系危机管理的原则

目前在国内，由知名公共关系危机管理专家游昌乔先生倡导提出的"关键点危机公关5S原则"是公共关系危机管理的主流理念，具体指承担责任原则（shouldering the matter）、真诚沟通原则（sincerity）、速度第一原则（speed）、系统运行原则（system）、权威证实原则（standard）。该原则被广泛应用于公共关系危机管理的案例分析和实践活动中。

1. 承担责任原则

危机发生后，公众主要关心两方面的问题：一方面是利益问题。利益是公众关注的焦点，因此无论谁是谁非，社会组织都应该承担责任。即使受害者在事故发生中有一定责任，社会组织也不应首先追究其责任，否则会各执己见，加深矛盾，引起公众的反感，不利于问题的解决。另一方面是感情问题。公众很在意社会组织是否在意自己的感受，因此社会组织应该站在受害者的立场表示同情和安慰，并通过新闻媒介向公众致歉，解决深层次的心理、情感问题，从而赢得公众的理解和信任。

实际上，公众和媒体往往在心目中已经有了一杆秤，对社会组织有了心理上的预期，即社会组织应该怎样处理才会感到满意，因此社会组织绝对不能选择对抗，态度至关重要。

2. 真诚沟通原则

社会组织处于危机旋涡中时，是公众和媒介的焦点。社会组织的一举一动都将受到质疑，因此千万不要有侥幸心理，企图蒙混过关。社会组织应该主动与新闻媒介联系，尽快与公众沟通，说明事实真相，促使组织与公众双方互相理解，消除公众的疑虑与不安。

真诚沟通是处理危机的基本原则之一。这里的真诚指"三诚"，即诚意、诚恳、诚实。如果做到了这"三诚"，则一切问题都可迎刃而解。

（1）诚意。在事件发生后的第一时间，社会组织的高层应向公众说明情况，并致以歉意，从而体现社会组织勇于承担责任、对公众负责的诚意，赢得公众的同情和理解。

（2）诚恳。一切以公众的利益为重，不回避问题和错误，及时与媒体和公众沟通，向公众说明事件的进展情况，重拾公众的信任和尊重。

（3）诚实。诚实是危机处理最关键也最有效的解决办法。我们会原谅一个人的错误，但不会原谅一个人说谎。

3. 速度第一原则

在大众传播时代，任何有新闻价值的事件，都会在事件发生之后，甚至在事件发生的同时，被立即报道出来，并很快成为媒体关注的热点，引发公众震荡，形成危机。因此，当事社会组织如果不能在事件发生后的第一时间向媒体公布事件真相（就其所知），这时社会组织就失去了控制事态恶化的最佳时机，以后的挽救就要花费百倍的努力。

从传播学的角度讲，事件发生后的12~24小时，是消息传播最快、变形最严重的时段，也是受众最焦虑、最渴望信息的时段。社会组织的一举一动将是外界评判组织如何处理这次危机的主要根据，媒体、公众及政府都密切注视社会组织发出的第一份声明。对于社会组织在处理危机方面的做法和立场，舆论赞成与否往往都会立刻见于传媒报道。因此第一时间采取正确的传播手段，传播正确的内容，几乎就等于奠定了成功处理危机的胜局。

4. 系统运行原则

现在从国家到地方，从公共行政管理到具体社会组织内部，都在建立公共关系危机管理制度和公共关系危机管理体系。这是社会政治、经济、文化生活高度发展、高度一体化所必然面临的问题，即如何保障庞大的社会机器正常运转，某一环节出现事故，立即启动危机解决程序，系统运作化解危机，尽快使其恢复正常。

概括来讲，公共关系危机管理程序包括如下要件：第一，成立危机处理小组，相关人员参加，社会组织的高层领导人负责指挥，连续作战；第二，社会组织内部实施特殊管制，保证内部安定，对外信息统一；第三，全力做好危机传播，与媒体和公众保持良性沟通、互动；第四，果断采取措施，解决问题，标本兼治。

5. 权威证实原则

一个事件被报道而引发一场危机，无论当事社会组织怎么解释，媒体和公众都不会相信，这是很容易理解的——谁会相信一个被怀疑有罪的人自己表明他无罪呢？

当事社会组织是否存在问题，并引起了事件的发生？这样的问题，只能是政府主管部门或第三方权威机构经过缜密调查研究，给出最终结论。因此，当事社会组织在事件发生后，只需真诚解决问题，等待权威结论，任何自下结论的做法都于事无补，还会激怒受害者，加剧危机。

第三节　公共关系危机管理过程

危机管理是对危机从潜伏、爆发、扩散到衰退的全过程各项处置工作的总称。社会组织的公共关系危机管理贯穿危机管理的各个环节。相对于危机事件的四个发展阶段，通常把公共关系危机管理分为危机预防、危机处理与危机善后三个方面。这三个方面相互联系、环环相扣，构成一个有反馈、不断总结和提高危机管理水平的过程。

一、危机预防

危机管理的重点就在于预防危机。正所谓"冰冻三尺，非一日之寒"，几乎每次危机的发生都会有不同形式的前兆或信号预兆。如果公共关系管理人员有敏锐的洞察力，能根据日常收集到的各方面信息，对可能面临的危机进行预测，及时做好预警工作，并采取有效的防范措施，就完全可以避免危机发生或将危机造成的损害和影响减少。英国著名危机管理专家迈克尔·里杰斯特说："预防是解决危机的最好办法。"危机预防主要有以下工作[1]。

---

[1] 张映红. 公共关系管理[M]. 北京：首都经济贸易大学出版社，2002.

1. 树立危机意识

"居安思危，未雨绸缪"。社会组织要从战略上树立一以贯之的强烈的危机意识和先进的危机理念，并使之深深扎根于社会组织文化之中，使社会组织上自最高领导、下至一般员工均能铭刻于心。面对不确定的市场环境，社会组织随时会遇到危机。全员的危机意识能提高组织抵御危机的能力，有效地防止危机产生。

2. 建立危机预警系统

社会组织是与环境有密切联系的开放系统，内外部环境的不断变化影响着组织的生存与发展。因此，社会组织必须建立高度灵敏准确的危机预警系统，保持内外部信息的通畅，密切监测危机发生的征兆，敏锐捕捉和关注这些征兆，及时加以处理，尽量把危机隐患消灭在萌芽状态，至少可为及早采取公共关系危机对策赢得宝贵的时间和机会。

3. 成立危机处理小组

社会组织的危机处理小组主要由组织的高层领导、职能部门主要负责人员、总工程师、公共关系部经理、法律事务负责人、后勤保安主管等组成。危机处理小组是全权处理危机的非常设机构，当危机出现时，危机处理小组立即进入管理和运行状态，掌握主动权，并在组织高层的领导下开展工作。

4. 制订危机管理计划

危机公共关系管理计划是实施危机管理的行动纲领，公共关系危机管理计划可以使社会组织员工做到心中有数，一旦发生危机，可以根据计划从容决策和行动，掌握主动权，对危机做出迅速反应。

制订公共关系危机管理计划的主要原则是计划必须是具体的、可操作的；计划必须保持系统性、全面性和连续性，应明确所涉及社会组织及人员的权利和责任；计划必须具有灵活性、通用性和前瞻性；计划的制订应建立在对信息的系统收集、系统传播和共享的基础上；计划应有标准的报告流程和清晰的业务流程；计划应区分轻重缓急、主次优劣；计划应该包含危机管理的预算；应定期对计划进行检查及更新。

公共关系危机管理计划包括：危机产生的原因；危机发展状况及趋势；受影响的公众；危机的直接受害者、间接受害者和潜在受害者；具体受影响程度；受害方可能希望的解决方式；危机信息对外扩散的渠道和范围；公共关系危机解决的组织机构的选择依据；处理社会组织与相关公众关系的方式；等等。针对每种危机状况，应制订多套解决方案备用。

5. 进行模拟危机训练

模拟危机训练对提高社会组织实地处理危机的应变能力和工作水平具有积极的作用。这种模拟训练可以采取案例学习和讨论、聘请专家传授危机处理的方法与技巧、模拟危机管理游戏等。定期模拟训练不仅可以提高危机管理小组的快速反应能力，强化危机管理意识，还可以检测已拟订的危机应变计划是否切实可行。

6. 广结善缘、广交朋友

运用公关手段来建设和维系与公众关系，以获得更多支持者。尤其注重平常的新闻联络工作，与媒介保持良好的沟通关系。

二、危机处理

危机发生后，往往时间紧，影响面大，处理难度高。社会组织对危机事件的控制并解决，是公共关系危机管理的中心任务，主要工作包括危机确认、危机控制、危机调查与危机处理。

1. 危机确认

危机确认就是做出启动危机管理程序的决策，这意味着给社会组织面临的问题定性，同时也意味着社会组织将实施一系列管理和挽救措施。

危机确认是危机处理的关键。如果社会组织能尽早地确认危机，就能在危机形成的早期比较主动地处理危机，否则，等到事态扩大、舆论蔓延之时才不得不采取行动，则会给社会组织形象和公众关系带来更深的负面影响。

美国公共关系专家弗雷泽·P. 西特尔指出，当社会组织没能及早确认危机，真正的危机很快就会爆发。通常，危机爆发总会有七种典型的警告信号出现[1]。

（1）震惊。危机爆发时，总是突如其来。常常，公共关系人员得知危机到来的标志是，有媒介打电话或要求了解社会组织将立刻采取什么行动。

（2）信息不充足。许多事情顷刻发生在眼前，谣言漫天飞，股东纷纷询问公司股票为何下跌……一时很难掌握正在发生的所有事情。

（3）事件在逐步升级。谣言在到处流传，不明真相的公众对社会组织猜测纷纷，形势难以驾驭和控制。

（4）失去控制。致使危机升级的事件接二连三地出现，谣言丛生，难以控制。

（5）来自外部的质询增多。谣言到处流传，政府官员和观察家们纷纷评论正在发生的一切，媒介想要有所反应，投资者要求回答，顾客想知道事情真相和进展。

（6）不知所措。社会组织感觉陷入包围之中。律师告诫：我们所说的一切都将会成为反击我们的武器，最简单的办法是什么都不说。

（7）恐慌。"墙"在塌陷，"水"漏得太多无法堵住，恐慌的情绪在蔓延。在这种情况下，却很难让管理层确定，应该立即采取什么行动并向外部传播社会组织正在发生的一切。

这时候，对社会组织造成重创的危机就明明白白地出现在我们面前——不"期"而至！

2. 危机控制

危机爆发之后，第一工作就是控制，也称遏制。绝不能让危机在时间上任意延续，在空间上不断扩大，甚至引发其他危机。危机控制的方法、手段因事而异，千变万化。但有

---

[1] Seitel F P. Communication in Crisis. U. S. Banker，December ，1990.

三个关键的问题是相通的,是任何危机控制都应该遵循的。

(1)事态控制——当机立断。对危机的紧急控制如同消防员救火,越快越好,容不得半点迟疑、犹豫。在这里,时间就是生命,时间就是金钱。危机处理小组迅速到位开展工作:统一对外、对内的传播口径;采取稳定公众情绪的相应措施;传达社会组织对事件负责的原则;告知公众避免更大风险和损失的办法;告知公众对关心的焦点问题正在研究之中;等等。

(2)现场控制——防止破坏。在控制事态的同时,要尽量保护好现场,为事后查明危机的起因、追究责任、惩罚、索赔等留下证据。特别是起因蹊跷、可能有人蓄意破坏的时候,现场证据尤为重要。

(3)传播控制——沟通信息。危机事件一旦爆发,有着高度职业敏感的新闻工作者将神速赶来,抢头条新闻,抢发最具有分量的报道。社会组织应慎重传播相关信息,包括设立 24 小时公众接待办公室;组建传播小组或宣传报道中心;确定组织发言人;控制新闻走向;等等。

应该注意的是,危机处理期间,社会组织的其他宣传活动要降至最低,广告应暂停播放。

3. 危机调查

在危机控制阶段,情况紧急,不易对危机做深入调查,以免贻误时机,扩大事态。但在危机得到控制之后,就要立即开展对危机的全面调查,一般由专门的调查小组承担调查任务。调查小组成员包括组织负责人、事故发生部门负责人、公共关系人员、员工代表、公检法部门代表、医生、律师等,必要时还要聘请有关专家。调查内容包括危机的引发因素、潜在因素、危机爆发的准确时间、第一现场,危机涉及的范围、后果等。调查情况要形成书面报告,调查小组还要提出危机处理的参考意见。危机调查是做出危机处理的依据,必须慎之又慎、细而再细。

4. 危机处理

危机处理包括决策和执行两个方面。决策就是在危机调查的基础上制定正确的危机对策。这种决策要充分体现民主原则,听取各方意见,汇集不同方案,并进行方案的比较筛选优化,最后做出决定。决策一旦完成,就要迅速执行,切不可"议而不行",迟缓拖延,优柔寡断也会使危机的负面效应再次扩大。一般来说,危机处理包括追查责任、处分、赔偿、索赔、质量改进等方面。基本精神就是让责任人承担相应的责任、受到相应的处罚乃至制裁;让利益受损者得到最合理的补偿;让死者家属得到最大的安慰;彻底消除危机隐患、完善自身。

三、危机善后

危机善后是危机平息后的管理。危机的纷乱过去后,危机管理并没有结束,做好危机后期的管理工作包括消除负面影响、重建社会组织形象、评估危机管理的效果等方面。

1. 消除负面影响

危机发生以后，经过追查责任、赔偿损失等，社会组织运营秩序也相对稳定，但这并不意味着危机管理已经结束，因为危机造成的负面影响往往不会马上消失，有时随着时间的推移，反而让人觉得更为严重。典型的表现就是原来那些与社会组织关系融洽的公众，都开始用怀疑的眼光打量组织，开始冷淡与疏远组织。这种危机事件的滞后影响绝不是一朝一夕能够消除的，需要长期的、一系列的公共关系工作来逐步减少阴影。

2. 重建社会组织形象

危机对不同社会组织的形象影响程度不同。对实力很强、素质良好的社会组织，影响程度不会太深。有时，反而有助于社会组织形象的完善，因为危机事件给社会组织提供了一个向广大公众展示应变能力和管理技巧的机会。对大多数实力不太强的社会组织来说，其组织形象不可避免地受到损害。公共关系工作的任务就是要在消除危机负面影响的同时，重新塑造组织形象。社会组织形象重塑的任务十分艰巨，主要包括社会组织确定其形象在危机处理过程中是否得到提高、降低或遭受损害；社会组织是否需要在危机后以一种新的形象出现在公众面前；社会组织公共形象的重新定位以及应采取与之相关的何种形象设计策略、措施和方法等。只有社会组织形象得到重新建立，才是真正的转"危"为"安"。

消除负面影响、重建组织形象的方法很多。如建立信息沟通渠道、与各类公众保持联系，把社会组织的成绩、困难如实告诉他们，争取同情、谅解和支持；不失时机地宣传组织危机之后取得的成绩和进步，让人有今非昔比的感觉；在条件成熟的时候，开展多种多样的宣传组织的公共关系活动等。总之，要以持之以恒、水滴穿石的毅力和润物无声、水到渠成的努力来实现危机后期管理的最高目标，为社会组织的生存与发展重新赢得和谐的外部环境。

3. 评估危机管理的效果

评估危机管理的效果是整个危机管理过程的最后环节，除了继续关心和安抚公众、恢复和提升社会组织形象外，还应该对危机产生的原因、预防和处理过程进行深入系统的调查分析，对危机管理效果进行科学全面的评价，对危机中暴露的问题综合归类，总结经验教训，及时修改和完善危机管理系统，提升社会组织危机管理水平。

第四节　公共关系危机沟通

社会组织进行公共关系危机管理时，要不断与组织的内部成员和利益相关者进行沟通，展现组织积极负责任的形象，使他们及时了解组织的危机管理状况，提高他们对组织的评价和信任。必要时，还可以让他们参与危机管理决策和事件的处理，至少要听取他们的意见，毕竟危机管理工作与他们的利益息息相关，否则，他们可能会因为不清楚自己的利益是否得到了有效的维护而十分紧张，社会组织的责任就是通过坦诚的沟通避免出现不利的局面。

一、危机沟通原则

处理危机最重要的沟通原则就是不要在危机发生时保持沉默。至于危机沟通的基本原则，可以概括为以下十条[①]。

（1）快速、频繁地发布消息。

（2）不要妄自推测。

（3）千万不要冒险地信口开河。

（4）始终忠于事实。

（5）态度要公开、关怀，不要表现得高度防卫。

（6）阐明组织的立场和观点，并且反复强调。

（7）不要与媒体公开对着干。

（8）确立自己作为组织的唯一、可靠的信息发布者的地位和信誉。

（9）保持冷静，诚实合作。

（10）绝不撒谎。

二、危机沟通策略

公共关系危机管理中沟通的对象包括员工、受害者、股东、政府部门、社会中介组织、新闻媒介和其他公众等。在公共关系危机管理中，社会组织应根据不同的沟通对象，采取不同的沟通策略。

（一）与员工的沟通

公共关系危机管理中与员工的沟通十分重要。通过沟通，可以使员工了解社会组织危机的情况，稳定员工的情绪、消除不必要的恐慌，而且有利于激发员工同心协力、共克时艰的坚定信念，营造一个众志成城的危机控制氛围。另外，在危机期间，由于信息不完全，不可避免地会出现各种不同的声音甚至谣言。加强与员工的沟通，统一信息，有利于社会组织用"一个声音"说话。为了能使与员工的沟通取得良好的效果，必须把握好沟通方式与内容。与员工沟通的具体内容有以下几个方面。

（1）尽快向员工讲明事实真相。要明确地将实际情况中可以公开的部分向员工迅速传达，这样做可以避免不必要的猜疑，避免谣言从内向外传播。

（2）关心员工的切身利益。对于危机处理中涉及员工切身利益的情况，应表明社会组织会尽全力为员工着想的态度。这种沟通将化解危机的内部影响，进而增加来自员工的危机解决力量。

（3）让员工明确事情的复杂性与变化性。要求员工继续安心于本职工作，不要随意猜测事情的进展。提醒他们组织的有关政策，如强调除了指定的发言人外任何人都不得与新闻媒体接触，确保社会组织"一个声音"对外。

---

① 西泰尔 FP. 公共关系实务[M]. 梁浤洁，等译. 8 版. 北京：机械工业出版社，2004.

（4）安抚受损人员及相关人员，奖励有功人员。

（5）采用员工大会、部门会议、交流、电子邮件和电话会议等形式沟通。

（二）与受害者的沟通

在公共关系危机管理中，最难以面对的就是受害者，他们在危机中受到了损失，对危机最具发言权，处理不妥，最可能导致社会组织的第二次危机。针对受害者，基本策略应该如下。

（1）认真了解受害情况，实事求是地承担责任，并诚恳道歉。

（2）冷静听取受害人的意见，给受害人以同情和安慰。

（3）避免发生不必要的争执，了解和确认有关赔偿损失的要求。

（4）派专人负责受害者要求，并给予重视。

（5）尽最大努力做好善后处理工作，向受害者及家属公布补偿方法及标准，并尽快实现。

（6）保持各项分工人员的稳定性，不要无故更换工作人员。

（三）与政府部门和社会中介组织的沟通

政府部门与社会中介组织的意见具有较大的公信力。因此，社会组织必须注意与政府部门和社会中介组织的沟通。在这方面，需要做好以下工作。

（1）危机爆发后，社会组织应尽快向有关政府部门和社会中介组织如实报告危机发生的情况、损失以及对公众的危害等，争取它们的帮助与支持。

（2）积极主动配合政府部门和社会中介组织对危机事件的调查处理。

（3）要求政府部门和社会中介组织将调查结果公布于众，因为它们的信息往往被认为更客观、更有说服力、更可信。

（4）邀请有关权威部门和新闻媒介参与事件的调查与处理过程，以确保公众的信任。

（四）与股东的沟通

股东是社会组织的重要利益相关者，应积极寻求与股东的沟通契机，确保股东对社会组织的信心及提供长期投资。

（1）尽快而主动地向股东详细说明危机的起源、现实的情况、处理的过程及可能的结果等，避免小道消息的负面影响。

（2）对于重要的大股东，在危机发生后，可以邀请他们亲自参与危机处理，一方面让他们看到社会组织积极处理危机的态度、决心、能力；另一方面也可以寻求来自股东的必要支持。

（五）与新闻界的沟通

社会组织在危机出现之后，为了让公众了解危机事实，知晓组织在控制危机的发展、勇于承担社会责任方面的态度和行为，以求得公众的理解和支持，就必须制定有效的媒介管理和沟通策略，确保社会组织能安然渡过难关。

（1）统一发言口径，说明事件时应简明扼要，最好是社会组织负责人公布事件。

（2）必要时设置临时记者接待场，确定新闻发言人。

（3）主动向新闻界提供事实真相、相关的信息以及危机处理的最新动态，实事求是，不回避，不隐瞒，并表明社会组织负责到底的态度。

（4）在事实结果没有明朗之前，不信口开河、盲目加以评论，要与新闻界密切合作，表现出主动和信任。

（5）对社会组织不便公开的信息应向有关公众进行耐心的解释，争取公众的理解。

（6）表示出与新闻界的合作态度，注意引导新闻界从公众的立场和观点进行报道，不断提供公众所关心的问题，向公众说明事实真相并向公众表示歉意及承担责任。

（7）当记者发表了不符合事实真相的报道时，可以尽快向该媒体提出更正要求，指明失实的地方，并提供全部与事实有关的资料。

（8）举行新闻发布会。在危机处理的适当时候（一般是危机处理初期和危机处理后期）举办新闻发布会，向媒介发布社会组织对危机的态度、出现危机的原因、处理危机的过程和结果等重大消息。重大危机发生时，应该由社会组织最高管理层作为新闻发言人。新闻发布会上的发言内容和言辞基调，应该经过危机处理小组的严格审查和讨论通过。

新闻界的信息发布，英国公共关系危机管理专家迈克尔·里杰斯特在《危机管理》一书中提出了 3T 原则，3T 原则有三个关键点，每个点以"T"开头，所以称为 3T 原则："tell you own tale"（以我为主提供情况），强调社会组织牢牢掌握信息发布主动权；"tell it fast"（尽快提供情况），强调危机处理时社会组织应该尽快不断地发布信息；"tell it all"（提供全部情况），强调信息发布全面、真实，而且必须实言相告。迈克尔·里杰斯特指出只有进行有效的传播管理，才能进行有效的危机管理。这是对公共关系危机管理本质特征的精准把握。

（六）与其他相关公众的沟通

其他相关公众包括供应商、经销商、社区公众，与他们的沟通对危机的控制与解决也非常重要。社会组织及时、坦诚地沟通可以使他们了解事件的真相，从而获得他们的理解与支持，并可避免不必要的猜忌。与这些公众的沟通应着重以下两个方面。

（1）及时告知与他们相关的危机资讯及其影响。

（2）对社会组织危机给他们造成的影响表示真诚的歉意、补偿的意愿，并对他们的支持、理解表示谢意。

社会组织通过及时有效的沟通，把组织的正面信息告诉公众，有助于减少公众对组织的疑虑，有利于消除对组织不利谣言的产生和蔓延，从而为危机管理减轻舆论压力。

课后思考 >>>

1. 谈谈对危机的基本认识。

2. 怎样理解公共关系危机管理的内涵？

3. 分析公共关系危机管理的"5S"原则。

4. 公共关系危机预防要从哪几方面入手？

5. 危机管理小组包括哪些人员？他们在危机管理中应发挥什么作用？

6. 针对危机中不同的公众，社会组织沟通的基本策略有哪些？

7. 社会组织在危机发生之后，如何重塑形象？

埃克森公司的黑色星期五

在公共关系实务的发展史上，很少有像 1989 年埃克森公司的沟通案例那样糟糕的了。这家公司的公共关系人员对于危机及沟通问题的处理极具争议，而且让埃克森公司在全球声名狼藉，同时，这个案例在公共关系业界也造成了深远的影响。

黑色星期五

1989 年 3 月 24 日上午 8：30，耶稣受难日（复活节前的星期五）。世界上最大的公司之一的埃克森公司董事长兼 CEO 劳伦斯·G. 莱尔正在自家的厨房里品尝着咖啡，这时电话响了起来。

"发生什么事了？是发动机坏了还是方向舵坏了？"莱尔向打来电话的人问道。

"发生的事"就是埃克森公司的油船搁浅了，而且黏稠的原油正流入位于阿拉斯加州伐尔迪兹港外的威廉王子海峡那冰冷的水中。

不仅是莱尔和他的公司，对于环境来说也是一样，都将面临美国历史上最严重的一次环境污染灾难。

这起令人痛心的事情经过媒体报道，传遍了整个美国。原来，埃克森的一艘 300 米长的油船——"埃克森伐尔迪兹号"——在伐尔迪兹港西南方 25 英里处触礁并发生泄漏，后经证实当时该船由一名酒醉的船长驾驶。这个有史以来北美最大的漏油事件致使相当于26 万桶的原油渗漏到海水中，从而污染了 3367 平方千米的水域，破坏了将近 965.4 里海岸线的海水环境，引起 4000 只阿拉斯加水獭死亡。这个灾难性事件也使埃克森公司的名字被列入"公关名人堂"的黑名单。

埃克森在危机上的进退两难境遇可概括分为以下五个方面。

去还是不去

埃克森的高级管理层首先面临的问题是：在"耶稣受难日漏油事件"的相关新闻传开之后，董事长该不该飞到威廉王子海峡去表示公司的关切。美国联合碳化物公司（Union Carbide）在印度博帕尔地区的子公司发生恶性爆炸事件后，这家公司的总裁瓦伦·安德森（Warren Anderson）就采取了亲临现场以示关注的做法。这也是阿什兰石油公司（Ashland Oil's）的董事长约翰·R.霍尔（John R. Hall）在他的公司于 1989 年稍早时发生石油渗透事件时的对策。

如果莱尔按照常规前往阿拉斯加，他或许就可以消除大众对埃克森的意见，并使公司受损的坏印象获得修正和改善。还有什么能比董事长亲自飞抵悲剧现场更能表现出公司的关切呢？

但是，莱尔周围的主管一致认为他应该继续留在纽约，他们的理由是："你去那里能干什么？我们已经承认此事，并已表态将做出赔偿，我们对此事负有责任。"这些人认为更需要莱尔的地方是曼哈顿的公司总部。

最终，后者的观念获胜。莱尔没有去阿拉斯加。他让得力干将去收拾残局，并派遣了一个由较低层级的管理人员组成的小组到阿拉斯加处理漏油事件。

在威廉王子海峡，那场"噩梦"事件发生一年后的一次采访中，莱尔总结道："我们当时得出的结论是，不留在纽约指挥调度，对我来说代价实在太高了。我如果出现在当地并在当地的公共广场发表演说，其实是于事无补的。我不愿意在那儿度过夏天，因为我有许多事要干。"

莱尔未能立刻飞往伐尔迪兹的做法，在一些人看来是目光短浅的行为。一位传媒顾问在谈论莱尔的决策时说："这位董事长应该到事发现场去，在石油中行走并拾起死去的水鸟。"

在哪里建立新闻发布中心

埃克森面临的第二个两难问题就是在哪里建立新闻发布中心。

一开始就想到建立新闻发布中心应该是完全正确的决策。埃克森的高层领导人推断，这次石油泄漏事件影响巨大，应该随时让媒体得知这件事的进展情况。他们的推断是正确的。埃克森公司想要主导新闻信息的传播，透过新闻媒体给公众一个值得依赖、对此事关注而且很有责任心的公司形象。

公司认为做这件事的最好地点应在阿拉斯加州伐尔迪兹当地。"各大新闻组织都派了能干的代表到伐尔迪兹。"埃克森的公关主管说，"但回顾此事，我们当时还是应该在全国选择几个不同地点，进行记者发布会和现场播报。"当时的问题出在阿拉斯加的伐尔迪兹城只不过是一个偏僻的城镇，通信设施十分欠缺。这使得埃克森难以使相关信息得以迅速传播。

正如《石油与天然气》杂志后来的报道中说："埃克森公司没能就这起事件随时知会和联络全球各地的媒体工作人员，他们总是告诉记者'没有新消息'或'向伐尔迪兹打听'吧。"

另外，伐尔迪兹与纽约有 4 个小时的时差。因而"埃克森的声明经常很奇怪，而且自相矛盾"。另一家石油期刊的发行人说。伐尔迪兹的电话线很快就被阻塞了，就连莱尔都不能找到一名掌握状况的公司人员向他汇报情况。这使得公众在事件早期无法经由媒体得知准确消息：不是因为公司打算开新闻发布会的时间总是在新闻网不恰当的收视时段，就是由于消息到达得太迟，赶不上在当天的早报上刊登。因此正如所料的那样，埃克森遭到"隐瞒事实真相"的谴责。

一名埃克森的内部人员回忆起当年把传媒中心选定在伐尔迪兹这件事情时说："它没有起到应有的作用。"

快速反应

任何危机事件的最基本应对原则是：抢在媒体之前掌握最新的信息，尽量避免被事情拖着走。在这一点上，埃克森也没有做到。

首先，董事长在事发后整整一周都没有发表任何对此次漏油事件的正式评论。而当他发表评论时，却是在责怪他人：美国海岸防卫队与阿拉斯加当局阻碍了他的公司清理泄漏石油的作业。不管怎样，莱尔的发言实在太少太迟。公众对此事的印象是：埃克森公司没有及时承担起责任，而且对于此事的反应不够积极。

危机整整发生 10 天后，埃克森才在 166 家报纸上刊登了致歉广告。在部分读者看来，这则广告是为了自救，而且没能就一些埃克森公司所引发的争议做出很好的解释。

美国公关协会的主席说："这个公司似乎在它的公关努力上太过松懈。"与此同时，另一群人则是毫不松懈地加紧工作着——阿拉斯加州的立法机关。他们在埃克森漏油事件发生后的几周内，通过了提高北坡（阿拉斯加州北部 Brooks 山脉与北冰洋之间的地区）油田采油征税比例的法案。华盛顿的国会委员会也迅速提高了石油泄漏灾害赔偿金应负担的责任限额，同时增加了由石油业资助的"海上石油污染补偿基金"的额度。

埃克森犹豫不决之时，对手纷纷夺取了主导权。另一位公关专家说："在最初的 48 小时内，这家公司就输掉了整场战役。"

如何为事件定调

一直以来，在面对挑战性极大的危机时，埃克森公司一贯秉承的应对原则就是尽量使危机缓和，然后趋于平静。

从运营与后勤的角度来看，埃克森干得十分出色。公司立即着手动物救援项目，努力进行清理污染的工作，并同意承担大部分费用。但它犯下的错误在于，它在公众面前轻视了这次危机。

埃克森就事件所发表的公开声明，有时与其他地方的相关信息是矛盾的。例如，一位埃克森的发言人表示，这次石油泄漏事件造成的破坏将会被控制到最小。但是，其他监督此事的人却说，漏油事件的破坏相当严重。

董事长莱尔是一个直率而且直言不讳的 CEO，在公开评论事件时，他显得太过自我保护并且喜好争论。莱尔在一次 CBS 早间新闻对他的采访中表现得特别糟糕。当时他怒视着主持人凯斯琳·萨利文，厉声斥责道："我无法将我们公司清理计划的细节告诉你，计划非常厚，也十分复杂，我还没来得及读完。一个大公司的总裁没有那么多的时间熟读每份计划书！"

埃克森公司安抚公众的尝试也遭到批评。由于它的宣传广告没有表现出足够的关怀，从而加剧了观众的不满情绪。埃克森委托一家公司制作了一系列关于公司正在如何清理漏油的新闻影片，预计耗费超过 300 美元。一段长 13 分钟的影片在公司的例行会议上播放以后，这部名为《在阿拉斯加的进展》的片子立即遭到参加记者招待会的媒体及新闻界的强烈批评。这部片子暗示，《波士顿环球报》的记者罗伯特所说的"晚间新闻中播放的阿拉斯加水域被污染得惨不忍睹的景象"是虚构的。《今日美国》节目把这部片子称为"埃克森的最大败笔"。当策划该片的顾问在《纽约时报》上公开发表了文章，为埃克森在阿拉斯加的努力辩护时，美国国家野生动物联盟的阿拉斯加代表向主编发去了一封斥责信，指出埃克森的顾问在他的文章中忽略石油渗透导致了 15 000 只海鸟和大量水獭、老鹰等死亡的事实。

随后，埃克森公司在持有该公司大量股份的退休基金强烈要求下，在董事会中加入了一位环境专家。

善后

最后，埃克森公司不得不处理油船在伐尔迪兹搁浅所带来的一切后果。

埃克森公司将 3 万美元捐款送到每天都在报道这个危机事件的阿拉斯加公共广播网后，再度引起了争议。这个广播网以轻蔑的口吻，以"彼此利益冲突"为由，冷冷地拒绝了埃克森的慷慨捐赠。后来，阿拉斯加立法机关争取到一份专用款，并拨给了阿拉斯加公共广播网，数额与埃克森的捐款相同。

这起事件本身以及埃克森公司的事后反应，对石油工业造成了巨大的影响。扩大在阿拉斯加野生动物保护区内的钻油计划，被国会搁置了。同时国会委员们要求新的法律必须出台，以加强联邦政府对石油泄漏事件的干预力度。

公司的员工也感到迷惑、难看和受骗上当。弥漫在公司上下的情绪可以用埃克森一位公司员工的话来概括："现在无论走到哪里，我感觉自己随时都会成为众人攻击的靶子。"

1994 年，油船搁浅 5 年多之后，埃克森公司在安克拉治的法庭为自己遭受的 1500 万美元民事索赔进行辩护。1996 年初，有关公司过去那次恶行的诉讼大战还在继续。埃克森公司以及新任董事长李·R. 雷蒙德被控与此案的原告进行了"私下交易"。虽然被告确实这样做了，但他们都发誓否认自己曾经有此不轨行为。

1996 年 11 月，埃克森伐尔迪兹搁浅事件发生 7 年后，疲惫的埃克森公司向世界宣布：这个最难忘的灾难事件处理好了：总共花了埃克森公司 25 亿美元。

但此事还没完。1999 年，埃克森伐尔迪兹号倾倒 1100 万加仑原油到威廉王子海峡事件的整整 10 年后，埃克森公司——重新命名为埃克森美孚公司——再次步入阿拉斯加法庭，要求法庭推翻一条不寻常的联邦禁令。这条特殊的法律将禁止埃克森伐尔迪兹号油船再次航行出入威廉王子海峡。埃克森公司强力主张，把这艘已改名为"地中海"号的油轮隔离在许多油船仍能自由航行的阿拉斯加水域以外，是不公平的。"废话！"阿拉斯加参议员泰得·斯蒂芬的女发言人说，"法律不会以船名来对船只实施禁航。"反之，她提到了法律条款中的相关表述为："1989 年 3 月 22 日后，渗漏超过了 378.5 升（100 加仑）石油到海水中的油船"，将被禁止进入威廉王子海峡。恰巧，只有 1 艘船符合这一标准。

教训

公司经理人对于埃克森伐尔迪兹号的"耶稣受难日漏油事件"教训的记忆不会那么快就淡忘了。有人预计，这个插曲将会成为"公司该如何处理突然发生的危机事件"及"如何面对媒体镁光灯"方面的反面教材。还有人说，埃克森的反应很快就会成为公共关系传奇的素材。

资料来源：西泰尔 FP. 公共关系实务[M]. 梁浃洁，等译. 8 版. 北京：机械工业出版社，2004（有整理）

问题：

1. 当听到威廉王子海峡石油泄漏事件的消息时，你将建议董事长莱尔怎么做？

2. 在这个案例中，你将如何面对媒体？

3. 在这个案例中，你将对危机处理的公共关系时机做怎样的安排？

4. 如果你是埃克森的公共关系顾问，你会对公司提出怎样的总体公共关系策略——攻击性的，还是低调的？

5. 你觉得这个案例会成为公共关系的反面教材吗？

第十二章

公共关系礼仪

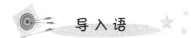

导入语

现代社会中，社会组织形象及其相关公共关系礼仪管理工作关乎社会组织竞争力以及是否能赢得公众支持与认可，已然被高度重视。

学习目标

1. 认识公共关系礼仪的特点及其重要性。
2. 掌握公共关系礼仪的理念、原则和相关规范。
3. 做到熟练操作和运用公共关系礼仪。

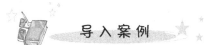

导入案例

请看他的官衔！

美国军队有一条规定，军人一律不得蓄长发。而黑格将军担任北约部队总司令时，却蓄着长长的头发。有一名被禁止留长发的美国士兵，看到画报上登载着长发的黑格将军像，便把它撕下来，贴在不许他留长发的连长办公室的门上，为了表示抗议，他还画了一个箭头，指着总司令的长发，写了一行字："请看他的头发！"连长看见了这份别出心裁的"抗议书"，没有把这个愤愤不平的小兵喊来训斥一通，而是将那箭头延长，指向总司令的领章，也写了一行字："请看他的官衔！"

资料来源：www.laobingzg.com

第一节 公共关系礼仪概述

现代社会组织的竞争是员工素质的竞争、是组织形象的竞争。现代社会组织运行过程中，对其员工的要求已是专业能力与应对处理问题能力（含人际能力）的双能力要求，即对社会组织中公共关系人员甚至全体人员（全员公关制）而言，除要求其掌握一定的工作技能和人际基本礼仪规范外，还要求其根据社会组织所处不同行业及其所在职能部门的各自职能的一定之规的不同，来履行不同的相关公共关系礼仪规范要求，以赢得公众的认可和促进社会组织与相关合作者的良好双边关系。不同类别的社会组织对应要求的基本公共关系礼仪规范和规则不同，在不同环境对应下要求的礼仪规范和规则也不同，如对内与对外的座次规范不同，以及微笑服务在医院需艺术性把控等。因此，社会组织成员应能根据自身所处工作环境和情境的不同特点来对等地履行相关公共关系礼仪规范要求。

一、礼仪概述

孔子说，不学礼，无以立；荀子言，人无礼则不生，事无礼则不成，国无礼则不宁；管仲曰，仓廪实而知礼节，衣食足而知荣辱。可见礼对我们人类社会的重要性。礼仪是促进人类社会文明发展的重要因素，它为人类社会良性发展和进步搭建一个良好的平台。

（一）礼仪的内涵

何为礼？礼和宗教、人类文明历史积累、民族文化特色等有着很深的渊源。在我国远古，"礼之名，起于事神"，"礼"字本意为敬神时举行带有贡品的仪式，是人们祭神求福时以示敬意的活动，故"礼"是敬意的总称。后来"礼"演变成人们在社会生活中处理人际关系时一定的表达方式，以及人们约束自己行为以示尊重他人的行为准则；体现的是自己的素质和教养表现，以及对人的尊重、友好和对人对事的郑重其事；其内涵涵盖仪式、礼节、礼貌等，故我们通常用礼仪来统称表达"礼"的内涵。

礼仪即是对仪式、礼节、礼貌的总称，是指人们在人际交往中，自始至终地以一定的约定俗成的程序、方式来表现的律己敬人的完整的行为与过程。

仪式通常指特定礼仪活动背景下的一整套完整的约定俗成的活动程序，如剪彩仪式等。礼貌则是指人际交往中通过语言、动作向交往对象表示的自身的谦虚和对他人恭敬。礼貌既强调礼仪和礼节所要表达的结果，也是一个人的品质和修养的体现。礼节是指人们在交际场合表示相互尊重、体现礼貌友好的具体惯用的表现形式，如见面通过握手表示接纳和问候。礼节强调表达礼貌的方式和形式，礼貌则通过一定的具体礼节形式呈现；没有对等的礼节作为一定的媒介，也就难以表达对他人的敬重和礼貌之意，甚至被视为无礼。而礼仪则是涵盖礼节与仪式等的表达方式，以及通过相应礼节与仪式等实现对他人表示敬意与礼貌的完整过程。由于人们交往沟通过程的复杂变动性，礼仪既存在相关的一定之规，又需要因环境和情境的不同而有对应的操作匹配，不可教条性处理。因此，整个礼仪强调仪式、礼节、礼貌相关的系统性、规范性和艺术性。

（二）礼仪的基本构成要素

礼仪包含礼仪的主体、礼仪的客体、礼仪的媒体及礼仪的环境四项基本构成要素。

（1）礼仪的主体，即礼仪的发起者（个人、组织），是礼仪的操作者和实施者。

（2）礼仪的客体，又叫礼仪的对象，指礼仪活动的指向者和承受者，其有可能是人或物；可以是有形的、具体的物质对象，也可以是抽象的、无形的精神层面的对象，如宗教相关的佛及民间祭祀等。但人们常把抽象、无形的精神层面的对象人为物质化，如牌位、佛像等。

（3）礼仪的媒体，是指礼仪活动所依托的一定媒介，是礼仪内容和形式的统一，礼仪的媒体可以是人体媒体、物体媒体、事体媒体等。

（4）礼仪的环境，是指礼仪活动得以进行的时空条件。礼仪的环境可分为：自然环境，含时间、地点等；社会环境，含时代背景、人物关系、传播手段等；政治环境，既指所处国家或地区政治环境，又指礼仪主体与客体之间的关系与位势的权重与均衡情况。

（三）礼仪的特征

中国有句古话：没有规矩不成方圆。礼仪既讲一定之规，又强调变通和权变运用；既具有一定的历史传承性，也会因国情和地方习俗的差异而具有自己的习惯与特色。礼仪更应该是一个发展的概念，它必须是一个相互学习，取人之长、补我之短的结果，它还必须顺应时代和社会发展的要求而与时俱进。我们归纳出礼仪的五大基本特征[①]。

（1）规范性。礼仪反映的人际交往顺畅进行的基本规律，存在一定之规，而人际交往需要遵循基本规律来讲究规则和规矩。只有遵循礼仪规范，人们交往才能得以顺畅进行。

（2）限定性。礼仪适用于交际场合。必须明确，当所处的场合不同（初次交往、因公交往、对外交往），所拥有的身份不同，所要应用的礼仪往往会因此而各有不同。

（3）可操作性。礼仪要规则简明，容易操作。既要有规则，又需要有具体的方式、方法来对规则加以贯彻。即有规有矩、有方有法、简便易行、切实有效、被人首肯。

（4）传承性。礼仪的传承性体现为继承、扬弃、发展六个字。礼仪是人类的文明积累，既具有民族特色、本土特色，又必须与时代同步，在不断的互相学习中取长补短、与时俱进地不断发扬光大。

（5）权变性。礼仪会因情境不同而具有相对的变动性，并具有鲜明的时代特点，而不是简单地按礼仪规范一成不变地教条履行。

无论是学习礼仪规范、掌握礼仪技巧还是运用礼仪，都需要用发展的眼光来比较地看待古今中外的礼仪规范和要求，并科学地进行扬弃。中国是闻名于世的礼仪之邦，孔子建立的礼仪体系影响中国社会长达两千多年，提出了较为系统的礼仪的基本原则和制定了多维度的人际交往的行为规范与做人的道德规范，如强调"礼之用、和为贵"等先进思想；但中国古代礼仪的发展过程中，在为维护封建统治制度和秩序服务时常被错误地视为维护封建特权阶层的私器，如"礼不下庶人，刑不上大夫"本是"礼不卑庶人，刑不尊大夫"之意，即王子犯法与庶民同罪，礼仪面前人人平等的意思，但自秦汉以来，对这句话的解释都是"庶人没有资格受礼遇，大夫拥有特权不受刑"等。现代礼仪的核心内容同样强调人际交往的行为规范，甚至更为科学和文明，提倡尊重为本，重在追求人际交往的和谐与顺利，维护交往的成功。改革开放以来，我国礼仪在强调规范性和原则性的基础上受国际礼仪一些基本特征的影响，更为理性地坚持实事求是，尊重个人隐私，强调个性自由，不提倡过分客套、造作，不认同过分自谦、自贬，强调女士优先，提倡保护妇女和尊重妇女，等等。

---

① 金正昆. 商务礼仪教程[M]. 北京：中国人民大学出版社，2005.（有整理）

最后我们必须意识到：礼仪是促进人际交往的一座沟通之桥，而不是妨碍人际交往的一堵墙。

二、公共关系礼仪的概念

公共关系礼仪就是不同社会组织从作为公共关系及其礼仪主体出发，立足于公共关系理念及为社会组织公共关系服务，在与其公众进行传播、沟通和交往时，以及社会组织中工作人员对内对外开展工作的过程中，要求以一定的符合社会组织自身类别的特定要求的、约定俗成的礼仪程序与方式来表现的律己、敬人的完整行为及其过程。它以社会人际基本礼仪原则为基础，是在公共关系传播、沟通和交往中所要求的相关礼仪规范与艺术的综合。

针对不同的对象、场合和范围，可将礼仪分为政务礼仪、商务礼仪、服务礼仪、涉外礼仪、社交礼仪。因此，社会组织应根据自身特征和环境要求做好公共关系礼仪方面的管理，系统综合性而又有针对性地运用好对应的公共关系礼仪技巧。如政务礼仪主要针对国家机关及其工作人员、国家公务员；商务礼仪主要针对公司、企业及其从业人员；服务礼仪主要针对酒店、餐厅、旅行社、银行、保险公司、医院等服务性社会组织及其从业人员；涉外礼仪主要针对国际交往，如中国人与外国人交往时，存在我国座次习俗左上与国际惯例右高相左的问题而需要周全考虑；社交礼仪主要指一般交际礼仪，如个人基本形象要求或工作之余的公众场合、私人交往等，值得注意的是社交礼仪常常是各类社会组织形成公共关系礼仪规范的基础依据。

三、公共关系礼仪的学科归属及特点

公共关系礼仪学科归属于人文科学、社会科学及管理科学。其学科特点一般体现为：应用性——实用、可操作、讲艺术；实践性——来源社会实践，服务社会实践，实事求是；普及性——社会组织中人人必修，组织形象体现在社会组织工作的方方面面；综合性——与多种学科的成果密切相关。具体而言，与公共关系礼仪相关的学科有以下几种。

（1）民俗学。礼出于俗而化为俗，礼仪往往具有民族文化特征和地方特色。

（2）传播学。交际本身即是沟通传播的过程，而传播技术与管理制约并改变着人们交往的方式和效果（如大数据和手机微信应用、大型专题活动的展开等）。

（3）美学。礼仪讲究心灵美、思想美、语言美、形式美等，"有礼则雅"。

（4）伦理学。礼仪是对伦理学研究成果的具体应用，体现社会的道德标准，而且讲道德必讲礼仪。

（5）社会学。礼仪与交际活动是社会学的重要研究对象之一，同时，任何社会组织或个人要遵守的是一定社会背景下的礼仪规范。

（6）心理学。心理学是礼仪活动的基础，只有掌握人的心理活动，才能很好地做到理解他人、尊重他人。

（7）公共关系学。公共关系礼仪以公共关系学相关理念等要素为基础，公共关系礼仪又是处理好公共关系的一个重要手段，两者相辅相成。

（8）管理学。礼仪活动尤其是公共关系礼仪活动，必须是有计划、有目的地进行，现代公共关系礼仪更加强调通过管理相关理念和方法来系统科学地开展公共关系礼仪相关工作。

要学习和运用好公共关系礼仪，我们要求必须充分了解和掌握以上相关知识而加以相关运用。学习公共关系礼仪通常可通过三种途径：一是进行理论学习，二是向社会实践学习，三是向专人学习请教。

四、公共关系礼仪的作用和意义

古希腊哲学家亚里士多德说，是人就要和别人打交道，一个不和别人打交道的人，他不是神就是兽。在现代文明社会中，学习礼仪、应用礼仪是现代人与他人交际成功的基本出发点，是提升个人交际能力的重要渠道和路径，也是现代人和社会组织立足于社会并求得发展的重要条件。在现代社会环境的工作和交往中，讲不讲礼仪对社会组织而言是大是大非问题，所以对待公共关系礼仪问题千万不可掉以轻心。公共关系礼仪体现的不仅是个人素质和形象问题，还涉及社会组织形象、管理水平与竞争力，甚至和整个社会是否有一个良好的环境相关。公共关系礼仪的作用和意义具体而言可归纳成以下几点。

（一）有助于提升社会组织员工的个人素质

礼仪通过人们为人处世的行为规范和一定的道德规范约束来体现人的素质、教养、修养和形象。教养体现于对礼仪细节的把握和严格要求，细节展示教养。讲究交际艺术、遵守交际规则有助于提升个人素质。

（二）方便交往应酬，促进传播与沟通

礼仪既是一定社会背景大家认同的约定成俗的习惯做法，又体现一种人与人沟通交往的技巧与艺术，是人们交往过程中的具有普遍性意义的通行证。公共关系礼仪是社会组织和公众沟通与传播有效的"一座桥梁"，学习公共关系礼仪就是要学会在工作中和人交往过程中能了解公众所属的背景与个性特征，从而学会怎样让人感到愉快而不是拿自己的习惯去对待他人；学会了解和掌握公众的偏好，从而投公众所好，与公众成功传播、沟通与交往。

（三）有助于维护社会组织形象

现代社会组织要求内讲素质、外讲礼仪，内求团结、外求发展。这是一个社会组织品牌形象大行其道的时代，在社会组织运行过程中，员工个人的所作所为、一举一动、一言一行都是社会组织的活广告，公共关系礼仪要求员工具有个体代表整体、个人形象代表社会组织形象，个人形象涉及社会组织、民族甚至国家的对外交往形象的意识来洁身自好地敬业爱岗。

（四）净化社会风气，推进精神文明建设，完善社会组织运行环境

现代精神文明就是讲文明、讲礼貌、讲道德、讲卫生；追求行为美、语言美、心灵美。

礼仪是精神文明的具体体现，属于精神文明建设范畴的问题，是人的心灵美的外在表现，体现人与人交往的一种形式美，如有礼则雅。公共关系礼仪立足社会组织重视公众的利益和需求，尊重公众意愿，倡导良性竞争的公共关系理念来促进公共关系的文明沟通与传播，从而净化社会风气和完善社会组织运行环境。

第二节　公共关系礼仪基本理念与原则

安德鲁·卡内基告诫人们：一个人的成功，15%是靠专业知识，85%是靠人际关系与处事能力。就个人职场而言，往往是智商决定你是否被录用，情商决定你是否被提升，因为在这个分工越来越细化、合作越来越紧密的现代社会，无论是社会组织还是社会组织中的员工都必须与社会接触和融合，人们必须具备双能力，即除立足之本的基本专业业务能力外，还必须具有善于交际和能及时适应环境权变处理问题的能力。一定的交际能力和应变能力不仅能帮助人们拓展事业成功的空间，而且能综合体现社会组织竞争力，是社会组织核心竞争力的重要组成部分。因此，社会组织需要引导其员工去系统地学习和掌握公共关系礼仪知识及其相关规律，提升员工的交际能力以及其及时适应环境而权变地处理问题的能力。

一、公共关系礼仪基本理念——尊重为本

学习与应用公共关系礼仪，需要思考和把握三个基本层面的相关性，那就是尊重为本、形式规范和善于表达。这其中，尊重为本是公共关系礼仪的基本理念，对公共关系礼仪起到一定主导作用；而形式规范强调礼仪需要遵循约定俗成的一定之规，以遵守礼仪的基本规则为基础；善于表达则强调在应用公共关系礼仪的操作过程中，会因环境和交往对象的变化而权变地弹性处理，善于表达具有一定技巧性和艺术性。

尊重为本、形式规范和善于表达三者相辅相成、相互维护，这是实现良好公共关系礼仪效果的基本前提。以下我们结合形式规范和善于表达具体谈谈公共关系礼仪基本理念——尊重为本的内涵，以及怎样做才能真正实现尊重他人。

（一）尊重为本

公共关系礼仪基本理念是尊重为本，即强调在公共关系建立过程中，首先要树立尊重为本的理念，以重视和尊重公众为前提条件。这其中既包含自尊自爱、尊重他人及如何尊重他人，也体现需要通过一定礼仪规范权变而艺术地表达。例如，点人数时，应掌心向上示意以表示友善。而掌心向下、握拳或仅用食指示意则有傲慢、教训训斥别人之嫌，训练有素的人往往能较好地规避这样的冒犯之举。工作和交往之时，随时都会出现我们是否做到尊重他人的问题，而这首先要求我们有尊重为本这个意识，并懂得和了解怎样做才能实现尊重他人。

（二）自尊自爱

自尊，通过我们自身在与人交往时的言谈举止、待人接物和仪表仪容方面的自律来体现。人的言谈举止、表情、着装都会向人传递着一个信号，这是我们自身的素质、教养和形象的体现。例如，商务人员的装饰应注意：既要给人清新明了和干练的感觉，又不过分追求繁杂，把自己打扮得花枝招展，显得自己不专业，没有相应的审美意识和能力。

自尊是尊重的出发点，即是赢得别人尊重和体现尊重别人的出发点。在人际交往中，一个人没有自尊就没有尊严和地位可言，一个没有自尊意识、不懂得洁身自好、自爱和自我尊重的人，往往难以赢得别人的尊重，也常常体现为对他人的不尊重并因此而影响双边关系。

（三）尊重他人

践行公共关系礼仪基本理念——尊重为本以体现对他人的尊重，除了要树立尊重为本、自尊自爱和尊重他人的意识，还有一个问题就是要懂得如何做到尊重他人。要做到尊重他人，前提是要了解他人，这也是公共关系管理中要做好公众分析的一个重要原因。不了解他人，无法谈尊重他人，而了解他人不仅要了解公众的心理，还得了解具体交往对象的具体情况。例如在合法的情况下，商务交往中的互赠礼品乃是加强社会组织之间的感情联络和以示对交往对象重视与友善的常用表达方式，乃人之常情。但要做好礼品赠送工作，则需要针对不同交往对象权变地做相应的礼品处理，具体而言，其一要有尊重他人的意识；其二必须了解对方，要对交往对象进行准确定位而规避因礼品失误冒犯对方的行为，以便能在实施赠送时准确恰当地向对方表达友善、重视和尊重之意，如对方所处环境和背景下的相关民俗或宗教忌讳必须格外注意。

礼仪讲究有所为有所不为，在注意基本规范而不犯忌讳的基础上，我们还应将事情做到更好，礼仪的用心考量和善于表达能使与公众的交往达到艺术境界，从而使交往对象在交往过程中有如沐春风的感觉。如国际惯例，礼品要精美包装（不低于整个礼品价值的三分之一），接受礼品时要当面打开并表示对礼品的欣赏、喜欢以及对对方的感谢之情，以示对对方赠品的重视和尊重。

二、公共关系礼仪基本原则

运用和操作公共关系礼仪过程中，应遵循八大基本原则：遵守的原则、自律的原则、宽容的原则、敬人的原则、平等的原则、从俗的原则、真诚的原则和适度的原则[①]。

（1）遵守的原则。遵守的原则指在社会组织中，不论身份高低、职位大小、财富多寡都要自觉遵守公共关系相关礼仪规范，不仅要遵守而且要正确对等地体现于细节。

（2）自律的原则。自尊自爱就是礼仪的自律原则，自律原则是指交往过程中对自己的言谈举止、仪容仪表的自我要求、自我约束、自我控制、自我检点、自我反省而能自觉地遵守公共关系相关礼仪。

---

① 金正昆. 商务礼仪教程[M]. 北京：中国人民大学出版社，2005.（有整理）

（3）宽容的原则。在交往中，多善解人意，不可求全责备、斤斤计较。和人打交道，对于大是大非的问题，该讲原则时得讲原则；但对于无伤大雅的事情，大可不必咄咄逼人而伤和气，而应得饶人处且饶人或能站在对方的角度去理解和接纳对方。

（4）敬人的原则。敬人是礼仪的重点、核心和灵魂，是指处处不失敬于人，不伤害他人的个人尊严，更不能侮辱对方人格。礼仪的基本出发点就是为了表示对他人的尊重，而且只有处处对交往对象表示重视、恭敬、友好，敬人之心常存，才能真正做到对他人有礼貌。

（5）平等的原则。在交往过程中，对任何人在尊重对方、以礼相待这一点上，应该做到一视同仁。

（6）从俗的原则。入乡随俗，与大多数人的习惯做法保持一致，而不可自以为是或我行我素。

（7）真诚的原则。礼仪不是指拉关系、走后门、搞贿赂、投机取巧等歪门邪道，也不是虚情假意、摆样子；而是待人待事讲究真诚、诚心诚意、表里如一、言行一致，以及郑重其事地对待。

（8）适度的原则。适度指日常生活和工作中，为人处世能注意技巧、合乎规范、认真得体和把握分寸，过分关心等于伤害。

第三节　人员形象定位及其仪表仪容礼仪

社会组织中，员工形象既源自员工自身的仪表仪容、言谈举止和在待人接物中的表现，又是指公众对员工表现留有的印象及对其产生的评价。对社会组织而言个人形象代表组织形象，公众会将对社会组织的个体员工留下的印象作为社会组织形象的代表而加以评价。每个人都会给别人内心留下不同的印象，并经过包装成评价而对外传播，因此，形象往往是舆论的重要对象。良好评价由知名度和美誉度共同构成，社会组织常希望不仅要获得名气，还要获得好的名声。而设计整合员工形象，甚至通过学习、培训、拓展来提升员工形象，就是希望能通过良好的员工形象赢得公众良好的评价。

一、社会组织员工形象定位

不同社会组织有着其不同运行轨迹和所处行业特有的相关礼仪规范，公共关系礼仪的基本宗旨是讲究"行有行规"，即既要讲基本原则又要讲行业的一定之规，在此基础上，通过做好公共关系礼仪管理工作来处理好公众关系和履行"投公众所好"的理念。这要求社会组织的公共关系工作人员及其全体员工立足树立正确的工作价值观和良好的公共关系服务意识来给自己的形象有个正确定位。首先必须懂得水能载舟、亦能覆舟的道理，认清公众构成社会组织的生存环境，要有对社会心存感激而重视公众的意识，并将自己变成一个真诚而富有爱心、愿意真正去关心和服务他人的人。这不仅是出于礼貌，而是发自内心的感悟和形成的一种正确职场价值观与期望值，即"立足服务于社会来开展自身工作是生命意义的体现，而不仅只是追求金钱、地位和名誉"。只有这样才能意识到服务是伟大的，而不是把为别人服务当作羞耻，否则就难以做到去关心、关怀和爱别人，也不能真正做到真诚、热情，充满感激之心地去为别人服务。真诚、热情和充满感激之心，这是让公众满意、舒适的漫长旅程中的第一站；同时，将工作严谨、诚信高效、热情开放、经验丰富、自信大方、成熟干练、从容镇定并极具人本精神等良好工作境界和状态通过良好的礼仪形象体现出来，如着装规范体现一个人的精神面貌和工作态度，是树立员工形象的一个重要方面等。从公共关系礼仪的视角来看，以上社会组织人员公共关系形象定位，无论是尊重为本还是善于表达，都必须有规范的形式，并且体现具体化、个性化、高标准、严要求的特点。具体而言，社会组织中每个人都应该注重以下几方面。

（一）形象的重要性

社会组织中每个人都应该从以下方面意识到形象的重要性所在。

（1）形象就是生命。人际交往存在首轮效应，初次交往中的前 30 秒是否能留给交往对象良好的第一印象至关重要，会影响双方关系，并决定着交往是否能继续。对社会组织而言，员工形象好坏决定着社会组织发展的生命力。

（2）形象是效益。好形象是构成社会组织品牌的基本要素，而品牌是社会组织能获得巨大回报的无形资产。

（3）好形象是良好服务的首轮印象。好形象具有易被人接受和传播快的品牌宣传效果，使得服务更易于被人接受。

（二）职场人员之尊重为本意识

职场人员必须身体力行践行尊重为本的理念，具体体现如下。

（1）尊重自己。强调自尊自爱，除对自身专业工作能力有严格要求外，还应注意通过自身形象来赢得他人认可和尊重，如站有站相、坐有坐相，举止大方得体以彰显自己的成熟和富有经验，而不可言行举止及仪表仪容太过随意。

（2）尊重自己的职业。"闻道有先后，术业有专攻"，真正被人家尊重的人，是学有所长的人。中国还有古话说"三百六十行，行行出状元"，真正做到爱岗敬业，干一行爱一行，干什么都能干出个样来的人才会赢得别人的尊重。

（3）尊重自己的单位。大到国家和民族，小到自己供职的单位，我们有责任、有义务维护它的尊严和形象。

（4）尊重交往的对象。尊重上级是天职，尊重同事是本分，尊重下级是美德，尊重客户是常识，尊重所有人是教养。

（三）职场礼仪形象设计三项基本事项

（1）诚信为本。坚持以事实为基础，真诚待人处世。必须谨记君子爱财取之有道，坑蒙拐骗就是自断活路和自毁前程。

（2）遵纪守法。现代人应视遵纪守法为需恪守的基本信念。

（3）遵时守信。时间是生命，效益就是金钱，现代意识观念中注重遵时守信已显得越来越重要。同时，遵时守信既能体现自己是个恪守信用的人，也能体现对他人的起码重视与尊重。

（四）职场工作环境十字方针

职场礼仪是社会组织成员在办公地点内及对外交往时的仪容、仪表、言谈话语、举止行为和待人接物时的基本规范。而职场办公环境礼仪规范常被要求体现以下十字方针：干净、整洁、传统、庄重、正规。

二、公共关系仪表与仪容礼仪

仪表即人的外表，包括容貌、姿态、服饰三个方面。仪表美是对一个人外表的基本评价，是形体美、服饰美、发型美、仪容美的有机组合，总体来说应该体现仪容整洁、着装得体、举止端庄、温文尔雅。

教养体现细节，细节展示素质，细节决定成败。莎士比亚有言：一个人的穿着打扮，就是他的教养、品位、地位最真实的写照。人们往往根据一个人的穿着打扮是否得体来判断他的身份、品位、素质、教养等。与他人交往过程中，仪表与仪容，如着装与服饰是他人观察的重点，直接与留给交往对象的好坏印象密切相关。更为重要的是，职场人员的仪表与仪容会让人联想到他所处的社会组织形象和管理水平。所以个人形象首先要根据角色定位关注自己的仪表与仪容是否得体以及与自身身份、所处场合是否相符合，如职场女性不能佩戴珠宝首饰。

（一）公共关系服饰礼仪

1. 公共关系服饰礼仪的基本原则

职场人员的着装应有一定之规而不可太随心所欲，如一般公务场合着装要求庄重保守且得体，男士正装一般为西装套装或制服，女士正装一般为正装套裙或制服。总体来说，公共关系服饰礼仪的基本原则如下。

（1）符合身份。

（2）扬长避短。

（3）遵守惯例。

（4）区分场合。

着装的 TPO 原则就是指服饰应因时间（time）、地方（place）、场合（occasion）的变化而变化。T 的含义包括：每天的早上、日间、晚上三段时间的变化；每年的春、夏、秋、冬四季的变化；时代变化和差异。P 是指所处地方的环境，如繁华的都市或偏远的山村，工作间或出席晚宴舞厅，你的着装必须与之保持一致，否则环境会对你形成一种排斥力，使你在这个环境中显得特别突兀不相融而使他人感觉到不舒服或做出负面反应。O 是指不同的场合与气氛，上班或居家、悲或喜、热烈或严肃，都有与之相配的约定俗成的着装规范。如一般除公务场合着装要求着正装以显正规、庄重、保守且得体而给人以信任感外，社交场合（宴会、舞会、音乐会、聚会、拜会），着装表现为时尚个性，如舞会选择礼服等；而休闲场合（如居家休息、健身运动、观光旅游、逛街时），着装表现舒适自然，如应选择休闲装、运动服等。

2. 职场正装西装礼仪

职场正装，男士一般着西装套装或制服，女士一般着正装套裙或制服。

1）西装

西装又称西服、洋服，起源于欧洲，目前是世界上最流行的一种服装，也是职场人员在正式场合着装的首选服装。西装要讲究的是色彩、面料、款式、穿法、搭配等。

西装造型分为欧式、英式、美式、日式四种造型。

（1）欧式：双排两粒扣式或双排六粒扣式，纽扣位置低，衣领宽，强调肩部与后摆，垫肩和袖笼较高，腰身中等，后摆无开衩，衣型呈倒梯形（适合扁宽魁梧者）。

（2）英式：多为单排扣，衣领 V 形并较窄，不刻意强调肩宽，垫肩较薄，腰略收，后两侧开衩，讲究自然贴身（适合瘦式身材适中的人）。

（3）美式：多为单排扣式，领形为宽度适中的 V 形，肩部自然无垫肩，腰部宽大，后摆中间开衩，外观上方方正正（适合有啤酒肚的人）。

（4）日式：多为单排扣，领子较短、较窄，不过分强调肩和腰，后摆也不开衩，外观是 H 形。

西装款式分为正装西装和休闲西装。

正装西装有商务套装之称，是指面料、色彩、款式一致，风格上相互呼应的多件西装的组合，有两件套（上衣和裤子）、三件套（单排上衣、裤子、背心）、单排扣装、双排扣装之分。三件套是最正规、经典的商务套装，职场男士在参加正式对外交往活动时，必须穿西装套装。一般以穿三件套的西装为好。而单排装较传统，双排装较时尚。

休闲西装指单件西装，即一件与裤子不配套的西装上衣，仅适用于非正式场合。

2）西装的选择与穿着搭配

要使西装穿起来称心合意，必须注意三个方面：西装选择、西装的穿法、西装的搭配。三个方面都有相关的礼仪规范要求，必须严格遵守。

（1）西装选择。要做好西装选择工作，需关注面料、色彩、图案、造型、尺寸、做工、款式七个方面。

①面料。感观上要求轻、薄、软、挺，面料力求高档：首选纯毛、纯羊绒或高比例含毛的毛涤混纺面料。不透气、不散热、发光发亮的各类化纤面料不选。

②色彩。庄重、正统不过于轻薄、随便，首选藏蓝色，然后是灰色——成熟典雅、棕色；黑色在隆重场合适用，平时穿显得过于正式。而不选用鲜艳、发光、发亮和杂色。

③图案。无图案单色（深色）为好，上乘西装的特征之一便是无图案。唯一例外，商务男士可以选用细密的牙签呢竖条纹西装，欧洲往往将深灰色细密的竖条纹西装视为商界男士最体面的西装。格子西装难登大雅之堂，只在非正式场合使用。

④造型。选符合自己的身材、体形和脸形的造型。瘦体形适合选英式、日式；胖体形适合选欧式、美式。

⑤尺寸。大小合身且宽松适度，要了解西装的标准尺寸，挑选时认真试穿。

⑥做工。做工是西装档次的真实标志。主要看：衬里是否外露，纽扣是否缝牢，针脚是否均匀，外观是否平整，衣袋是否对称，表面是否起泡，等等。

⑦款式。正式工作和交往中必须穿西装套装；非正式场合选休闲西装。

（2）西装的穿法。

①拆商标。

②不能皱，坚持整烫、干洗（一般不可水洗），保持干净、整洁。

③规范扣纽扣。站着时：单排两粒扣式上衣扣上不扣下；单排三粒扣式上衣扣中间一粒或上面两粒；双排扣式上衣全要扣上；内着背心、羊毛衫，外着单排扣上衣时上衣可不扣。坐着时：上衣扣解开。背心分单排、双排，只与单排扣上衣配套。单排式背心：单排扣背心，下面扣不扣；双排扣式背心：扣子全要扣上。裤子扣：严加把关、时时关注。

④不随意挽卷、搭（披）在肩上或乱放，不穿时要挂放好。

⑤原则上西装只配正装衬衫。如要在衬衫内加穿内衣，不能外露或让人看出来，首先注意不要显得臃肿；其次是不让其领口、下摆和袖口露出；最后是衬衫外不会衬出内衣的色彩或图案。如需要加配毛衣，只能配一件 V 领单色机织羊毛衫，配其他款羊毛衫或多件羊毛衫都不合礼仪，不仅难看，而且会使西装变形。

⑥西装口袋少装东西甚至不装东西。

（3）西装的搭配，主要考虑西装与以下物品的搭配：衬衫、领带、鞋袜裤、公文包、饰物、色彩等。

①搭配正装衬衫。

·正装衬衫，指高支精棉或混纺的单色无图案或竖条形长袖衬衫。短袖有休闲性质，但公司制服另当别论。

·衬衣色彩。职场中，理想的衬衣色彩有白色、蓝色、灰色、棕色、黑色。注意，竖条衬衣不能配竖条西装。

·衬衫要求大小合身，胸围领口松紧适度，袖长、下摆不能太短。穿长袖衬衫，下摆要扎在裤腰内（不可外露）。

·穿正装衬衫配西装打领带时所有扣子要扣上（领扣、袖扣），不打领带时领扣必须打开。袖长露出 1 厘米左右，露太长、翻过来、不露都是犯规。

②室内可将西装脱下，直接穿长袖衬衫，打领带在室内工作走动；但外出办事不可这样，必须穿上西装上衣，否则犯规。

③穿西装吊带时不能露外会客，会客时必须穿上西装上衣；西装吊带不能和腰带同时使用。

④成年男子的三大饰品：领带、手表、装饰性袖扣。装饰性袖扣，指链扣或袖链，只能配在法国式的双层袖口上，它是商界男士在正式场合佩戴的重要饰物，以示自己高雅的风采。

⑤领带：西装的灵魂，领带也应适用于社交场所搭配礼服。

·领带的面料。领带质地档次不能太低，最好是真丝或羊毛的，涤丝次之；职场中，棉、麻、绒、皮、革、塑料、珍珠等面料的领带都不能选用，不规范。

·领带的色彩。职场中，理想的领带色彩有蓝、灰、棕、黑、紫红等单色领带；多色不得多于三种颜色，三色以上、浅色、艳色的领带只适合社交休闲场合；领带和西装、衬衣相配时最好选和西装一个色彩系或和衬衫一个色彩系。

小贴士1：西装搭配技巧介绍

藏青色西装：格外精神，搭配灰蓝衬衫＋亮蓝色领带。

黑色西装：庄重大方、沉着素静，搭配：白衬衫＋红黑领带。

灰色西装：格调高雅，端庄稳健，搭配：暗灰衬衫＋银灰领带。

领带图案。商务场合基本要求——庄重保守，不能标新立异。首选单色无图案，或以条纹、圆点、方格等规律几何形状为主要图案的领带；不选飞禽走兽、人物花卉的图案。

小贴士2：领带选用技巧介绍

斜纹：果断权威、稳重理性，适合谈判、主持会议、演讲场合。

圆点、方格：中规中矩、按部就班，适合初次见面和见长辈、上司时用。

不规则图案：活泼、有个性、有朝气、较随意，适合酒会、宴会和约会。

·领带的款式。有箭头式（传统、正规）、平头式（时髦、随意）之分，宽窄的选择和本人胸围及西装的衣领成正比。

一般领带只配长袖衬衫；短袖衬衫只有制服时才可配领带，自选的短袖衬衫不可配领带。最不能出现的情况是夹克配领带。正式职场场合穿夹克给人感觉是滥竽充数，没有档次，夹克是休闲装，再高档的夹克也难登大雅之堂。

·领带的打法：领带结下压一个坑，这是男人的小酒窝，也是高质地领带的标志。简易式领带不宜在正式职场中使用。早上起来精心打好领带出门工作是男士全身心投入工作的一种仪式。

领带夹，专业说法是只有两种人用领带夹：重要人物和穿制服的人，注意领带夹的位置，一般在衬衣第二、三个纽扣之间。

打领带的长度要求适度，箭头在皮带扣的上端。穿西装的标准做法是"下扣不扣"，这个位置正好在皮带扣处，如领带太长会出现不雅的状况，领带会在西装的下扣处探头探脑。

⑥注意鞋、袜、裤的合理搭配，不要错位混搭。正式场合着正装西装套装，配正装西裤和正式皮鞋（黑色系带式皮鞋）、黑色袜子。一般情况下，袜子首选黑色，也可配深色袜子。非正式场合配休闲西装，可配无带皮鞋。颜色与下装搭配协调。配深色袜子，注意袜子的长度等。

3）穿西装的"三个三" 高端要求

穿西装的"三个三" 高端要求指：三色原则、三一定律、三大禁忌。

（1）三色原则：指全身上下颜色在三色（色系）之内，不得超过三色。色彩是着装的基本问题，不能乱七八糟。是否做到遵循三色原则表明一个人角色定位对等程度。西装一半在于做，一半在于穿。我们说一个人会不会穿西装就看他，一会不会选择，二会不会搭配。而身上的颜色就可以判断一个男士基本素养和训练有素的程度。即便是穿着名牌，不遵守三色原则也难以体现一个人的高品位和素质。

（2）三一定律①：身上有三个部位要保持一个颜色，即职场着装专业要求的黑色：鞋子、腰带和公文包。这是细节完美问题，是高端要求。

---

① 金正昆. 商务礼仪教程[M]. 北京：中国人民大学出版社，2005.（有整理）

（3）三大禁忌：首先注意穿着新西装前要拆商标，同时注意规避搭配不规范和不协调，严禁穿西装配白袜子，严禁穿破洞的袜子。并注意穿着时不可随意挽卷、搭（披）在肩上，或出现皱而不平整，以及不穿时随意乱放，不及时整烫。

3. 女装正装套裙礼仪

女装正装是正装套裙，需要提醒的是对于职场女装正装而言，裤装属于便装，即便是正装裤装。在比较正式隆重场合，女装正装首选正装套裙。

1）女装正装裙装礼仪规范

女装正装裙装礼仪规范主要体现在以下几方面。

（1）理念：传统、端庄、典雅、稳重、符合身份。

（2）结合自身情况：年龄、职业、体形、肤色、性格、气质。

（3）实现的礼仪和交往目标：自信、成熟、干练、自尊自爱、尊重他人。

（4）色彩：冷色调为主，原则上不超过两色。

（5）面料：纯天然、质料上乘，不起皱、不起毛、不起球，呢、麻、丝等。

（6）搭配：鞋、袜、饰物搭配协调。

2）正装裙装五不准

（1）国际上不成文的法则，黑色皮裙不能穿。越正规场合越不能穿。

（2）正式场合光脚不穿丝袜。

（3）不能出现袜子残破。袜子是腿部时装。

（4）不能鞋袜不配套。正装裙装要配正装制式皮鞋而不配便鞋，正装制式皮鞋要配肉色丝袜。

（5）不能露三节腿。在国外裙子与袜子中间露一节光腿是没有教养的女人的基本特征。

3）职场着装最不能出现的问题

（1）过分鲜艳或杂乱无章。

（2）过分暴露。如女士着装太低胸、领口太大、无袖甚至吊带装。

（3）过分透视。公众场合或工作场合，穿过分透视装，隐隐约约，甚至一目了然、暴露无遗，是对人的非常不礼貌，这不是时尚，而是没有教养、没有规矩的表现。

（4）过分短小。如露肚脐装、超短迷你裙均不合适。

（5）过分紧身。着过分紧身的衣物不仅让自己感到不舒适，同时对自身身体不利，且会产生着装不雅致的效果。

4. 制服管理

公共关系礼仪中关于着装的正装，除男士首选正装西装、女士首选正装套裙外，还有一款就是社会组织根据需要定制的制服。关于制服的管理主要涉及制作、款式、面料、保管、穿着等，如果对之不加以严格管理，则容易出现制服制作不科学合理，员工对待穿着制服过分随意，不能保持干净整洁，甚至出现破损，搭配不当，有制服不穿或穿得不像制服等现象。

（二）仪容礼仪

1. 仪容

仪容主要是指人的容貌，由发式、面容以及人体所有未被服饰遮掩的肌肤所构成，是人的仪表的基本要素。在人际交往和个人的仪表形象问题中，每个人的仪容，从头到脚展示了人的形象，都是引起交往对象特别关注的重点之中的重点，并将影响到对方对自己的整体评价，因此应特别引起重视并需特别注意细节，如干净整洁，无异物、异味等。仪容礼仪涉及：头发卫生与修饰、面部卫生修饰、手部卫生修饰、口腔卫生修饰、腿脚卫生修饰等方面的相关规范。具体要求如下。

（1）面部：不蓄胡须、鼻毛不外现，干净整洁，口无异味。

（2）头部：健康、秀美、干净、清爽、卫生、整齐。

（3）手部：清洁、不使用醒目的甲彩、不蓄长指甲、腋毛不外现。

2. 公共关系仪容礼仪的基本原则

（1）尊重和礼貌于受众。

（2）洁身自好、自尊自爱。

（3）干净、整洁，修饰避人。

（4）符合场合，协调大方。

3. 美发礼仪

远看头，近看脚，"完美形象，从头开始"。发型要与身份、服饰和场合相协调。正式场合，女性发式要求显得干净利落，专业说法是发长不过肩；对于长发女性，身着套装，可将头发缩在颈后，低发髻，显得端庄、干练。休闲运动时，可着休闲运动服，将头发扎成高高束起的马尾，显得青春、活泼和潇洒。晚会时，着晚礼服，梳个晚装发髻，可显得高雅、华丽。对男士而言，发型要大方、得体，长短适宜：前不遮眉毛、侧不盖耳朵、后不及衣领；不用过多定型产品，保持干净整洁、没头屑无异味（图 12-1）。

4. 职场妆容礼仪

职场妆容礼仪应有以下追求。

（1）化妆的浓淡既要视时间、场合而定，又要注意化妆适度的原则。

（2）淡妆上岗、端正庄重、自然真实、清丽大方、扬长避短、突出个人特征、和谐统一。

（3）化妆的注意事项。

①反复练习，娴熟专业。

②不当众化妆。

③注意系统工程，不出现妆面残缺。

④不借用他人的化妆品。

⑤不要非议他人的化妆。

⑥避免使用气味浓烈的香水。

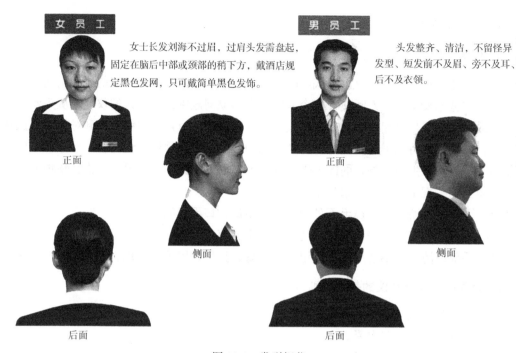

图 12-1　发型规范

⑦男士在涉外场合稍加化妆是必要的，但不要油头粉面。

5. 职业女性佩戴首饰的原则

（1）以少为佳。

（2）戴两样或两样以上首饰时，要求色彩一致（高端首饰应质地一样），和谐为美。

（3）符合身份：珠宝首饰不戴，展示性别魅力的首饰不戴。

（三）公共关系仪态礼仪

1. 体态礼仪

体态就是人的身体姿态，包括形体姿态和表情。形体姿态：站姿、坐姿、行姿、蹲姿、手势；表情：目光、面部表情等。

俗语称，"行为举止是心灵的外衣"，它不仅反映一个人的外表，也反映一个人的品格和精神气质，它是一种不说话的"语言"。有些人尽管相貌一般，甚至有生理缺陷，但举止仍旧端庄文雅、落落大方，给人以深刻良好的印象而获得他人的好感。高雅得体的举止，可以直接反映出人的内在素养，同时也会直接影响他人对自己的印象和评价。

身体不同部位在体态礼仪中的功能如下。

（1）腿部：最先表露出潜意识情感部分。

（2）足部：表现力与腿部相仿。

（3）腰部：挺腰是端正、优雅，以及一种意志和气势所在，是具有精神优势的表现。

（4）腹部：收腹表现力与腰部相仿。

（5）背部：具有掩盖和隐藏情感、情绪的功能。

（6）胸部：挺胸是自信和得意，是具有精神优势的表现。

（7）肩部：被视为责任和尊严的象征，特别是男性。

（8）腕部：是力量、能力的象征。

2. 站姿礼仪

1）站姿的基本要求

站姿的基本要求为：端正、挺拔、优雅。男士要求"站如松"，刚毅洒脱；女士则应秀雅优美、亭亭玉立。

2）标准站姿的要求

（1）头要正，头顶平，双目向前平视，嘴唇微闭，下颌微收，面容平和自然。

（2）双肩放松，稍向下压，身体有向上的感觉。

（3）躯干挺直，挺胸，收腹，立腰。

（4）双臂自然下垂于身体两侧，中指贴拢裤缝，两手自然放松。

（5）双腿立直，双膝和双脚靠紧，两脚平行。身体重心落在两脚正中。

3）与人交往时站姿的含义

与人交往时站姿会传递一定的信息。

（1）站立式胸背挺直，双目平视，给人精神上充满自信、乐观向上的感觉。

（2）双手叉腰，挺立而站。一般是精神上处于优势的表现，是有信心迎接挑战的姿势。

（3）双臂交叉，表明对他人谈话的审视或排斥的态度。

（4）双手插在口袋，挺胸直背，是一种不流露心机、暗中思索的倾向。若是弯腰，则给人心情沮丧、苦恼之感。

（5）踝关节交叉，是一种态度上的保留和轻微的拒绝。

（6）当两人呈"八"字站立时，则是允许第三人加入的开放态势。

（7）两人相对而立，距离较近，表示不允许第三人加入。

（8）两人并肩站立式，说明双方关系较平和友好。

3. 坐姿礼仪

1）坐姿的基本要求

坐姿的基本要求为：庄重、文雅、得体、大方。

2）标准坐姿的要求

（1）入座要轻、稳。

（2）双肩放松，稍向下压，身体有向上的感觉。

（3）落座后立腰、挺胸，上体自然挺直，上身微向前倾，重心垂直向下。

（4）双膝自然并拢（男士可略分开些），双脚正放，双脚并排自然摆放。

（5）双肩平正放松，双臂自然弯曲，男士可双手自然放在腿面上，掌心向下；女士可右手搭在左手上，轻放在腿面上。

（6）起身时，右脚向后收半步，而后站起，轻稳离座。

3）与人交往时坐姿的含义

与人交往时常见坐姿的含义如下。

（1）正襟危坐，给人稳重、正人君子的印象。

（2）深深坐在椅子内，腰板挺直，往往心理上处于劣势。

（3）微坐椅子前沿，是一种谦虚的表现，也可表现心理上的弱势，有时也表示随时准备起身离开。

（4）抖脚或腿，传达内心的不安和急躁。

（5）张开双腿而坐的男性，是充满自信、有支配性格的人。

（6）一条腿架在另一条腿上的女性，对自己的外貌较有信心。

（7）频繁变动架脚姿势，是一种情绪不稳定、急躁的表现。

（8）把腿放在桌子上，以延伸自己的势力范围，这种人有较强的占有欲和支配欲，给人傲慢无礼之感。

（9）女性脚踝交叉而坐，传达一种较委婉的拒绝。

4. 行姿礼仪

1）行姿的基本要求

行姿的基本要求为：协调稳健、轻盈自然、有节奏感。

2）标准行姿的要求

（1）上体正直，抬头，下巴与地面平行，两眼平视前方，挺胸收腹立腰，重心略微向前，面带微笑。

（2）双肩平稳，双臂以肩关节为轴前后自然摆动，摆幅30～40厘米为宜。

（3）脚尖略开，脚跟先接触地面，依靠后脚将身体重心送到前脚脚掌，使身体前移，不要让重心停留在后脚。

（4）双膝自然并拢（男士可略分开些），双脚正放，双脚并排自然摆放。

（5）行走时的步位和步幅。步位要求两脚内侧行走的线迹为一条直线。步幅要求前脚跟和后脚尖之间距离为一脚之长。性别不同、着装不同步幅也会存在差别。

（6）步伐稳健，步履自然，有节奏感。

3）行姿的含义

常见行姿的含义如下。

（1）双手插在口袋，拖着脚走，很少抬头看人，表明沮丧。

（2）低头，双手反握在身后，一副若有所思的样子，表明心事重重。

（3）走路时双手叉腰，表明精力充沛，干事风风火火。

（4）下巴抬起，手臂夸张地摆动，步伐迟缓，表明此人自满而傲慢。

5. 蹲姿礼仪

符合礼仪要求的蹲姿有：单膝点地式、双腿交叉式和双腿高低式。

（1）单膝点地式，即下蹲后一腿弯曲，另一条腿跪着。

（2）双腿交叉式，即下蹲时双腿交叉在一起。

（3）双腿高低式，即下蹲后双腿一高一低，互为依靠。

6. 手势礼仪

1）使用手势的总体要求。

使用手势的总体要求为：准确、规范、适度。

2）手势使用规范

常见的手势使用规范有向上式（介绍式）、斜下式（请坐式）、直臂式（指示式）、横摆式（引位式）。手势使用要规范、准确，手势不宜过多，动作不宜过大。如规范的介绍式手势应当是手掌自然伸直，手心向内向上，手指并拢，拇指自然稍稍分开，手腕伸直，使手与小臂成一直线，肘关节自然弯曲，大小臂的弯曲以130°或140°为宜。掌心向斜上方，手掌与地面形成45°。

3）与人交往时手势的含义

与人交往时手势传递的信息常常有以下几种含义。

（1）掌心向上，有诚恳、尊重他人的含义。

（2）背手，常表示权威；若伴以俯视踱步，则表示深思。

（3）摊开双手，表示真诚和坦率，或流露出某种无奈。

（4）握拳，显示决心或表示愤怒或不满。

（5）不自觉地摸脸、擦眼，挠头，是掩饰内心的不安。

（6）虎口托下巴，说明老练沉稳。

（7）食指指点对方，指责、数落对方。

（8）十指交叉或放于胸前，或垂于胸前，表示紧张、敌对或沮丧。

（9）双手指尖相抵，置于颌下，表明充满自信；若身体向后仰，则显得傲慢。

（10）如果把尖塔倒过来放在腰部以下，意思则是心情较平静，愿意虚心听别人的意见或谈话。

7. 表情礼仪

表情礼仪包括面部表情、目光。

1）面部表情与微笑礼仪

面部表情应和与人交往的情境相匹配对等，即该严肃严肃，该喜悦喜悦。同时，关键是"相由心生"，情感要真诚。尤其要注意，和人讲话不能皱眉头，皱眉头让人有不舒服的感觉，不仅对外交往要注意不要如此，对家人也要注意规避。

微笑是最表达美好感情的笑容，真诚的微笑让人如沐春风，微笑的礼仪规范如下。

（1）微笑要真诚。诚于中而形于外。

（2）微笑要适度。微笑的基本特征是不出声、不露齿、嘴角两端略微提起。

（3）微笑要适宜。微笑要注意场合、对象。

2）目光礼仪

眼睛是心灵的窗户，人与人的交流常通过目光来传递信息。

（1）目光礼仪规范：真诚、坦然、亲切、和蔼、信任、友好、有神。

（2）目光注视时间：不能长时间凝视对方，通常交谈时间的 30%～50%与对方目光接触。如和中国人沟通时目光注视时间可短些。

（3）目光注视位置。

①公务注视区间：业务洽谈、商务谈判布置任务时，注视上三角区（眼角至额），以示公事公办、郑重严肃和掌握主动。

②社交注视区间：注视中三角区（眼角以下至下颌），造成亲切温和、坦诚平等感。

③亲密注视区间：下三角区（双眼至前胸），是亲密区，表示关切或热爱。

④不可斜眼看人，不可对别人进行全方位激光扫描。

（4）注视的场合：表示理解、支持、赞同、同意、认可、重视。

3）与人交往时目光的含义

与人交往时，不同目光表现传递不同信息。

（1）走路时双目直视、旁若无人表示高傲。

（2）左顾右盼表示心中有事。

（3）只打招呼不看对方，表示不愿接待。

（4）斜着扫一眼表示鄙视。

（5）正视逼视表示命令。

（6）上下打量表示挑事。

（7）白眼表示反感。

（8）眨眼表示疑问。

（9）频繁而急速眨眼表示内疚、恐惧或撒谎。

三、公共关系礼仪中个人形象六注意

公共关系个人形象具体要注意以下六个问题。

（1）仪表外观：从头到脚展示于人的形象，注意细节，如服饰、手等不出现异物、异味现象。

（2）表情：第二语言，传递着各种信息，如和人说话不能皱眉，而应目光、表情传递保持良性互动的信息，给人双方平等，不藐视，不居高临下，不漫不经心，不以我为荣的感觉和印象。

（3）举止优雅文明：风度优雅、行为文明、充满自信、收放自如的举止是受过良好教育的标志。与人沟通不可过分做作、装腔作势；注意不随地吐痰、不乱扔果皮纸屑，不在他人面前出现修指甲、剔牙、挖耳朵、打哈欠等不雅行为，咳嗽、打喷嚏时应掩住口鼻，面向一旁。

（4）服饰：做到符合自己身份，庄重典雅，保守，关键是选择搭配到位。

（5）谈吐：做到讲普通话、控制音量；坦诚相待、避免拿腔拿调；慎选内容，应该与不应该谈话的内容应掌握分寸；礼貌用语，用好文明十字：您好！请！谢谢！对不起！再见！

（6）待人接物：能遵守一定之规，既能做到洁身自好，又能尊重他人和善于表达，以维护交往的成功。例如,和人打交道不能用命令的口气说话,诸如"知道吗? 明白了吗? ",又如让人感觉"长见识了吧"的口气。专业的表达说法是"你一定知道""正如你所知道"。这就是尊重,是一定之规,这样的表达既会让人感到舒服,又会觉得你很会说话、很有教养。

第四节　交往与沟通的基本礼仪

一、交往与沟通的基本要素

(一)符号化的人格

人是"符号的动物",有以下三重性建构。

(1)动物性——最内层。

(2)社会性——中间层次。

(3)符号性——最外层。

符号化的思维和符号化的行为是人类生活最富有代表性的特征,代表不同的思维、行为的不同符号将会传递不同信息,从而导致不同的交往、沟通和传播的效果。

(二)语言是关系资源

(1)语言是社会关系的重要资源,是观念和思想市场流通的货币。

(2)语言资源不仅是关系资源,还是稀缺资源,语言的发展总是落后于社会生活,语言的生产能力成为关系建构的必需。

(3)语言在关系建构中主要有以下作用。

①语言符号可以规定关系内涵。

②语言符号对关系具有重构功能。

(三)情境

人们交往、沟通和传播过程及其周边和具体各要素共同构成交往与沟通环境与情境,而这些环境与情境又是影响人们交往沟通的重要因素。例如,其中不乏要求公共关系人员注重自身形象和言谈举止的规范要求,因为这样更容易获得交往对象的认可。而且交往、沟通和传播受众往往置身于一个公众情境中,且公众与公众之间会互相影响,甚至这种影响会形成一定的推波助澜的舆论导向效果。因此,符合公众情境,交往、沟通和传播环境与情境进行规划有其必要性和重要意义,对公共关系人员或相关职员各方面的礼仪规范要求必须与交往和沟通的环境与情境对等一致,方能获得较高的公众认同度。

二、会面礼仪

会面礼仪包含问候礼仪、介绍礼仪、名片礼仪、交谈礼仪、电话礼仪等。

（一）问候礼仪

1. 问候应遵循原则

问候，即打招呼，常规表达：你好！或您好！问候常涉及三个重要问题：问候的顺序、问候因场合而异、内外有别，操作时应遵循以下原则。

（1）问候的顺序：位低者（如晚辈、下级）先行，平级则主人、男士先行。

（2）问候因场合而异：女士优先权仅限于社交场合中女士是客人时，工作场合对女士（尤其是女主人）的要求是成熟、干练、积极主动。

（3）内外有别：不同地域问候语有不同表现。诸如中国民俗"去哪里？"要翻译成"你好！"的意思，否则有多管闲事之嫌，让人莫名其妙。"吃了没有？"在外国人面前只能翻译成"你好！"，否则，搞不好就要请一顿。"牲口好吗？""日子好吗？庄稼好吗？"就是"你好吗？"的意思。外国人见面时爱夸人漂亮，一般也翻译成"你好！"，他只是一个问候的意思。

2. 恰当称呼

称呼是人际关系和人际距离的表现形式，不同的称呼代表不同的人际关系和人际距离。常见的最适用称呼有以下几种。

（1）行政职务。

（2）技术职务。

（3）行业称呼：医生、老师、警官等。

（4）时尚性称呼：先生、女士。

3. 不恰当称呼

称呼"四不用"：无称呼、替代称号（5 号等）、不恰当简称或地方性称呼（范局）、称兄道弟。

（二）介绍礼仪

常见的介绍情况有自我介绍、介绍他人、业务介绍。

1. 自我介绍

自我介绍分为应酬式和交际式两种方式，应注意，自我介绍回答的内容不同表明对人信任的程度。

（1）应酬式：简单随意型，适用于泛泛之交，有自我保护意识。

（2）交际式：规范、正式，信息全面，具有四要素：单位、部门、职务、姓名。

自我介绍礼仪有一定之规，也许我们一时做不到很规范，但应有个努力方向，具体规范如下。

（1）先递名片：其好处是可要回对方名片，加深印象，宣传自己。

（2）时间要短：简洁明了。

（3）语言标准：内容完整、语言文明。

（4）切忌无聊式自我介绍方式：如瞎混。

2. 介绍他人

介绍他人一般会考虑以下内容。

（1）谁当介绍人。一般情况下可由专职接待员或双方的熟人来当介绍人，而贵宾的介绍人则要求身份地位相当对等的人当介绍人。

（2）介绍双方时的先后顺序通常遵循"尊者居后"原则，以让尊者拥有优先知情权，如一般先向客人介绍"自家人"，然后介绍客人。

（3）同时介绍多人时则遵循"尊者居前"原则。

（4）无须按长幼和职位高低次序进行介绍时，也应选择按一定顺序依次介绍，切忌跳跃式介绍，以避免造成不必要的伤害和误会。

3. 业务介绍

业务介绍常需要结合一定的推销技巧进行，从礼仪角度则强调应做到把握时机，如待别人忙完手中事有空闲时，并做到高专业水准介绍和掌握好推销与沟通的分寸，以让受众对业务介绍心悦诚服地接受。

（三）名片礼仪

名片是现代人维持自己与他人联系的社交联谊卡，一定程度代表一种自我介绍的信誉度。而且在现代社会中，合理使用名片有一定现实意义，一个不会正确使用名片的人会给人留下一种没有交际经验和不成熟的印象，从而失去后续交往机会。

1. 名片使用"三个不准"

（1）名片制作不可太猎奇，并不能随意进行涂改。

（2）名片上不宜提供私宅电话号码。

（3）名片上不能印有两个以上的头衔（选择最重要的头衔，若有多个头衔，可印多种名片）。

2. 如何索要名片

（1）交易法：把自己的名片首先递给对方，"将欲取之，必先予之"。

（2）明示法：礼貌而明确地表示索要或交换名片之意。

（3）谦恭法：以以后可能会有所讨教为由索要或交换名片，当你跟长辈、名人、有地位的人打交道的时候，可采用。

（4）联络法：以以后便于联系为由索要或交换名片，长辈对晚辈、上级对下级或者平级、平辈之间常用。

3. 如何发名片

（1）要足量携带。

（2）要放置到位，放到随处可取的地方。

（3）要循序渐进，忌"批发式"撒发名片。

（4）要把握时机：一是交谈开始前，二是交谈融洽时，三是握手告别时。

（5）面向对方。

（6）应伴有恰当的寒暄。

4. 如何接收别人名片

接收别人名片时要表示重视和尊重他人，站立起来双手接，伴有寒暄并把名片收好，而不可将名片随意搁置，这都是基本要求。高端的做法是：有来有往（来而不往，非礼也），回敬递上自己的名片。

（四）交谈礼仪

与人交往过程中，交谈是常见的一种交往方式和交往内容之一，如何做好交谈是影响交往的一个非常重要因素，具体应把握好以下几方面。

1. 能恰当参与交谈

要恰当参与交谈，首先要有正确的价值观和积极客观的思维方式，同时要求身处其境，而不能置身其外，如只顾看手机等。其次要能做到可参与各种交谈话题，并学会倾听，这要求平时多学习和观察社会与生活，并在交往现场向他人学习和多做互相了解等。

2. 掌握好交谈话题

话题就是一种身份，就是所交谈的内容。要注意交谈话题的安全性和技巧性。常见的交谈话题有以下几种。

（1）向他请教他擅长而自己也有所了解的话题不失为一种好的选择。

（2）格调高雅的话题，如哲学、历史、地理、艺术、建筑、风土人情。公共话题，上档次又安全。

（3）轻松愉快的话题，如电影、电视、主持人、体育比赛、足球、游泳、流行时尚、烹饪小吃。

（4）天气。

（5）与业务有关的话题，要求熟悉专业，给人的印象是行家。

3. 与人交谈"六不准"

（1）不能非议政府、国家。

（2）不涉国家和行业或组织机密。

（3）不可过分消极和负能量，不涉及格调不高雅的话题。

（4）不谈论交往对象的内部事务。

（5）不在背后议论领导、同事。

（6）不讨论私人问题。私人问题包括以下几方面。

①收入。

②年龄。

③婚姻状况。

④健康状况。

⑤个人经历。

（五）电话礼仪

电话礼仪规范包括以下内容。

（1）铃响不过三声，及时接通。

（2）礼貌问候，并规范地自报家门，并询问对方需求。

（3）通话注意音量、语速、语气，内容规范、简洁、清晰明了。注意"听得见的微笑"效益，整个通话要求真诚、耐心、贴心、素质、得体。

（4）规范做好通话笔录以保证通话后后续服务信息的完整性。做好增值服务，如帮忙转接和查询份外信息等。

（5）原则上话语权交由对方，但不乏机智过滤和控制通话。

（6）正确选择主动通话的时机，如午休时间不要打扰对方。

（7）确认无须其他服务后，善始善终礼貌告别，结束电话，谁先挂电话？原则上主叫先挂电话，并轻放电话以便礼貌中止电话。

（8）正确使用手机。与人交往沟通过程中，如会议、会谈中，手机调成静音或控制音量。

三、行礼礼仪

（一）行礼方式的形式类别

行礼是人们交往过程中对交往对象表示欢迎、重视、尊重和告别等一种常用与必要的礼节规范。因各国或各地区的文化差异，行礼的方式有多种，如握手礼仪、鞠躬、拥抱、敬礼、抱拳、吻面、献哈达等，而在不同的交往情境下，因职业身份或关系状态不同，人们往往会选择不同的行礼方式和行礼的程度。握手礼仪基本是一种国际通用的行礼方式。

（二）握手礼仪规范

1. 注意伸手的前后顺序

（1）遵循"尊者决定"的原则，即尊者先伸手。

（2）在平辈间，相见时先出手为敬。

（3）在长辈与晚辈之间、男女之间、上级与下级之间、主人与客人之间行握手礼时，应该是长辈、女士、上级、主人先出手。

（4）男女之间如女方无握手之意，男方可点头或鞠躬致意，倘若男方是长辈、上级先伸手也是可以的。

（5）客人辞行时，应是客人先伸手表示告别，主人才能握手相送。

（6）在社交或商务、公务场合，当别人按先后顺序的惯例已经伸出手时，拒绝别人的握手和对已经表达出来的友好不予理睬是极为不礼貌的。

2. 握手时的忌讳

（1）握手时，应该伸出右手，绝不能伸出左手，伸出左手是失礼的行为。

（2）握手前要脱帽和摘手套。军人与他人握手时不必脱军帽，应先行军礼然后握手。

西方国家，女士身着礼服帽戴手套时，与他人握手可以不摘手套。

（3）注意握手的力度与节奏，如过于敷衍的蜻蜓点水式握手、握手太长或力度太大等都不礼貌。

（三）鞠躬礼仪规范

鞠躬即弯身行礼，源于中国的商代，是一种古老而文明的对他人表示尊敬的郑重礼节。鞠躬礼在东南亚一些国家较为盛行，如日本、朝鲜等。鞠躬几乎适用于一切社交、政务和商务活动场合，在初见的朋友之间、宾主之间、下级对上级、晚辈对长辈，为了表达对对方的尊重，都可以行鞠躬礼。鞠躬有三鞠躬、深鞠一躬的形式。

三鞠躬敬礼之前，应脱帽或摘下围巾，身体肃立，目光平视，身体上部向前下弯约90°，然后恢复原样，如此连续三次。深鞠一躬前倾幅度可以是15°～90°的不等程度。具体的前倾幅度视行礼情境和行礼者对受礼者的尊敬程度而定。具体鞠躬礼仪规范如下。

（1）面对受礼者，立正站好，隔两三步，并拢双脚，以腰部为轴，整个腰及肩部向前倾15°～90°（视线由对方脸上落至自己的脚前，而后回复直立姿态）。

（2）男性双手放在身体两侧，女性双手合起放在身体前面。

（3）弯腰速度适中，之后慢慢抬头直腰。

（4）行礼时礼毕要注目，不可斜视，受礼者同样，礼毕抬起身时，双目有礼貌地注视对方。

（5）受鞠躬应还以鞠躬礼。

（6）地位较低的人要先鞠躬，且鞠躬幅度要相对深一些。

（7）对客人或同事表示感谢或回礼时，行15°鞠躬礼。

（8）接送客户时，行30°鞠躬礼。

（9）初见或感谢客户时，行45°鞠躬礼。

四、座次安排礼仪

社会组织运作和相关公共关系工作过程中，常常遇到座次安排礼仪问题，如宴请、谈判、签字仪式等情境下，都存在座次安排工作，需要符合相关礼仪规范去处理，如处理不当会引起不必要的负面影响，甚至影响交往的双边关系。因此，了解和掌握一定的座次安排礼仪规范有必要性。座次安排礼仪包括会客时的位次礼仪、会议时的位次礼仪、谈判时的位次礼仪、签字时的位次礼仪、宴会中的位次礼仪、不同旗帜间的位次礼仪等。

下面就几种不同场景下的座次安排礼仪做一描述。

（一）座次礼仪的基本原则

座次礼仪的基本原则体现在以下几个方面：内外有别、中外有别、遵守成规和掌握技巧等。

（1）面门为上，面对房间正门的位置都是主位。

（2）居中为上，中央高于两侧。

（3）以右为上，一般社交活动、商务交往乃至国际交往中都遵循以右为上的国际惯例。

（4）前排为上，一般较正式的场合。

（5）以远为上，即距离房间正门越远，位置越高。

关于座次礼仪基本原则的几点说明如下。

（1）中国传统座次安排体现左比右高（静态即当事人自己间的左右），这和国际惯例的右高左低相左，值得注意。

（2）座次的左右高低有静态和动态（行进中）之分，静态左右即当事人自己间的左右，而动态（行进中）左右是指进门方向的左右两边之分。

（3）以远为上，即指距离房间正门越远，位置越高。但有例外，即宴请时副主人位则是在临门和正主人对角的位置。

（二）行路行进中及交通工具上的位次礼仪

行路行进中及交通工具上的位次礼仪包含：上下楼梯时的位次礼仪、乘坐电梯时的位次礼仪、出入房门时的位次礼仪、乘坐轿车时的位次礼仪。

1. 并排行进的要求

中央高于两侧，内侧高于外侧，一般让客人走在中央或者走在内侧。

2. 单行进的要求

前方高于后方，以前方为上，如果没有特殊情况的话，应该让客人走在前方。

3. 上下楼梯时的位次礼仪

（1）要单行进，因为楼道比较窄，并排行走会阻碍交通，是没有教养的表现。

（2）应靠右侧单行进。

（3）行进的要求是前方高于后方，以前方为上。但特别强调，如果接待的客人是女性，而女性又身着短裙，为防走光，那么顺序就要调换。

4. 出入房门时的位次礼仪

（1）常规做法：位高者先进或先出房门。

（2）手拉门请对方先进。但手推门自己先进，并做相应的指引手势，这样可以为对方扶住门，以免发生意外，也会显得彬彬有礼。

（3）特殊情况：室内灯光昏暗、男士和女士两个人单独出入房门，标准做法是陪同人员先进去，为客人开灯、开门。出去时也是陪同人员先出，为客人拉门并做导引。

（4）公共场所的房间，若是门很宽阔，一般情况应请长者、女士、来宾先进入房门。若是需要开关房门，门又不是很宽阔，需要我们根据房门的开关方向来确定谁先行，即手拉门请对方先进，手推门自己先进。

（5）若出入房门时遇到对面有人，应侧身礼让。

5. 乘坐双排轿车的位次礼仪

乘坐轿车，一要安全，二要舒适，三要方便，因此结合我国行车交通规范及习惯，乘坐双排轿车应遵循以下乘车礼仪。

（1）位次安排专业说法是一个权变而又规范的安排：根据场合不同而不同，人际关系不同而不同，甚至客人喜好不同而不同。

（2）客人坐在哪里，哪里就是上座。如尊重客人偏好或身体感觉需求。

（3）公务时（专业司机开车），客人坐后排右座。

（4）社交时（熟人开车），客人坐副驾驶座。

（5）重要客人时，客人坐司机后面的座位。

（6）上下车时，通常客人先上车，后下车。如果人多，就谁最方便谁先下。

（三）宴会的位次礼仪

宴会中的位次礼仪分为桌次排列和座次排列，桌次排列：坚持居中为上、以右为上、以远为上的原则，离房间正门越远位置越高（图 12-2）。座次排列：同样遵循面门为上、居中为上、以右为上的座位次礼仪的基本原则。宴请时，当主人位高于主宾，一般面门居中的位置为主人位，主人右边是主宾位（图 12-3、图 12-4）。应注意宴请时如有双主人同时出现，副主人位在临门背门而坐处，与正主人位处对面的位置（图 12-3）。而当主宾身份高于主人时，面门居中位则应为主宾位，主宾右手边则是主人位（图 12-5）。

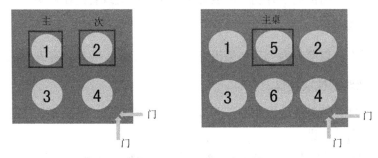

图 12-2　宴会的位次礼仪——桌次排列

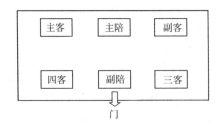

图 12-3　宴会的位次礼仪——双主人座次

（四）会客的位次礼仪

（1）相对式：主人背对正门、客人面对正门而坐，体现主客有序；主客双方面对面坐于室内两侧，遵循以右（行进中的动态右）为上的原则。

（2）并列式：主客双方并排而坐，意味着双方平起平坐，地位相仿，具体情况如下。

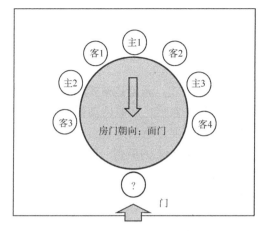

图 12-4　宴会的位次礼仪——单主人座次

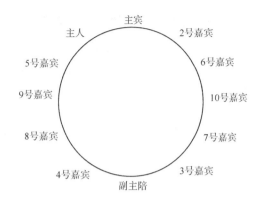

图 12-5　宴会的位次礼仪——主宾身份高于主人

①双方一同面门而坐，仍坚持以右为上的原则，但客方坐在主人的右侧，以面对正门分左右（静态右）。

②双方人员不止一人时，采用居中式（并列式排位的一种特例），其他人员在各自一侧按身份或职务高低就座，双方在一侧就座时，坚持以远为上的原则。

（3）主席式：面向正门设置一主席位，其余一律背对正门（适用于会见两方及两方以上的客人时）。

（4）自由式（不分主次、不讲位次、自由择座）。

（五）会议的位次礼仪

会议分小型会议和大型会议。小型会议的位次礼仪坚持面门为上、居中为上、以右为尊（遵循国际惯例三个基本原则）。大型会议须考虑主席台、主持人、发言人位次。

（1）主席台位次排列：前排高于后排、中央高于两侧、右侧高于左侧（国内政务会议则是左侧高于右侧）。

（2）主持人之位：前排正中或前排最右侧。

（3）发言席：一般在主席台正前方或右前方。

（4）报告会：报告会只安排主持人和报告人在主席台就座，当主持人与报告人级别相当，一般应将主持人安排在面对会场的左侧位置，报告人安排在主持人的右侧位置，如图12-6（a）所示。如果报告人是系统内人员或应邀报告人的行政级别比主持人低时，主持人安排在面对会场的右侧位置，报告人安排在主持人的左侧位置，如图12-6（b）所示。

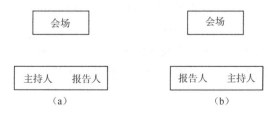

图 12-6　报告会的位次礼仪

（六）谈判座次礼仪

1. 谈判座位次礼仪的原则及其具体安排

谈判分双边谈判和多边谈判。

双边谈判参与者位次礼仪会出现两种情况，即横式和竖式，无论是横式还是竖式，其所坚持的原则是基本一致的，即主讲人居中，其余人员按先右后左和职位高低分坐主讲人左右。主讲人右侧在国内可坐副手，涉外谈判一般是译员。要注意的是横桌式谈判中主人背门而坐、客面门而坐，而竖桌式中则坚持以右（行进中）为上的原则（图 12-7）。

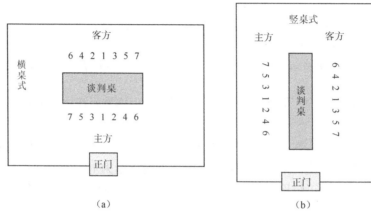

图 12-7 双边谈判的位次礼仪

多边谈判指由三方及三方以上人士所举行的谈判。多边谈判参与者位次礼仪主要有自由式和主席式两种。

（1）自由式：自由就座、无须事先安排。

（2）主席式：面向正门设置一主席位（供发言使用），其余一律背对正门。

2. 谈判签字仪式

双边谈判：签字桌面门横放，双方签字者主左宾右。

多边谈判：签字桌横放，仪式参加者列队站于签字者后面，客方随员席，主方随员席。（多边并列式签字排位。）

（七）旗帜的位次礼仪

旗帜的位次礼仪分为两种：国旗与其他国内旗帜，国旗与其他国家旗帜。具体如下。

（1）国旗与其他国内旗帜。两面旗帜时国旗居前、居右、居高、居大；多面旗帜时国旗除坚持居前、居高和居大外，还应居中。

（2）国旗与其他国家旗帜。活动以我方为主方时，以右为上，其他国家国旗按字母顺序挂在上位。活动以别国为主时，此时我国国旗和其他国旗按字母顺序悬挂在上位。

（八）合影排次礼仪

合影排次原则：前排高于后排，中间高于两侧，右侧高于左侧。

课后思考 »

1. 常见的公共关系礼仪的作用和意义有哪些?
2. 公共关系称呼规范有哪些?
3. 着装礼仪的"三个三"高端要求指哪些内容?
4. 如何理解公共关系礼仪中尊重为本、形式规范和善于表达?
5. 交谈礼仪的要求有哪些?
6. 座次礼仪的基本原则是什么?

案例分析

双排轿车乘坐礼仪

某单位的王秘书年轻肯干,很快引起张局长的注意并拟提拔。为了慎重起见,决定再进行一次考查,恰巧张局长要去省城参加会议,需要三个人,张局长一是选择了杜秘书,一是选择了王秘书。王秘书自然很看重这次机会,也想寻机好好表现一下。

出发前,由于司机小王乘火车先行到省城安排一些事务,尚未回来,所以,他们临时改为搭乘李书记驾驶的轿车一同前往。上车时,王秘书很麻利地打开了前车门,坐在驾车的李书记旁边的位置上,李书记看了他一眼,但王秘书并没有在意。

车上路后,李书记驾车很少说话,张局长好像也没有兴致,似在闭目养神。为活跃气氛,王秘书寻一个话题:"李书记驾车的技术不错,有机会也教教我们,如果大家都会开车,办事效率肯定会更高。" 李书记专注地开车,不置可否,其他人均无应和。王秘书感到没趣,便不再说话。一路上,除李书记向张局长询问了几件事,张局长简单地回答,车内再也无人说话。到达省城后,王秘书悄悄问杜秘书:李书记和张局长好像都有点不太高兴? 杜秘书告诉他原委,他才恍然大悟:"噢,原来如此。"

会后从省城返回,车子改由司机小王驾驶,杜秘书由于还有些事要处理,需在省城多住一天,同车返回的还是四人。这次不能再犯类似的错误了,王秘书想。于是,他打开前车门,请张局长上车,张局长坚持要与李书记一起坐在后排,王秘书诚恳地说:"张局长您如果不坐前面,就是不肯原谅来的时候我的失礼之处。"并坚持让张局长坐在前排才肯上车。

回到公司,同事们知道王秘书这次是同李书记、张局长一道出差,猜测肯定会提拔他,都纷纷向他祝贺,然而,提拔之事却一直没有人提及。

资料来源:根据豆丁网整理

问题:

1. 请指出王秘书的失礼之处并说明王秘书应该如何做。
2. 描述双排轿车乘坐礼仪。

参 考 文 献

董原，陆凤英. 2012. 公共关系学[M]. 北京：经济科学出版社.

蒋楠，熊茜，杨丽萍. 2018. 公共关系礼仪[M]. 北京：科学出版社.

金正昆. 2013. 公关礼仪[M]. 北京：北京联合出版公司.

李荣建. 2010. 社交礼仪[M]. 武汉：武汉大学出版社.

诺曼·R. 奥古斯 J. 2001. 危机管理[M]. 北京：中国人民大学出版社.

秦勇. 2014. 公共关系学[M]. 北京：中国发展出版社.

陶稀. 2014. 公共关系礼仪[M]. 上海：华东师范大学出版社.

徐白，高晓梅. 2007. 公关礼仪教程[M]. 上海：同济大学出版社.

张岩松. 2015. 公共关系与商务礼仪[M]. 北京：清华大学出版社.

赵宏中. 2005. 公共关系学[M]. 武汉：武汉理工大学出版社.

周安华. 2016. 公共关系：理论、实务与技巧[M]. 北京：中国人民大学出版社.

后 记

从 2001 年开始从事工商管理类教学和科研工作以来，我就一直从事公共关系学及公共关系实务的教学工作，与此同时，同步开设与公共关系相关的课程，如管理学、人力资源管理、商务礼仪及组织行为学等。在长期的公共关系及其相关学科的教学过程中，我采用过国内外许多不同版本的教材，同时也见证了公共关系教材的不断发展和日趋成熟，并积极地思考其他相关学科与公共关系之间的相关性。在此过程中，我一直考虑编写一本公共关系学的教材，希望有机会将这些思考和认知与同仁分享。2016 年我和同事们终于下定决心着手这件事，大家坐下来一起交流和讨论编写思路，拟订提纲，并开始分头工作，经过近 3 年的撰写和多次探讨与修改，现终于得以定稿。

经过多年公共关系实践和理论研究，人们对公共关系学教材的构架和公共关系管理职能的理解都已相对比较成熟，如张克非主编的《公共关系学》、董原主编的《公共关系学》等在公共关系管理职能追求方面基本都上升到系统计划和决策咨询的高度。本书在框架构架上基本维持以主体——社会组织、客体——公众和传播媒介三要素及公共关系四步骤工作法为基本构架，但在各章节内容追求上会有更深刻的整合和追求，如在基本概论部分会在传播论、管理论及咨询论的基础上强化"阳光公关"在公共关系学中的作用和运用；从社会组织主体而言，强化社会组织形象打造、全员公关以及组织内部公众关系管理的内涵等；强化公众分析力度及其作用和意义；进一步强化公共关系管理的战略性和系统性追求，强化社会组织整体提升与公共关系危机规避；注重从理论和实务及职能等方面追求公共关系管理工作各环节整合；分析网络和大数据的最新时代背景下的公共关系工作管理与时俱进的变化；等等。以上是本教材希望实现的目标，但由于作者的知识和经验有限，还有很多不足之处，在此敬请各位专家和读者多多包涵，并给予批评指正。

本书的主导思想、特色和框架经过充分的集体讨论后由吴晓红总体设计，具体章节执笔分工如下：第一章到第五章及第十一章由帅宁编写，第六章到第十章由吴晓红编写，第十二章由熊茜编写。全书的统稿工作由吴晓红和帅宁完成。

本书写作过程中参考和引用了国内外许多相关教材与文献，在此谨向原书作者表示谢意；本书的出版得到南昌大学经济管理学院教材出版基金的支持，在此表示感谢；同时教材编写前期，南昌大学经济管理学院工商管理专业 2013 级丰怀方同学、2014 级陈琦同学及工商管理专业 2017 级刘芊芊同学 3 位同学帮忙整理资料，在此表示感谢，并对科学出版社的诸多老师在后期的书稿编辑出版过程中的艰辛付出一并表示感谢。

吴晓红

2019 年 6 月 12 日

教师教学服务指南

为了更好服务于广大教师的教学工作，科学出版社打造了"科学EDU"教学服务公众号，教师可通过扫描下方二维码，享受样书、课件、会议信息等服务。

样书、课件仅为任课教师获得，并保证只能用于教学，不得复制传播用于商业用途。否则，科学出版社保留诉诸法律的权利。

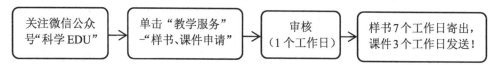

| 关注微信公众号"科学EDU" | → | 单击"教学服务"-"样书、课件申请" | → | 审核（1个工作日） | → | 样书7个工作日寄出，课件3个工作日发送！ |

科学 EDU

关注科学EDU，获取教学样书、课件资源

面向高校教师，提供优质教学、会议信息

分享行业动态，关注最新教育、科研资讯

学生学习服务指南

为了更好服务于广大学生的学习，科学出版社打造了"学子参考"公众号，学生可通过扫描下方二维码，了解海量经典教材、教辅信息，轻松面对考试。

学子参考

面向高校学子，提供优秀教材、教辅信息

分享热点资讯，解读专业前景、学科现状

为大家提供海量学习指导，轻松面对考试

教师咨询：010-64033787　　QQ：2405112526　　yuyuanchun@mail.sciencep.com

学生咨询：010-64014701　　QQ：2862000482　　zhangjianpeng@mail.sciencep.com